JN112084

ダントツ
一般常識＋時事
一問一答問題集

著

オフィス海

ナツメ社

たった1冊で一般常識＋時事問題をカンペキにカバー！

本書が「ダントツ」の理由

❶ ダントツの充実度！

問題数 **約6200問**[※]

重要用語・公式 **約12500項目**[※]

他書を圧倒するダントツの問題数で必ず高得点へと導きます。

❷ サクサク、無理なく学習！

手軽に持ち運べる**コンパクトサイズ**。**一問一答式**、赤いシート対応で、ペンもノートも不用です。サクサク問題を解き進めていくだけでバツグンの学習効果が得られます。

❸ 一般常識/時事はこれ1冊でOK！

「**一般常識問題**」では基本の5教科＋文化・スポーツの問題を網羅。復習や苦手分野のおさらいに便利です。また「**最新時事問題**」に加えて「**業界別キーワード問題**」をプラス。筆記試験のほかに面接にも活用できる知識が身につきます。

あなたが筆記試験や面接で出会う「問い」が、「答え」が、「語句」が、必ずこの中にあります。本書を活用して、ぜひ勝利を勝ち取ってください。

※問題数は□マークの数や解答数、チェック可能な用語・公式数は赤字の項目数で計測。

ダントツ 一般常識＋時事〈一問一答〉問題集

目次

一般常識問題

5章 文化スポーツ

本書の活用のしかた

● 1-5章「一般常識問題」、6章「最新時事問題」

❶まず解答を赤いシートで隠して問題を解こう。

❷設問を赤いシートで隠して重要語句をチェック。

❸一欄表で各テーマの重要暗記語句をチェック。

●7章「業界別キーワード問題」

❹解答を赤いシートで隠して問題を解く。 解説も読み、 キーワードをしっかり把握しておこう。

〈注〉：解答・解き方には複数あるものがあります。本書では、代表的なものに絞って掲載しています。

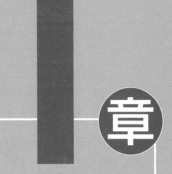

一般常識問題

国語

漢字の読み

■次の赤字部分の漢字の読みを答えなさい。

❶	【派閥】の【領袖】と渡り合う。	はばつ、りょうしゅう
❷	【廃】れた商店街を【再興】する。	すた、さいこう
❸	【間隙】を【縫】う。	かんげき、ぬ
❹	【規制】を【緩和】する。	きせい、かんわ
❺	【流石】、【好事家】だ。	さすが、こうずか
❻	彼の【貪欲】さには【辟易】する。	どんよく、へきえき
❼	【杜撰】な管理体制を【糾弾】する。	ずさん、きゅうだん
❽	【執拗】な【猜疑心】に【苛】まれる。	しつよう、さいぎしん、さいな
❾	大臣の【更迭】を【示唆】する。	こうてつ、しさ
❿	【悪辣】な手段で【搾取】する。	あくらつ、さくしゅ
⓫	【消耗】戦に【陥】る。	しょうもう(しょうこう)、おちい
⓬	【遊説】先から【逐次】報告が入る。	ゆうぜい、ちくじ
⓭	【出納】係の【捺印】が必要です。	すいとう、なついん
⓮	【盤石】と見えた体制が【破綻】した。	ばんじゃく、はたん
⓯	【巧】みな追及で【言質】を取った。	たく、げんち
⓰	【剽軽】な【仕草】で人気の動物だ。	ひょうきん、しぐさ
⓱	【熾烈】な戦いで【雪辱】を果たす。	しれつ、せつじょく
⓲	ご【指導】ご【鞭撻】のほどお願いします。	しどう、べんたつ
⓳	【敬虔】な司教の【逝去】が報道された。	けいけん、せいきょ
⓴	【渾身】の演技で【喝采】を浴びた。	こんしん、かっさい
㉑	【斡旋】利得罪により【罷免】された。	あっせん、ひめん
㉒	【老舗】の旦那に【会釈】をする。	しにせ、えしゃく
㉓	鉄道【敷設】に絡んだ【収賄】事件だ。	ふせつ、しゅうわい
㉔	【歪曲】報道を【暴露】した。	わいきょく、ばくろ
㉕	【市井】の感覚と【乖離】している。	しせい、かいり
㉖	【翻訳】家に【捏造】は許されない。	ほんやく、ねつぞう

㉗	【泥酔】して【呂律】がまわらない。	でいすい、ろれつ
㉘	【灰燼】に帰した首都を【再建】する。	かいじん、さいけん
㉙	【泰西】名画に【造詣】の深い人だ。	たいせい、ぞうけい
㉚	【冤罪】を晴らすべく【奔走】する。	えんざい、ほんそう
㉛	【境内】に【読経】の声が響く。	けいだい、どきょう
㉜	あの【磊落】さは【胡散臭】い。	らいらく、うさんくさ
㉝	古い【暖簾】を守る【割烹】料理屋。	のれん、かっぽう
㉞	【珠玉】の名作を【頒布】する。	しゅぎょく、はんぷ
㉟	【詭弁】を【弄】する。	きべん、ろう
㊱	【胡乱】な人物が【抜擢】される。	うろん、ばってき
㊲	【恣意的】な【解釈】だ。	しいてき、かいしゃく
㊳	山中の【庵】で【寂寥】感に襲われる。	いおり、せきりょう
㊴	【定款】に反する行為で【左遷】された。	ていかん、させん
㊵	怠慢の【誹】りを【免】れない。	そし、まぬか（まぬが）
㊶	【恩師】の【訃報】に号泣した。	おんし、ふほう
㊷	人格の【陶冶】が教育の【要】だ。	とうや、かなめ
㊸	条約【発効】には両国の【批准】が必要だ。	はっこう、ひじゅん
㊹	【精緻】な【筆致】が特色の画家だ。	せいち、ひっち
㊺	【草履】の【鼻緒】が切れた。	ぞうり、はなお
㊻	【未曾有】の災害の【罹災】者。	みぞう、りさい
㊼	犯罪【撲滅】のために【邁進】する。	ぼくめつ、まいしん
㊽	【紺青】の空が【湖沼】に映る。	こんじょう、こしょう
㊾	【衆生】を救うべく【行脚】する。	しゅじょう、あんぎゃ
㊿	【殉死】した警官を【悼】む。	じゅんし、いた
51	【曖昧】で【漠然】とした発言。	あいまい、ばくぜん
52	【気障】な【渾名】が付けられた。	きざ、あだな
53	証拠【隠滅】の【懸念】がある。	いんめつ、けねん
54	【暫時】、【猶予】を願う。	ざんじ、ゆうよ
55	夜の【巷】を【徘徊】する。	ちまた、はいかい

☐ ❶	【古】からの習慣を【踏襲】する。	いにしえ、とうしゅう
☐ ❷	【欠伸】とは、君も【暢気】だな。	あくび、のんき
☐ ❸	【人心】を【弄】ぶ。	じんしん、もてあそ
☐ ❹	領海【侵犯】船が【拿捕】された。	しんぱん、だほ
☐ ❺	【慇懃】な【挨拶】で出迎える。	いんぎん、あいさつ
☐ ❻	【希有】な才能を【愛】でる。	けう、め
☐ ❼	【膠着】した事態の【収拾】を図る。	こうちゃく、しゅうしゅう
☐ ❽	【浚渫】工事を【完遂】する。	しゅんせつ、かんすい
☐ ❾	【契約】を【反古】にする。	けいやく、ほご
☐ ❿	【軋轢】を【慮】る。	あつれき、おもんぱか
☐ ⓫	【贔屓】の【女形】。	ひいき、おやま(おんながた)
☐ ⓬	【団欒】の時間に【双六】をする。	だんらん、すごろく
☐ ⓭	疲労【困憊】して帰宅の【途】についた。	こんぱい、と
☐ ⓮	【鷹揚】な【態度】で接する。	おうよう、たいど
☐ ⓯	【老婆心】ながら【忠告】します。	ろうばしん、ちゅうこく
☐ ⓰	【逆鱗】に【触】れる。	げきりん、ふ
☐ ⓱	【柔和】な表情の【仏像】だ。	にゅうわ、ぶつぞう
☐ ⓲	【辛辣】な【嫌】みに傷つく。	しんらつ、いや
☐ ⓳	【怪我】による出血で【昏睡】状態にある。	けが、こんすい
☐ ⓴	【借款】を【返済】する。	しゃっかん、へんさい
☐ ㉑	【畏友】の【葬儀】に出席する。	いゆう、そうぎ
☐ ㉒	【威嚇】には、【屈】しない。	いかく、くっ
☐ ㉓	【論文】の【誤謬】をただす。	ろんぶん、ごびゅう
☐ ㉔	【象】を【象】った文字らしい。	ぞう、かたど
☐ ㉕	【繁栄】を誇った帝国の【終焉】。	はんえい、しゅうえん
☐ ㉖	議論の【矮小】化を【阻】む。	わいしょう、はば
☐ ㉗	【拉致監禁】を【教唆】した。	らちかんきん、きょうさ
☐ ㉘	【被災】地への【義捐】金を集める。	ひさい、ぎえん

㉙	【安堵】の【吐息】を漏らした。	あんど、といき
㉚	【筋肉】が【弛緩】する。	きんにく、しかん
㉛	【脆弱】な理論に【拘泥】する。	ぜいじゃく、こうでい
㉜	【忽然】と【消滅】した。	こつぜん、しょうめつ
㉝	【奇矯】な行動に【驚愕】する。	ききょう、きょうがく
㉞	【奇】を【衒】う。	き、てら
㉟	【弾劾】裁判後、職務を【剥奪】された。	だんがい、はくだつ
㊱	【閣議】が【深更】まで続く。	かくぎ、しんこう
㊲	【懇】ろに【供養】する。	ねんご、くよう
㊳	【軽微】な【瑕疵】。	けいび、かし
㊴	【一縷】の望みを【抱】く。	いちる、いだ
㊵	【甚】だ【心外】です。	はなは、しんがい
㊶	【帰納】法と【演繹】法。	きのう、えんえき
㊷	【敷衍】すると【真実】が遠のく。	ふえん、しんじつ
㊸	【溌剌】とした精神を【宿】す。	はつらつ、やど
㊹	車の【往来】が【頻繁】な道路。	おうらい、ひんぱん
㊺	【醜聞】で役を【辞退】した。	しゅうぶん、じたい
㊻	【懲戒免職】となった。	ちょうかいめんしょく
㊼	【隔月】の【刊行】予定です。	かくげつ、かんこう
㊽	この【廃屋】はどこの【管轄】だろう。	はいおく、かんかつ
㊾	【同僚】が学歴の【詐称】をしていた。	どうりょう、さしょう
㊿	【悪逆】な君主に対する【謀反】。	あくぎゃく、むほん
(51)	【先祖】の名を【辱】める。	せんぞ、はずかし
(52)	彼の【特異】な才能が【如実】に現れている。	とくい、にょじつ
(53)	君は【饒舌】すぎて秘密を【漏】らしがちだ。	じょうぜつ、も
(54)	【郷愁】を誘う【眺望】だ。	きょうしゅう、ちょうぼう
(55)	【飢餓】と【飽食】。	きが、ほうしょく
(56)	【禍根】を残したかと【憂】える。	かこん、うれ
(57)	【慣例】に【則】って式をした。	かんれい、のっと

■ 次の赤字部分の漢字の読みを答えなさい。

❶	キリストは【異端者】と呼ばれた。	いたんしゃ
❷	【韋駄天】のごとくかけぬけた。	いだてん
❸	【下馬評】では東氏が本命だったのだが。	げばひょう
❹	あの【霊能者】は結局【似而非】だね。	れいのうしゃ、えせ
❺	【談合】にからんで【賄賂】を受け取った。	だんごう、わいろ
❻	【決済】額が【粉飾】された書類。	けっさい、ふんしょく
❼	無事の【帰還】に【愁眉】を開いた。	きかん、しゅうび
❽	【肥沃】な大地の恵みを【享受】する。	ひよく、きょうじゅ
❾	【絢爛】たる衣装に【羨望】の目が集まる。	けんらん、せんぼう
❿	【合併】か解散かの【苦渋】の選択。	がっぺい、くじゅう
⓫	権力に【胡座】をかいて【我が儘】放題だ。	あぐら、わがまま
⓬	【宰相】が戦で【凄絶】な最期を遂げた。	さいしょう、せいぜつ
⓭	【真摯】な態度で【遺憾】の意を述べた。	しんし、いかん
⓮	【進捗】状況を【随時】報告する。	しんちょく、ずいじ
⓯	【草鞋】と【法被】を脱ぐ。	わらじ、はっぴ
⓰	【怠惰】な生活を捨て【摂生】に努める。	たいだ、せっせい
⓱	【知己】を頼り【碩学】の長老に面会する。	ちき、せきがく
⓲	【妬】む【輩】へのけん制に【腐心】する。	ねた、やから、ふしん
⓳	【煩悩】に負け【放蕩】の限りを尽くす。	ぼんのう、ほうとう
⓴	【閉塞感】を打開する【妙案】を思いつく。	へいそくかん、みょうあん
㉑	【無頼漢】が【刃傷】ざたの騒ぎを起こした。	ぶらいかん、にんじょう
㉒	【名刹】で【厳粛】な祭事が行われた。	めいさつ、げんしゅく
㉓	【門扉】をくぐって【静謐】な庭に入る。	もんぴ、せいひつ
㉔	【洒落】の通じぬ相手を【蔑】む。	しゃれ、さげす
㉕	【訥弁】だが【几帳面】さが【滲】み出ている。	とつべん、きちょうめん、にじ
㉖	母屋の【普請】の【采配】を任される。	ふしん、さいはい
㉗	【歌舞伎】の【幕間】に昼食をとる。	かぶき、まくあい
㉘	不満が【噴出】し、議会は【紛糾】した。	ふんしゅつ、ふんきゅう

12

㉙	疑惑を【払拭】する【証拠】が見つかる。	ふっしょく、しょうこ
㉚	社長の【十八番】に【感嘆】の声が上がる。	おはこ、かんたん
㉛	書類の【改竄】が発覚し【逮捕】された。	かいざん、たいほ
㉜	先方の立場を【斟酌】して【婉曲】に断る。	しんしゃく、えんきょく
㉝	相手側を【烏合】の衆と言って【嘲】る	うごう、あざけ
㉞	念願の【賜杯】を手にし【快哉】を叫ぶ。	しはい、かいさい
㉟	犯人の【不審】な動きに【騒然】となる。	ふしん、そうぜん
㊱	一人【厭世観】に囚われ【虚空】を眺める。	えんせいかん、こくう
㊲	責任【転嫁】に【躍起】になる。	てんか、やっき
㊳	【含蓄】ある言葉から偉大さが【窺】える。	がんちく、うかが
㊴	会社の【不祥事】が【隠蔽】された。	ふしょうじ、いんぺい
㊵	【恥】ずかしながら【寡聞】にして存じません。	は、かぶん
㊶	【偽装】工作により信頼感が【瓦解】した。	ぎそう、がかい
㊷	全土を【統】べる王者の【気概】を感じた。	す、きがい
㊸	【甚大】な【被害】が出た。	じんだい、ひがい
㊹	【敵陣】は【漸次】北へ移動を始めた。	てきじん、ぜんじ
㊺	【追徴金】を【請求】する。	ついちょうきん、せいきゅう
㊻	【予断】を許さぬ事態を【危惧】する。	よだん、きぐ
㊼	会見で【旗幟】を【鮮明】にする。	きし、せんめい
㊽	【業腹】な仕打ちに【憮然】とする。	ごうはら、ぶぜん
㊾	【謀略】により【粛正】の嵐が起きる。	ぼうりゃく、しゅくせい
㊿	【辣腕】刑事として【一躍】有名になる。	らつわん、いちやく

■次の赤字部分の漢字の読みを答えなさい。	
❶ 【人気】のない山奥／【人気】絶頂	ひとけ／にんき
❷ 【身代】金の要求／【身代】を潰す	みのしろ／しんだい
❸ ゴミの【分別】／【分別】ある行動	ぶんべつ／ふんべつ
❹ 職人【気質】／穏やかな【気質】	かたぎ／きしつ
❺ お【追従】を言う／権力への【追従】を排す	ついしょう／ついじゅう

■次の漢字の読みを答えなさい。〈特別な読み方〉

❶	【乃至】	ないし
❷	【灰汁】	あく
❸	【海女】	あま
❹	【硫黄】	いおう
❺	【十六夜】	いざよい
❻	【田舎】	いなか
❼	【息吹】	いぶき
❽	【団扇】	うちわ
❾	【乳母】	うば
❿	【浮気】	うわき
⓫	【笑顔】	えがお
⓬	【衣紋掛】け	えもんか
⓭	【横溢】	おういつ
⓮	【懊悩】	おうのう
⓯	【白粉】	おしろい
⓰	【大人】	おとな
⓱	【乙女】	おとめ
⓲	【案山子】	かかし
⓳	【神楽】	かぐら
⓴	【風邪】	かぜ
㉑	【固唾】	かたず
㉒	【仮名】	かな
㉓	【剃刀】	かみそり
㉔	【布団】	ふとん
㉕	【蚊帳】	かや
㉖	【硝子】	がらす
㉗	【為替】	かわせ
㉘	【金字塔】	きんじとう
㉙	【玄人】	くろうと
㉚	【下戸】	げこ
㉛	【景色】	けしき
㉜	【炬燵】	こたつ
㉝	【独楽】	こま
㉞	【古文書】	こもんじょ
㉟	【建立】	こんりゅう
㊱	【月代】	さかやき
㊲	【雑魚】	ざこ
㊳	【細雪】	ささめゆき
㊴	【桟敷】	さじき
㊵	【試金石】	しきんせき
㊶	【時雨】	しぐれ
㊷	【時化】	しけ
㊸	【疾病】	しっぺい
㊹	【芝生】	しばふ
㊺	【砂利】	じゃり
㊻	【驟雨】	しゅうう
㊼	【上梓】	じょうし
㊽	【白髪】	しらが
㊾	【素人】	しろうと
㊿	【相撲】	すもう
(51)	【措置】	そち
(52)	【松明】	たいまつ
(53)	【山車】	だし
(54)	【黄昏】	たそがれ
(55)	【太刀】	たち
(56)	【足袋】	たび

57	【稚児】	ちご		78	【猛者】	もさ
58	【提灯】	ちょうちん		79	【最寄】り	もよ
59	【梅雨】	つゆ		80	【八百屋】	やおや
60	【凸凹】	でこぼこ		81	【行方】	ゆくえ
61	【心太】	ところてん		82	【若人】	わこうど
62	【仲人】	なこうど		83	【三位一体】	さんみいったい
63	【名残】	なごり		84	【霧雨】	きりさめ
64	【雪崩】	なだれ		85	【親王】	しんのう
65	【納戸】	なんど		86	【観音開】き	かんのんびらき
66	【風情】	ふぜい		87	【安穏】	あんのん
67	【野良】	のら		88	【十把】	じっぱ
68	【暖簾】	のれん		89	【爪弾】く	つまびく
69	【博士】	はかせ		90	【御法度】	ごはっと
70	【凡例】	はんれい		91	【耗弱】	こうじゃく
71	【日和】	ひより		92	【遊山】	ゆさん
72	【兵糧】	ひょうろう		93	【和尚】	おしょう
73	【吹雪】	ふぶき		94	【早急】	さっきゅう
74	【下手】	へた		95	【支度】	したく
75	【部屋】	へや		96	【愛想】	あいそ
76	【土産】	みやげ		97	【赤銅】	しゃくどう
77	【眼鏡】	めがね		98	【反物】	たんもの

■ 漢字の読みを答えなさい。〈国名〉

1	【亜米利加】	アメリカ
2	【独逸】	ドイツ
3	【濠太剌利】	オーストラリア
4	【露西亜】	ロシア
5	【伊太利亜】	イタリア
6	【仏蘭西】	フランス

■ 漢字の読みを答えなさい。〈三文字〉

1	【大音声】	だいおんじょう
2	【素封家】	そほうか
3	【端境期】	はざかいき
4	【不文律】	ふぶんりつ
5	【居丈高】	いたけだか
6	【鍾乳洞】	しょうにゅうどう

■次の漢字の読みを答えなさい。[一字訓]

❶ 【喘】ぐ	あえぐ	
❷ 【煽】る	あおる	
❸ 【恨】めしい	うらめしい	
❹ 【欺】く	あざむく	
❺ 【侮】る	あなどる	
❻ 【慈】しむ	いつくしむ	
❼ 【燻】す	いぶす	
❽ 【染】みる	しみる	
❾ 【疎】い	うとい	
❿ 【恭】しい	うやうやしい	
⓫ 【陥】れる	おとしいれる	
⓬ 【阿】る	おもねる	
⓭ 【顧】みる	かえりみる	
⓮ 【醸】す	かもす	
⓯ 【芳】しい	かんばしい	
⓰ 【挫】く	くじく	
⓱ 【企】てる	くわだてる	
⓲ 【貶】す	けなす	
⓳ 【拵】える	こしらえる	
⓴ 【諭】す	さとす	
㉑ 【捌】く	さばく	
㉒ 【虐】げる	しいたげる	
㉓ 【滴】る	したたる	
㉔ 【梳】く	すく	
㉕ 【頗】る	すこぶる	
㉖ 【雪】ぐ	そそぐ	
㉗ 【唆】す	そそのかす	
㉘ 【矯】める	ためる	

㉙ 【企】む	たくらむ	
㉚ 【嗜】む	たしなむ	
㉛ 【爛】れる	ただれる	
㉜ 【賜】る	たまわる	
㉝ 【戯】れる	たわむれる	
㉞ 【契】る	ちぎる	
㉟ 【拙】い	つたない	
㊱ 【募】る	つのる	
㊲ 【躓】く	つまずく	
㊳ 【紡】ぐ	つむぐ	
㊴ 【滞】る	とどこおる	
㊵ 【和】む	なごむ	
㊶ 【宥】める	なだめる	
㊷ 【懐】く	なつく	
㊸ 【滑】らか	なめらか	
㊹ 【倣】う	ならう	
㊺ 【拭】う	ぬぐう	
㊻ 【懇】ろ	ねんごろ	
㊼ 【謀】る	はかる	
㊽ 【儚】い	はかない	
㊾ 【反】らす	そらす	
㊿ 【甚】だ	はなはだ	
⑤ 【映】える	はえる	
⑤ 【轢】く	ひく	
⑤ 【翻】る	ひるがえる	
⑤ 【誉】れ	ほまれ	
⑤ 【悖】る	もとる	
⑤ 【催】す	もよおす	

❺❼	【疾】しい	やましい
❺❽	【和】らぐ	やわらぐ
❺❾	【脅】す	おどす
❻⓪	【焦】がれる	こがれる
❻❶	【培】う	つちかう
❻❷	【譲】る	ゆずる
❻❸	【承】る	うけたまわる
❻❹	【麗】しい	うるわしい
❻❺	【操】る	あやつる
❻❻	【傍】ら	かたわら
❻❼	【湿】っぽい	しめっぽい
❻❽	【浸】る	ひたる
❻❾	【競】る	せる
❼⓪	【赴】く	おもむく
❼❶	【寂】れる	さびれる
❼❷	【弔】う	とむらう
❼❸	【煩】わしい	わずらわしい
❼❹	【奏】でる	かなでる
❼❺	【戒】める	いましめる
❼❻	【覆】す	くつがえす
❼❼	【損】ねる	そこねる
❼❽	【賄】う	まかなう
❼❾	【辛】い	からい・つらい
❽⓪	【殴】る	なぐる
❽❶	【暴】く	あばく
❽❷	【偏】る	かたよる
❽❸	【障】る	さわる
❽❹	【慰】める	なぐさめる
❽❺	【薦】める	すすめる
❽❻	【砕】く	くだく
❽❼	【卑】しめる	いやしめる
❽❽	【詳】しい	くわしい
❽❾	【携】える	たずさえる
❾⓪	【瞬】く	またたく
❾❶	【煙】る	けむる
❾❷	【縛】る	しばる
❾❸	【脅】かす	おびやかす・おどかす
❾❹	【遮】る	さえぎる
❾❺	【唱】える	となえる
❾❻	【患】う	わずらう
❾❼	【汚】れる	けがれる・よごれる
❾❽	【潔】い	いさぎよい
❾❾	【絡】まる	からまる
⓾⓪	【廃】れる	すたれる
⓾❶	【施】す	ほどこす
⓾❷	【潜】む	ひそむ
⓾❸	【遂】げる	とげる
⓾❹	【怠】る	おこたる
⓾❺	【被】る	こうむる・かぶる
⓾❻	【繕】う	つくろう
⓾❼	【惑】わす	まどわす
⓾❽	【謹】む	つつしむ
⓾❾	【慌】てる	あわてる
⓫⓪	【憤】る	いきどおる
⓫❶	【担】ぐ	かつぐ
⓫❷	【透】かす	すかす
⓫❸	【葬】る	ほうむる
⓫❹	【卸】す	おろす

漢字の書き取り

■【 】内のカタカナを漢字に直しなさい。

❶	【タンネン】に【ソウジ】を行う。	丹念、掃除
❷	【エンカツ】に【ギョウム】を進める。	円滑、業務
❸	【シンキ】契約を【ケントウ】する。	新規、検討
❹	美しい【チョウボウ】に【カンゲキ】した。	眺望、感激
❺	【センム】に【アイサツ】をする。	専務、挨拶
❻	【イカン】の意を【ヒョウメイ】する。	遺憾、表明
❼	【コンシンカイ】を【モヨオ】す。	懇親会、催
❽	緑【シタタ】る【ゼッコウ】の季節だ。	滴、絶好
❾	【タンシンフニン】者用の住宅。	単身赴任
❿	【ケンサク】機能を【カツヨウ】する。	検索、活用
⓫	ご【アイコ】を【タマワ】りありがとうございます。	愛顧、賜
⓬	【ジョウチョ】豊かな旅館に【タイザイ】する。	情緒、滞在
⓭	【シラガ】染めを【コウニュウ】する。	白髪、購入
⓮	【ソウレイ】な【ジイン】。	壮麗、寺院
⓯	【ジャッカン】二十歳の【ユウショウ】者。	弱冠、優勝
⓰	所得【スイジュン】を【ヒカク】する。	水準、比較
⓱	【スウジク】国と【レンゴウ】国。	枢軸、連合
⓲	【ダミン】を【ムサボ】る。	惰眠、貪
⓳	【チュウヨウ】を【ムネ】とする。	中庸、旨
⓴	【キョウエツシゴク】に存じます。	恐悦至極
㉑	【ウラカゼ】に吹かれ【ユウホドウ】を歩く。	浦風、遊歩道
㉒	【カチュウ】の人物への【トツゲキ】取材。	渦中、突撃
㉓	【ジョウムトリシマリヤク】。	常務取締役
㉔	【コンキュウ】者を【フジョ】する。	困窮、扶助
㉕	【セイオウ】文明の【エイキョウ】を受ける。	西欧、影響
㉖	【チョメイ】な作曲家に【シシュク】する。	著名、私淑

㉗	映画の【キョショウ】の【ハカ】だ。	巨匠、墓
㉘	【テッコウセキ】が主要な【ユシュツ】品だ。	鉄鉱石、輸出
㉙	【ホンポウ】初公開の【カイガ】だ。	本邦、絵画
㉚	【ユウシュウ】の美を【カザ】る。	有終、飾
㉛	【ケンテイ】試験の失敗による【ザセツ】感。	検定、挫折
㉜	新法案は【ダキョウ】の【サンブツ】だね。	妥協、産物
㉝	【ケイヒ】を【サクゲン】する努力。	経費、削減
㉞	新【タイシ】が【チャクニン】した。	大使、着任
㉟	【イジ】費が【コウトウ】している。	維持、高騰
㊱	会議は【キミョウ】な【フンイキ】だった。	奇妙、雰囲気
㊲	【アヤ】うい【キンコウ】を保っている。	危、均衡
㊳	巧みな【ワザ】を【クシ】した作品。	技、駆使
㊴	【ボウエキマサツ】が問題となる。	貿易摩擦
㊵	条例の【シュウチ】を【テッテイ】する。	周知、徹底
㊶	町の【ケイカン】保護が【サケ】ばれる。	景観、叫
㊷	トマトの【ソクセイサイバイ】。	促成栽培
㊸	【シツゲン】を【コウカイ】する。	失言、後悔
㊹	【ロンブン】の【ヨウシ】を百字にまとめる。	論文、要旨
㊺	【ハケン】社員を【ヤト】う。	派遣、雇
㊻	【コンイン】届と【リコン】届。	婚姻、離婚
㊼	夢の【ジョウジュ】に向けて努力を【オコタ】らない。	成就、怠
㊽	【ブンゴウ】の【ケッサク】を読む。	文豪、傑作
㊾	【ヒナン】の【オウシュウ】に終始する。	非難、応酬
㊿	【イゼン】として【ボウフウ】域から抜け出せない。	依然、暴風
(51)	【タ】え難い【クツジョク】を味わった。	耐、屈辱
(52)	【トクメイ】で作品を【シッピツ】した。	匿名、執筆
(53)	【ショウグン】が作戦の【カイコ】録を出版した。	将軍、回顧
(54)	都会の【ザットウ】に【ナツ】かしい顔を見た。	雑踏、懐
(55)	【ザンテイ】政権が【ホッソク】した。	暫定、発足

☐	❶	大【ソンガイ】を【コウム】った。	損害、被
☐	❷	【センモン】分野では【ケッシュツ】している。	専門、傑出
☐	❸	【クジュウ】の決断を【セマ】られた。	苦渋、迫
☐	❹	【クンプウ】に【サソ】われ、散歩に出た。	薫風、誘
☐	❺	この【カオク】では【タンポ】になりません。	家屋、担保
☐	❻	【センサイ】な【カンカク】の持ち主だ。	繊細、感覚
☐	❼	【フキュウ】の名作を心ゆくまで【タンノウ】した。	不朽、堪能
☐	❽	【ボウケン】物語に【コウフン】した。	冒険、興奮
☐	❾	伝染病を【バイカイ】する蚊を【クジョ】する。	媒介、駆除
☐	❿	【シュウトウ】な【ケイリャク】だ。	周到、計略
☐	⓫	どうにも【シャクゼン】としない【ロンセツ】だ。	釈然、論説
☐	⓬	【メイリョウ】な【ハツオン】を心がける。	明瞭、発音
☐	⓭	【ゲンジツ】から【ユウリ】した理論。	現実、遊離
☐	⓮	【コ】った盛りつけの【チュウカ】料理だ。	凝、中華
☐	⓯	【ゲンコウ】の【スイコウ】をする。	原稿、推敲
☐	⓰	作者の死で【エイゴウ】、【ミカン】のままだ。	永劫、未完
☐	⓱	【ギキョク】を【シュッパン】する。	戯曲、出版
☐	⓲	【ハイキン】主義に【ケイショウ】を鳴らす。	拝金、警鐘
☐	⓳	仲間の【シキ】を【コブ】する。	士気、鼓舞
☐	⓴	【セイコウ】な仕掛けの【ガング】だ。	精巧、玩具
☐	㉑	精神の【ダラク】を【ヒハン】する。	堕落、批判
☐	㉒	【サイテキ】な【ソチ】を取るよう努力する。	最適、措置
☐	㉓	論理【テンカイ】が【ハアク】できない。	展開、把握
☐	㉔	戦地から【フショウ】して【キカン】した。	負傷、帰還
☐	㉕	【ボウダイ】な資料を【ブンセキ】する。	膨大、分析
☐	㉖	【ザッシ】に記事を【ケイサイ】する。	雑誌、掲載
☐	㉗	【キュウカ】日程の【セッショウ】を行った。	休暇、折衝
☐	㉘	【オンコウ】な【ヒトガラ】で親しまれている。	温厚、人柄

☐	㉙	【フクザツカイキ】な現象が起こる。	複雑怪奇
☐	㉚	すぐに【キンチョウ】する【クセ】を直したい。	緊張、癖
☐	㉛	【オウギ】を【エトク】する。	奥義(儀)、会得
☐	㉜	結婚【ヒロウ】宴で日本【ブヨウ】を舞った。	披露、舞踊
☐	㉝	【テイネイ】語と【ソンケイ】語。	丁寧、尊敬
☐	㉞	【カクリョウ】の人事を【イッシン】した。	閣僚、一新
☐	㉟	重責を【ソウケン】に【ニナ】う。	双肩、担
☐	㊱	彼岸にご【センゾ】さまの【クヨウ】をする。	先祖、供養
☐	㊲	【ショウコ】不十分で【フキソ】となった。	証拠、不起訴
☐	㊳	【エンセイ】旅行に【タイドウ】する。	遠征、帯同
☐	㊴	【サワ】やかな【ベンゼツ】。	爽、弁舌
☐	㊵	【トクイ】先の【セッタイ】。	得意、接待
☐	㊶	【ドウゾウ】を【アオ】ぎ見る。	銅像、仰
☐	㊷	【オセン】の度合いを【ケンサ】する。	汚染、検査
☐	㊸	【イッコク】の【ユウヨ】もならない。	一刻、猶予
☐	㊹	【ボウトウ】から【シゲキ】的な描写が続く。	冒頭、刺激
☐	㊺	【イダイ】な発明は【グウゼン】の産物だった。	偉大、偶然
☐	㊻	【ジョウホ】する【ケハイ】が全くない。	譲歩、気配
☐	㊼	【タタミ】の上で死ねれば【ホンモウ】だ。	畳、本望
☐	㊽	【キョウアク】事件が【ヒンパツ】する。	凶悪、頻発
☐	㊾	【フゼイ】のある盆【オド】りだ。	風情、踊
☐	㊿	【ニンジョウザタ】まで起こしたのか。	刃傷沙汰
☐	(51)	【ワヨウセッチュウ】の寺院だ。	和洋折衷
☐	(52)	注意が【サンマン】だと【シカ】られた。	散漫、叱
☐	(53)	【カブカ】が【ボウトウ】した。	株価、暴騰
☐	(54)	役者【ミョウリ】に【ツ】きる。	冥利、尽
☐	(55)	【カチク】の病気予防が大学の【センコウ】だった。	家畜、専攻
☐	(56)	【オウエン】の声が【サイコウチョウ】に達した。	応援、最高潮
☐	(57)	【センタク】物が【カワ】かない。	洗濯、乾

☐	❶	【サギ】師が【ツカ】まった。	詐欺、捕
☐	❷	【ホ】められて【ウチョウテン】になる。	誉(褒)、有頂天
☐	❸	飛行機の【サヨク】に【コショウ】が見つかった。	左翼、故障
☐	❹	女優の【メイエン】に【ハクシュ】する。	名演、拍手
☐	❺	【ドウシ】から【ゼンプク】の信頼を得ている。	同志、全幅
☐	❻	【シュジイ】から【チリョウ】方針の説明を受ける。	主治医、治療
☐	❼	【シンド】五の【ユ】れを感じた。	震度、揺
☐	❽	旅行中止で【ショテイ】の【イヤク】金を支払う。	所定、違約
☐	❾	相手の【カシツ】を【シテキ】する。	過失、指摘
☐	❿	【シュウショク】課が行う【モギ】面接を受けた。	就職、模擬
☐	⓫	【メイギ】を【ヘンコウ】する。	名義、変更
☐	⓬	【イドバタ】会議で【ヒョウバン】になった話だ。	井戸端、評判
☐	⓭	【ケショウ】を【ホドコ】した。	化粧、施
☐	⓮	【ドウリョウ】の話に【カンメイ】を受けた。	同僚、感銘
☐	⓯	この道路に【チュウシャ】すると【バッキン】だよ。	駐車、罰金
☐	⓰	兄弟子と【シショウ】は【ケンエン】の仲だ。	師匠、犬猿
☐	⓱	皇太子【タンジョウ】をいわう【シュクホウ】だ。	誕生、祝砲
☐	⓲	【ジュウジツ】した【ケッコン】生活だ。	充実、結婚
☐	⓳	野球で【キタ】えた【ガンケン】な肉体が取り柄だ。	鍛、頑健
☐	⓴	【フクシ】事業を【スイシン】する。	福祉、推進
☐	㉑	【ジギ】にかなった【キカク】だ。	時宜、企画
☐	㉒	【チンツウザイ】が【キ】いてきた。	鎮痛剤、効
☐	㉓	【カイギ】は【ナゴ】やかな雰囲気だった。	会議、和
☐	㉔	【タノ】もしい【センパイ】社員。	頼、先輩
☐	㉕	【ゲンカン】前で【ジョセツ】作業を行う。	玄関、除雪
☐	㉖	【ハラ】に【ス】えかねる。	腹、据
☐	㉗	貴重な【ブンケン】が【サンイツ】した。	文献、散逸
☐	㉘	【テキギ】、【タイオウ】してください。	適宜、対応

㉙	お【セチ】料理で年末は【イソガ】しい。	節、忙
㉚	【キュウトウ】室で茶碗を【アラ】う。	給湯、洗
㉛	【フロ】場で【スベ】る。	風呂、滑
㉜	【ジョウミャクチュウシャ】をされた。	静脈注射
㉝	【ナットク】するまで【コウサツ】する。	納得、考察
㉞	【アマクダ】りと【ダンゴウ】が問題となっている。	天下、談合
㉟	【ソウギ】には出席できないが【ツヤ】には行く。	葬儀、通夜
㊱	【ケイタイ】電話が【ヒツジュヒン】となった。	携帯、必需品
㊲	【エイギョウ】部の【ショゾク】です。	営業、所属
㊳	【メンキョ】証の【コウシン】の時期だ。	免許、更新
㊴	【キンユウ】庁から【カンコク】を受けた。	金融、勧告
㊵	五月三日は【ケンポウ】の【シコウ】を記念する日だ。	憲法、施行
㊶	【サビ】れた【ミナト】町を歩く。	寂、港
㊷	【ハト】は平和の【ショウチョウ】だ。	鳩、象徴
㊸	【ショム】課に【ハイゾク】されました。	庶務、配属
㊹	後の【クウラン】を【ウ】めよ。	空欄、埋
㊺	予防【セッシュ】の安全性に【ギモン】を持つ。	接種、疑問
㊻	【ショウコ】の品を【オウシュウ】する。	証拠、押収
㊼	【コメダワラ】を【カツ】ぐ。	米俵、担
㊽	【アンモク】の【リョウカイ】が存在する。	暗黙、了解
㊾	【キンリ】が【ジョウショウ】する。	金利、上昇
㊿	【ケイヤク】を【リコウ】する。	契約、履行
(51)	【モトセン】を【シ】める。	元栓、締(閉)
(52)	ドルは【キジクツウカ】としての役割を持つ。	基軸通貨
(53)	【モホウ】品や【カイゾク】版が横行する。	模倣、海賊
(54)	戦後、【イチジル】しい【フッコウ】を遂げた。	著、復興
(55)	お【ワ】びの品を【ツツ】む。	詫、包
(56)	【リフジン】な仕打ちに【イカ】る。	理不尽、怒
(57)	お化け屋敷の【ユウレイ】に【フン】した。	幽霊、扮

❶	【セイセキ】が芳しくない。	成績 ×積
❷	【ゼンジ】交渉がまとまりつつある。	漸次 ×時「だんだん」の意。
❸	【ケンバン】楽器を購入する。	鍵盤 ×板
❹	子どもの【ゲネツ】剤の服用には注意を要する。	解熱 ×下
❺	家宝を【カンテイ】する番組が人気だ。	鑑定 ×監
❻	目はしばしば【サッカク】を起こす。	錯覚 ×索
❼	容疑者は罪状を【ヒニン】した。	否認 ×非
❽	会社の【カンサ】役。	監査 ×管
❾	莫大な【バイショウ】金を支払った。	賠償 ×買、×賞
❿	【モクヒ】権を行使する。	黙秘 ×否
⓫	【クノウ】してこそ青春だ。	苦悩 ×脳
⓬	悪事はいつか【ロテイ】する。	露呈 ×堤、定
⓭	鋭い【シテキ】。	指摘 ×敵、適
⓮	【ケンキョ】な態度で接する。	謙虚 ×嘘
⓯	博物館で市の【エンカク】を知る。	沿革 ×郭
⓰	朝から夫の【キゲン】が悪い。	機嫌 ×気
⓱	【ジレイ】が出てようやく赴任が決まった。	辞令 ×例
⓲	今年は蘭を【サイバイ】してみよう。	栽培 ×裁
⓳	二つの意見の【ソウイ】点を明確にしよう。	相違 ×異
⓴	片仮名語の【ゴゲン】を探る。	語源 ×原
㉑	小学生の【インソツ】を務める。	引率 ×卒
㉒	【シュッショ】進退をあきらかにする。	出処 ×所
㉓	【ゲンスイ】は将軍より上位に位置する。	元帥 ×師
㉔	【センモン】家に相談したほうがよい。	専門 ×問
㉕	【カンペキ】を期して入念に調査する。	完璧 ×壁
㉖	【カンレキ】のお祝いをした。	還暦 ×環
㉗	魚の【ギョカク】量が年々減っている。	漁獲 ×魚、×攫
㉘	お【シャレ】をして出かける。	洒落 ×酒

❷❾	【ダンガイ】裁判を受ける。	弾劾	×刻
❸⓿	【トッカン】工事で竣工した。	突貫	×慣
❸❶	【クウキョ】な精神。	空虚	×嘘
❸❷	【フクセイ】画を購入した。	複製	×復
❸❸	責任【テンカ】も甚だしい。	転嫁	×寡、稼
❸❹	【ギセイ】者を弔う。	犠牲	×儀、義
❸❺	【キョウアク】犯が捕まった。	凶悪	×恐
❸❻	お【ヒガン】のお供えを買う。	彼岸	×披、被
❸❼	悲しみの【キワ】みにある。	極	×究
❸❽	火山が【フンカ】する。	噴火	×奮
❸❾	【オクメン】もなく顔を出した。	臆面	×億、憶
❹⓿	【ソゼイ】を徴収する。	租税	×粗、祖
❹❶	【バイシン】員を務める。	陪審	×賠、培
❹❷	【ケンヤク】に励む。	倹約	×検
❹❸	詩には【ギジン】法がよく使われる。	擬人	×疑
❹❹	クリップで【ハサ】む。	挟	×狭
❹❺	【カタヨ】った食事は健康に悪い。	偏	×編、扁
❹❻	【ヘイシャ】までご足労ください。	弊社	×幣
❹❼	新機能を【トウサイ】した機種だ。	搭載	×登
❹❽	実力を【ハッキ】する。	発揮	×起、期
❹❾	【ゼンゴサク】を検討する。	善後策	×前
❺⓿	【シュセキ】で卒業した優秀な学生だ。	首席	×主
❺❶	農作物を【シュウカク】する。	収穫	×獲
❺❷	【オカシラ】付きの鯛で祝う。	尾頭	×御
❺❸	【カイシン】の笑み。	会心	×快、開
❺❹	それは成功に【フカケツ】な条件だ。	不可欠	×決
❺❺	良い【キコウ】の季節になったね。	気候	×侯
❺❻	【セツレツ】な技術。	拙劣	×折、×裂
❺❼	案の【ジョウ】の結果となった。	定	×上、状、条

難読漢字の読み

■次の漢字の読みを答えなさい。

❶	【冤罪】	無実の罪。冤=「ふたをかぶせられた兎」の意。	えんざい
❷	【晦渋】	文章などが難解であること。	かいじゅう
❸	【揮毫】	書や画をかくこと。揮は「揮(ふる)う」、毫は「筆」の意。	きごう
❹	【敬虔】	敬いつつしむこと。特に神仏に帰依する場合に用いる。	けいけん
❺	【狷介】	頑固なさま。狷=「頑固」の意。	けんかい
❻	【蹉跌】	つまずくこと。蹉、跌ともに「つまずく」の意。	さてつ
❼	【耳朶】	みみたぶ。みみ。「—に残る」「—に触れる」	じだ
❽	【従容】	落ち着いているさま。	しょうよう
❾	【趨勢】	物事の動向。趨=「赴(おもむ)き向かうこと」の意。	すうせい
❿	【殺陣】	演劇や映画の、斬り合いや捕り物など格闘の演技。	たて
⓫	【凋落】	おとろえること。凋=「おとろえる」の意。	ちょうらく
⓬	【獰猛】	荒く猛々しいさま。	どうもう
⓭	【箴言】	格言。旧約聖書の中の一書。	しんげん
⓮	【封緘】	封を閉じること。	ふうかん
⓯	【幇助】	(他人の犯罪行為の)手助けをすること。	ほうじょ
⓰	【薬餌】	くすりと食物。「—療法」「—に親しむ」	やくじ
⓱	【雄渾】	雄大で勢いのよいさま。	ゆうこん
⓲	【吝嗇】	けち。「—家」	りんしょく
⓳	【病葉】	病気で枯れた葉。夏の季語。	わくらば
⓴	【数多】	たくさん。「引く手—」	あまた
㉑	【因業】	頑固で情け知らずなこと。「—おやじ」	いんごう
㉒	【霍乱】	暑気あたり。夏の季語。「鬼の—」	かくらん
㉓	【唐衣】	中国風の衣装。	からころも
㉔	【厩舎】	牛馬などを飼う小屋。うまや。	きゅうしゃ
㉕	【膏肓】	病気が入り込むと治りにくい場所。「病—に入(い)る」	こうこう
㉖	【拘泥】	小さなつまらないことにこだわること。	こうでい

26

㉗	【驟雨】	にわかあめ。驟＝「（馬が）はやい」の意。	しゅうう
㉘	【上梓】	書籍を出版すること。	じょうし
㉙	【截然】	区別がはっきりしているさま。「―たる差」	せつぜん
㉚	【仄聞】	ちょっと聞くこと。仄＝「かすかに」の意。	そくぶん
㉛	【悪阻】	阻＝「険しい、苦しむ」の意。妊婦に起きる吐き気や食欲不振。	つわり
㉜	【殿上人】	清涼殿（＝天皇の居所）へ昇ることを許された人。雲上人（うんじょうびと）。	てんじょうびと
㉝	【波濤】	大波。濤＝「大波」。	はとう
㉞	【畢竟】	つまり。結局。畢も竟も「終わる」の意。	ひっきょう
㉟	【補塡】	不足を補うこと。塡＝「すきまをふさぐ」の意。	ほてん
㊱	【霙】	雪がとけて雨まじりに降るもの。冬の季語。	みぞれ
㊲	【容喙】	横合いから口を出すこと。喙＝「くちばし」の意。	ようかい
㊳	【爛熟】	うれすぎ。極限まで発達したさま。爛＝「ただれる」の意。	らんじゅく
㊴	【四阿】	壁がなく四方へ屋根をふきおろした小屋。	あずまや
㊵	【花魁】	上級の女郎。	おいらん
㊶	【膾炙】	膾（なます）と炙（あぶり）肉が万人に好まれることから人々に好まれ世間に知れ渡ること。	かいしゃ
㊷	【稀覯本】	珍しい書物。	きこうぼん
㊸	【傾城】	（城や国を傾け滅ぼすほどの）美女。遊女。	けいせい
㊹	【戯作】	江戸期の小説。	げさく
㊺	【参内】	内裏（＝天皇のすまい）に参上すること。	さんだい
㊻	【識語】	写本などで本文の前後に後人が加筆した文章。	しきご
㊼	【而立】	30歳。「論語」から。	じりつ
㊽	【真鍮】	銅と亜鉛の合金。	しんちゅう
㊾	【躊躇】	ためらう。躊、躇ともに「ためらう」の意。	ちゅうちょ
㊿	【貼付】	貼り付けること。	ちょうふ
(51)	【貪婪】	非常に欲深いこと。婪＝「むさぼる」の意。	どんらん
(52)	【熨斗】	贈答品につける飾り物。「―をつける」	のし
(53)	【敷衍】	言葉を足してわかりやすく詳しく説明すること。	ふえん
(54)	【編纂】	いろいろな材料を集め書物をつくること。	へんさん
(55)	【夜叉】	仏教では鬼神のこと。元はインドの神霊。	やしゃ

❶	【夕餉】	夕食。	ゆうげ
❷	【裂帛】	激しい掛け声や女性の悲鳴のたとえ。	れっぱく
❸	【緑青】	銅に生ずるさび。	ろくしょう
❹	【軋轢】	不和。軋、轢とも「車輪がきしること」の意。	あつれき
❺	【蝟集】	蝟(はりねずみ)の毛のように多く集まること。	いしゅう
❻	【乖離】	離ればなれになること。	かいり
❼	【首途】	たびだち。「門出」とも書く。	かどで
❽	【伽羅】	香木の一種。	きゃら
❾	【降嫁】	皇女が皇室以外のものに嫁すること。「臣籍—」	こうか
❿	【合祀】	二柱(ふたばしら)以上の神を1つの神社に祀(まつ)ること。	ごうし
⓫	【東雲】	あけがた。	しののめ
⓬	【猖獗】	悪の勢いが盛んであるさま。「—を極める」	しょうけつ
⓭	【擂粉木】	擂り鉢で物を擂るのに使う棒。	すりこぎ
⓮	【相好】	顔つき。「—をくずす」	そうごう
⓯	【築地】	瓦などで屋根を葺いた土塀。	ついじ
⓰	【篆刻】	木や石などに印を彫ること。	てんこく
⓱	【暢気】	のんびりしていること。「暖気」「呑気」とも書く。「—に構える」	のんき
⓲	【直垂】	鎌倉時代以降の武家の礼服。	ひたたれ
⓳	【木鐸】	世の中の人を教え導く人。「社会の—」	ぼくたく
⓴	【鳩尾】	胸の中央のくぼんだ所。	みぞおち
㉑	【釉薬】	うわぐすり。素焼の陶磁器の表面にかけるもの。	ゆうやく
㉒	【落魄】	おちぶれること。魄＝「たましい、心」の意。	らくはく
㉓	【徒花】	実をむすばない花。	あだばな
㉔	【烏有】	何もないこと。「烏(いずく)んぞ有らんや」の意。「—に帰す」	うゆう
㉕	【傀儡】	あやつり人形。また人の意のままに動く者。	かいらい
㉖	【箝口】	ものを言わない、または言わせないこと。「—令」	かんこう
㉗	【怯懦】	臆病なこと。怯も懦も「臆病」の意。	きょうだ
㉘	【還俗】	出家した人が俗人に戻ること。	げんぞく

㉙	【防人】	古代九州防衛に当たった兵士。	さきもり
㉚	【桎梏】	自由を束縛するもの。桎＝「足枷(あしかせ)」、梏＝「手枷(てかせ)」の意。	しっこく
㉛	【出奔】	逃げて姿をくらますこと。	しゅっぽん
㉜	【昴】	牡牛座にある散開星団。六連星(むつらぼし)。	すばる
㉝	【内裏】	皇居。	だいり
㉞	【闖入】	ことわりなしに突然はいり込むこと。	ちんにゅう
㉟	【投網】	水上から水面に投下し、主に淡水魚を捕獲する網。	とあみ
㊱	【野分】	秋から初冬にかけて吹く強い風。秋の季語。	のわき
㊲	【雹】	積乱雲から降る氷塊。夏の季語。	ひょう
㊳	【火影】	火の光。「―がもれる」	ほかげ
㊴	【黙示録】	新約聖書巻末の書で神の国の到来と地上の王国の滅亡を叙述。	もくしろく
㊵	【有職】	朝廷／公家／武家の典礼などに精通していること。	ゆうそく
㊶	【俚諺】	世間で言いならわされてきたことわざ。	りげん
㊷	【書肆】	本屋。書店。	しょし
㊸	【漁り火】	魚を漁船に誘引するための火。	いさりび
㊹	【帷子】	ひとえの着物。几帳(＝部屋に立てて内部を隔てる家具の1つ)にかけて部屋を区切る布。夏の季語。	かたびら
㊺	【恰幅】	からだつき。「―が良い」	かっぷく
㊻	【後朝】	共寝した男女の朝の別れ。	きぬぎぬ
㊼	【好々爺】	人柄の良い老人。	こうこうや
㊽	【嚆矢】	鳴り響く矢。かぶらや。開戦の合図として矢を敵陣に向けて放ったことから、物事のはじまりを表す。	こうし
㊾	【酒肴】	酒と肴(さかな)。	しゅこう
㊿	【入水】	身投げ／水に入ること。	じゅすい
(51)	【穿孔】	あなをあける(うがつ)こと。「胃―」	せんこう
(52)	【闡明】	ぼんやりしていた道理を明らかにすること。	せんめい
(53)	【庭訓】	家庭での教え。	ていきん
(54)	【鼎談】	三人が話し合うこと。鼎(かなえ)＝三足の容器。	ていだん
(55)	【春宮】	皇太子。皇太子の宮殿。「東宮」とも書く。	とうぐう
(56)	【魚籠】	とった魚をいれるかご。	びく
(57)	【法螺】	虚言。「―をふく」	ほら

❶	【雪洞】	紙張りのおおいのある行灯(あんどん)。	ぼんぼり
❷	【夭折】	若くして死ぬこと。	ようせつ
❸	【四方山】	さまざま。「一話」	よもやま
❹	【肋】	肋骨(ろっこつ)。	あばら
❺	【蘊蓄】	蓄えた知識。蘊も蓄も「たくわえる」の意。	うんちく
❻	【馘首】	解雇。馘=「首を切る」の意。	かくしゅ
❼	【陥穽】	落とし穴。人を陥れる謀(はかりごと)。	かんせい
❽	【禽獣】	鳥と獣。「一にも劣る」	きんじゅう
❾	【殲滅】	皆殺しにして滅ぼしつくすこと。	せんめつ
❿	【些事】	つまらないこと。「瑣事」とも書く。	さじ
⓫	【奢侈】	必要以上の贅沢。奢、侈とも「おごる」の意。	しゃし
⓬	【招聘】	礼をもって人をよぶこと。聘=「礼儀をもって人を招く」の意。	しょうへい
⓭	【掣肘】	干渉して自由な行動を妨げること。「一を加える」	せいちゅう
⓮	【手弱女】	やさしい女。しなやかな女。	たおやめ
⓯	【九十九髪】	老女の白髪(「百」の字から一をとると「白」になることからいう)。	つくもがみ
⓰	【登攀】	高い山などをよじ登ること。攀=「よじる」の意。	とうはん
⓱	【跋扈】	のさばりはびこること。「跳梁(ちょうりょう)一」	ばっこ
⓲	【平仄】	つじつま。「一が合わない」	ひょうそく
⓳	【朴訥】	かざりけがなく無口なさま。	ぼくとつ
⓴	【藻屑】	海中の藻。海で死ぬこと。	もくず
㉑	【遊弋】	艦船が海上を動き回りつつ待機すること。	ゆうよく
㉒	【罹災】	災害をうけること。罹=「こうむる」の意。	りさい
㉓	【網代】	魚を捕るために川にしかける竹や木を編んだ物。	あじろ
㉔	【湮滅】	あとかたもなく消し去ること。「証拠一」	いんめつ
㉕	【恩賜】	天皇から賜ること。	おんし
㉖	【諫言】	目上の人を諫(いさ)めること。	かんげん
㉗	【矜持】	プライド。矜=「誇る」の意。「一を保つ」	きょうじ
㉘	【怪訝】	怪しみ訝(いぶか)しんで合点が行かないさま。	けげん

❷⑨	【東風】	春風。ひがしかぜ。春の季語。	こち
❸⓪	【忸怩】	恥じ入ること。「内心—たるものがある」	じくじ
❸①	【証憑】	証拠。憑＝「よりどころ」の意。	しょうひょう
❸②	【塵埃】	塵(ちり)や埃(ほこり)。俗世間的なもの。	じんあい
❸③	【村夫子】	村の物知り。いなかの学者。	そんぷうし
❸④	【手水場】	便所。手洗い場。	ちょうずば
❸⑤	【伝播】	広く伝わること。播＝「広くおよぼす」の意。	でんぱ
❸⑥	【直衣】	平安時代以降の公家(くげ)の平服。	のうし
❸⑦	【一入】	いっそう。ひときわ。「喜びも—」	ひとしお
❸⑧	【刎頸】	首を切ること。「—の交わり」	ふんけい
❸⑨	【耄碌】	おいぼれること。耄＝「老いる」の意。	もうろく
❹⓪	【揶揄】	からかうこと。揶、揄とも「からかう」の意。	やゆ
❹①	【懶惰】	なまけること。懶、惰とも「おこたる」の意。	らんだ
❹②	【老獪】	経験を積んでいて狡猾(こうかつ)なこと。	ろうかい
❹③	【思惟】	深く考えをめぐらすこと。	しい
❹④	【隘路】	せまい通路。隘＝「くびれて狭い」の意。難関。	あいろ
❹⑤	【因循】	決断力に欠けるさま。「—姑息」	いんじゅん
❹⑥	【嗚咽】	むせび泣くこと。	おえつ
❹⑦	【搦手】	城の裏門。相手の弱点。	からめて
❹⑧	【教唆】	教え唆(そそのか)すこと。	きょうさ
❹⑨	【啓蟄】	二十四節気の一。3月6日頃。春の季語。	けいちつ
❺⓪	【古刹】	古い由緒ある寺。刹＝「寺」の意。	こさつ
❺①	【弛緩】	ゆるむこと。弛、緩とも「ゆるめる」の意。	しかん
❺②	【瀟洒】	あかぬけているさま。洒脱(しゃだつ)なさま。	しょうしゃ
❺③	【熾烈】	勢いが激しいさま。熾＝「火が強い」の意。	しれつ
❺④	【忖度】	他人の心中を推察すること。	そんたく
❺⑤	【稠密】	こみあっていること。稠＝密＝「すき間がない」の意。	ちゅうみつ
❺⑥	【恬淡】	物事に執着しないさま。「恬澹」とも書く。	てんたん
❺⑦	【薙刀】	刃先が反った刀に、長い柄をつけた武器。	なぎなた

☐ ❶	【海豹】	あざらし	☐ ㉙	【梟】	ふくろう
☐ ❷	【海驢】	あしか	☐ ㉚	【蝸牛】	かたつむり
☐ ❸	【土竜】	もぐら	☐ ㉛	【蜥蜴】	とかげ
☐ ❹	【驢馬】	ろば	☐ ㉜	【蝮】	まむし
☐ ❺	【信天翁】	あほうどり	☐ ㉝	【鰺】	あじ
☐ ❻	【鶯】	うぐいす	☐ ㉞	【鮑】	あわび
☐ ❼	【鶉】	うずら	☐ ㉟	【烏賊】	いか
☐ ❽	【鸚鵡】	おうむ	☐ ㊱	【雲丹】	うに
☐ ❾	【鴛鴦】	おしどり	☐ ㊲	【海月】	くらげ
☐ ❿	【四十雀】	しじゅうから	☐ ㊳	【鯖】	さば
☐ ⓫	【軍鶏】	しゃも	☐ ㊴	【鮫】	さめ
☐ ⓬	【朱鷺】	とき	☐ ㊵	【秋刀魚】	さんま
☐ ⓭	【時鳥、不如帰】	ほととぎす	☐ ㊶	【蜆】	しじみ
☐ ⓮	【木菟】	みみずく	☐ ㊷	【柳葉魚】	ししゃも
☐ ⓯	【椋鳥】	むくどり	☐ ㊸	【蛸】	たこ
☐ ⓰	【百舌】	もず	☐ ㊹	【鮒】	ふな
☐ ⓱	【海豚】	いるか	☐ ㊺	【鰤】	ぶり
☐ ⓲	【河馬】	かば	☐ ㊻	【鮪】	まぐろ
☐ ⓳	【蝙蝠】	こうもり	☐ ㊼	【鱒】	ます
☐ ⓴	【駱駝】	らくだ	☐ ㊽	【蜻蛉】	とんぼ
☐ ㉑	【栗鼠】	りす	☐ ㊾	【蚯蚓】	みみず
☐ ㉒	【家鴨】	あひる	☐ ㊿	【百足】	むかで
☐ ㉓	【鷗】	かもめ	☐ 51	【鰈】	かれい
☐ ㉔	【烏】	からす	☐ 52	【栄螺】	さざえ
☐ ㉕	【雉】	きじ	☐ 53	【鰆】	さわら
☐ ㉖	【啄木鳥】	きつつき	☐ 54	【鱸】	すずき
☐ ㉗	【鳶】	とび	☐ 55	【鯰】	なまず
☐ ㉘	【雲雀】	ひばり	☐ 56	【鰊】	にしん

■ 次の漢字の読みを答えなさい。〈植物〉

❶	【葦】	あし
❷	【紫陽花】	あじさい
❸	【粟】	あわ
❹	【無花果】	いちじく
❺	【女郎花】	おみなえし
❻	【楓】	かえで
❼	【南瓜】	かぼちゃ
❽	【胡瓜】	きゅうり
❾	【銀杏】	いちょう
❿	【葛】	くず
⓫	【胡桃】	くるみ
⓬	【欅】	けやき
⓭	【山茶花】	さざんか
⓮	【山椒】	さんしょう
⓯	【紫蘇】	しそ
⓰	【芍薬】	しゃくやく
⓱	【沈丁花】	じんちょうげ
⓲	【菫】	すみれ
⓳	【玉葱】	たまねぎ
⓴	【蒲公英】	たんぽぽ
㉑	【土筆】	つくし
㉒	【茄子】	なす
㉓	【向日葵】	ひまわり
㉔	【瓢箪】	ひょうたん
㉕	【芙蓉】	ふよう
㉖	【牡丹】	ぼたん
㉗	【蜜柑】	みかん
㉘	【木蓮】	もくれん
㉙	【竜胆】	りんどう
㉚	【薊】	あざみ
㉛	【馬酔木】	あしび・あせび
㉜	【豌豆】	えんどう
㉝	【独活】	うど
㉞	【榎】	えのき
㉟	【万年青】	おもと
㊱	【芥子】	けし
㊲	【石榴・柘榴】	ざくろ
㊳	【仙人掌】	さぼてん
㊴	【百日紅】	さるすべり
㊵	【羊歯】	しだ
㊶	【石南花・石楠花】	しゃくなげ
㊷	【薄】	すすき
㊸	【玉蜀黍】	とうもろこし
㊹	【団栗】	どんぐり
㊺	【大蒜】	にんにく
㊻	【合歓】	ねむ
㊼	【八朔】	はっさく
㊽	【浜木綿】	はまゆう
㊾	【柊】	ひいらぎ
㊿	【檜】	ひのき
51	【糸瓜】	へちま
52	【木瓜】	ぼけ
53	【蓬】	よもぎ
54	【蓮華】	れんげ
55	【山葵】	わさび
56	【勿忘草】	わすれなぐさ

■次の漢字の読みを答えなさい。〈難読地名／外国名〉

◉難読地名

❶【安芸】	あき
❷【安宅】	あたか
❸【網走】	あばしり
❹【安房】	あわ
❺【諫早】	いさはや
❻【石動】	いするぎ
❼【因幡】	いなば
❽【指宿】	いぶすき
❾【今治】	いまばり
❿【伊万里】	いまり
⓫【磐城】	いわき
⓬【石見】	いわみ
⓭【択捉】	えとろふ
⓮【隠岐】	おき
⓯【小布施】	おぶせ
⓰【各務原】	かがみがはら
⓱【角館】	かくのだて
⓲【上総】	かずさ
⓳【宜野湾】	ぎのわん
⓴【国後】	くなしり
㉑【国東】	くにさき
㉒【上野】	こうずけ
㉓【色丹】	しこたん
㉔【下総】	しもうさ
㉕【下野】	しもつけ
㉖【知床】	しれとこ
㉗【吹田】	すいた
㉘【周防】	すおう
㉙【大山】	だいせん
㉚【対馬】	つしま
㉛【遠江】	とおとうみ
㉜【常滑】	とこなめ
㉝【砺波】	となみ
㉞【苫小牧】	とまこまい
㉟【直方】	のおがた
㊱【羽咋】	はくい
㊲【波照間】	はてるま
㊳【歯舞】	はぼまい
㊴【播磨】	はりま
㊵【常陸】	ひたち
㊶【氷見】	ひみ
㊷【枚方】	ひらかた
㊸【伯耆】	ほうき
㊹【防府】	ほうふ
㊺【水俣】	みなまた
㊻【箕面】	みのお
㊼【美作】	みまさか

◉外国名

㊽【葡萄牙】	ポルトガル
㊾【墺太利】	オーストリア
㊿【阿蘭陀】	オランダ
(51)【加奈陀】	カナダ
(52)【瑞西】	スイス
(53)【西班牙】	スペイン
(54)【白耳義】	ベルギー

■ 次の漢字の読みを答えなさい。〈仏教・神道などの用語／外来語／その他〉

● 仏教・神道

❶	【阿闍梨】	あじゃり
❷	【衣鉢】	いはつ・えはつ
❸	【因縁】	いんねん
❹	【回向】	えこう
❺	【穢土】	えど
❻	【開眼】	かいげん
❼	【帰依】	きえ
❽	【功徳】	くどく
❾	【宮司】	ぐうじ
❿	【久遠】	くおん
⓫	【庫裡】	くり
⓬	【袈裟】	けさ
⓭	【結縁】	けちえん
⓮	【勤行】	ごんぎょう
⓯	【権化】	ごんげ
⓰	【修験者】	しゅげんじゃ
⓱	【衆生】	しゅじょう
⓲	【数珠】	じゅず
⓳	【神道】	しんとう
⓴	【垂迹】	すいじゃく・すいしゃく
㉑	【殺生】	せっしょう
㉒	【僧都】	そうず
㉓	【茶毘】	だび
㉔	【涅槃】	ねはん
㉕	【祝詞】	のりと
㉖	【般若】	はんにゃ
㉗	【神酒】	みき

● 外来語

㉘	【麦酒】	ビール
㉙	【曹達】	ソーダ
㉚	【硝子】	ガラス
㉛	【火酒】	ウイスキー
㉜	【牛酪】	バター
㉝	【螺子】	ネジ
㉞	【麺麭】	パン
㉟	【釦】	ボタン
㊱	【切支丹】	キリシタン
㊲	【庭球】	テニス
㊳	【洋傘】	パラソル
㊴	【葡萄酒】	ワイン
㊵	【刷子】	ブラシ
㊶	【把手】	ハンドル
㊷	【馬穴】	バケツ
㊸	【更紗】	サラサ
㊹	【基督】	キリスト
㊺	【円規】	コンパス
㊻	【素描】	デッサン
㊼	【短艇】	ボート
㊽	【卓子】	テーブル

● その他

㊾	【蒲鉾】	かまぼこ
㊿	【焼売】	しゅうまい
51	【粽】	ちまき
52	【台詞・科白】	せりふ
53	【吃逆】	しゃっくり

国語 4 対義語・類義語

■次の言葉の対義語を答えなさい。

①	【赤字】	黒字
②	【遺失】	拾得/収得
③	【異常】	正常
④	【異端】	正統
⑤	【婉曲】	露骨
⑥	【栄転】	左遷
⑦	【栄誉】	恥辱
⑧	【延長】	短縮
⑨	【応答】	質疑
⑩	【応用】	原理
⑪	【外患】	内憂
⑫	【解放】	拘束/束縛
⑬	【快楽】	苦痛
⑭	【加害】	被害
⑮	【革新】	保守
⑯	【拡大】	縮小
⑰	【過激】	穏健
⑱	【過失】	故意
⑲	【加重】	軽減
⑳	【加入】	脱退
㉑	【寡黙】	饒舌
㉒	【記憶】	忘却
㉓	【帰納】	演繹
㉔	【拒絶】	承諾
㉕	【禁止】	許可
㉖	【緊張】	弛緩
㉗	【屈服】	抵抗
㉘	【欠乏】	豊富
㉙	【決裂】	妥結
㉚	【厳格】	寛容
㉛	【顕在】	潜在
㉜	【現実】	理想
㉝	【建設】	破壊
㉞	【権利】	義務
㉟	【攻撃】	防御
㊱	【合成】	分解
㊲	【好評】	悪評
㊳	【高慢】	謙虚
㊴	【巧妙】	稚拙
㊵	【興隆】	滅亡
㊶	【採用】	解雇
㊷	【斬新】	陳腐
㊸	【失意】	得意
㊹	【実質】	名目
㊺	【湿潤】	乾燥
㊻	【実践】	理論
㊼	【質素】	華美
㊽	【執拗】	淡白
㊾	【地味】	派手
㊿	【諮問】	答申
(51)	【重厚】	軽薄
(52)	【充実】	空虚
(53)	【就寝】	起床
(54)	【従属】	支配
(55)	【集中】	分散
(56)	【上昇】	下降
(57)	【柔軟】	強硬
(58)	【主体】	客体
(59)	【需要】	供給
(60)	【遵守】	違反
(61)	【招集】	解散
(62)	【静寂】	喧騒
(63)	【消滅】	発生
(64)	【自立】	依存
(65)	【浄水】	汚水
(66)	【人工】	天然
(67)	【慎重】	軽率
(68)	【神妙】	活発
(69)	【拙速】	巧遅
(70)	【節約】	浪費
(71)	【漸進】	急進
(72)	【総合】	分析
(73)	【相対】	絶対
(74)	【総論】	各論
(75)	【疎遠】	親密
(76)	【尊敬】	軽蔑
(77)	【怠惰】	勤勉
(78)	【大胆】	臆病

⑦⑨【多弁】	無口	㊒【納入】	徴収	⑩⑦【平易】	難解
⑧⓪【他生】	今生	㊔【売却】	購入	⑩⑧【平坦】	起伏
⑧①【抽象】	具体	㊕【発効】	失効	⑩⑨【変化】	単調
⑧②【弔辞】	祝辞	㊖【敗北】	勝利	⑩⑩【放任】	干渉
⑧③【直行】	迂回/蛇行	㊗【煩雑】	簡潔	⑩⑪【末梢】	中枢
⑧④【鎮静】	興奮	㊘【悲観】	楽観	⑩⑫【慢性】	急性
⑧⑤【適法】	違法	㊙【必然】	偶然	⑩⑬【明瞭】	曖昧
⑧⑥【低俗】	高尚	⑩⓪【肥沃】	不毛	⑩⑭【模倣】	創造
⑧⑦【統一】	分裂	⑩①【複合】	単一	⑩⑮【優雅】	粗野
⑧⑧【特殊】	普遍	⑩②【服従】	反抗	⑩⑯【優遇】	冷遇
⑧⑨【訥弁】	能弁	⑩③【普通】	特別	⑩⑰【優勝】	劣敗
⑨⓪【鈍感】	敏感	⑩④【部分】	全体	⑩⑱【雄飛】	雌伏
⑨①【鈍重】	軽快	⑩⑤【分割】	一括	⑩⑲【隆起】	陥没
⑨②【濃厚】	希薄	⑩⑥【酷評】	絶賛	⑫⓪【類似】	相違

■次の言葉の類義語を答えなさい。

❶【必定】	必至	⑭【互角】	対等	㉗【泰斗】	大家
❷【暗示】	示唆	⑮【賛美】	称揚	㉘【忠言】	助言
❸【遺憾】	残念	⑯【自然】	天然	㉙【重宝】	便利
❹【沿革】	変遷	⑰【使命】	任務	㉚【沈着】	平静
❺【思惑】	意図	⑱【若干】	少々	㉛【丁寧】	懇切
❻【改革】	改新	⑲【周旋】	斡旋	㉜【同感】	共鳴
❼【確執】	反目	⑳【信頼】	信用	㉝【忍耐】	我慢
❽【合点】	納得	㉑【推量】	推測	㉞【撞着】	矛盾
❾【寛容】	寛大	㉒【精髄】	本質	㉟【廃棄】	棄却
⑩【形勢】	情勢	㉓【星霜】	歳月	㊱【敗色】	敗勢
⑪【懸念】	心配	㉔【精通】	知悉	㊲【薄情】	冷淡
⑫【倹約】	節約	㉕【切迫】	緊迫	㊳【美点】	長所
⑬【貢献】	寄与	㉖【宣伝】	広告	㊴【負債】	借金

国語 5 同音・同訓異字

■【 】内のカタカナに当てはまる熟語を（ ）から選びなさい。

☐ ❶ 【キョウソウ】馬を育てている牧場だ。
（競走／競争）

競走　「競争」は「激しい競争社会」などと使う。

☐ ❷ 蘭の展覧会を【カンショウ】する。
（鑑賞／観賞）

観賞　「観賞」は動植物などを見て楽しむこと。「鑑賞」は「映画鑑賞」などと使う。

☐ ❸ 広告制作は【ソウゾウ】性が要求される仕事だ。（創造／想像）

創造　「想像」は「未来の暮らしを想像する」などと使う。

☐ ❹ 浮世絵を【シュウシュウ】する。
（収集／収拾）

収集　「収拾」は「収拾のつかない事態」などと使う。

☐ ❺ 花と鳥をモチーフにした装飾が、この店の【トクチョウ】です。（特徴／特長）

特徴　「特長」は他に比べて優れた点。「仕事が速いのが彼の特長だ」などと使う。

☐ ❻ 【カイコ】趣味が横溢したホテルだ。
（回顧／懐古）

懐古　「回顧」は「過去を回顧する」「回顧録」などと使う。

☐ ❼ 警官が【フシン】な人物を訊問する。
（不審／不振）

不審　「不振」は「業績不振」や「食欲不振」などと使う。

☐ ❽ 犯罪を犯した少年を【コウセイ】施設に入れる。（厚生／更生）

更生　「厚生」は、「厚生年金」「厚生労働省」「福利厚生」などと使う。

☐ ❾ 工場の【キカイ】化が進む。
（器械／機械）

機械　「器械」は小規模な装置。「光学器械」「器械体操」などと使う。

☐ ❿ 博士課程を【シュウリョウ】した。
（終了／修了）

修了　「修了」は学科や課程を修め終わること。

☐ ⓫ 【イガイ】に神経質なところのある人だ。
（意外／以外）

意外　「以外」は「それ以外の選択肢はない」などと使う。

☐ ⓬ 保証人に身元を【ショウカイ】する。
（紹介／照会）

照会　「紹介」は「友人を紹介する」などと使う。

38

⑬ 同人誌を【シュサイ】する。
（主催／主宰）

主宰 「主催」は「展覧会を主催する」などと使う。

⑭ 門戸を【カイホウ】する。
（解放／開放）

開放 「解放」は「束縛から解放する」などと使う。

⑮ 会社の人事【イドウ】で沖縄支社へ転勤することになった。（異動／移動）

異動 「移動」は「サーカスが次の町に移動した」などと使う。

⑯ 近郊農業では【ソクセイ】栽培が盛んだ。
（速成／促成）

促成 「速成」は「韓国語の速成コース」などと使う。

⑰ 多くの【ヒナン】を浴びた法案。
（非難／避難）

非難 「避難」は「緊急避難」「避難民」などに使う。

⑱ あの人は年齢【フショウ】だね。
（不祥／不詳）

不詳 「不詳」は不明の意。「不祥」は「社内の不祥事を隠蔽（いんぺい）する」など。

⑲ 二つの仕事を【ヘイコウ】して進める。
（並行／平行）

並行 「平行」は「平行四辺形」「議論が平行線をたどる」などと使う。

⑳ 決勝戦で【カイシン】のホームランを放つ。
（改心／会心）

会心 「会心」は自らの心にかなう意。「改心」は「犯人が改心した」などと使う。

㉑ 現金による【ケッサイ】をお願いしています。（決済／決裁）

決済 「決裁」は「上司の決裁を仰ぐ」などと使う。

㉒ 【キョウコウ】な態度で主張する。
（強行／強硬）

強硬 「強行」は「暴風雨の中、着陸を強行した」などと使う。

㉓ 酒を少し【セッセイ】したほうがいいね。
（節制／摂生）

節制 「節制」は度をこさないようにすること。「摂生」は養生。

㉔ 母の【サイゴ】を看取る。
（最後／最期）

最期 「最期」は死の間際。「最後」は「大学生活最後の試験」などと使う。

㉕ 【ロジ】栽培の野菜が出回る。
（路地／露地）

露地 「露地」はおおいのない地面。「路地」は人家の間の幅の狭い道路。

㉖ ご【セイチョウ】感謝致します。
（静聴／清聴）

清聴 「清聴」は他人が自分の話を聴くことを敬っていう。「静聴」は静かに聴く意。

■【 】内のカタカナを漢字に直しなさい。

❶ 乗り越し運賃を【セイサン】する。　精算

勝利の【セイサン】がある。　成算

過去を【セイサン】する。　清算

「精算」は細かく計算すること。「成算」は成功する見込みがあること。「清算」は貸し借りに決着をつけること。

❷ 【イギ】を唱える。　異議

同音でも意味が異なる同音【イギ】語。　異義

参加することに【イギ】がある。　意義

「異議」は他人と異なった意見。「異義」は異なった意味。「意義」は意味。

❸ 【タイショウ】的な性格だ。　対照

【タイショウ】をよく見て描く。　対象

人間の顔は左右【タイショウ】ではない。　対称

「対照」は比べた物との違いが際立っていること。「対象」は見る相手、もの。「対称」は互いに対応して釣り合っていること。

❹ 事故の遺族に【ホショウ】金を支払う。　補償

この炊飯器の【ホショウ】期間は2年だ。　保証

基本的人権を【ホショウ】する。　保障

「補償」は損害を償うこと。「保障」は権利や財産を保護すること。

❺ 大臣の汚職疑惑を【ツイキュウ】する。　追及

真理の【ツイキュウ】が学徒の努めだ。　追究

利潤の【ツイキュウ】が企業の目的だ。　追求

「追及」は責め糾すこと。「追究」は物事を深く考え調べること。「追求」は追い求めること。

❻ 【メイブン】を読むと国語の力がつく。　名文

【メイブン】化して将来に禍根を残すな。　明文

息子が万引犯では、【メイブン】が悪い。　名聞

「明文化」は条文にはっきり書き表すこと。「名聞」は評判、世間の聞こえ。

❼ 廃棄物の違法【トウキ】を取り締まる。　投棄

新しく興した会社の【トウキ】を行った。　登記

【トウキ】目的で土地を購入した。　投機

「投棄」は投げ捨てること。「投機」は値上がりしたら売るつもりでものを購入すること。

❽ 【ジキ】尚早との意見がある。　時期

ようやく【ジキ】が熟した。　時機

【ジキ】首相との呼び声も高い。　次期

「時機」は何かを行うのに適した機会。

❾ 【センコウ】のチームが点を取った。　先攻

時代に【センコウ】したデザインだ。　先行

日本史を【センコウ】する学生だ。　専攻

「先行」は時代に先駆ける意で、「先行投資」などとも使う。

❿ 天下統一の【キウン】が高まる。　気運

【キウン】に恵まれた。　機運

「気運」は世の中の情勢。「機運」は良い機会。

40

⑪ 【イジョウ】な体温だ。	異常	「異常」は普通と異なっていること⇔正常。「異状」は別状。
体の【イジョウ】を訴える。	異状	
⑫ 隣国駐在の大使が【ショウカン】された。	召還	「召還」は呼び戻すこと。「召喚」は裁判所による出頭命令。
裁判所から【ショウカン】状が届く。	召喚	
⑬ 【グンシュウ】心理を利用する。	群集	普通、「群衆」は群がり集まった人々、「群集」は「群集心理」の形で使う。
大【グンシュウ】が声援を送った。	群衆	
⑭ カメラ【ナイゾウ】の携帯電話を買う。	内蔵	「内蔵」は中に組み込んでいること。「内臓」は体の中の臓器。
【ナイゾウ】は丈夫で何でも食べられる。	内臓	
⑮ 部下に権限を【イジョウ】する。	委譲	「委譲」は権限を他にゆだね任せること。「移譲」は他に譲りわたすこと。
土地を【イジョウ】した。	移譲	
⑯ 政治献金を【キセイ】する。	規正	「規正」は悪いことを規則に則って正すこと。「規制」は規則に従って制限すること。「既成」はすでに成立していること。「既製」は製品が予め出来上がっていること。
建造物の高さを【キセイ】する。	規制	
【キセイ】概念を打ち壊す。	既成	
【キセイ】服を購入する。	既製	
⑰ 家宅【シンニュウ】のかどで逮捕する。	侵入	「侵入」は無理に他人のテリトリーに押し入ること。「浸入」は水などが入り込むこと。
あふれた川の水が【シンニュウ】する。	浸入	
車両の【シンニュウ】方向に注意する。	進入	
【シンニュウ】社員による挨拶。	新入	
⑱ 無理な【タイセイ】から体を起こす。	体勢	「体勢」は体の構え、姿勢。「態勢」は物事に対する構え、状態。「体制」は、組織の構造。
機が着陸【タイセイ】に入る。	態勢	
選挙の【タイセイ】が判明する。	大勢	
薬品に対し【タイセイ】を付けた細菌。	耐性	
国家の【タイセイ】を整える。	体制	
【タイセイ】名画を鑑賞する。	泰西	
⑲ 【カンシン】に堪えない。	寒心	「寒心」は心配や恐れでぞっとすること。「歓心」はうれしいと思う心。「歓心を買う」でその人に気に入られるようにおもねること。
上司の【カンシン】を買う。	歓心	
インド美術に【カンシン】がある。	関心	
素晴らしい技術に【カンシン】した。	感心	
⑳ 隣国の軍配備に【キョウイ】を感じる。	脅威	「脅威」はおびやかすこと。「驚異」は驚くべきこと。
【キョウイ】的な進歩を遂げた。	驚異	

❶ 先祖の墓に果物を【ソナ】える。

地震に【ソナ】えて水をためる。

供 「供える」は神仏にものをささげる。「備える」は準備する。熟語の例:お供物、備蓄。
備

❷ 国境を【コ】えて逃走する。

株価が五百円を【コ】えた。

越 「越える」は刻限を過ぎる。物の上を通り、向こう側に行く。「超える」はある一定の数値や限度を上回る。
超

❸ 駅への道を【タズ】ねる。

旧友を【タズ】ねる。

尋 「尋ねる」は質問する。「訪ねる」は行く。熟語の例:尋問、訪問。
訪

❹ 前例に【ナラ】う。

英会話を【ナラ】う。

倣 「倣う」は手本通りにする。「習う」は知識や技術を身につける。熟語の例:模倣、習得。
習

❺ 優勝候補が【ヤブ】れる大波乱があった。

紙を【ヤブ】る。

敗 「敗れる」を「破る(勝つ)」と混同しないよう注意。熟語の例:敗戦、読破。
破

❻ 計算を【アヤマ】る。

遅刻を【アヤマ】る。

誤 「誤る」は間違える。「謝る」はわびる。熟語の例:誤爆、謝罪。
謝

❼ 市役所に【ツト】める。

生徒会長を【ツト】める。

【ツト】めて蛋白質をとる。

勤 「勤める」は雇われて従事する。「務める」は任務として行う。熟語の例:勤務、任務、努力。
務
努

❽ この夏は【アツ】いね。

【アツ】い思いを伝えたい。

【アツ】い本を読破した。

暑 熟語の例:猛暑、熱情、厚情。
熱
厚

❾ 例を【ア】げる。

天ぷらを【ア】げる。

価格を【ア】げる。

挙 熟語の例:挙手、抑揚、上下。
揚
上

❿ 消息を【タ】つ。

願をかけて酒を【タ】つ。

布を【タ】って服を作る。

絶 「絶つ」は続いているものを終わらせる。「断つ」は切る、終わらせる。熟語の例:絶望、判断、洋裁。
断
裁

⓫ 危険を【オカ】して未踏の大地へ行く。

潜水艦が国境を【オカ】す。

【オカ】した罪を悔いる。

冒 「冒す」は困難に立ち向かう。「侵す」は他のテリトリーに無理矢理入ること。「犯す」は法や道徳にそむく。熟語の例:冒険、侵犯、犯罪。
侵
犯

⓬ 栄華を【キワ】めた平家。

真理を【キワ】める。

極 「極める」は頂点に達しようとする。「究める」は物事を追究する。
究

⑬

ご飯が【イタ】む。	傷
傷口が【イタ】む。	痛
親友の死を【イタ】む。	悼

「傷む」は物が壊れる、腐る。「痛む」は傷が苦痛を与える。「悼む」は人の死を嘆く。熟語の例:傷害、神経痛、追悼。

⑭

正体を【アラワ】す。	現
地域の風習についての本を【アラワ】す。	著
喜びを声に【アラワ】す。	表

「現す」は姿を現す。「表す」は表現する。

⑮

学問を【オサ】める。	修
納戸に冬の衣類を【オサ】める。	収
消費税を【オサ】める。	納
国家を【オサ】める。	治

熟語の例:修養、収納、納税、治安。

⑯

慎重策を【ト】る。(「取」以外の漢字で)	採
魚【ト】りに出かける。(「取」以外の漢字で)	捕
映画を【ト】る。(「取」以外の漢字で)	撮
事務を【ト】る。(「取」以外の漢字で)	執

熟語の例:採用、捕獲、撮影、執務。

⑰

宝石を金に【カ】える。	換
メンバーを【カ】える。	替
【カ】わりにこの品をおいていきます。	代
手品師が玉を鳩に【カ】える。	変

たくさんある「かえる」は、その漢字を使った代表的な熟語とセットで覚えてこう。熟語の例:交換、交替、代用、変化。

⑱

お【スス】めの料理は何ですか。	薦
計画通り【スス】める。	進
友人の【スス】めでサークルに参加する。	勧

「薦める」は推薦する。「勧める」は勧誘する。

⑲

悪口を【ツツシ】む。	慎
【ツツシ】んでおわび申し上げます。	謹

「慎む」は控える。「謹む」は恭しくかしこまる。

⑳

扉を【シ】めてください。	閉
少し体を【シ】めないと速く走れない。	締
最近心を【シ】めている問題。	占
犯人は被害者を【シ】め殺したと見られる。	絞

「締める」はゆるまないようにする。「絞める」は息ができないよう首の周りをしめつける。

㉑

読むに【タ】えない。	堪
【タ】え間ない騒音がストレスだ。	絶
あの人のマナーには【タ】えられない。	耐

「堪える」は値する、ものをこらえる。「耐える」はねばり強く我慢する。

■□に1字ずつ漢字を入れて、四字熟語を完成させなさい。

❶	【一陽】□□	(いちようらいふく)	来復	悪い事が続いた後に良い事が起こる。
❷	□□【知新】	(おんこちしん)	温故	昔の事物から新見解を得る。
❸	【傍若】□□	(ぼうじゃくぶじん)	無人	勝手気ままに振る舞うさま。
❹	【徹】□【徹】□	(てっとうてつび)	頭、尾	あくまでも。
❺	□□【未到】	(ぜんじんみとう)	前人	まだ誰も達成していないこと。
❻	□□【雷同】	(ふわらいどう)	付和	他人の説に軽々しく同調する。
❼	【紆余】□□	(うよきょくせつ)	曲折	曲がりくねっていること。
❽	【大器】□□	(たいきばんせい)	晩成	大人物は頭角を現すのが遅い。
❾	【揣摩】□□	(しまおくそく)	憶測	あれこれ推し量ること。
❿	□□【連衡】	(がっしょうれんこう)	合従	国や組織などが、利害に応じて同盟を結んだりすること。
⓫	【捲土】□□	(けんどちょうらい)	重来	再び勢いを盛り返すこと。
⓬	□□【離苦】	(あいべつりく)	愛別	愛する者との別れのつらさ。
⓭	【内】□【外】□	(ないじゅうがいごう)	柔、剛	優しい心と猛々しい外面のギャップ。
⓮	【波瀾】□□	(はらんばんじょう)	万丈	変化が激しいさま。
⓯	□□【不断】	(ゆうじゅうふだん)	優柔	なかなか決断ができないこと。
⓰	□□【強食】	(じゃくにくきょうしょく)	弱肉	弱者を踏み台に強者が繁栄すること。
⓱	【悠々】□□	(ゆうゆうじてき)	自適	のんびりと生活するさま。
⓲	□□【呵成】	(いっきかせい)	一気	一気に成し遂げること。
⓳	□□【贔屓】	(ほうがんびいき)	判官	弱者に肩入れすること。
⓴	□□【模索】	(あんちゅうもさく)	暗中	手探りでものごとを進めること。
㉑	【五里】□□	(ごりむちゅう)	霧中	現状がまったく把握できないさま。
㉒	【岡目】□□	(おかめはちもく)	八目	第三者のほうが客観的に判断できる。
㉓	□□【楚歌】	(しめんそか)	四面	周りがすべて敵であること。
㉔	【天衣】□□	(てんいむほう)	無縫	かざりけのない人柄。
㉕	□□【止水】	(めいきょうしすい)	明鏡	澄み切った境地。
㉖	□□【自得】	(じごうじとく)	自業	悪い行いの報いを受けること。

㉗	□□【点睛】	(がりょうてんせい)	画竜	最後の仕上げ(「一を欠く」と使う)。
㉘	【森羅】□□	(しんらばんしょう)	万象	宇宙に存在するありとあらゆるもの。
㉙	□□【同音】	(いくどうおん)	異口	多くの人が同じことをいう。
㉚	【抱腹】□□	(ほうふくぜっとう)	絶倒	大笑いすること。
㉛	□□【扼腕】	(せっしやくわん)	切歯	非常に悔しがること。
㉜	【一攫】□□	(いっかくせんきん)	千金	一時に巨利を得ること。
㉝	□□【当千】	(いっきとうせん)	一騎	非常に頼りになる強さ。
㉞	□□【空拳】	(としゅくうけん)	徒手	手に何も持っていないこと。
㉟	【直情】□□	(ちょくじょうけいこう)	径行	感情のおもむくままに行動すること。
㊱	【順風】□□	(じゅんぷうまんぱん)	満帆	物事が順調に運ぶこと。
㊲	【快刀】□□	(かいとうらんま)	乱麻	物事を手際よく解決していくさま。
㊳	【博覧】□□	(はくらんきょうき)	強記	広い知識を持っていること。
㊴	□□【東風】	(ばじとうふう)	馬耳	人の意見を聞き流すこと。
㊵	□【善】□【悪】	(かんぜんちょうあく)	勧、懲	善を勧め悪を懲らすこと。
㊶	□□【即発】	(いっしょくそくはつ)	一触	危機に直面していること。
㊷	□□【奪胎】	(かんこつだったい)	換骨	古人の詩文の骨組みを基にして新しい表現を加えて独自のものを作ること。
㊸	【月下】□□	(げっかひょうじん)	氷人	仲人。
㊹	【言語】□□	(ごんごどうだん)	道断	とんでもないこと。
㊺	【渾然】□□	(こんぜんいったい)	一体	異質の物が溶け合って一体となること。
㊻	□【小】□【大】	(しんしょうぼうだい)	針、棒	大げさな物言い。
㊼	□□【多難】	(ぜんとたなん)	前途	多くの困難が待ち構えていること。
㊽	□□【麗句】	(びじれいく)	美辞	上辺だけの誠意のない言葉。
㊾	□□【躍如】	(めんもくやくじょ)	面目	世間の評価にふさわしい活躍をすること。
㊿	□□【実行】	(ふげんじっこう)	不言	黙って実行すること。
(51)	□□【爛漫】	(てんしんらんまん)	天真	無邪気なさま。
(52)	【社交】□□	(しゃこうじれい)	辞令	付き合い上の褒め言葉。
(53)	【昼夜】□□	(ちゅうやけんこう)	兼行	昼夜通して仕事をすること。
(54)	□□【絶壁】	(だんがいぜっぺき)	断崖	せっぱつまった状況。
(55)	【奇】□【天】□	(きそうてんがい)	想、外	凡人には思いつかない奇抜な考え。

■□に1字ずつ漢字を入れて四字熟語を完成させ、あわせて読みも答えなさい。

❶	【枝葉】□□	末節	しようまっせつ	本質的でないささいな部分。
❷	□【套手段】	常	じょうとうしゅだん	決まって取る手段。
❸	【新進】□□	気鋭	しんしんきえい	意気盛んな新人。
❹	【文人】□【客】	墨	ぶんじんぼっかく(きゃく)	詩文や書画に親しむ人。
❺	【比】□【連理】	翼	ひよくれんり	男女の深い契り。
❻	【軽】□【浮薄】	佻	けいちょうふはく	軽はずみで落ち着きのないさま。
❼	□【喜雀躍】	欣	きんきじゃくやく	小躍りして喜ぶこと。
❽	□□【玉条】	金科	きんかぎょくじょう	必ず守るべき法律。
❾	【牽強】□□	付会	けんきょうふかい	都合の良いこじつけ。
❿	【曖】□【模糊】	昧	あいまいもこ	物事があいまいなさま。
⓫	【神出】□□	鬼没	しんしゅつきぼつ	出没が突然で予測不可能なさま。
⓬	【毀】□【褒貶】	誉	きよほうへん	ほめたりけなしたりの評判。
⓭	【一】□【托生】	蓮	いちれんたくしょう	行動や運命をともにすること。
⓮	【人事不】□	省	じんじふせい	意識不明の状態に陥ること。
⓯	□□【仏心】	鬼面	きめんぶっしん	外見は怖いが心は優しい人。
⓰	【臨機】□□	応変	りんきおうへん	状況に応じて適切な対応をすること。
⓱	【夏炉冬】□	扇	かろとうせん	時期外れで役に立たない事物。
⓲	【獅子】□【迅】	奮	ししふんじん	勢いが盛んなこと。
⓳	【破】□【一笑】	顔	はがんいっしょう	顔をほころばせて笑うこと。
⓴	【雲散】□【消】	霧	うんさんむしょう	物事が一度に消えてなくなること。
㉑	□□【非才】	浅学	せんがくひさい	知識が浅く才能に乏しい人。
㉒	【諸行】□□	無常	しょぎょうむじょう	すべてのものは常に変化しているということ。
㉓	□□【回生】	起死	きしかいせい	死にかけていたものを生き返らせること。
㉔	【艱】□【辛苦】	難	かんなんしんく	困難にあって苦しい思いをすること。
㉕	【率先垂】□	範	そっせんすいはん	人より先に実行して模範となること。
㉖	【多】□【亡羊】	岐	たきぼうよう	選択肢が多すぎて迷うこと。
㉗	□【然自若】	泰	たいぜんじじゃく	ゆったりと平常心でいるさま。
㉘	【切磋琢】□	磨	せっさたくま	学問や技芸に励んで自分を磨くこと。仲間同士で向上を競うこと。

46

□に1字ずつ漢数字を入れて四字熟語を完成させ、あわせて読みも答えなさい。

❶	□【寒】□【温】	三、四	さんかんしおん	寒い日と暖かい日が交互する気候。
❷	□【海兄弟】	四	しかいけいてい	人類はすべて兄弟だという考え。
❸	□【位】□【体】	三、一	さんみいったい	三者が一体となって協力し合うこと。
❹	□【路平安】	一	いちろへいあん	旅の無事を祈る言葉。
❺	□【日】□【秋】	一、千	いちじつ(にち)せんしゅう	待ち遠しい気持ちのたとえ。
❻	【孟母】□【遷】	三	もうぼさんせん	教育のために労をおしまないたとえ。
❼	【朝】□【暮】□	三、四	ちょうさんぼし	うわべの違いにこだわり本質を見落とすこと。
❽	【議論】□【出】	百	ぎろんひゃくしゅつ	議論が活発にかわされること。
❾	□【変】□【化】	千、万	せんぺんばんか	さまざまに変化すること。
❿	□【角】□【面】	四、四	しかくしめん	生真面目で堅苦しいこと。
⓫	□【拝】□【拝】	三、九	さんぱいきゅうはい	繰り返し拝礼すること。
⓬	□【面】□【臂】	八、六	はちめんろっぴ	一人で数人分の働きをするたとえ。
⓭	□【瀉】□【里】	一、千	いっしゃせんり	一気に成し遂げること。
⓮	□【客】□【来】	千、万	せんきゃくばんらい	多くの客がくること。

次のひらがなを漢字に直しなさい。

❶	【りろせいぜん】	理路整然	話の論理がきちんと通っているさま。
❷	【てきざいてきしょ】	適材適所	人をその能力に適した仕事につけること。
❸	【いっちょういっせき】	一朝一夕	わずかな時間。
❹	【いっちはんかい】	一知半解	なまわかり。
❺	【げんこういっち】	言行一致	ことばと行動が一致していること。
❻	【しつじつごうけん】	質実剛健	質素で健康なさま。
❼	【うおうさおう】	右往左往	混乱して動き回るようす。
❽	【ゆいがどくそん】	唯我独尊	自分が一番優れていると思うこと。
❾	【せいさつよだつ】	生殺与奪	生かすも殺すも自由であること。
❿	【ぎょくせきこんこう】	玉石混淆(混交)	良い物と悪い物が入り交じっていること。
⓫	【しんしょうひつばつ】	信賞必罰	賞罰を厳格に行うこと。
⓬	【ひゃっきやこう(やぎょう)】	百鬼夜行	怪しいものたちがのさばっているさま。
⓭	【めんじゅうふくはい】	面従腹背	表面だけ従順に振る舞うようす。

国語 7 熟語の意味

■次の熟語の成り立ちとして当てはまる ものをA~Dの中から1つ選びなさい。

A 似た意味を持つ漢字を重ねる
B 前の漢字が後の漢字を修飾する
C 動詞の後に目的語をおく
D A~Cのどれにも当てはまらない

❶ 佳人　B　佳い+人

❷ 豊富　A　どちらも「物が多い」

❸ 定住　B　定まった場所に+住む

❹ 虚実　D　反対の意味の組み合わせ

❺ 入居　C　入る←居に

❻ 貧乏　A　どちらも「とぼしい」

❼ 抜歯　C　抜く←歯を

❽ 非凡　D　前の漢字が後の漢字を否定

❾ 晩成　B　ゆっくり+成る

❿ 借金　C　借りる←金を

⓫ 着火　C　着ける←火を

⓬ 邦画　B　日本の+映画

⓭ 永遠　A　どちらも「長い」

⓮ 開会　C　開く←会を

⓯ 私立　D　私(主語)が立てる(述語)

⓰ 金魚　B　金色の+魚

⓱ 勤務　A　どちらも「力を尽くす」

⓲ 内情　B　内の+事情

⓳ 罪悪　A　どちらも「悪い行い」

⓴ 未知　D　前の漢字が後の漢字を否定

㉑ 読書　C　読む←書を

㉒ 不尽　D　前の漢字が後の漢字を否定

㉓ 就職　C　就く←職に

㉔ 白砂　B　白い+砂

㉕ 義母　B　義理の+母

㉖ 離婚　C　離れる←結婚を

㉗ 動物　B　動く+物

㉘ 滅亡　A　どちらも「ほろびる」

㉙ 作文　C　作る←文を

㉚ 映写　A　どちらも「うつす」

㉛ 殺人　C　殺す←人を

㉜ 清酒　B　すんだ+酒

㉝ 美麗　A　どちらも「うつくしい」

㉞ 雲泥　D　反対の意味の組み合わせ

㉟ 天覧　D　天皇(主語)がご覧になる(述語)

㊱ 大器　B　大きい+器量

㊲ 多寡　D　反対の意味の組み合わせ

㊳ 指名　C　指す←名を

㊴ 罪人　B　罪ある+人

㊵ 不遇　D　前の漢字が後の漢字を否定

㊶ 涼風　B　涼しい+風

㊷ 伸縮　D　反対の意味の組み合わせ

㊸ 帰還　A　どちらも「かえる」

㊹ 悪文　B　悪い+文

㊺ 悲哀　A　どちらも「かなしい」

㊻ 国王　B　国の+王

㊼ 精密　A　どちらも「こまかい」

㊽ 血行　D　血(主語)が行く(述語)

☐ ㊾	良品	B	良い+品	☐ ㊿	寛厳	D	反対の意味の組み合わせ
☐ ㊿	迅速	A	どちらも「すばやい」	☐ ㊿	擬似	A	どちらも「似せる」
☐ ㊿	逸脱	A	どちらも「外れる」	☐ ㊿	公僕	B	公の+従事者
☐ ㊿	僅差	B	わずかな+差	☐ ㊿	禍福	D	反対の意味の組み合わせ
☐ ㊿	融資	C	融通する←お金を	☐ ㊿	施錠	C	かける←カギを
☐ ㊿	不肖	D	前の漢字が後の漢字を否定	☐ ㊿	親疎	D	反対の意味の組み合わせ
☐ ㊿	妄想	B	むやみに+想像する	☐ ㊿	頒価	B	頒布する際の+価格
☐ ㊿	媒介	A	どちらも「関係をつける」	☐ ㊿	無窮	D	前の漢字が後の漢字を否定
☐ ㊿	上棟	C	上げる←棟を	☐ ㊿	懇請	B	心から+請う
☐ ㊿	直轄	B	直接の+管轄	☐ ㊿	憂愁	A	どちらも「うれう」
☐ ㊿	叙勲	C	授ける←勲章を	☐ ㊿	殉職	C	殉じる←職に
☐ ㊿	露顕	A	どちらも「あらわれる」	☐ ㊿	存廃	D	反対の意味の組み合わせ
☐ ㊿	疎密	D	反対の意味の組み合わせ	☐ ㊿	謹慎	A	どちらも「つつしむ」
☐ ㊿	旋回	A	どちらも「ぐるぐる回る」	☐ ㊿	漆黒	B	漆をぬったように+黒い
☐ ㊿	独吟	B	独りで+吟じる	☐ ㊿	叙情	C	述べ表す←感情を
☐ ㊿	慶弔	D	反対の意味の組み合わせ	☐ ㊿	浄財	B	けがれない+お金
☐ ㊿	検疫	C	検査する←疫病を	☐ ㊿	遮光	C	さえぎる←光を
☐ ㊿	甲殻	A	どちらも「かたいよろい」	☐ ㊿	凡庸	A	どちらも「平凡」
☐ ㊿	未聞	D	前の漢字が後の漢字を否定	☐ ㊿	造幣	C	造る←貨幣を
☐ ㊿	謹呈	B	つつしんで+差し上げる	☐ ㊿	旅愁	B	旅で感じる+うれい
☐ ㊿	享楽	C	受ける←楽しみを	☐ ㊿	巧拙	D	反対の意味の組み合わせ
☐ ㊿	享受	A	どちらも「受ける」	☐ ㊿	弾劾	A	どちらも「罪を責め立てる」
☐ ㊿	往還	D	反対の意味の組み合わせ	☐ ⑩	遷都	C	移す←都を
☐ ㊿	徹宵	C	徹する←宵を	☐ ⑩	環礁	B	環状の+サンゴ礁
☐ ㊿	把握	A	どちらも「つかむ」	☐ ⑩	争覇	C	争う←覇を
☐ ㊿	懐古	C	懐かしがる←昔を	☐ ⑩	扶助	A	どちらも「助ける」
☐ ㊿	酷似	B	ひどく+似ている	☐ ⑩	来賓	B	招かれてきた+客
☐ ㊿	寡少	A	どちらも「少ない」	☐ ⑩	繁閑	D	反対の意味の組み合わせ
☐ ㊿	罷業	C	やめる←仕事を	☐ ⑩	逸品	B	すぐれた+品

■ □に当てはまる漢字を入れて、次の意味を表す熟語を完成させなさい。

❶ 安□ 【何もせずのんびりしていること】 閑 ▶安閑(あんかん)としてはいられない。

❷ 比□ 【優劣がないこと】 肩 ▶世界に彼と比肩(ひけん)する者はいない。

❸ □首 【何人かを集めて相談すること】 鳩 ▶野党は鳩首(きゅうしゅ)協議の真っ最中だ。

❹ 機□ 【その時に応じたはかりごと】 略 ▶機略(きりゃく)縦横の策。

❺ □知 【広く知られていること】 周 ▶周知(しゅうち)を徹底する。

❻ 手□ 【人をだます手段】 管 ▶手練手管(てくだ)を弄(ろう)する。

❼ 卑□ 【身近でありふれていること】 近 ▶卑近(ひきん)な例を示す。

❽ □心 【目的のために苦心すること】 腐 ▶新事業立ち上げに腐心(ふしん)する。

❾ 普□ 【家を新築すること】 請 ▶安普請(ぶしん)。

❿ □布 【世に広まること】 流 ▶近頃世間に流布(るふ)する噂。

⓫ 更□ 【ある地位にいる者を替えること】 迭 ▶汚職事件で大臣を更迭(こうてつ)する。

⓬ 恣□ 【自分勝手な考え】 意 ▶法律を恣意(しい)的に解釈する。

⓭ 射□ 【偶然の利益をあてにすること】 幸 ▶射幸(しゃこう)心をあおる景品。

⓮ 愁□ 【苦しさなどを嘆き訴えること】 訴 ▶不定愁訴(しゅうそ)。

⓯ 呵□ 【厳しくとがめ、問いただすこと】 責 ▶良心の呵責(かしゃく)に堪え切れない。

⓰ □小 【規模の小さい様子】 矮 ▶事件を矮小(わいしょう)化した見方だ。

⓱ 焦□ 【あせっていらいらすること】 燥 ▶焦燥(しょうそう)感にかられる。

⓲ 心□ 【精神的な疲れ】 労 ▶心労(しんろう)が重なって倒れる。

⓳ 一□ 【目に留めて気にかけること】 顧 ▶一顧(いっこ)だにしない。

⓴ 焦□ 【危険が急に身に迫ること】 眉 ▶焦眉(しょうび)の急。

㉑ 婉□ 【表現が遠回しな様子】 曲 ▶婉曲(えんきょく)な言い回し。

㉒ 粉□ 【表面上よく見せかけること】 飾 ▶粉飾(ふんしょく)決算を行った疑い。

㉓ 面□ 【名誉や評判、また体面や面子】 目 ▶面目(めんもく)を失う。

㉔ 意□ 【予想外で思いもしなかったこと】 表 ▶意表(いひょう)をつく。

㉕ 姑□ 【その場しのぎの間に合わせ】 息 ▶姑息(こそく)な手段。

㉖ 披□ 【多くの人に見せること】 露 ▶結婚披露(ひろう)宴。

㉗ 周□ 【よく行き届いていること】 到 ▶用意周到(しゅうとう)。

㉘ 不□ 【慣行を無視し、ふとどきなこと】 逞 ▶不逞(ふてい)の輩。

㉙	木□	【人々を正しい方へと導く人】	鐸	▶社会の木鐸(ぼくたく)。
㉚	擁□	【かばい守ること】	護	▶弱者を擁護(ようご)する。
㉛	漸□	【だんだん。しだいに】	次	▶漸次(ぜんじ)減少していった。
㉜	露□	【隠し事が明るみに出ること】	顕	▶悪事が露顕(ろけん)する。
㉝	□起	【呼び覚ますこと。呼び起こすこと】	喚	▶注意を喚起(かんき)する。
㉞	□狭	【考えが狭く度量が小さいこと】	偏	▶偏狭(へんきょう)なものの見方。
㉟	□速	【処置や行動などが素早いこと】	迅	▶迅速(じんそく)に処理する。
㊱	寡□	【少数の供給者が市場を支配すること】	占	▶売り手寡占(かせん)の状態。
㊲	逓□	【数量が少しずつ減ること】	減	▶売上が逓減(ていげん)する。
㊳	粛□	【静かで礼儀正しいさま】	然	▶粛然(しゅくぜん)とたたずむ。
㊴	督□	【早く実行するようにうながすこと】	促	▶督促(とくそく)状が来た。
㊵	□博	【学識の広いこと】	該	▶該博(がいはく)な知識の持ち主。
㊶	□要	【物事の最も重要な箇所】	枢	▶枢要(すうよう)な地位に就く。
㊷	拐□	【預かった金品を持ち逃げすること】	帯	▶公金を拐帯(かいたい)する。
㊸	幸□	【この上もなくありがたいこと】	甚	▶幸甚(こうじん)に存じます。
㊹	□唆	【そそのかして悪事をやらせること】	教	▶教唆(きょうさ)扇動の罪。
㊺	悪□	【害を及ぼす悪い習慣】	弊	▶古来の悪弊(あくへい)を断つ。
㊻	折□	【異なる案をひとつにまとめること】	衷	▶折衷(せっちゅう)案を提出する。
㊼	殊□	【格別の功績。すぐれた手柄】	勲	▶殊勲(しゅくん)賞に輝く。
㊽	□循	【旧来の方法を改めないこと】	因	▶頑固で因循(いんじゅん)な性格だ。
㊾	□弊	【勢いがなくなり、弱ってくること】	疲	▶長い戦争で国土が疲弊(ひへい)する。
㊿	顕□	【際立って目につく明らかなさま】	著	▶顕著(けんちょ)な変化が見られる。
(51)	猶□	【実行を先へ延ばすこと】	予	▶一刻の猶予(ゆうよ)もならない。
(52)	□線	【心の奥深くで物事に共鳴する感情】	琴	▶心の琴線(きんせん)に触れる。
(53)	□柔	【人をまるめこんで従わせること】	懐	▶敵の懐柔(かいじゅう)策にはまる。
(54)	□巻	【片端から次々と攻め取ること】	席	▶市場を席巻(せっけん)する。
(55)	剛□	【大胆でこせこせしない。太っ腹】	腹	▶大らかで剛腹(ごうふく)な男だ。
(56)	圧□	【圧を加えてしぼること】	搾	▶果実を圧搾(あっさく)する。
(57)	薫□	【徳によって人を感化、教育すること】	陶	▶恩師の薫陶(くんとう)を受ける。

■ 空欄に当てはまる動物（問01〜49）や植物（問50〜54）の名前を入れて、ことわざ・慣用句を完成させなさい。

	問題	答え	意味
❶	☐の【耳に】念仏	馬	言い聞かせても無駄なたとえ。
❷	☐【百】まで踊り忘れず	雀	幼い時の習慣はぬけない。
❸	☐も【木】から落ちる	猿	巧者も時には失敗する。
❹	【腐っても】☐	鯛	価値が落ちないもののたとえ。
❺	立つ☐【跡を】濁さず	鳥	引き際はいさぎよくあるべきだ。
❻	☐に【真珠】	豚	貴重なもののありがたみがわからないたとえ。
❼	☐の【頭も】信心から	鰯	つまらないものも信仰でありがたく思える。
❽	☐【蜂】とらず	虻	複数をねらって一物も得られないたとえ。
❾	窮鼠☐を【かむ】	猫	必死な弱者は強者に勝つこともある。
❿	☐心あれば【水心】	魚	相手の好意次第でこちらも応ずること。
⓫	☐の【道】は☐	蛇、蛇	同類には同類のすることが良くわかる。
⓬	【前門】の☐、【後門】の☐	虎、狼	絶体絶命の窮地。
⓭	蓼【食う】☐も好きずき	虫	人の好みはさまざまである。
⓮	☐の【子】は☐	蛙、蛙	子は親に似るものだということ。
⓯	☐も【鳴かずば】撃たれまい	雉	無用の事はいわぬが得策。
⓰	☐の【甲】より年の【功】	亀	経験は貴重なものだ。
⓱	☐に【小判】	猫	持っているものの価値がわからないたとえ。
⓲	☐なき【里】のこうもり	鳥	賢者のいない場所で愚者が偉そうにするたとえ。
⓳	【海老】で☐をつる	鯛	わずかの投資で大きな利益をえるたとえ。
⓴	【井】の中の☐	蛙	世間知らずのたとえ。
㉑	【水】清ければ☐すまず	魚	清廉すぎて人に疎んじられるたとえ。
㉒	【角】を矯めて☐を殺す	牛	わずかな欠点を直そうとして全体をだめにすること。
㉓	とらぬ☐の【皮算用】	狸	不確実なものをあてにして計画をたてること。
㉔	☐は【甲羅】に似せて穴を掘る	蟹	人は分相応の行いをするものだ。
㉕	【泣きっ面】に☐	蜂	不運な人にさらに不幸がかさなること。

52

☐	㉖	能ある□は【爪】を隠す	鷹	実力あるものはそれをむやみにひけらかさないものだ。
☐	㉗	□の【川流れ】	河童	達人も時には失敗する。
☐	㉘	□も歩けば【棒】に当たる	犬	何かすれば災い(幸い)にあうものだ。
☐	㉙	二□を【追う者】は一□をも得ず	兎(と)、兎	二つのことを同時にしようとすると両方失敗する。
☐	㉚	【一寸】の□にも【五分】の魂	虫	弱いものにも意地があるから侮ってはいけない。
☐	㉛	□にひかれて【善光寺】参り	牛	偶然によって良い方に導かれるたとえ。
☐	㉜	【鶏口】となるとも□後となるなかれ	牛	大集団の一構成員より小集団であっても長となれ。
☐	㉝	□脚を【露(あらわ)す】	馬	ばけの皮がはがれる。
☐	㉞	【はきだめ】に□	鶴	むさくるしい場所に似つかず優れたものがいるたとえ。
☐	㉟	□頭を掲げて【狗肉(くにく)】を売る	羊	見かけは立派でも、中身が伴わないたとえ。
☐	㊱	飼い□に【手】をかまれる	犬	情けをかけたものに裏切られるたとえ。
☐	㊲	【九】□の【一】毛	牛	きわめて多くの中のほんの小さいもののたとえ。
☐	㊳	□の【一声】	鶴	権威ある人の一声。
☐	㊴	□子にも【衣装】	馬	誰でも飾れば立派に見える。
☐	㊵	【やぶ】をつついて□を出す	蛇	よけいなことをして困った事態になるたとえ。
☐	㊶	【まな板】の□	鯉	なんとも逃げ場のない状況のたとえ。
☐	㊷	□に【論語】	犬	道理を言い聞かせても益のないたとえ。
☐	㊸	【門前】□羅(ら)を張る	雀(じゃく)	非常にさびれているたとえ。
☐	㊹	人間万事【塞翁(さいおう)】が□	馬	世の幸不幸は定めがたいたとえ。
☐	㊺	【牛刀】を以て□を割く	鶏	些細なことを処理するのにおおげさな手段は無用ということ。
☐	㊻	□を追うものは【山】を見ず	鹿	目前の利益を得るのに夢中になっている者は他を顧みなくなる。
☐	㊼	□の面に【水】	蛙	どんな仕打ちにもしゃあしゃあとしている厚かましい様子。
☐	㊽	生き□の【目】を抜く	馬	他人を出し抜いて素早く利益を得るさま。
☐	㊾	【牛の角】を□が刺す	蜂	手応えがないこと。何も感じず平気なことのたとえ。
☐	㊿	六日の【菖蒲(あやめ)】十日の□	菊	時機にあわず役に立たない物のたとえ。
☐	(51)	□田(でん)に沓(くつ)を【入れず】	瓜(か)	疑われやすい行為は避けるほうがよい。
☐	(52)	【火中】の□を拾う	栗	他人の利益のために危険を冒すこと。
☐	(53)	□は【小粒】でもぴりりと辛い	山椒(さんしょう)	小さくても侮れない才能を持つ人のたとえ。
☐	(54)	□のつるに【茄子】はならぬ	瓜	凡人の親からは非凡な子は生まれない。

■空欄に当てはまる言葉を入れて、ことわざを完成させなさい。

- ❶ 【禍福】はあざなえる□□のごとし 　縄　この世の幸不幸は変転する。
- ❷ □□は【寝て】待て 　果報　あせらず幸運を待つのが良いということ。
- ❸ □□も【山の】にぎわい 　枯れ木　つまらないものでもないよりはまし。
- ❹ □□より【産む】が易し 　案ずる　実際に行動してみると案外たやすいことのたとえ。
- ❺ 郷に【入っては】□□ 　郷に従え　住んでいる土地の習慣に従う。
- ❻ 【瓢簞】から□□ 　駒　意外な所から意外な結果が生じるたとえ。
- ❼ □□の【不養生】 　医者　人には立派なことを言って、自分では実行しないこと。
- ❽ 転がる【石】には□□が生えぬ 　苔　仕事を転々とする人は経験を積むことができず能力を発揮できない。
- ❾ 【壁】に耳あり□□に目あり 　障子　密談は漏れやすいということ。
- ❿ 遠くの□□より近くの【他人】 　親戚　いざというときには親戚より近くの他人の方が頼りになる。
- ⓫ 【背】に□□はかえられぬ 　腹　より重要なことのために他を顧みるゆとりがない。
- ⓬ 三人よれば【文殊】の□□ 　知恵　愚者も三人集まれば良い知恵がでる。
- ⓭ 【袖】振り合うも□□の縁 　他生　すべての出来事は宿縁によるということ。
- ⓮ 【紺屋】の□□ 　白袴　他人のために忙しく自分を顧みるゆとりがない。
- ⓯ 【灯台】□□暗し 　下　あまりに近くのことはかえってわからない。
- ⓰ 【出る】□□は打たれる 　杭　人に抜きん出ているものは憎まれやすい。
- ⓱ 【朱】に交われば□□なる 　赤く　人は友人に影響されやすいものだ。
- ⓲ 憎まれっ子【世に】□□ 　はばかる　人に憎まれる人間が世間ではばをきかす。
- ⓳ 【他山】の□□ 　石　自分の知徳を磨く助けとなる自分より劣っている他人の言行。
- ⓴ 待てば□□の【日和】あり 　海路　待っていれば幸運がやってくる。
- ㉑ □□【石を】穿つ 　雨垂れ　根気よく続ければことは成就する
- ㉒ 雨【降って】地□□ 　固まる　変事のあとはかえって基礎が固まる。
- ㉓ 人の【噂】も□□ 　七十五日　世間の評判は長く続かない。
- ㉔ 【後悔】□□に立たず 　先　後で悔いても無駄だ。
- ㉕ 【地獄】の沙汰も金□□ 　次第　金は万能である。
- ㉖ 【長い】物には□□ 　巻かれろ　勝ち目のないものには従っているほうが得である。
- ㉗ □□の顔も【三】度 　仏　いかに温和な人でも度重なる不義理には怒りだす。
- ㉘ 【糠】に□□ 　釘　手応えがまったくないさまのたとえ。

54

❷⑨	□多くして船【山にのぼる】	船頭	仕切る人間が多いと物事はうまくいかない。
❸⓪	□は【大怪我】のもと	生兵法	少しばかりその道のことを知っているものがかえって大失敗する。
❸①	□作って【魂】入れず	仏	ほとんど完成しているのに一番肝心な点が欠けていること。
❸②	【釈迦】に□	説法	よく知っている人には、何も口出しする必要のないたとえ。
❸③	【引かれ者】の□	小唄	負け惜しみの強いさま。
❸④	【悪事】□を走る	千里	悪い行いはすぐに世間に知れ渡る。
❸⑤	□から【ぼた餅】	棚	思いがけない幸運に巡りあう。
❸⑥	【箸】にも□にもかからぬ	棒	お話にならないもののたとえ。
❸⑦	□にも【三】分の理	盗人	どんなことにも理屈はこじつけられるものだ。
❸⑧	【焼け石】に□	水	わずかすぎて効果が得られないたとえ。
❸⑨	【頭】隠して□	尻隠さず	一部分だけ隠して全体を隠したつもりでいること。
❹⓪	【弘法】も筆の□	誤り	どんな達人でも時には失敗する。
❹①	【蒔かぬ】□は生えぬ	種	何もしないで良い結果を期待しても無駄だ。
❹②	【身】から出た□	錆	自業自得。
❹③	□の【冷や水】	年寄り	老人が年に似合わぬ危ういことをすること。
❹④	□に【帆】をあげる	得手	好機を利用する。または得意なことを調子づいて行う。
❹⑤	【江戸】の敵を□で討つ	長崎	意外なことで、または筋違いなところで仕返しをする。
❹⑥	□に【提灯】	月夜	無駄なもののたとえ。
❹⑦	□は【風】に折らる	高木	高い地位にある人は嫉妬の対象になりやすい。
❹⑧	鬼も【十八】、□も出花	番茶	どんなものでも盛りは美しいものだ。
❹⑨	三つ子の【魂】□	百まで	幼いときの性質はずっと変わらない。
❺⓪	□に【唾】をつける	眉	だまされないように用心する。
❺①	□の轍を【踏む】	前車	前を行く人と同じ過ちを繰り返すこと。
❺②	□の【火事】	対岸	人ごとで気にかけないもののたとえ。
❺③	【石】の上にも□	三年	辛抱強く我慢していれば必ず成功する。
❺④	□子に教えられて【浅瀬】を渡る	負うた	時には自分より未熟な人物から教えられることもある。
❺⑤	□が吹けば【桶屋】が儲かる	風	意外な結果を生むこと。またあてにならないものを期待すること。
❺⑥	□の【明後日】	紺屋	あてにならない約束のたとえ。
❺⑦	帯に【短し】襷に□	長し	中途半端でものの役にたたない。

■次の( )のうち、正しい方を選びなさい。

❶	的を（射た／得た）指摘	射た
❷	三日に（あげず／あけず）	あげず
❸	（あからさま／あらかさま）	あからさま
❹	（物議を／議論を）かもす	物議を
❺	（乗るか／伸るか）そるか	伸るか
❻	（何／名に）しおう	名に
❼	濡れ手で（粟／泡）	粟
❽	万事（窮す／休す）	休す
❾	是が（非でも／否でも）	非でも
❿	（風上／風下）にもおけない	風上
⓫	（素人／玄人）はだし	玄人
⓬	（素人／玄人）ばなれ	素人
⓭	（愛想を／愛嬌を）振りまく	愛嬌を
⓮	（愛想を／愛嬌を）尽かす	愛想を
⓯	怒り心頭に（達する／発する）	発する
⓰	辛酸を（なめる／味わう）	なめる
⓱	古式（ゆかしく／豊かに）	ゆかしく
⓲	怪我の（功名／巧妙）	功名
⓳	（頭の／目の）上のたんこぶ	目の
⓴	目くじらを（たてる／あげる）	たてる
㉑	取り付く（島も／ひまも）ない	島も
㉒	（自分を／他人を）卑下する	自分を
㉓	苦言を（呈する／達する）	呈する
㉔	（刮目して／瞠目して）待つ	刮目して
㉕	死ぬに（死ねない／死なれぬ）	死なれぬ
㉖	（人工／人口）に膾炙する	人口
㉗	柳眉を（上げる／逆立てる）	逆立てる
㉘	その大役、私では（力不足／役不足）です	力不足

56

□ ㉙ 寸暇を（惜しまず／惜しんで）働く	惜しんで
□ ㉚ （足元／足）をすくう	足
□ ㉛ 白羽の矢を（立てる／当てる）	立てる
□ ㉜ （上へ／上を）下への大騒ぎ	上を
□ ㉝ 合いの手を（打つ／入れる）	入れる
□ ㉞ 間髪を（容れず／移さず）	容れず
□ ㉟ 熱に（うなされる／浮かされる）	浮かされる
□ ㊱ 押しも（押されぬ／押されもせぬ）	押されもせぬ
□ ㊲ 三十六計逃げる（が勝ち／に如かず）	に如かず
□ ㊳ 歯に（絹／衣）着せず	衣
□ ㊴ （口／舌）先三寸	舌
□ ㊵ （激／檄）を飛ばす	檄
□ ㊶ 眉を（顰める／しかめる）	顰(ひそ)める
□ ㊷ （昔日／今昔）の感にうたれる	今昔
□ ㊸ 公算が（大きい／強い）	大きい
□ ㊹ 二の句が（出ない／継げない）	継げない
□ ㊺ （梨下／李下）に冠を正さず	李下
□ ㊻ 明るみに（なった／出る）	出る
□ ㊼ 目から鼻（に抜けた／へ抜ける）	へ抜ける
□ ㊽ 二の（舞／足）を踏む	足
□ ㊾ 苦杯（を喫する／にまみれる）	を喫する
□ ㊿ くしの歯が（抜ける／欠ける）ように	欠ける
□ (51) 溜飲を（下げる／晴らす）	下げる
□ (52) 雪辱を（晴らす／果たす）	果たす
□ (53) （二つ／一つ）返事で引き受ける	二つ
□ (54) けんも（ほろほろ／ほろろ）	ほろろ
□ (55) （まなじり／目尻）を決す	まなじり
□ (56) （刀／矢）折れ（刀／矢）尽きる	刀、矢
□ (57) 食指を（そそる／動かす）	動かす

❶【一姫二太郎】
A.子どもは女の子一人と男の子二人が良い
B.子どもは一人目女の子、二人目男の子が良い

B ▶育てやすさから見た子どもの順番をいう。

❷【水も漏らさぬ】
A.非常に警戒が厳しい
B.非常な倹約家である

A ▶非常に親密である様子にも使う。

❸【情けは人のためならず】
A.情けをかけるのは人のためにならない
B.情けをかけると自分のためになる

B ▶人に情けをかけると巡りめぐって自分に良い報いがある意。

❹【気が置けない】
A.気が許せる
B.気が許せない

A ▶気遣いしなくても良い意。

❺【流れに棹さす】
A.大勢のまま進む
B.時流に逆らう

A ▶棹を使って流れを下る意。

❻【ぞっとしない】
A.感心する
B.感心しない

B ▶「ぞっと」はここでは「強く感動する」意。

❼【満更でもない】
A.まったく満足していない
B.まあ悪くない

B ▶一般にはかなり気に入っているときに使う。

❽【よってきたる所以である】
A.結論としてこうなる
B.元々の原因はこうである

B ▶漢字では「由って来たる」と表記する。

❾【住めば都】
A.住むなら何と言っても都会が便利だ
B.いったん住んだらそこがそれなりに良く思えてくる

B ▶都＝良いところ。

❿【よんどころなし】
A.しょうがない
B.よりどころのない

A ▶漢字では「拠ん所無し」。

⓫【やぶさかでない】
A.しょうがなく行う
B.快く行う

B ▶努力を惜しまない意。やぶさか＝けち。

⓬【琴線に触れる】
A.非常に怒る
B.感動する

B ▶Aは「逆鱗（げきりん）に触れる」。

⓭【屈託がない】
A.くよくよしない
B.無邪気である

A ▶「子どもは屈託がない」「屈託がない笑顔」など。

⓮【禁じざるを得ない】
A.禁じる
B.禁じない

A ▶二重否定で肯定となる。

⑮	【木で鼻をくくる】	A.無愛想にあしらう B.急いで行く	A	▶使用例「木で鼻をくくったような応対」。
⑯	【押っ取り刀】	A.ゆっくりと構える B.大急ぎで駆け付ける	B	▶手に取った刀を腰に差す間もないほど大急ぎで行くこと。
⑰	【画餅に帰す】	A.役に立たない B.成功する	A	▶画餅は絵に描いた餅のこと。役に立たないことのたとえ。
⑱	【口を糊する】	A.やっとの生活をする B.おしだまって口外しない	A	▶同じ意味で「糊口を凌ぐ」とも言う。
⑲	【小春日和】	A.春らしいポカポカ陽気 B.初冬の暖かく穏やかな日	B	▶初冬ながら春に似た日和が続くことで、春のことではない。
⑳	【一敗地に まみれる】	A.こてんぱんに負ける B.一度だけ負ける	A	▶再起不能なほど、さんざんに負けること。
㉑	【語るに落ちる】	A.語り手の話に納得する B.うっかり本音を話す	B	▶話しているうちに、自分でうっかり真実を言ってしまうこと。
㉒	【へそで茶を 沸かす】	A.突飛で大胆だ B.ばかばかしいほどおかしい	B	▶「へそが宿替えする」「へそが茶を沸かす」とも。
㉓	【秋風が立つ】	A.男女間の愛情が冷める B.すっかり涼しくなる	A	▶「秋」を「飽き」にかけている。
㉔	【獅子身中の虫】	A.集団の中の中心人物 B.内部にいて害をなすもの	B	▶獅子の体内に寄生して、獅子を死に至らせる虫の意味。
㉕	【相好を崩す】	A.顔をほころばせる B.しかめっつらをする	A	▶相好=そうごう。顔つきや表情のこと。
㉖	【秋波を送る】	A.寂しさを訴える B.色目を使う	B	▶秋波は、異性の気をひこうとする女性の艶やかな目つき。
㉗	【薄紙をはぐよう】	A.病気が少しずつよくなるさま B.何事もていねいにやる様子	A	▶使用例「薄紙をはぐように元気になる」。
㉘	【あつものに懲り てなますを吹く】	A.失敗に懲りて慎重になる B.失敗を糧にうまく乗り切る	A	▶前の失敗に懲りて、必要以上の用心をすること。
㉙	【愁眉を開く】	A.心配になる B.安心する	B	▶愁眉=心配事があるためにしかめる眉。

■次の( )内の選択肢のうち、正しい仮名遣いを答えなさい。

❶	(とうい/とおい)国へ行ってみたい。	とおい
❷	(じめん/ぢめん)がまだ濡れている。	じめん
❸	美術館を(おとずれる/おとづれる)。	おとずれる
❹	一個(ずつ/づつ)に分けてください。	ずつ
❺	彼の言う(とおり/とうり)。	とおり
❻	(いちじるしい/いちぢるしい)差異がある。	いちじるしい
❼	どこで(つまづいた/つまずいた)のだろう。	つまずいた
❽	(つねずね/つねづね)そう思っていた。	つねづね
❾	(おうぜい/おおぜい)の人が買いに来た。	おおぜい
❿	あれは田中さんと(いう/ゆう)人だ。	いう
⓫	正しい言葉(ずかい/づかい)をしよう。	づかい
⓬	空に(みかずき/みかづき)が出ている。	みかづき
⓭	事が(おうやけ/おおやけ)になる。	おおやけ
⓮	コーラに(こおり/こうり)を入れる。	こおり
⓯	(おうせ/おおせ)の通りです。	おおせ
⓰	(おおさま/おうさま)にお目にかかる。	おうさま
⓱	(こずつみ/こづつみ)が届く。	こづつみ
⓲	洗濯でシャツが(ちじんだ/ちぢんだ)。	ちぢんだ
⓳	軽く(うなずいた/うなづいた)。	うなずいた
⓴	(こんにちは/こんにちわ)。	こんにちは
㉑	子ども(ずれ/づれ)の客。	づれ
㉒	電車が(ちかづいて/ちかずいて)きた。	ちかづいて
㉓	空が(ぐづつく/ぐずつく)。	ぐずつく
㉔	(おおぎ/おうぎ)を持って舞う。	おうぎ
㉕	極彩色の(おおむ/おうむ)。	おうむ
㉖	(取っては/取ってわ)投げる。	取っては

次の年齢を答えなさい。

❶	【卒寿】(そつじゅ)	90歳	「卒」の異体字「卆」が「九十」と読み取れることから。
❷	【弱冠】(じゃっかん)	20歳	古代中国で20歳男子を「弱」と称し、冠をかぶったことから。
❸	【古希(稀)】(こき)	70歳	杜甫の詩句「人生七十古来稀なり」より。
❹	【不惑】(ふわく)	40歳	「論語」より。
❺	【幼学】(ようがく)	10歳	「礼記(らいき)」より。
❻	【知命】(ちめい)	50歳	「論語」より。「天命を知る」の意。
❼	【喜寿】(きじゅ)	77歳	「喜」の草書体から。
❽	【白寿】(はくじゅ)	99歳	「百」から「一」を取ると「白」となることから。
❾	【而立】(じりつ)	30歳	「論語」より。
❿	【還暦】(かんれき)	60歳	生まれた年の干支に還ることから。
⓫	【志学】(しがく)	15歳	「論語」より。
⓬	【耳順】(じじゅん)	60歳	「論語」より。「聞いた事を素直に理解できる」の意。
⓭	【米寿】(べいじゅ)	88歳	「米」の字を分解すると「八十八」となるから。
⓮	【桑年】(そうねん)	48歳	桑の異体字「桼」が4つの十と八に分けられるところから。

次の月の異称を答えなさい。

❶	【二】月	如月 (きさらぎ)
❷	【十二】月	師走 (しわす)
❸	【四】月	卯月 (うづき)
❹	【八】月	葉月 (はづき・はつき)
❺	【五】月	皐月・早月 (さつき)
❻	【九】月	長月 (ながつき・ながづき)
❼	【十】月	神無月 (かんなづき・かみなづき)
❽	【六】月	水無月 (みなづき・みなつき)
❾	【三】月	弥生 (やよい)
❿	【七】月	文月 (ふづき・ふみづき・ふつき)
⓫	【一】月	睦月 (むつき)
⓬	【十一】月	霜月 (しもつき)

■次の各問の数え方を例にならって答えなさい。(例:いか→一杯)

❶	いす	一脚 (いっきゃく)	⑮	背広	一着
❷	うさぎ	一羽(一匹) (いちわ)	⑯	川柳	一句
❸	うどん	一把(一玉) (いちわ)	⑰	たらこ	一腹 (ひとはら)
❹	絵画	一幅(一枚) (いっぷく)	⑱	たんす	一棹(竿) (ひとさお)
❺	鏡	一面	⑲	机	一脚
❻	掛け軸	一幅 (いっぷく)	⑳	鉄砲	一挺(丁) (いっちょう)
❼	カップ+ソーサー	一客 (いっきゃく)	㉑	豆腐	一丁
❽	カメラ	一台	㉒	海苔十枚 (のり)	一帖 (いちじょう)
❾	かんな	一挺 (いっちょう)	㉓	俳句	一句
❿	寄付	一口 (ひとくち)	㉔	墓	一基 (いっき)
⓫	靴下	一足	㉕	はさみ	一挺(丁) (いっちょう)
⓬	ざるそば	一枚	㉖	箸 (はし)	一膳 (いちぜん)
⓭	吸い物	一椀 (ひとわん)	㉗	屏風 (びょうぶ)	一隻(一双) (いっせき) (いっそう)
⓮	相撲	一番	㉘	弓	一張 (いっちょう)

■次の日付を二十四節気で答えなさい。※日付は年によって変動する。

❶	【2月4日】	立春 (りっしゅん)	⑬	【8月8日】	立秋 (りっしゅう)
❷	【2月19日】	雨水 (うすい)	⑭	【8月23日】	処暑 (しょしょ)
❸	【3月6日】	啓蟄 (けいちつ)	⑮	【9月8日】	白露 (はくろ)
❹	【3月21日】	春分 (しゅんぶん)	⑯	【9月23日】	秋分 (しゅうぶん)
❺	【4月5日】	清明 (せいめい)	⑰	【10月8日】	寒露 (かんろ)
❻	【4月20日】	穀雨 (こくう)	⑱	【10月23日】	霜降 (そうこう)
❼	【5月6日】	立夏 (りっか)	⑲	【11月8日】	立冬 (りっとう)
❽	【5月21日】	小満 (しょうまん)	⑳	【11月22日】	小雪 (しょうせつ)
❾	【6月6日】	芒種 (ぼうしゅ)	㉑	【12月7日】	大雪 (たいせつ)
❿	【6月21日】	夏至 (げし)	㉒	【12月22日】	冬至 (とうじ)
⓫	【7月7日】	小暑 (しょうしょ)	㉓	【1月5日】	小寒 (しょうかん)
⓬	【7月23日】	大暑 (たいしょ)	㉔	【1月20日】	大寒 (だいかん)

次の名数が表すものを答えなさい。

❶	三景	松島、厳島（いつくしま）、天橋立（あまのはしだて）
❷	御三家	尾張家、水戸家、紀伊家
❸	三奉行	勘定奉行、寺社奉行、町奉行
❹	三大洋	太平洋、大西洋、インド洋
❺	三大発明	火薬、羅針盤、活版印刷
❻	三冠王	首位打者、ホームラン王、打点王
❼	大和三山	畝傍山（うねび）、天香具山（あまのかぐ）、耳成山（みみなし）
❽	三種の神器	八咫鏡（やたのかがみ）、草薙剣（くさなぎのつるぎ）（天叢雲剣（あめのむらくものつるぎ））、八尺（坂）瓊勾玉（やさか（さか）にのまがたま）
❾	三宝	仏、法、僧
❿	四大文明	エジプト、インダス、メソポタミア、黄河
⓫	四書	大学、中庸（ちゅうよう）、論語、孟子（もうし）
⓬	五経	易経（えききょう）、書経（しょけい）、詩経（しきょう）、礼記（らいき）、春秋（しゅんじゅう）
⓭	五街道	東海道、中山道、日光街道、奥州街道、甲州街道
⓮	五行	木、火、土、金、水
⓯	五感	視覚、聴覚、嗅覚、味覚、触覚
⓰	五臓六腑	五臓…肝臓、心臓、脾臓、肺臓、腎臓（ひぞう／じんぞう） 六腑（ろっぷ）…大腸、小腸、胆、胃、三焦、膀胱（さんしょう／ぼうこう）
⓱	五穀	稲、きび（ひえ）、麦、粟（あわ）、豆
⓲	五色	青、黄、赤、白、黒
⓳	京都五山	天竜寺（てんりゅうじ）、相国寺（しょうこくじ）、建仁寺（けんにんじ）、東福寺（とうふくじ）、万寿寺（まんじゅじ）
⓴	鎌倉五山	建長寺（けんちょうじ）、円覚寺（えんがくじ）、寿福寺（じゅふくじ）、浄智寺（じょうちじ）、浄妙寺（じょうみょうじ）
㉑	六書（りくしょ）	象形（しょうけい）、指事（しじ）、会意（かいい）、形声（けいせい）、仮借（かしゃ）、転注（てんちゅう）
㉒	六法	憲法、民法、商法、刑法、民事訴訟法、刑事訴訟法
㉓	六歌仙	在原業平（ありわらのなりひら）、小野小町（おののこまち）、僧正遍昭（そうじょうへんじょう）、喜撰法師（きせんほうし）、大友黒主（おおとものくろぬし）、文屋康秀（ふんやのやすひで）
㉔	六曜	先勝（せんしょう）、友引（ともびき）、先負（せんぶ）、仏滅（ぶつめつ）、赤口（しゃっこう）、大安（たいあん）
㉕	七福神	大黒天（だいこくてん）、恵比寿（えびす）、毘沙門天（びしゃもんてん）、弁財天（べんざいてん）、福禄寿（ふくろくじゅ）、寿老人（じゅろうじん）、布袋（ほてい）
㉖	七草	春…芹（せり）、ナズナ、ゴギョウ、ハコベラ、ホトケノザ、スズナ、スズシロ 秋…萩（はぎ）、薄（尾花）（すすき／おばな）、葛（くず）、撫子（なでしこ）、女郎花（おみなえし）、藤袴（ふじばかま）、朝顔（桔梗）（あさがお／ききょう）

■【 】内の赤字部分が、尊敬語、謙譲語、丁寧語のうちのどれに当たるかを答え、あわせて普通の言い方に直しなさい。

❶	まあ、そう【おっしゃらず】。	尊敬語	言わず
❷	先日、【お伺いいたしました】田中と申します。	謙譲語	訪問した
❸	先日、お伺いいたしました田中と【申します】。	謙譲語+丁寧語	言う
❹	どうぞ、【召し上がって】ください。	尊敬語	食べて
❺	はい、鈴木で【ございます】。	丁寧語	ある
❻	どうも【お困りのよう】ですね。	尊敬語	困っているよう
❼	どうぞ、【ご覧下されば】と思います。	尊敬語	見れば
❽	どうぞ、ご覧【頂ければ】と思います。	謙譲語	(見て)くれれば
❾	はい、佐藤は【おります】。	丁寧語	いる
❿	ぜひ、【拙宅】においでください。	謙譲語	自宅(私の家)
⓫	ぜひ、拙宅に【おいで】ください。	尊敬語	来て
⓬	どう【なさった】の。	尊敬語	した
⓭	お菓子を【差し上げる】。	謙譲語	あげる
⓮	母が、そう【申して】おりました。	謙譲語	言って
⓯	【愚妻】と園芸などして楽しんでおります。	謙譲語	妻
⓰	お客様が【いらした】ようです。	尊敬語	来た
⓱	1つ【伺って】よろしいですか。	謙譲語	聞いて(問うて)
⓲	そうではないかと【愚考して】おります。	謙譲語	考えて
⓳	【お考え】をお聞かせ頂けますか。	尊敬語	考え
⓴	お考えを【お聞かせ】頂けますか。	尊敬語	言って(聞かせて)
㉑	【お帰りになる】前にお見せしたいです。	尊敬語	帰る
㉒	おいしいお土産を【いただいた】。	謙譲語	もらった
㉓	田中さんに【お目にかかりたい】のですが。	謙譲語	会いたい
㉔	奥様は【ご在宅】ですか。	尊敬語	在宅
㉕	まあ、【お似合いになる】わ。	尊敬語	似合う

㉖	赤を【お召しになる】とお映りになりますね。	尊敬語　着る
㉗	【弊社】は明日休業致します。	謙譲語　当社
㉘	作品を【拝見して】から考えます。	謙譲語　見て
㉙	失礼ですが、あなたは【どなた】ですか。	丁寧語　だれ
㉚	去年イギリスへ【いらっしゃった】の。	尊敬語　行った
㉛	明日、【参ります】。	謙譲語＋丁寧語　行く

■次の言葉の尊敬語を答えなさい。

❶	寝る	お休みになる
❷	食べる	召し上がる、お上がりになる
❸	する	なさる
❹	行く	いらっしゃる、お見えになる、おいでになる
❺	来る	いらっしゃる、お見えになる、おいでになる
❻	くれる	くださる
❼	見る	ご覧になる、ご覧なさる
❽	言う	おっしゃる
❾	着る	お召しになる
❿	きみたち	あなたがた

■次の言葉の謙譲語を答えなさい。

❶	会う	お目にかかる
❷	息子	愚息、豚児
❸	見る	拝見する
❹	言う	申す、申し上げる
❺	する	いたす
❻	行く	参る、参上する、伺う
❼	食べる	頂く
❽	あげる	差し上げる
❾	見せる	ご覧にいれる、お目にかける

■次の文中の敬語の使い方が正しければ○を、間違っていれば正しい敬語に直しなさい。

❶ いえいえ、とんでもございません。

とんでもございません→とんでもないことでございます
「とんでもない」で一語の形容詞なので、「ない」を一語と扱って「ございません」とするのは誤り。

❷ このたびは、たいそうお不便をおかけしました。

お不便→ご不便
漢語を丁寧にするには、一般的には「ご」をつける。

❸ 昨日、山田様がお見えになりました。

○
「お見えになる」のかわりに「いらっしゃる」でも良い。

❹ 次に人参を切ってあげてください。

切ってあげて→切って
ものには「あげる」は使わない。

❺ お考えをお聞かせ頂ければ幸いです。

○
「お聞かせ下されば」でも良い。

❻ 先生が、ぼくに紅茶をお差し上げになった。

お差し上げに→下さった
「差し上げる」は「あげる／やる」の謙譲語。

❼ このお菓子、息子が頂いてもお気になさいませんか。

○

❽ お客様の中でお忘れ物をなさった方はございませんか。

ございませんか→いらっしゃいませんか
「ございます」は単なる丁寧語なので、この場合は尊敬語を使うのが適切。

❾ 佐藤社長は、いまどちらにおられますか。

おられますか→いらっしゃいますか
「おります」は「います」の丁寧な言い方だが、自分の行為についていう言葉。

❿ 母は、そのことをご存じ致しDておりません。

ご存じ致して→存じて
「ご存じ」は尊敬語。

⓫ お母様がお伺いしたいと申しておりました。

お母様→母
「お母様」等は身内での会話以外には使わない。

⓬ 弊社の中村にお伺いになってみて頂けますか。

お伺いに→お聞きに
「伺う」は謙譲語。

⓭ つまらないものですが、どうぞ頂いてください。

頂いて→召し上がって、お上がりになって
「頂いて」は謙譲語。

☐ ⑭ お車が参っております。	○ この「参る」は「来る」の謙譲語。
☐ ⑮ そこまで一緒に 参りましょう。	○ この「参る」は「行く」の謙譲語。
☐ ⑯ 先輩、ご苦労さまでした。	ご苦労さまでした→**おつかれさまでした** 「ご苦労さま」は、目上の人に対しては使わない。
☐ ⑰ お求めやすい価格で 大御奉仕!	お求めやすい→**お求めになりやすい** 「〜やすい」という形容詞の尊敬語は「お〜になりやすい」。 「過ごしやすい」「入りやすい」「買いやすい」等も同様。
☐ ⑱ 私の説明でご納得頂けたら 嬉しいのですが。	○ 「ご納得」は尊敬語。「頂く」は謙譲語。
☐ ⑲ 弊社の社長鈴木が、御社に いらっしゃりたいのですが。	いらっしゃりたい→**お伺いしたい** 社外に向けては、社内の人間の行為すべてに謙譲語 を使う。
☐ ⑳ 今、何と申されましたか。	申されましたか→**おっしゃいましたか** 「申す」は謙譲語。
☐ ㉑ 以上の説明でおわかりにな られたでしょうか。	おわかりになられた→**おわかりになりました** 「おわかりになられる」は、「おわかりになる」と「… (ら)れる」の2つの尊敬語が重なった二重敬語。
☐ ㉒ ごゆっくり拝見なさってく

ださいませ。 | 拝見なさって→**ご覧になって**
「拝見する」は謙譲語。 |
☐ ㉓ どうぞご遠慮なく 召し上がれ。	○
☐ ㉔ ご意見を承りくださいませ。	承り→**お聞かせ**
☐ ㉕ 老婆心ながら、一言ご忠告 申し上げます。	○
☐ ㉖ 高橋様をご案内して差し上 げてください。	○ 「案内する」→「ご案内する」、「あげる」→「さしあげる」 はそれぞれ謙譲語で、これらを敬語の連結という。
☐ ㉗ 寒い日が続きますが、いか が過ごしておられますか。	過ごしておられますか →**お過ごしでいらっしゃいますか** →**お過ごしですか**

国語 11 俳句・短歌・詩

■ 次の俳句の作者名を答えなさい。

☐ ❶	【古池】や　蛙とびこむ　水の音	松尾芭蕉
☐ ❷	春の海　【ひねもす】　のたりのたりかな	与謝蕪村
☐ ❸	われと来て　遊べや　【親のない雀】	小林一茶
☐ ❹	梅一輪　一輪ほどの　【暖かさ】	服部嵐雪
☐ ❺	柿くへば　鐘が鳴るなり　【法隆寺】	正岡子規
☐ ❻	名月や　池をめぐりて　【夜もすがら】	松尾芭蕉
☐ ❼	降る雪や　【明治は】　遠くなりにけり	中村草田男
☐ ❽	行水の　捨てどころなし　【虫の声】	上島鬼貫
☐ ❾	しずかさや　【岩にしみいる】　せみの声	松尾芭蕉
☐ ❿	めでたさも　ちゅう位なり　【おらが春】	小林一茶
☐ ⓫	【遠山に】　日の当りたる　枯野かな	高浜虚子
☐ ⓬	さみだれを　集めて【はやし】　最上川	松尾芭蕉
☐ ⓭	分け入っても　分け入っても　【青い山】	種田山頭火
☐ ⓮	あら海や　佐渡に横たふ　【天の川】	松尾芭蕉
☐ ⓯	【島々に】　灯をともしけり　春の海	正岡子規
☐ ⓰	目には青葉　山ほととぎす　【初鰹】	山口素堂
☐ ⓱	赤い椿　白い椿と　【落ちにけり】	河東碧梧桐
☐ ⓲	夏草や　兵どもが　【夢のあと】	松尾芭蕉
☐ ⓳	菜の花や　月は東に　【日は西に】	与謝蕪村
☐ ⓴	朝顔に　釣瓶とられて　【もらひ水】	加賀千代女
☐ ㉑	やせ蛙　【負けるな】一茶　これにあり	小林一茶
☐ ㉒	いくたびも　雪の深さを　【尋ねけり】	正岡子規
☐ ㉓	秋深き　【隣は何を】　する人ぞ	松尾芭蕉
☐ ㉔	万緑の中や　【吾子の歯】　生えそむる	中村草田男
☐ ㉕	【咳】をしても一人	尾崎放哉
☐ ㉖	朝立や　馬のかしらの　【天の川】	内藤鳴雪

■ 次の短歌の作者名を答えなさい。

1 しろがねも くがねも 玉も 何せむに 【勝れる宝】 子に しかめやも
山上憶良 生没:660-733年頃
「万葉集」所収。

2 田子の浦ゆ うち出でて見れば 真白にぞ 富士の高嶺に 【雪は降りける】
山部赤人 生没年未詳
「万葉集」所収。

3 春過ぎて 夏来たるらし 白妙の 衣乾したり 【天の香具山】
持統天皇 生没:645-702年
「万葉集」所収。

4 天の原 ふりさけみれば 春日なる 三笠の山に 【出でし月かも】
阿倍仲麻呂 生没:698-770年
「古今和歌集」所収。
小倉百人一首。

5 秋来ぬと 目にはさやかに 見えねども 【風の音にぞ 驚かれぬる】
藤原敏行 生年未詳-901年頃
「古今和歌集」所収。

6 袖ひちて むすびし水の こほれるを 【春立つけふの 風やとくらむ】
紀貫之 生没:868年頃-945年頃
「古今和歌集」所収。

7 ひさかたの 光のどけき 春の日に 【静心なく 花の散るらむ】
紀友則 生没年未詳
「古今和歌集」所収。
小倉百人一首。

8 世の中に 絶えて 桜のなかりせば 【春の心は のどけからまし】
在原業平 生没年未詳
「古今和歌集」所収。

9 花の色は うつりにけりな いたづらに 【我が身世にふる ながめせしまに】
小野小町 生没年未詳
「古今和歌集」所収。
小倉百人一首。

10 やは肌の あつき血汐に ふれも見で 【さびしからずや 道を説く君】
与謝野晶子 生没:1878-1942年
「みだれ髪」所収。

11 はたらけど はたらけどなほ わが生活 【楽にならざり ぢっと手を見る】
石川啄木 生没:1886-1912年
「一握の砂」所収。

12 「この味がいいね」と 君が言ったから 【七月六日は サラダ記念日】
俵万智 生没:1962年-
「サラダ記念日」所収。

13 幾山河 こえさりゆかば さびしさの 【はてなん国ぞ 今日も旅ゆく】
若山牧水 生没:1885-1928年
「海の声」所収。

14 心なき 身にもあはれは 知られけり 【鴫立つ沢の 秋の夕暮れ】
西行法師 生没:1118-1190年
「新古今和歌集」所収。

■ 次の詩の一部を抜き出したものを読み、作者名を答えなさい。

☐ ❶ 【小諸なる】古城のほとり
雲白く遊子悲しむ

島崎藤村 生没:1872-1943年
「千曲川旅情の歌」の一節。

☐ ❷ ふらんすへ行きたしと思へども
ふらんすは【あまりに遠し】

萩原朔太郎 生没:1886-1942年
「純情小曲集」所収の「旅上」冒頭。その他の詩集に「月に吠える」。

☐ ❸ ああ、弟よ、君を泣く、
【君死にたまふことなかれ】。

与謝野晶子 生没:1878-1942年
「君死にたまふことなかれ」の一節。日露戦争へ出征する弟を思う詩。

☐ ❹ 薔薇ノ木ニ【薔薇ノ花咲ク】
ナニゴトノ不思議ナケレド。

北原白秋 生没:1885-1942年
「薔薇二曲」の一節。詩集に「邪宗門」。

☐ ❺ 汚れっちまった悲しみに
【今日も小雪の降りかかる】。

中原中也 生没:1907-1937年
「山羊の歌」収録。結核のため30歳の若さで死去した叙情詩人。

■ 次の書き出しで始まる文学作品名と作者名を答えなさい。

☐ ❶ 【いづれの御時にか】、女御更衣あまた侍ひ給ひける中に…時めき給ふありけり。

源氏物語、紫式部
平安中期の長編物語。「あはれ」の文学。

☐ ❷ 【春はあけぼの】。やうやう白くなりゆく山ぎは……細くたなびきたる。

枕草子、清少納言
平安中期の随筆。「おかし」の文学。

☐ ❸ 【男もすなる日記といふものを】、女もしてみむとてするなり。

土佐日記、紀貫之
934-935年頃成立。日本最初の仮名日記。

☐ ❹ 【つれづれなるままに、日ぐらし、硯にむかひて】…あやしうこそものぐるほしけれ。

徒然草、吉田兼好(兼好法師)
鎌倉時代の随筆。

☐ ❺ 【祇園精舎の鐘の声】、諸行無常の響きあり。

平家物語、作者不詳
13世紀成立。軍記物語。琵琶法師によって語られる。

☐ ❻ 【ゆく河の流れは絶えずして】、しかももとの水にあらず。

方丈記、鴨長明
鎌倉初期の随筆。仏教的無常観。

☐ ❼ 【月日は百代の過客にして】、行かふ年も又旅人なり。

奥の細道、松尾芭蕉
江戸時代。俳諧紀行。

☐ ❽ 【親譲りの無鉄砲】で子供の時から損ばかりしている。

坊っちゃん、夏目漱石
明治時代。1906年『ホトトギス』掲載の中編小説。

2章

一般常識問題

英語

英語 1

単語 〈語形変化〉

■次の動詞の過去形、過去分詞形、現在進行形を答えなさい。

❶	【stop】	stopped、stopped、stopping	❾	【read】	read、read、reading
❷	【keep】	kept、kept、keeping	❿	【become】	became、become、becoming
❸	【go】	went、gone、going	⓫	【sit】	sat、sat、sitting
❹	【ride】	rode、ridden、riding	⓬	【wear】	wore、worn、wearing
❺	【shoot】	shot、shot、shooting	⓭	【speak】	spoke、spoken、speaking
❻	【take】	took、taken、taking	⓮	【steal】	stole、stolen、stealing
❼	【lend】	lent、lent、lending	⓯	【hear】	heard、heard、hearing
❽	【let】	let、let、letting	⓰	【know】	knew、known、knowing

■赤字の語を適する形に変えなさい。

❶	They have three 【child】.	children
❷	Big 【city】 like Tokyo or New York are full of cars.	cities
❸	The 【boy】 are playing soccer.	boys
❹	Hundreds of 【family】 visited the exhibition park.	families
❺	【Lady】 and gentlemen, please welcome Mr. Ed Jones.	Ladies
❻	More than fifty 【life】 were lost in the blast.	lives
❼	Last summer, we 【enjoy】 our stay at Pine Hotel.	enjoyed
❽	When I asked if he knew her, he 【reply】, "Of course I do."	replied
❾	A CV should be 【accompany】 by a cover letter.	accompanied
❿	My father 【give】 up smoking after he fell sick.	gave
⓫	We 【lose】 contact about ten years ago.	lost
⓬	The ex-president was 【find】 guilty for fraud.	found
⓭	The company was 【found】 in 1860s.	founded
⓮	I 【write】 to Mr. Tanaka last Friday.	wrote
⓯	My passport has 【expire】.	expired
⓰	This is the 【hot】 time of the year.	hottest

■赤字の語を適する語(派生語)に変えなさい。

❶ 【important】
➡ the [   ] of business ethics

importance
「重要な」→「重要性」。the importance of business ethics「商業倫理の重要性」。

❷ 【difficult】
➡ have [   ] meeting goals

difficulty
「難しい」→「難しさ」。have difficulty meeting goals「目標達成が困難である」。

❸ 【accurate】
➡ [   ] in news reporting

accuracy
「正確な」→「正確さ」。accuracy in news reporting「ニュース報道の正確さ」。

❹ 【long】
➡ the [   ] of time

length
「長い」→「長さ」。the length of time「時間の長さ」。

❺ 【wide】 ➡ use [   ] and height attributes on images

width
「(幅が)広い」→「幅」。「画像について高さおよび幅の属性を用いる」。

❻ 【equal】
➡ [   ] of sexes

equality
「平等な」→「平等」。equality of sexes「両性の平等」。

❼ 【various】
➡ a wide [   ] of quality food

variety
「多種多様な」→「多様性」。a wide variety of quality food「多種多様の高級食品」。

❽ 【weak】
➡ have a [   ] for chocolate

weakness
「弱い」→「弱点」。have a weakness for chocolate「チョコレートに目がない」。

❾ 【private】➡ value the [   ] of the users of the website

privacy
「私的な」→「プライバシー」。「サイト利用者のプライバシーを尊重する」。

❿ 【wisdom】
➡ a [   ] decision making

wise
「知恵」→「賢い」。a wise decision making「賢明な意思決定」。

⓫ 【security】➡ a [   ] on-line banking system

secure
「安全」→「安全な」。a secure on-line banking system「安全なオンライン・バンキング・システム」。

⓬ 【ability】
➡ an [   ] business person

able
「能力」→「能力のある、有能な」。an able business person「有能なビジネスパーソン」。

⓭ 【finance】➡ the influence to the [   ] market in Japan

financial
「金融」→「金融の」。「日本の金融市場に対する影響」。

⓮ 【loyalty】
➡ reward our [   ] customers

loyal
「忠誠」→「忠実な、義理堅い」。「弊社をご愛顧くださるお客様に報いる」。

⓯ 【similarity】➡ a [   ] example observed in India

similar
「類似性、類似点」→「類似した」。「インドで観察された類似の例」。

73

☐ **16** 【know】 ➡ a good ☐ of Japanese	**knowledge** 「～を知っている」→「知識」。a good knowledge of Japanese「日本語についての十分な知識」。	
☐ **17** 【try】➡ offer a free ☐ of the software	**trial** 「～を試す」→「試用」。offer a free trial of the software「そのソフトの無料試用版を提供する」。	
☐ **18** 【subscribe】 ➡ a ☐ fee for a magazine	**subscription** 「～を購読契約する」→「定期購読」。a subscription fee for a magazine「雑誌の定期購読料」。	
☐ **19** 【believe】➡ a firm ☐ that customer satisfaction is of the utmost importance	**belief** 「～を信じる」→「信念」。「顧客満足が最重要であるとの固い信念」。	
☐ **20** 【collect】 ➡ a large ☐ of Chinese art	**collection** 「～を収集する」→「収集物」。a large collection of Chinese art「中国美術の大きなコレクション」。	
☐ **21** 【destroy】➡ the ☐ of local businesses	**destruction** 「～を破壊する」→「破壊」。the destruction of local businesses「地域の商業の破壊」。	
☐ **22** 【assume】➡ the ☐ that 10% of property will see increase in value	**assumption** 「～と仮定する」→「仮定」。「地所の10%が価値を上げるだろうという仮定」。	
☐ **23** 【choose】 ➡ your own ☐ of colors	**choice** 「～を選ぶ」→「選択」。your own choice of colors「あなた自身が選んだ色」。	
☐ **24** 【fail】➡ measures to cope with a system ☐	**failure** 「失敗する」→「失敗、(機器の)障害」。measures to cope with a system failure「システム障害の対処法」。	
☐ **25** 【suggest】 ➡ make a ☐	**suggestion** 「～を提案する」→「提案」。make a suggestion「提案をする」。	
☐ **26** 【clarification】 ➡ Let me ☐ my question.	**clarify** 「意味をはっきりさせること」→「説明する」。Let me clarify my question.「私の質問をはっきり説明させてください」。	
☐ **27** 【marriage】 ➡ Will John ☐ Jessica?	**marry** 「結婚」→「～と結婚する」。Will John marry Jessica?「ジョンはジェシカと結婚するのだろうか」。	
☐ **28** 【introduction】➡ He was the first man to ☐ the food to Japan.	**introduce** 「導入、紹介」→「～を導入する、紹介する」。「彼がその食品を最初に日本にもたらした」。	
☐ **29** 【pursuit】➡ The Constitution gives people the right to ☐ happiness.	**pursue** 「追求」→「～を追求する」。「憲法は人々に幸福を追求する権利を与えている」。	

30 【disclosure】➡ They demanded to ☐ more details.

disclose
「開示」→「〜を開示する」。They demanded to disclose more details.「彼らはさらに詳細を開示するよう要求した」。

31 【acceptance】➡ They don't ☐ this credit card.

accept
「受け入れ、容認」→「〜を受け入れる、容認する」。「彼らはこのクレジットカードは受け付けていない」。

32 【treatment】➡ I started to take medicine to ☐ hay fever.

treat
「治療、処置」→「〜を治療する、扱う」。I started to take medicine to treat hay fever.「花粉症を治療する薬を飲み始めた」。

33 【denial】➡ I don't ☐ that investment makes the difference.

deny
「否定」→「〜を否定する」。「投資すれば状況が変わるということを私は否定するわけではない」。

34 【advice】➡ Your boss will ☐ you on how to do business.

advise
「助言」→「助言する」。「あなたの上司が仕事のやり方について助言してくれるだろう」。

35 【quality】
➡ Her photographs ☐ as art.

qualify
「品質／特性」→「資格を持つ／ふさわしい」。Her photographs qualify as art.「彼女の写真は芸術と呼ぶにふさわしい」。

36 【bad】
➡ He was ☐ injured.

badly
「ひどい」→「ひどく」。He was badly injured.「彼はひどくけがを負っていた」。

37 【happy】
➡ The girl smiled ☐.

happily
「うれしい」→「うれしそうに」。The girl smiled happily.「女の子はうれしそうにほほえんだ」。

38 【considerable】
➡ a ☐ important matter

considerably
「かなりの」→「かなり」。a considerably important matter「かなり重要なこと」。

39 【full】➡ I'm ☐ satisfied with the answer.

fully
「十分の」→「十分に」。I'm fully satisfied with the answer.「その答えに十分満足している」。

40 【brief】➡ She spoke to us ☐ before moving off.

briefly
「しばらくの」→「手短に」「彼女は去る前に、手短に私たちと話した」。

41 【truth】➡ The man stated facts ☐.

truly
「真実」→「本当に」「その男は事実を偽らずに述べた」。

42 【loss】
➡ I ☐ my balance.

lost
「損失」→「失う(lose)」。私は平衡感覚をうしなった」。

43 【life】
➡ ☐ and let ☐.

Live、live
「生命」→「生きる」。「自分も生きて相手も生かせ→持ちつ持たれつ」(ことわざ)。

75

英語 2 単語・熟語 〈対義語・類義語・同意表現〉

■次の対義語を完成させなさい。

☐ ❶	【active】(能動的、積極的)	↔ ☐	(受動的、消極的)	**passive**
☐ ❷	【private】(私的な、私営・民営の)	↔ ☐	(公的な、官営の)	**public**
☐ ❸	【optimism】(楽観論)	↔ ☐	(悲観論)	**pessimism**
☐ ❹	【cause】(原因)	↔ ☐	(結果)	**effect**
☐ ❺	【theory】(理論)	↔ ☐	(実践)	**practice**
☐ ❻	【late】(遅い)	↔ ☐	(早い)	**early**
☐ ❼	【heavy】(重い)	↔ ☐	(軽い)	**light**
☐ ❽	【closed】(閉鎖された)	↔ ☐	(開放された)	**open**
☐ ❾	【gain】(利益)	↔ ☐	(損失)	**loss**
☐ ❿	【import】(輸入する、輸入)	↔ ☐	(輸出する、輸出)	**export**
☐ ⓫	【surplus】(黒字)	↔ ☐	(赤字)	**deficit**
☐ ⓬	【guilty】(有罪の)	↔ ☐	(無罪の)	**innocent**
☐ ⓭	【positive】(肯定的)	↔ ☐	(否定的)	**negative**
☐ ⓮	【internal】(内部の)	↔ ☐	(外部の)	**external**
☐ ⓯	【international】(国際的な、外国の)	↔ ☐	(国内の)	**domestic**
☐ ⓰	【quality】(質)	↔ ☐	(量)	**quantity**
☐ ⓱	【refuse】(拒絶する)	↔ ☐	(受け入れる、受け取る)	**accept**
☐ ⓲	【majority】(大多数、過半数)	↔ ☐	(少数派)	**minority**
☐ ⓳	【offensive】(攻撃的)	↔ ☐	(守備的)	**defensive**
☐ ⓴	【demand】(需要)	↔ ☐	(供給)	**supply**
☐ ㉑	【top】(頂点)	↔ ☐	(底、底辺)	**bottom**
☐ ㉒	【past】(過去)	↔ ☐	(未来)	**future**
☐ ㉓	【complicated】(複雑な)	↔ ☐	(単純な)	**simple**
☐ ㉔	【urban】(都会の)	↔ ☐	(田舎の)	**rural**
☐ ㉕	【minimum】(最小の)	↔ ☐	(最大の)	**maximum**
☐ ㉖	【concrete】(具体的)	↔ ☐	(抽象的)	**abstract**

次の語の類義語として、与えられた〈文字〉で始まる語を答えなさい。

❶	【right】	「正しい」	c	correct
❷	【ordinary】	「平凡な」	a	average
❸	【sufficient】	「十分な」	e	enough
❹	【refuse】	「拒絶する」	d	decline
❺	【explain】	「~を説明する」	d	describe
❻	【outstanding】	「突出した」	r	remarkable
❼	【expensive】	「高価な」	c	costly
❽	【apparatus】	「装置」	d	device
❾	【contrary】	「反対の」	o	opposite
❿	【evident】	「明らかな」	o	obvious
⓫	【stress】	「~を強調する」	e	emphasize
⓬	【enormous】	「巨大な」	h	huge
⓭	【happen】	「生じる、起きる」	o	occur
⓮	【appropriate】	「適切な」	p	proper
⓯	【distant】	「遠い」	r	remote
⓰	【injure】	「~を負傷させる」	h	hurt
⓱	【fault】	「欠点」	d	defect
⓲	【crucial】	「極めて重要な」	e	essential
⓳	【mistake】	「誤り」	e	error
⓴	【amaze】	「~を驚かせる」	s	surprise
㉑	【famous】	「有名な」	r	renowned
㉒	【ban】	「~を禁止する」	p	prohibit
㉓	【consequence】	「結果」	r	result
㉔	【bear】	「耐える」	s	stand
㉕	【obstruct】	「~を妨げる」	b	block
㉖	【plant】	「工場」	f	factory
㉗	【buy】	「~を買う」	p	purchase
㉘	【genuine】	「純粋な」	p	pure

■次の語に接頭語をつけて対義語を作りなさい。

❶	【regular】(規則正しい) ←→ ☐ (不規則的な)		irregular
❷	【legal】(合法的な、適法の) ←→ ☐ (違法な)		illegal
❸	【dependent】(依存した) ←→ ☐ (独立した)		independent
❹	【normal】(通常の、標準的な) ←→ ☐ (非標準の)		abnormal
❺	【comfortable】(心地よい) ←→ ☐ (不安な)		uncomfortable
❻	【possible】(可能な) ←→ ☐ (不可能な)		impossible
❼	【complete】(完全な) ←→ ☐ (不完全な、完了していない)		incomplete
❽	【convenient】(便利な) ←→ ☐ (不便な)		inconvenient
❾	【ordinary】(平凡な) ←→ ☐ (並外れた)		extraordinary
❿	【expensive】(高価な) ←→ ☐ (手ごろな)		inexpensive
⓫	【moral】(道徳的な) ←→ ☐ (不道徳な)		immoral
⓬	【rational】(合理的な、理にかなった) ←→ ☐ (理不尽な)		irrational
⓭	【suitable】(ふさわしい) ←→ ☐ (場違いな、不適切な)		unsuitable
⓮	【appropriate】(適切な) ←→ ☐ (不適切な)		inappropriate
⓯	【willing】(意欲のある) ←→ ☐ (やる気のない)		unwilling
⓰	【agree】(同意する) ←→ ☐ (意見を異にする)		disagree

■次の赤字の表現と同じ意味の動詞を答えなさい。

❶	「多くの人々がその高名な作家を尊敬している」 Many people 【look up to】 the renowned author.	respect
❷	「彼が不誠実なので同僚たちは彼を軽蔑するだろう」 His colleagues will 【look down on】 him for his dishonesty.	despise [scorn]
❸	「古い壁紙を取り除こう」 Let's 【get rid of】 the old wallpaper.	remove
❹	「看板に何と書いてあるか、わかりますか」 Can you 【make out】 what the sign says?	understand
❺	「新党首は変化を引き起こすだろう」 The new party leader will 【bring about】 a change.	cause

78

1
A: The final match would be postponed until May.
B: The final match would be put ☐ until May.

off
postpone ~ = put off
「~を延期する」。

2
A: Not only English but also French is spoken in this city.
B: French ☐ well ☐ English is spoken in this city.

as、as
B as well as A
「AだけでなくBも」。

3
A: Sometimes he drops in on me.
B: Every ☐ and ☐ he drops in on me.

now、then

4
A: There were no more than three cars in the parking lot.
B: There were ☐ three cars in the parking lot.

only [merely]
only ~「たった~し
か、せいぜい~だけ」。

5
A: My father gave ☐ smoking five years ago.
B: My father quit smoking five years ago.

up
quit [stop] -ing「~
することをやめる」。

6
A: The system is down owing to the power failure.
B: The system is down because ☐ the power failure.

of
because of ~「~が
原因で、~のせいで」。

7
A: He turned ☐ the job offer as he had already moved to Sapporo.
B: He refused the job offer as he had already moved to Sapporo.

down
turn down ~ =
refuse ~
「~を断る」。

8
A: To my surprise, they kept on talking as if nothing had happened.
B: To my surprise, they ☐ talking as if nothing had happened.

continued
keep on -ing =
continue -ing[to
do]
「~し続ける」。

9
A: I would like to meet to discuss the new project.
B: I would like to meet to talk ☐ the new project.

about [over]
talk about ~「~に
ついて話し合う」。

10
A: Have you got through with your presentation materials?
B: Have you ☐ your presentation materials?

finished
get through with
~ = finish ~
「~を終える」。

11
A: Tom, who had been out of touch, turned up out of the ☐ .
B: Tom, who had been out of touch, turned up unexpectedly.

blue
unexpectedly
「予想外にも、前触れ
なく」。

12
A: I hope you will get better before ☐ .
B: I hope you will get better soon.

long
before long = soon
「すぐに、ほどなく」。

13
A: It goes ☐ saying that soccer is a global sport.
B: Needless to say, soccer is played all over the world.

without
It goes without saying
that~「~ということ
は言うまでもない」。

■次のカタカナ語の元になった英語を答えなさい。

❶	【バブル】	bubble	「気泡」。
❷	【モチベーション】	motivation	「動機付け、やる気」。
❸	【ルーチン(ルーティーン)】	routine	「手順どおりの作業」。
❹	【プレゼン(プレゼンテーション)】	presentation	「提示」。
❺	【ストレージ】	storage	storeの名詞形。「収納庫」。
❻	【オルタナティブ】	alternative	terに強勢があるので「~ネイティヴ」とは読まない。
❼	【テレビ】	television	
❽	【メーカー】	maker	英語ではmanufacturer。
❾	【サバイバル】	survival	surviveの名詞形。
❿	【デザイン】	design	
⓫	【エンタメ(エンターテイメント)】	entertainment	entertainの名詞形。
⓬	【バラエティ】	variety	variousの名詞形。
⓭	【メディア】	media	mediumの複数形。
⓮	【インフラ(インフラストラクチャー)】	infrastructure	「社会基盤」。
⓯	【インフレ(インフレーション)】	inflation	
⓰	【デフレ(デフレーション)】	deflation	
⓱	【システム】	system	形容詞形のsystematicは「体系的な」。
⓲	【オブジェクト】	object	
⓳	【ファンド】	fund	「資金、基金」。
⓴	【ブロードバンド】	broadband	broadは「広い」。
㉑	【ネットワーク】	network	
㉒	【リーグ】	league	
㉓	【アドバイス】	advice	advise「助言する」の名詞形。
㉔	【リストラ(リストラクチャリング)】	restructuring	英語では「再構築」の意味で「人員整理」の意味はない。
㉕	【プロモーション】	promotion	「昇進」の意味もある。
㉖	【デリバリー】	delivery	deliverの名詞形。

㉗	【ビジネス】	business	
㉘	【カテゴリー】	category	「範疇、部類」。
㉙	【ランキング】	ranking	
㉚	【プロフィール】	profile	
㉛	【コラボ(コラボレーション)】	collaboration	「共同制作」。
㉜	【マスコミ】	mass communication	
㉝	【トラブル】	trouble	
㉞	【クレジット】	credit	「信用」。
㉟	【コスメ(コスメティックス)】	cosmetics	「化粧品」。

■次の英語から取り入れられた外来語を答えなさい。

❶	【default】	デフォルト	「初期設定、債務不履行」。
❷	【audition】	オーディション	
❸	【career】	キャリア	発音するときは[reer]に強勢。
❹	【scheme】	スキーム	
❺	【dilemma】	ジレンマ(ディレンマ)	
❻	【coupon】	クーポン	
❼	【volunteer】	ボランティア	発音するときは[teer]に強勢。
❽	【technology】	テクノロジー	
❾	【herb】	ハーブ	
❿	【archive】	アーカイブ	「文書保管庫」。
⓫	【performance】	パフォーマンス	
⓬	【ethnic】	エスニック	「民族の」。
⓭	【healing】	ヒーリング	「癒し」。
⓮	【hearing】	ヒアリング	「公聴会、聴聞会」。
⓯	【schedule】	スケジュール	
⓰	【flowchart】	フローチャート	「流れ(作業)図、工程図」。
⓱	【rehearsal】	リハーサル	
⓲	【stock】	ストック	「在庫品、資本金、原料」。

■英文の意味が通るように、( )内の語句を並べ換えなさい。

❶ Changes in technology world are (**fast, follow, to, too**).

too fast to follow
too 〜 to doで「あまりに〜で…できない」。

❷ Their plan is (**that, don't, complicated, I, understand, so**) half of it myself.

so complicated that I don't understand
so 〜 that …で「非常に〜で…」。

❸ He wants to know (**the report, be, takes, it, how, for, long, to**) published.

how long it takes for the report to be
how longは「どのくらい長く」。

❹ I (**than, spend, buy, rather, a new camera, would**) 10,000 yen to have this repaired.

would rather buy a new camera than spend
would rather 〜 than …で「…するくらいなら〜する」。

❺ (**matter, it, no, seem, how, may, small**), you can't ignore the problem.

No matter how small it may seem
no matter how 〜で「いかに〜であっても」。

❻ I visited my old school (**the, forty years, first, for, time, in**)

for the first time in forty years
for the first time in 〜で「〜ぶりに」。

❼ I (**as, as, go, might, home, well**) stay here.

might as well go home as
might as well 〜 as… で「…するくらいなら〜したほうがましだ」。

❽ (**will, not, before, long, it, be**) my mother gets well.

It will not be long before
it will not be long before 〜で「まもなく〜するだろう」。

❾ (**I, if, had, ealier, left**), I would have caught him.

If I had left earlier
仮定法過去完了。If S had 過去分詞。S 助動詞の過去 have 過去分詞。

❿ They built a wall (**from, a fire, to, spreading, stop**).

to stop a fire from spreading
stop A from 〜ingで「Aが〜するのを止める」。

日本文の意味を表すように、（　）内から適語を選びなさい。

❶ まさに新プロジェクトを立ち上げようという矢先に部長が病に倒れた。
We were (**going, about**) to launch a new project when our manager fell ill.

about
be about to doは「まさに〜しようとしている」で準備などが整っている場合に用いる。

❷ 日本の法制度に精通した人物が必要だ。
We need someone who is familiar (**to, with**) the Japanese legal system.

with
be familiar with 〜で「〜に精通している」。be familiar to 〜は「〜によく知られている」。

❸ 以前は朝はコーヒーを飲んでいたものだが。
I (**used to have, was used to having**) coffee in the morning.

used to have
used to doで「以前は〜していた（今はそうではない）」。

❹ 私はマウスではなくキーボードのショートカットを使う。
I use keyboard shortcuts(**instead of, in spite of**)mouse.

instead of
「〜の代わりに、〜ではなく」はinstead of 〜。in spite of 〜は「〜にもかかわらず」。

❺ 田中氏は宮本氏と同様、この案に肯定的ではない。
Mr. Tanaka is (**no more, any more**) positive about this plan than Mr. Miyamoto.

no more
A is no more 〜 than Bで「B同様にAは〜ではない」。

❻ 弊社ではもうこのソフトウェアの販売は行っておりません。
We do not sell this software (**no, any**) longer.

any
not 〜 any longer = 〜 no longerで「もはや〜ない」。

❼ それはどんなに多くかかるとしてもせいぜい5万円だ。
It costs (**no less than, no more than**) 50,000 yen at most.

no more than
「せいぜい〜」はno more than 〜。no less than 〜は「〜ほども多く」。

❽ 空港に到着してすぐ私は秘書に電話をした。
(**In, On**) arriving at the airport, I called my secretary.

On
「〜してすぐに」はon -ing (=as soon as …)。in -ingは「〜するときに」。

❾ 作業部会は若い研究員5名から成っている。
The working group is made (**up for, up of**) five young researchers.

up of
be made up of+〈構成要素〉で「〜で成り立っている」。make up for 〜は「〜を埋め合わせる」。

❿ あの人の言うことは私はまず真剣には取らない。
He is the (**least, last**) man whose words I take seriously.

last
the last 〜で「まず…しない〜」を表すことができる。

83

■英文の意味が通るよう、空欄に適語を入れなさい。

❶ 【According】 ☐ this article on the Times, there's no tax cut plan.

to
「タイムズ紙のこの記事によれば、減税案などない」。

❷ It 【depends】 ☐ your budget.

on
「それはご予算次第です」。

❸ We need to 【get rid】 ☐ these old computers.

of
「これらの古いコンピュータを処分しなければならない」。

❹ ☐ 【or later】, crude oil price will go down.

Sooner
「遅かれ早かれ(いずれ)原油価格は下がるだろう」。

❺ I'm 【running out】 ☐ 【time】 today, so I'm going to continue this topic tomorrow.

of
「今日のところは時間切れですので、この件についてはまた明日続けたいと思います」。

❻ We should have 【paid】 more 【attention】 ☐ consumer concerns.

to
「消費者の関心事にもっと注目すべきであった」。

❼ If I can be ☐ any further 【help】, please do not hesitate to ask.

of
「ほかに私でお役に立てることがございましたら、何なりとお尋ねください」。

❽ If you have any further questions, please 【feel】 ☐ to contact us.

free
「ほかにご不明の点がおありでしたら、私どもまでお気軽にお問い合わせください」。

❾ ☐ 【my opinion】, this is not a safe investment.

In
「私見ではあるが、これは安全な投資ではない」。

❿ I have decided to do without a car ☐ 【the time being】.

for
「当分の間、車なしで生活してみることにしたんだ」。

⓫ Your explanation is 【far】 ☐ satisfactory.

from
「あなたの説明は到底満足できるものではない」。

⓬ Their website has been ☐ 【construction】 for months.

under
「彼らのウェブサイトは何カ月間も準備中のままだ」。

⓭ ☐ tell the truth, I've never spoken to her.

To
to tell the truth, …で「実を言うと…」。「実を言うと彼女と話したことはない」。

⓮ We should take his ability ☐ account.

into
take A into account で「考慮に入れる」。「我々は彼の能力も考慮に入れるべきだ」。

84

各組の文がほぼ同じ意味を表すよう、空欄に適語を入れなさい。

1 Eliminate the security holes as soon as you can.
Eliminate the security holes as soon as ☐.

> **possible**
> as soon as one can = as soon as possible「できるだけ早期に」。

2 Network security is the most important thing.
☐ is more important than network security.

> **Nothing**
> 「ネットワークセキュリティが最重要である」という最上級表現の書き換え。

3 Product A is more expensive than product B.
Product B is ☐ expensive than product A.

> **less**
> less 〜(劣等比較)は「より少なく〜である」。

4 Most Japanese people like sushi, but some don't.
Not ☐ Japanese people like sushi.

> **all**
> not all 〜(部分否定)「すべての〜が…なわけではない」。

5 Can you use this software?
Are you ☐ to use this software?

> **able**
> be able to do = can do「〜することができる」。

6 Can you uninstall this software?
Do you know ☐ to uninstall this software?

> **how**
> 「〜できる」→know how to do「〜する方法を知っている」。

7 But for your help, we could have failed.
☐ your help, we could have failed.

> **Without**
> but for 〜 = without 〜「〜がなければ」。

8 While I was in London, I met Mr. Baker.
☐ my stay in London, I met Mr. Baker.

> **During**
> while S+V「…する間に」を、during 〜「〜の間に」の単文に書き換える。

9 We have to finish this project by December.
Finishing this project by December is a ☐.

> **must**
> 「12月までにこのプロジェクトを完了しなければならない」。

10 You are advised not to use this software.
☐ use this software.

> **Don't**
> you are advised not to doはやや遠まわしに〈禁止〉を表す。

11 Frankly speaking, I still have some doubts.
☐ be honest, I still have some doubts.

> **To**
> frankly speaking = to be honest=to be frank with you「率直に言うと」。

12 The girl stood up from the bench in front of my eyes. I ☐ a girl stand up from the bench.

> **saw**
> see+〈人〉+動詞の原形で「〈人〉が〜するのを見る」。

13 Because our budget is low, we can't buy a new computer.
Because ☐ our low budget, we can't buy a new computer.

> **of**
> because S+Vを用いた複文を、because of +名詞を用いた単文に書き換える。

85

■英文の意味が通るよう、（　）内から適語を選びなさい。

❶ Using a new technology, we don't need (**many, much**) water in this factory.

much
waterは不可算名詞なのでmuchを用いる。

❷ (**Although, But**) he is only 27, he's known as the most successful entrepreneur in Russia.

Although
Although A, B = A, but B で「AだがB」。

❸ We enjoyed (**walking, to walk**) along the river.

walking
enjoyが目的語にとるのは動名詞。

❹ She hopes (**becoming, to become**) a world-class singer.

to become
hopeが目的語にとるのは不定詞。

❺ For me, French is (**more difficult, difficult**) than English.

more difficult
比較級。「私にとってはフランス語は英語よりも難しい」。

❻ Using this machine is (**very easier, much easier**) than using that old one.

much easier
比較級に「ずっと」の意味をつけるにはmuchを用いる。

❼ Are you as good at cooking (**as, than**) she ?

as
as ～ as … で「…と同じくらい～」。

❽ This would be (**the quickest, quickest**) way to optimize the process.

the quickest
形容詞の最上級には必ずtheをつける。

❾ The more people have been web users, (**more, the more**) hours they spend using the Internet.

the more
the more ～, the more…「～であればあるほど…」。

❿ No other mountain in Japan is (**so high, higher**) as Mt. Fuji.

so high
カッコの直後がthanなら比較級を入れる。

⓫ Engineers have made the device (**enough small, small enough**) to carry about.

small enough
形容詞・副詞＋enough＋to doの語順で「～するのに十分に…」。

⓬ Money is everything for him. That's (**why, how**) I don't trust him.

why
that's why…で「だから…だ」。

13 The problem is (**that, what**) they think it's impossible.

that
接続詞のthatを入れる。「問題は彼らがそれは不可能と思っているということだ」。

14 She is not (**that, what**) she was.

what
関係代名詞のwhatを入れる。「彼女は昔の彼女ならず」。

15 We visited the Isle of Man, (**where, which**) is located off the British coastline.

which
関係代名詞の主格。「英国沿岸に位置するマン島を訪れた」。

16 We visited the Isle of Man, (**where, which**) our grandfather was born.

where
関係副詞。「祖父の生まれたマン島を訪れた」。

17 Here, they use a gasoline engine (**combining, combined**) with an electric motor.

combined
過去分詞。「電気モーターと組み合わされたガソリンエンジン」。

18 (**Combining, Combined**) a gasoline engine and an electric motor, they made an eco-friendly car.

Combining
現在分詞。「ガソリンエンジンと電気モーターを組み合わせて」。

19 The light bulb at the reception has burnt out. We have to have it (**changing, changed**).

changed
it (=light bulb)は「取り替えられる」ので過去分詞。

20 I'm sorry to have kept you (**waiting, waited**).

waiting
youは「待っている」ので現在分詞。

21 "Have you sent the file to Teresa?" "Yes, I (**have sent, sent**) it yesterday."

sent
yesterdayなど過去の一点を表す場合は、現在完了形ではなく過去形を用いる。

22 She (**was, has been**) absent since last Thursday.

has been
現在完了形。「彼女は先週の木曜日からずっと休んでいます」。

23 I have (**been, gone**) to Chicago three times.

been
have been to ～で「～に行ったことがある」。

24 I (**am, will be**) here at ten tomorrow morning.

will be
未来形。「明日の朝10時に来ます」。

25 If there (**will be, is**) anything wrong, I will contact the help desk.

is
〈条件〉を表すif節内では未来のこともwillを用いず現在形で表す。

87

26 If I (**am, were**) in your place, I would ask Mr. Brown for some advice.

were
仮定法過去。「もしも私があなたの立場なら」。

27 If you (**were, had been**) at the meeting, you would have fallen asleep as I did.

had been
仮定法過去完了。「もしあなたが会議に出ていたら」。

28 He is talking as if he (**knows, knew**) nothing about the scandal.

knew
as if＋仮定法で「あたかも～なように」。

29 I wish you (**are, were**) here with me.

were
wish＋仮定法過去形で「～ならいいのに」。

30 The cost could be millions of dollars (**if, should**) the market collapse.

should
shouldを用いた仮定法で、ifを省略して倒置した形。

■日本文の意味を表すように、（ ）内から適語を選びなさい。

1 3日あればお送りできますので。
We will send it (**in, by, for**) three days.

in
「〈期間〉のうちに」はin ～で表す。

2 私は1日に3度歯を磨く。
I brush my teeth three times (**in, a, of**) day.

a
「～あたり」はa ～で表す。

3 しばらく待った方がいいのではないかと思う。
In my opinion, we (**have, would, had**) better wait for a while.

had
「～した方がよい」はhad better＋原形。

4 その報告書には証拠がないから、依拠しない方がいい。
You'd (**not better, better not**) rely on the report because it lacks evidence.

better not
had betterの否定は、had better not＋原形の語順。

5 サリーもジェーンも、非常によくやってくれている。
Both Sally and Jane (**is, are**) doing great.

are
both A and Bは、Bが3人称単数でも、複数扱い。

6 彼はこの建物から出てくるのを目撃されている。
They saw him (**come, to come**) out of this building.

come
see＋〈人〉＋原形不定詞で「〈人〉が～するのを見る」

■ 上の英文を下の英文に書き換えたときに、空欄に入る語を答えなさい。

❶ People around the world know the old song. The old song is known ☐ people around the world.

to
A know Bを受動態にすると、B is known to Aとなる。

❷ They are building a new network system. A new network system is ☐ ☐.

being、built
進行形(be + ～ing)を受動態にするときは、be + being + 過去分詞の形にする。

❸ Listening to the radio, I heard someone knock on the door.
When ☐ ☐ listening to the radio, I heard someone knock on the door.

I、was
分詞構文をwhen節の複文に書き換える。

❹ Because she visited Tokyo last month, she knows where the hotel is.
☐ ☐ Tokyo last month, she knows where the hotel is.

Having、visited
becauseの節の複文を分詞構文に書き換える。becauseの節が過去形、主節が現在形なので、完了分詞構文にする。

❺ As I didn't know what to say, I kept silent.
☐ ☐ what to say, I kept silent.

Not、knowing
否定の分詞構文は、not＋分詞の形。

❻ It was reported that many residents were left homeless after the earthquake.
Many residents were reported ☐ ☐ ☐ homeless after the earthquake.

to、be、left
that節内の主語を文の主語にして書き換えるときにto不定詞を用いる例。

❼ I've never seen such a beautiful flower.
Never ☐ ☐ ☐ such a beautiful flower.

have、I、seen
否定語を文頭に出すことで倒置が起きる。「こんなに美しい花は見たことがない」。

❽ It's natural that they take it very seriously.
It's natural ☐ them to take it very seriously.

for
forを用いて表す不定詞の意味上の主語。「彼らがそれを非常に深刻に受け取るのは当然だ」。

❾ It was stupid that they ignored the warning.
It was stupid ☐ them to ignore the warning.

of
ofを用いて表す不定詞の意味上の主語。「警告を無視するとは彼らは愚かだ」。

❿ You should strive to practice every day now. You ☐ to strive to practice every day now.

ought
ought to doで「～すべきである」。「君はこれから毎日練習に励むべきだ」。

2章 英語 ▼ 英文法

89

■次の英語のことわざに相当する日本語を答えなさい。

❶ It is no use 【crying over】 spilt milk.

覆水盆に返らず
直訳→「こぼれたミルクのことを嘆いても仕方がない」。

❷ 【Rome】 was not built in a day.

ローマは一日にして成らず

❸ When in 【Rome】, do as the 【Romans】 do.

郷に入っては郷に従え
直訳→「ローマにいるときはローマ人のするようにせよ」。the Romansは「ローマ人」。

❹ Out of 【sight】, out of 【mind】.

去る者は日々に疎し
直訳→「視界から消えれば心から消える」。

❺ Time flies like an 【arrow】.

光陰矢のごとし
直訳→「時は矢のように飛ぶ」。

❻ There is no 【royal road】 to learning.

学問に王道なし

❼ There is no accounting for 【tastes】.

蓼食う虫も好き好き
直訳→「好みを説明するのは不可能だ」。there is no -ingで「～することはできない」。

❽ There is no 【smoke】 without 【fire】.

火のないところに煙は立たぬ

❾ Good 【medicine】 tastes bitter.

良薬口に苦し

❿ Easier 【said】 than 【done】.

言うは易く行うは難し

⓫ 【Strike】 the iron while it is hot.

鉄は熱いうちに打て

⓬ 【Practice】 makes perfect.

習うより慣れろ
直訳→「実践は完全を生む」。

13 No 【pains】, no 【gains】.

まかぬ種ははえぬ
直訳→「骨折りがなければ、得るものはない」。

14 Spare the rod and 【spoil】 the child.

かわいい子には旅をさせよ
直訳→「鞭（むち）を惜しむと子をダメにする」。

15 All 【work】 and no 【play】 makes Jack a dull boy.

よく学びよく遊べ
直訳→「勉強ばかりで遊ばないとジャックは鈍い子になる」。

16 The 【early bird】 catches the worm.

早起きは三文の得
直訳→「早起き鳥は虫を捕まえる」。

17 Birds of a 【feather】 flock together.

類は友を呼ぶ
直訳→「同じ羽の鳥は群れる」。

18 Don't 【count】 your chickens before they are hatched.

取らぬ狸の皮算用
直訳→「ヒヨコがかえる前に数えるな」。

19 A friend in need is a friend 【indeed】.

まさかの友こそ真の友

20 The 【tailor】 makes the man.

馬子にも衣装
直訳→「仕立て屋がひとかどの男をつくる」。

21 【Time】 and 【tide】 wait for no man.

歳月人を待たず

22 No 【news】 is good 【news】.

便りのないのはよい便り

23 When the cat's away, the 【mice】 will play.

鬼の居ぬ間に洗濯
直訳→「ネコがいないときにネズミは遊ぶ」。

24 More 【haste】, less speed.

急がば回れ

25 【Haste】 makes waste.

急いては事を仕損じる

26 After a 【storm】 comes a 【calm】.

待てば海路の日和あり
直訳→「暴風雨のあとになぎがくる」。

91

☐ **27**	A little 【learning】 is a dangerous thing.	生兵法は怪我のもと 直訳→「少しばかりの学問は危険なものだ」。
☐ **28**	Two 【heads】 are better than one.	三人寄れば文殊の知恵
☐ **29**	Even Homer sometimes 【nods】.	弘法も筆の誤り 直訳→「(古代ギリシアの偉大な吟遊詩人)ホメロスでさえも時には居眠りする」。
☐ **30**	Where there is a 【will】, there is a 【way】.	精神一到、何事か成らざらん 直訳→「意志あるところに道あり」。
☐ **31**	Still 【waters】 run deep.	能ある鷹は爪を隠す 直訳→「静かな川は流れが深い」。
☐ **32**	All is well that 【ends】 well.	終わりよければすべてよし イギリスの劇作家、シェイクスピアが戯曲のタイトルに用いた。
☐ **33**	Seeing is 【believing】.	百聞は一見にしかず
☐ **34**	Silence is 【golden】.	沈黙は金
☐ **35**	Love sees no 【faults】.	あばたもえくぼ 直訳→「愛は欠点をまったく見ない」。
☐ **36**	An old 【eagle】 is better than a young 【crow】.	腐っても鯛 直訳→「老いたワシは若いカラスにまさる」。
☐ **37**	Necessity is the mother of 【invention】.	必要は発明の母
☐ **38**	All is not gold that 【glitters】.	光るもの必ずしも金ならず allとnotで部分否定になっている。
☐ **39**	A drowning man will catch at a 【straw】.	溺れる者はわらをもつかむ
☐ **40**	Like 【hen】, like 【chicken】.	蛙の子は蛙 Like father, like son.ともいう。

41 Too many cooks 【spoil】 the broth.

船頭多くして船山に上る
直訳→「料理人が多すぎるとスープをだめにする」。

42 Look before you 【leap】.

転ばぬ先の杖
直訳→「跳ぶ前に見よ」。

43 A 【rolling stone】 gathers no moss.

転石苔を生ぜず

44 You must 【reap】 what you have sown.

自業自得
直訳→「まいた種は刈り取らねばならぬ」。

45 It is always better to be on the 【safe】 side.

君子危うきに近寄らず
直訳→「大事をとることはいつでもよいことだ」。

46 Heaven helps those who help 【themselves】.

天は自ら助くる者を助く

47 【Danger】 past, God forgotten.

喉元過ぎれば熱さを忘れる
直訳→「危険が去ると神も忘れ去られる」。

48 Fact is 【stranger】 than fiction.

事実は小説よりも奇なり

49 【Knowledge】 is power.

知は力なり
16世紀英国のフランシス・ベーコンの言葉。

50 Bad news 【travels】 fast.

悪事千里を走る

51 It never rains but it 【pours】.

降れば必ず土砂降り
（泣きっ面に蜂）

52 The 【best】 swimmer is the 【first】 to drown himself.

河童の川流れ
直訳→「いちばん良い泳ぎ手がいちばん最初に溺れる」。

53 When 【two dogs】 fight for a bone, 【a third】 runs away with it.

漁夫の利
直訳→「二匹の犬が骨の取り合いをしていると、別の犬がその骨を取って逃げる」。

54 Every 【miller】 draws water to his own 【mill】.

我田引水
直訳→「どの粉屋も自分の水車に水を引いてくる」。

■会話が成立するよう、空欄に適語を入れなさい。

1 A: Have a nice weekend.
B: Thanks, you ☐.

too
「よい週末を」「どうも、あなたもよい週末を」。

2 A: ☐ me, but could you tell me the way to Sasazuka Station?
B: Sure. Go straight, and turn left on the first corner.

Excuse
「すみません、笹塚駅はどう行けばいいのでしょうか」「まっすぐ行って1つ目の角を左です」。

3 A: Here's something for you, Jane.
B: I've been looking for this book for years! I'm more than pleased. Thank you, Tom.
A: You're ☐.

welcome
「ジェーン、お土産があるんだけど」「この本、何年も探してたんだ！すごくうれしい。ありがとう、トム」「どういたしまして」。

4 A: Paul, let me introduce my cousin, Misato. Misato, this is my friend, Paul.
B: ☐ to meet you, Paul.
C: ☐ to meet you, too.

2つともNice[Pleased]
「ポール、いとこのミサトを紹介するよ。ミサト、こちらは僕の友人でポール」「どうもはじめまして」「はじめまして」。

5 A: Hello, I have an appointment with Mr. Anderson at 2pm.
B: Could I ☐ your name, please?
A: My name is Sofie Jones from AB Printing.
B: He's expecting you, Ms. Jones.

have
「こんにちは、アンダーソン氏と2時に約束しています」「お名前をおうかがいできますか」「AB印刷のソフィー・ジョーンズです」「お待ちしておりました、ジョーンズさん」。

6 A: Would you ☐ some tea?
B: Yes, please.

like
「お茶はいかがですか」「いただきます」。

7 A: ☐ I help you, sir?
B: Oh, yes. I'm looking for a sales manager Mr. Yoshida.
A: I will guide you to his room. This way, please.

May
「May I(we) do〜？」「〜させていただいてよいでしょうか」。「May I help you?」は相手に援助を申し出るときの常套句。

8 A: I am glad to be able to work together.
B: Welcome here. I'm glad too.
A: If you have ☐ questions, please feel free to ask.

any
「ご一緒にお仕事ができて嬉しいです」「こちらこそ」。「何か疑問点あれば遠慮無く聞いて下さい」。

次の場合に用いる文として最も適切なものを(a)～(c)の中から1つ選びなさい。

❶ 初対面の取引先社員へのあいさつ。
(a) What's up?
(b) How do you do?
(c) How have you been?

(b)
(a)は親しい間柄で「どうよ？」という感じで用いられる表現。(c)は「最近どう？」で、初対面の相手には言わない。

❷ 「ご質問は遠慮なくどうぞ」と言う。
(a) Questions are asked without hesitation.
(b) You are allowed to ask questions.
(c) Please feel free to ask any questions.

(c)
(a)は日本語の直訳調で英語としては状況にそぐわない。(b)は「質問する許可をあなたに与える」という意味。

❸ 電話で「ポール・マーティンさんをお願いできますか」と言う。
(a) May I speak to Mr. Paul Martin, please?
(b) Is Mr. Paul Martin in your company?
(c) I would like to make an appointment with Mr. Paul Martin.

(a)
電話で「～さんをお願いします」というときの定型表現。(c)は「面会の約束をしたい」の意味。

❹ 電話で「おつなぎしますので切らずにお待ちください」と言う。
(a) Could you wait here?
(b) Please hold on while I transfer the call.
(c) Please wait until he's back.

(b)
(a)は「ここでお待ちください」。(c)は「戻ってくるまで待っていてください」。

❺ 電話を受けて、「○○は席を外しております」と言う。
(a) I'm sorry, I don't think I can help you.
(b) I'm sorry, but she's absent today.
(c) I'm afraid she's not available at the moment.

(c)
(a)は「申し訳ありませんが私ではお役に立てません」。(b)は「すみませんが今日は欠勤です」。

❻ 電話で、伝言を残す。
(a) Can I leave a message for him?
(b) May I take a message?
(c) Could you make a message?

(a)
(b)は「伝言がおありでしたら承りますが」。

❼ 上司に「今ちょっとよろしいですか」と声をかける。
(a) Would you like it for a moment?
(b) Could I have a minute?
(c) Will you have a little time?

(b)
a minuteで「少しの時間」。「ちょっと」を直訳しないこと。

8 誰かに「この案をどう思うか」と意見をきく。

(a) How do you think of this plan?
(b) What do you think of this plan?
(c) Do you know about this plan?

(b)

(a)は「いかにして考えるか」という意味になってしまい、誤文。(c)は「この案のことを知っていますか」。

9 意見を求められ「何とも言えない」と答える。

(a) I don't understand what the problem is.
(b) I have no idea.
(c) I don't think it's good.

(b)

(a)は「何が問題なのかわからない」。(c)は「よくないと思う」。

10 相手に頼みごとをする。

(a) Do you have the time?
(b) Are you all right?
(c) Could you do me a favor?

(c)

(a)は「時間わかりますか」で、theのない形(Do you have time?)なら「時間ありますか」。(b)は「大丈夫ですか」。

11 相手の言ったことを聞き逃したとき。

(a) I'm sorry, could you repeat that?
(b) I'm sorry, what are you talking about?
(c) I'm sorry, but I don't understand.

(a)

(b)は「何の話をしているのですか」。(c)は「申し訳ないのですが(話の内容が)わかりません」。

12 相手の意見に全面的に賛成するとき。

(a) You have a point.
(b) I have an idea.
(c) I agree with you.

(c)

(a)は「あなたの言うことには一理ある」。(b)は「私には考えがある」。

13 相手(顧客)の意見に反対するとき。

(a) I'm afraid I have to agree with you.
(b) I'm not so sure about that.
(c) No way.

(b)

(a)は賛成のとき。(c)はカジュアルな表現。

14 相手の都合の良い日時をたずねる。

(a) When will you be available ?
(b) What time do you have?
(c) Do you have time?

(a)

(b)は「今何時ですか。」(c)は「今時間ありますか。」

15 「水曜日は都合が悪い」と言う。

(a) Wednesday would be fine.
(b) I am free on Wednesday.
(c) I'm afraid I can't manage Wednesday.

(c)

Wednesday is not convenient for me.とも。(a)(b)は都合がいい場合。

次の空欄に適語を入れて、英語で手紙、または電子メールを書く場合の表現を完成させなさい。

1 関係者各位
To whom it may ___

concern

---

2 御社新製品の件につきご連絡申し上げます。
I am writing in ___ to your new product.

regard
I am writing to you regarding 〜という形もある。

---

3 (弊社への)お問い合わせありがとうございます。
Thank you for ___ us.

contacting
顧客が自分の会社に興味を持ってくれたことへの感謝を述べる。

---

4 ご連絡が遅くなって申し訳ありません。
I ___ the delay in writing to you.

regret
I'm sorry for the late response.なども使える。

---

5 以下のように注文いたしたくお願いします。
We would like to place an ___ as follows.

order
「注文する」はplace an order。動詞のorderを用いてもよい。

---

6 御社新製品のカタログをお送りいただけますでしょうか。
We would ___ it if you ___ send us a catalog of your new products.

appreciate、could
We(I) would appreciate it if 〜は「〜していただけますと幸いです」の定型表現(丁寧な形)。

---

7 価格の見積もりをお願いいたします。
We would like your ___.

quote
動詞の「見積もる」もquoteを用いる(estimateでもよい)。

---

8 6月20日のお手紙につき、ご返信申し上げます。
We are writing to you in ___ to the letter of June 20.

response
in response to〜で「〜に答えて」。

---

9 ご注文いただきましたプリンターは現在在庫切れとなっております。
We would like to inform you that the printer you ordered is presently ___ of ___.

out、stock
out of stockで「在庫切れ」、in stockで「在庫あり」。

---

10 おかげさまで弊社は設立25周年を迎えることができました。
We are happy to ___ you that our company has become 25 years old.

inform
良いニュースの場合、happyの代わりにpleasedでもよい。悪いニュースの場合は、We are sorry to inform you that〜。

97

⑪ ご都合のよろしい日時をご連絡ください。
Please ___ me know when would be a good time for you.

let
let me know ~で「~を私に知らせる」。

⑫ 早速のお返事をありがとうございました。
Thank you ___ your quick reply.

for
thank you for ~で「~をありがとうございます」。

⑬ 詳細は添付ファイルでご確認ください。
Please refer to the ___ file for details.

attached
「~のリストを添付します」は、Attached is a list of ~という。

⑭ この件につきご意見を伺えますと幸いです。
I would be ___ for any feedback from you.

grateful
I(We) would be grateful for ~は「~をいただけますと幸いです」の定型表現（丁寧な形）。

⑮ 12月10日の支払期限が過ぎていることをご連絡申し上げます。
We wish to call your ___ to payment ___ on December 10.

attention、due
attentionは「注意」。

⑯ この製品の保証は日本国外では適用されませんのでそのむねご了承下さい。
Please be ___ that warranty of the product is not applied outside Japan.

advised
Please be advised that~は「~ということにご注意ください」という意味。

⑰ ご理解とご協力ありがとうございます。
Thank you for your ___ and cooperation.

understanding
Thank you for your understandingは何か不都合なことを相手と共有した場合の定型文。

⑱ お返事をよろしくお願いいたします。
We look ___ to hearing from you soon.

forward
look forward to -ingで「~するのを期待して待っている」。hear from ~は「~から連絡がある」。

⑲ いろいろとお世話になりありがとうございました。
Thank you very much for ___.

everything
決まり文句として覚えておくとよい。

⑳ 今後ともよろしくお願いいたします。
I hope we can keep in ___.

touch
keep in touch で「連絡を取り続ける」。

㉑ 敬具
Sincerely ___

yours
結語は、アメリカ式ではSincerely yours、英国式ではYours sincerelyとする。

3章

一般常識問題

社会

■次の空欄に適切な語句を入れなさい。

☐ **1** 日本の面積は約□□万㎢、総人口は約□□億□□千400万人である。

38、1、2
日本の位置は北緯20〜46度、東経約123〜154度。

☐ **2** 日本で人口の多い都道府県は、1位【東京都】、2位□□、3位□□。人口が少ない都道府県は1位□□、2位□□である。

神奈川県、大阪府、鳥取県、島根県
（2020年。総務省統計局）

☐ **3** 千島列島に沿って南下する寒流を□□（【千島海流】）、太平洋側を北上する暖流を□□（【日本海流】）という。

親潮、黒潮

☐ **4** 日本の川で流域面積が1番広いのは□□川、1番長い川は□□川、2番目は□□川、3番目が【石狩】川である。

利根、信濃、利根

☐ **5** 日本で1番大きな湖は□□湖（【滋賀】県）で670㎢、2番目が□□（【茨城県】）、3番目が【サロマ】湖（北海道）である。

琵琶、霞ヶ浦

☐ **6** 日本で面積の大きな都道府県は、1位が【北海道】で約8万3,500㎢、2位が□□県、3位が□□県である。

岩手、福島
面積の小さい順に、香川県、大阪府、東京都となる。

☐ **7** 日本最北端は□□（【北海道】）、最東端は【南鳥島】（【東京都】）、最南端は□□（【東京都】）、最西端は□□（【沖縄県】）である。

択捉島、沖ノ鳥島、与那国島

☐ **8** 日本最大の活断層地帯を□□（中央地溝帯）といい、その西端は【糸魚川】（【新潟】県）から□□市（【静岡】県）に至る線である。

フォッサマグナ、静岡
フォッサマグナは東日本と西日本を分ける。

☐ **9** 関東から九州北部にかけて帯状に連なる工業地帯を□□地帯といい、特に□□・□□・【阪神】の3つを【三大工業】地帯と呼ぶ。

太平洋ベルト、京浜、中京

⑩ 日本の【経済水域】は沿岸から ☐ 海里以内で国土面積の約 ☐ 倍にあたり、外国漁船の操業や海底資源の採掘を制限している。

200、12

---

⑪ 日本の海なし県は、【栃木】県、【群馬】県、【埼玉】県、【山梨】県、☐ 県、☐ 県、☐ 県、☐ 県の計8県である。

長野、岐阜、滋賀、奈良

---

⑫ 関東地方に広く広がる、赤褐色の【火山灰】層(何層かの軽石層をはさむ)を ☐ 層という。

関東ローム
旧石器を包含する。東京下町は沖積層でありローム層はない。

---

⑬ 現在は【ロシア】の実効支配下にあるが、日本の固有の領土【北方領土】4島は、【択捉島】、【国後島】、☐ 群島、☐ 島である。

歯舞(はぼまい)、色丹(しこたん)

---

⑭ 【三陸】海岸、【若狭】湾、【志摩】半島は、日本の代表的な ☐ 海岸である。

リアス式

---

⑮ 北の ☐ 山脈、中央の ☐ 山脈、南の ☐ 山脈の3つを総称して【日本アルプス】と呼ぶ。

飛騨、木曽、赤石

---

⑯ 日本は1年を通して【気温】や【降水量】の変化が大きく、温帯気候の中でも東アジアに多い ☐ 気候に属している。

温暖湿潤
季節風(モンスーン)があり、夏は高温多湿、冬は低温、1年を通して降水量が多い点が特徴。

---

⑰ 日本は【季節風】などの影響を受けて四季の区別がはっきりしているが、【冬】は ☐ 気団、【夏】は ☐ 気団の影響を受ける。

シベリア、小笠原

---

⑱ 日本の気候災害には、東北地方に ☐ をもたらす【オホーツク海】気団から吹く ☐ や、乾燥する【瀬戸内地方】の ☐ がある。

冷害、やませ、干害(かんがい)

---

⑲ 日本の標準時は、【兵庫】県 ☐ 市の東経 ☐ 度を基準としている。

明石、135

■次の都道府県の特長に当てはまる県名と県庁所在地を答えなさい。

	特長	県名	県庁所在地
❶	砺波(となみ)のチューリップ。富山湾のホタルイカ。魚津(うおづ)の埋没林。蜃気楼(しんきろう)。薬。	富山県	富山市
❷	サクランボの生産高1位。天童(てんどう)将棋駒。蔵王(ざおう)山。蔵王温泉。芋煮会。	山形県	山形市
❸	かつての都。京友禅・西陣織(にしじんおり)・清水焼(きよみずやき)。宇治茶。	京都府	京都市
❹	ミカン。イヨカン。今治(いまばり)のタオル。宇和島の真珠養殖。伊予絣(いよがすり)。道後(どうご)温泉。	愛媛県	松山市
❺	阪神の近郊農業地。かつて飛鳥京や平城京があった。吉野杉。奈良漬け。高野豆腐(こうやどうふ)。	奈良県	奈良市
❻	カルスト地形による鍾乳洞(しょうにゅうどう)(秋芳洞(あきよしどう)など)。下関の漁業。萩焼。	山口県	山口市
❼	年間平均気温1位。与那国島(日本最西端)。かつての琉球王国が明治期に日本に編入。多数の米軍基地。	沖縄県	那覇市
❽	農業生産額1位。総面積1位。先住民アイヌの文化。さっぽろ雪まつり。よさこいソーラン祭り。	北海道	札幌市
❾	首都圏の近郊農業地。野田・銚子(ちょうし)の醤油。落花生。成田国際空港。東京ディズニーランド。	千葉県	千葉市
❿	茶の生産高1位。浜松の楽器・オートバイ。浜名湖のウナギ養殖。富士山。伊豆半島。三保の松原。	静岡県	静岡市
⓫	日本最大の起伏を持つ鳥取砂丘。二十世紀梨。人口最少県。因幡の白兎に由来する白兎(はくと)神社。	鳥取県	鳥取市
⓬	国東(くにさき)半島の史跡。別府(べっぷ)温泉。由布院(ゆふいん)温泉。地熱発電。カボス。	大分県	大分市
⓭	金沢の金箔・加賀友禅(かがゆうぜん)。輪島塗。山中塗(やまなかぬり)。九谷焼(くたにやき)。	石川県	金沢市
⓮	東部はリアス式海岸。南部鉄器。総面積2位。三陸鉄道。北上川。奥州平泉・中尊寺「金色堂」。	岩手県	盛岡市
⓯	川崎を代表とする京浜工業地帯。観光地・鎌倉、湘南、横浜。中華街、みなとみらい21。人口2位。	神奈川県	横浜市
⓰	会津若松の会津塗。張り子。面積3位。磐梯山。会津盆地。猪苗代湖。スパリゾートハワイアンズ。	福島県	福島市
⓱	日本海と瀬戸内海に接する。但馬牛(神戸牛)。灘の酒。標準時子午線が通る明石市。世界遺産姫路城。淡路島。	兵庫県	神戸市
⓲	唐津・伊万里・有田焼などの陶磁器の産地。弥生時代の大規模集落、吉野ヶ里遺跡。筑後川。	佐賀県	佐賀市
⓳	首都圏の近郊農業地。かつて富岡製糸場があった。桐生(きりゅう)の絹織物。からっ風。	群馬県	前橋市
⓴	織田信長、豊臣秀吉、徳川家康の出身地。中京工業地帯。豊田(とよた)市の自動車。瀬戸市の陶磁器。	愛知県	名古屋市
㉑	リンゴの生産高1位。ねぶた祭。本州最北端。津軽・下北半島。白神山地。六ヶ所村の原子燃料サイクル施設。	青森県	青森市
㉒	豚肉・さつまいもの生産高1位。桜島。奄美大島。世界遺産屋久島の縄文杉。種子島宇宙センター。	鹿児島県	鹿児島市
㉓	ブドウの生産高1位。勝沼ワイン。富士五湖。南アルプス・富士山麓のミネラルウォーター。	山梨県	甲府市

㉔ 都の人口推計約1,411万人(2023年)で1位。住民所得1位。合計特殊出生率最下位。小笠原諸島。八丈島。	東京都	東京(新宿区)
㉕ 瀬戸内工業地帯。桃。い草。日本三名園の一、後楽園(こうらくえん)。観光地倉敷。水島コンビナート。	岡山県	岡山市
㉖ 諫早(いさはや)湾干拓地。約600の島。出島。対馬。五島列島。ハウステンボス。佐世保港。おくんち祭り。	長崎県	長崎市
㉗ 竿燈(かんとう)まつり。冬季の日照時間最少。なまはげ。横手市のかまくら。杉。きりたんぽ。	秋田県	秋田市
㉘ 鯖江(さばえ)の眼鏡。羽二重織(はぶたえおり)。名勝東尋坊(とうじんぼう)。原子力発電所15基。	福井県	福井市
㉙ 中京工業地帯。1960年代の四日市喘息。陶磁器。伊勢神宮。F1グランプリの鈴鹿サーキット。	三重県	津市
㉚ 2000余の古墳群。シイタケ。県木フェニックス。プロ野球のキャンプ地。リゾート施設シーガイア。	宮崎県	宮崎市
㉛ 阿波おどり。阿波浄瑠璃。吉野川、那賀川(なかがわ)。鳴門の渦潮。すだち。近畿地方の近郊農業地。	徳島県	徳島市
㉜ 日立市の電器産業。鹿島臨海工業地域。原子力発電の東海村。結城紬(ゆうきつむぎ)。	茨城県	水戸市
㉝ 日本最大の湖、琵琶湖を擁する。安土城址。彦根城。信楽(しがらき)焼。近江牛。観光地長浜。	滋賀県	大津市
㉞ 清流・四万十(しまんと)川。足摺(あしずり)岬。年間日照時間日本有数。カツオの一本釣り。皿鉢料理。	高知県	高知市
㉟ 鳴子(なるこ)のこけし。仙台の七夕まつり。リアス式海岸。石巻港。気仙沼港。日本三景の一、松島。	宮城県	仙台市
㊱ 阿蘇(あそ)山の大カルデラ。天草(あまくさ)諸島。1950年代の水俣(みなまた)病の地。旧国名肥後。	熊本県	熊本市
㊲ 高山の木製家具。美濃(みの)の和紙。濃尾(のうび)平野の輪中(わじゅう)。世界遺産白川郷。関ヶ原。	岐阜県	岐阜市
㊳ 首都圏の近郊農業地・住宅地。関東ローム層。海なし県の一。秩父盆地。長瀞渓谷。観光地川越。	埼玉県	さいたま市
㊴ 博多どんたく。久留米絣(くるめがすり)。ゴム。太宰府。玄界灘。北九州工業地帯。博多人形。	福岡県	福岡市
㊵ 男性の平均寿命1位。諏訪市の精密機械。日本最多の8県に隣接。第18回冬季オリンピック開催。	長野県	長野市
㊶ 西部のリアス式海岸。ミカンの生産高1位。紀伊山地の霊場と参詣道(世界遺産)。高野山金剛峰寺。	和歌山県	和歌山市
㊷ 観光地・日光の東照宮、華厳の滝、中禅寺湖。尾瀬。鬼怒川(きぬがわ)温泉。益子焼(ましこやき)。結城紬。	栃木県	宇都宮市
㊸ 瀬戸内工業地帯。造船・自動車。牡蛎(かき)。世界遺産、安芸の宮島(厳島神社)と原爆ドーム。	広島県	広島市
㊹ 阪神工業地帯の中心地。中世の自治都市・堺。百舌鳥古墳群中に面積世界最大の大山陵古墳(仁徳天皇陵)。	大阪府	大阪市
㊺ 讃岐(さぬき)うどん。面積日本最小。金刀比羅宮(ことひらぐう)通称こんぴらさん。直島。瀬戸大橋。	香川県	高松市
㊻ 古代出雲(いずも)文化の発祥地。出雲大社。世界遺産石見(いわみ)銀山。竹島。	島根県	松江市
㊼ 石油・天然ガス生産1位。米の収穫高1位。燕の洋食器。かつて金山があった佐渡島。日本有数の豪雪地帯。	新潟県	新潟市

■次の空欄に適切な語句を入れなさい。

☐ **1** 地球には【アフリカ】、【オーストラリア】、南北アメリカ、□、□の6つの大陸がある。

ユーラシア、南極
六大陸中、最大面積はユーラシア、最小はオーストラリア。

☐ **2** 地球上の3つの大洋とは、【太平洋】、【大西洋】と□である。

インド洋

☐ **3** 国の【主権】が及ぶ範囲の海を□と呼び、多くの国が沿岸から□海里としている。

領海、12

☐ **4** 経度は【ロンドン】の□の上を通る線を□度とし、東西それぞれ【180度】に分けられる。

グリニッジ天文台、0

☐ **5** 地球上での標準時のずれを ① と呼び、経度 ② 度で ① が1時間増加する。

①時差、②15
360度÷24時間=15度。

☐ **6** 世界の国の中で【人口】が多いのは、1位□、2位【中国】、3位□である。

インド、アメリカ

☐ **7** 世界の国の中で【面積】の広いのは、1位□、2位□、3位が【アメリカ】である。

ロシア、カナダ
最も小さい国はバチカン市国。

☐ **8** 世界最長の川は【エジプト】を流れる□川、世界最大の【流域面積】の川は南米の□川。

ナイル、アマゾン
ナイル川の長さは、約6,700km。

☐ **9** 標高8,848mの世界最高峰【エベレスト山】は、チベット語では□と呼ばれる。

チョモランマ

☐ **10** アフリカ大陸最高峰は【タンザニア】の□山、【西ヨーロッパ】大陸最高峰は□山。

キリマンジャロ、モンブラン

☐ **11** 世界最大の島は、【デンマーク】に属する□島で、面積は約218万㎢である。

グリーンランド

☐ **12** 世界最大の湖は【中央アジア】にある□で、約37万㎢の大きさを誇る【塩湖】である。

カスピ海

⑬ 世界で母語として使用する人口の多い言語は、1位□、2位□、3位【英語】である。	中国語、スペイン語
⑭ 地球は、【赤道】の全周が約□万kmであり、表面の約□割が海で覆われている。	4、7 赤道では春分と秋分(年2回)に太陽が真上に来る。
⑮ 【アンデス】山脈、【ロッキー】山脈、【日本】列島を含む山地の連なりを□造山帯と呼ぶ。	環太平洋 もう1つの造山帯はアルプス・ヒマラヤ造山帯。
⑯ □は気温と降水量の2つの気候要素を用いて【湿潤】・【寒帯】・【乾燥】の3つの気候に大別した。	ケッペン
⑰ 5つの気候区分とは、【熱帯】、【温帯】、□、□、□である。	寒帯、乾燥帯、冷帯(亜寒帯)
⑱ 東南アジアや【アマゾン】川流域など、高温多湿で1年中雨が多い気候を□気候という。	熱帯雨林
⑲ 【乾燥】気候(B)は□気候(BW)と、□気候(BS)に分けられる。	砂漠、ステップ
⑳ 1日当たりの【原油】生産量の多い国は、1位□、2位□、3位【ロシア】である。	アメリカ、サウジアラビア
㉑ 生産順位世界1位の国は、【小麦】は□、【コーヒー】は□、【天然ゴム】は□である。	中国、ブラジル、タイ
㉒ 【ウラン】生産国の1位は□、2位以下は、ナミビア、カナダ、オーストラリアなどである。	カザフスタン
㉓ 世界の【天然ガス】の生産上位国としては、□や□、イランなどが挙げられる。	アメリカ、ロシア 埋蔵量はロシアが世界の4分の1を占める。
㉔ 最大風速が34ノット以上の熱帯低気圧は、□、□、【ハリケーン】と呼び分けられる。	台風(タイフーン)、サイクロン
㉕ 中緯度の温帯地方に吹く西よりの風は□、亜熱帯高気圧帯から赤道に吹く風は□。	偏西風、貿易風
㉖ 世界三大宗教とは［①］・【仏教】・［②］で、①と②共通の代表的な聖地として［③］がある。 ※①・②は順不同	①イスラム教 ②キリスト教 ③エルサレム

	特長	国名	首都
❶	ナイルデルタと砂漠。スエズ運河。ピラミッド。スフィンクス。	エジプト	カイロ
❷	仏教国。米の輸出世界第3位。立憲君主制。ASEANの一員。	タイ	バンコク
❸	国土面積世界最大。天然ガス産出国。日本と北方領土問題あり。	ロシア	モスクワ
❹	聖地エルサレム。周辺イスラム諸国との過去4度の中東戦争。	イスラエル	エルサレム
❺	1963年英国より独立。コーヒー、紅茶などが主要産業。	ケニア	ナイロビ
❻	コーヒー豆生産高世界1位。アマゾン川流域の熱帯雨林の減少が問題化。	ブラジル	ブラジリア
❼	1776年英国より独立。世界最大の工業・農業・軍事。牛肉の生産高世界第1位。	アメリカ	ワシントンD.C.
❽	アジアNIESを代表する工業国。日本との間に竹島問題。元徴用工問題など。	韓国	ソウル
❾	イスラム教徒が多数派を占めるも世俗主義が国是。最大都市イスタンブール。	トルコ	アンカラ
❿	宝石・茶が主要輸出品目。IT産業。核保有国。人口世界1位。英連邦の一員。	インド	ニューデリー
⓫	豊富な地下資源。主要産業は自動車、軍需産業などの工業。	スウェーデン	ストックホルム
⓬	1999年マカオ返還、2002年東ティモール独立により全ての植民地を手放す。	ポルトガル	リスボン
⓭	世界最小の大陸。先住民族アボリジニ。英連邦の一員。貿易相手国2位は日本。	オーストラリア	キャンベラ
⓮	人口世界第2位。共産党独裁。GDP世界第2位。少数民族の独立問題。	中国	北京
⓯	BRICSの1つ。1994年アパルトヘイト廃止。黒人大統領。旧英植民地。	南アフリカ	プレトリア
⓰	中部に広大な草原パンパ。牧牛や小麦・トウモロコシの生産が盛ん。	アルゼンチン	ブエノスアイレス
⓱	1959年の革命によりカストロが首相となって成立。独自の社会主義路線。	キューバ	ハバナ
⓲	カシミールをめぐりインドと対立。核保有国。綿製品。英連邦の一員。	パキスタン	イスラマバード
⓳	アーリア系ペルシャ人。イスラム教。原油の埋蔵量は世界有数。ペルシャ絨毯。	イラン	テヘラン
⓴	永世中立国。独、仏、伊、ロマンシュの4言語が公用語。銀行が有名。	スイス	ベルン
㉑	メスティーソ(混血)、インディオ(先住民)が多数を占める。ナスカの地上絵。	ペルー	リマ
㉒	ポンペイ遺跡。地中海気候。ワインや自動車、繊維製品が主要輸出品。	イタリア	ローマ

	説明	国名	首都
☐ ㉓	主要産業は畜産。先住民はマオリ人。英連邦の一員。国鳥キーウィがシンボル。	ニュージーランド	ウェリントン
☐ ㉔	農業国だが自動車・ファッション産業など工業も盛ん。セーヌ川。	フランス	パリ
☐ ㉕	国土の1/4は海面下に位置。風車、チューリップ。酪農産業が盛ん。	オランダ	アムステルダム
☐ ㉖	世界最大の島グリーンランドを領有。酪農国。立憲君主国。	デンマーク	コペンハーゲン
☐ ㉗	前主席金日成が創始。朝鮮労働党の一党独裁国家。主体思想。	北朝鮮	ピョンヤン(平壌)
☐ ㉘	1962年フランスより独立。イスラム教(スンニ派)が多数派。	アルジェリア	アルジェ
☐ ㉙	アンコール・ワット。旧仏植民地。1993年より立憲君主制。ASEANの一員。	カンボジア	プノンペン
☐ ㉚	2008年王制から共和国へ移行。ヒマラヤ山脈。農業、観光業が主要産業。	ネパール	カトマンズ
☐ ㉛	仏教遺跡ボロブドール。旧蘭植民地。イスラム教徒が多数派。ASEANの一員。	インドネシア	ヌサンタラ(2024年移転開始)
☐ ㉜	フランコ総統の死去で1975年に王制復活。サグラダファミリア。	スペイン	マドリード
☐ ㉝	マレー系、中国系、インド系住民による多民族国家。ASEAN・英連邦の一員。	マレーシア	クアラルンプール
☐ ㉞	英連邦の長として君臨。2020年1月、EU離脱。チャールズ三世国王陛下。	イギリス	ロンドン
☐ ㉟	世界有数の石油埋蔵量。2003年のイラク戦争による治安悪化。	イラク	バグダッド
☐ ㊱	1991年独立国家に。豊かな黒土地帯は欧州の穀倉地帯とも。	ウクライナ	キーウ
☐ ㊲	英語と仏語が公用語。世界第2位の国土面積。イヌイット。英連邦の一員。	カナダ	オタワ
☐ ㊳	バルカン半島。地中海気候。古代遺跡。オリーブ、綿が主要産業。	ギリシャ	アテネ
☐ ㊴	1965年マレーシアから独立。事実上の一党独裁制。ASEAN・英連邦の一員。	シンガポール	シンガポール
☐ ㊵	主要産業は、紅茶、ゴムなどの農業。旧英植民地。最大都市コロンボ。	スリランカ	スリ・ジャヤワルダナプラ・コッテ
☐ ㊶	ヨーロッパ随一の工業国。GDP世界3位。1990年東西が統一。	ドイツ	ベルリン
☐ ㊷	ASEAN唯一のキリスト教国。過去スペイン、アメリカの植民地。ASEANの一員。	フィリピン	マニラ(メトロ・マニラ)
☐ ㊸	1976年南北統一。ドイモイ(刷新)政策。ASEANの一員。過去フランスの植民地。	ベトナム	ハノイ
☐ ㊹	アステカ・マヤ文明。住民の80%がスペイン系とインディオの混血。	メキシコ	メキシコ・シティ
☐ ㊺	イースター島。モアイ像。旧スペインの植民地。ワイン。	チリ	サンティアゴ

日本の歴史

■次の空欄に適切な語句を入れなさい。

☐ **❶** 『□□□』の【魏志倭人伝】には、日本の「邪馬台国」と女王□□についての記述がある。

三国志、卑弥呼

☐ **❷** 593年、□□が【推古】天皇の摂政となり、【冠位十二階】や「□□の憲法」を制定した。

聖徳太子、十七条
厩戸王(うまやどのおう)とも。

☐ **❸** 7世紀初頭の【推古】天皇の時代には、最初の【仏教】文化である□□文化が栄えた。

飛鳥
法隆寺や飛鳥寺が代表的な建造物。

☐ **❹** 645年、□□、【中臣(藤原)鎌足】らは、天皇を中心とする国家体制の確立を目指した。

中大兄皇子
のちに天智天皇として即位。

☐ **❺** 大化の改新により【公地・公民制】や【班田収授の法】などを含む□□が発令された。

改新の詔
「租・庸・調」の税制度改革も行われた。

☐ **❻** 701年制定の□□律令によって、中国に範をとった日本の律令制度が整った。

大宝
律令制度とは中央集権的な法による統治体制。

☐ **❼** □□年、【元明】天皇は都を奈良の【平城京】へと移した。

710
以降794年までを奈良時代と呼ぶ。

☐ **❽** 723年(【奈良】時代)、制限付きで【私有地】を認める□□の法が制定された。

三世一身
開墾者から三世代まで墾田の私有を認めた。

☐ **❾** 743年、開墾地の永世私有を認める□□法により大規模な【私有地】所有が可能となった。

墾田永年私財
「三世一身の法」の発令も相まって貴族は「荘園」を有するように。

☐ **❿** 753年、僧□□が【唐】から来日し、【唐招提寺】を創建して□□【律宗】を日本に広めた。

鑑真、仏教
唐招提寺は天平文化の代表的な建造物。

☐ **⓫** 794年、□□天皇は崩れた【律令】政治を立て直すため、【平安京】に都を遷した。

桓武
長岡京から平安京に再遷都を行った。

☐ **⓬** 【遣隋使】に続き630年から派遣された□□は、【894】年□□の建議により中止された。

遣唐使、菅原道真

⑬ 平安中期、【摂関政治】は、後一条天皇の摂政であった◻︎で頂点を迎えた。

藤原道長
ふじわらのみちなが
天皇に代わり摂政や関白が政治の中心を担った。

⑭ 平安時代、◻︎と◻︎によって起こされた反乱をあわせて【承平・天慶の乱】と呼ぶ。

平 将門
たいらのまさかど
藤原純友
ふじわらのすみとも

⑮ 日本の【天台】宗は、◻︎（伝教大師）が【比叡】山に◻︎寺を建てたことに始まる。

最澄、延暦
天台宗は隋の煬帝（ようだい）の命により智顗（ちぎ）が開いた。

⑯ 日本の【真言】宗は◻︎（【弘法大師】）が◻︎山に【金剛峰】寺を建てたことに始まる。

空海、高野
「天台宗」と「真言宗」は共に唐で学んだ密教を基盤としている。

⑰ ◻︎天皇が上皇となった1086年から【平家】滅亡までの約100年間を【院政】時代という。

白河
上皇や法皇が実質的な政治の中心。

⑱ 9世紀頃、【平安】京で最盛期を迎えた【唐風】の文化を、◻︎文化という。

弘仁・貞観
こうにん・ていかん
密教の神秘的な仏像や仏画が代表的なもの。

⑲ 日本初の武家政権は、征夷大将軍◻︎が【鎌倉】に幕府を開いて始まった。

源頼朝
鎌倉時代の始期は、1183年、1185年、1192年等諸説ある。

⑳ 1221年、【後鳥羽上皇】が【北条義時】に敗れ、流罪となった戦いを◻︎の乱という。

承久
じょうきゅう
権力が天皇や上皇から武家の側に移った。

㉑ 1232年、◻︎は◻︎（【貞永式目】）を定め、武家政権の基礎を固めた。

北条泰時、
ほうじょうやすとき
御成敗式目
ごせいばいしきもく

㉒ 1274年の【文永の役】、1281年の【弘安の役】をあわせて◻︎という。

元寇
げんこう
元の朝貢の要求を幕府が拒んだことによる。

㉓ 鎌倉時代に興った代表的な仏教に、【法然】の◻︎、【親鸞】の◻︎、【一遍】の◻︎がある。

浄土宗、浄土真宗、時宗

㉔ 1333年、【後醍醐】天皇は【鎌倉】幕府を滅ぼし、◻︎の新政を始めた。

建武
けんむ
当初、足利尊氏（あしかがたかうじ）も協力。

㉕ ◻︎は、室町時代後期、【細川】勝元派（東軍）と【山名】持豊派（西軍）とが京都で行った戦乱。

応仁の乱
おうにん
将軍家や斯波氏、畠山氏の跡継ぎ問題が原因。

㉖ 1543年、◻︎人の乗った船が【種子島】に流れ着き、日本に◻︎をもたらした。

ポルトガル、鉄砲

109

☐ **㉗** 1549年、【イエズス】会の宣教師☐☐が日本に☐☐教を伝えた。 | フランシスコザビエル、キリスト

☐ **㉘** ☐☐が【本能寺の変】で討たれた後、☐☐は明智を討ち【大坂】城を築いて天下を統一した。 | 織田信長（おだのぶなが）、豊臣秀吉（とよとみひでよし）

☐ **㉙** ☐☐率いる西軍との【関ヶ原の戦い】に勝利した☐☐は、1603年、江戸に幕府を開いた。 | 石田三成（いしだみつなり）、徳川家康（とくがわいえやす）

☐ **㉚** 江戸幕府は☐☐政策によって他国との交易を断ち、【清】と☐☐とのみ貿易を許可した。 | 鎖国、オランダ

☐ **㉛** 【江戸】時代の三大改革とは、☐☐の改革、☐☐の改革、☐☐の改革である。 | 寛政、天保、享保 — 松平定信（寛政）、水野忠邦（天保）、徳川吉宗（享保）により行われた。

☐ **㉜** 17世紀後半、【上方】の町人を中心に☐☐文化が開花した。 | 元禄 — 井原西鶴、近松門左衛門、松尾芭蕉らが代表的な文化人。

☐ **㉝** 19世紀、【江戸】の町人を中心に☐☐文化が開花した。 | 化政 — 十返舎一九、上田秋成、北斎、写楽、歌麿、広重らが代表的な文化人。

☐ **㉞** 1853年、【アメリカ】の☐☐が軍艦4隻を率いて☐☐港に来航した。 | ペリー、浦賀

☐ **㉟** 幕府の大老☐☐は☐☐条約の締結（1858年）、【安政】の大獄を行い、☐☐で暗殺された。 | 井伊直弼（いいなおすけ）、日米修好通商、桜田門外の変

☐ **㊱** 1866年、【土佐】藩の☐☐の仲介で【薩摩】藩と【長州】藩の間で☐☐が結ばれた。 | 坂本龍馬（さかもとりょうま）、薩長同盟（さっちょうどうめい）

☐ **㊲** 1867年、【江戸】幕府最後の将軍☐☐は、政権を【朝廷】に返上する☐☐を行った。 | 徳川慶喜（とくがわよしのぶ）、大政奉還（たいせいほうかん）

☐ **㊳** 明治政府は1869年に【版籍奉還】、1871年に藩を廃して【府】・【県】に分ける☐☐を行った。 | 廃藩置県 — 3府72県が置かれた。

☐ **㊴** 1873年、財政難に悩む【明治】政府は☐☐により、土地や税に関する根本的改革を行った。 | 地租改正 — 同年、徴兵令も出された。

☐ **㊵** 1885年に【内閣】制度が開始され、☐☐が初代の総理大臣に就任した。 | 伊藤博文（いとうひろぶみ） — 1889年2月11日、大日本帝国憲法発布。

41 ☐年、日本と【清】の間で【朝鮮】を巡っての対立により【日清】戦争が勃発した。	1894 日本が勝利。下関講和条約が結ばれた。	
42 【1902】年、【ロシア】のアジアへの南下を牽制するため、☐同盟が締結された。	日英	
43 【1904】年、満州や朝鮮を巡る日本と帝政【ロシア】が対立がもとで☐戦争が勃発した。	日露 日本が勝利。1905年ポーツマス講和条約締結。	
44 1909年、☐前韓国統監が暗殺され、翌年の【1910】年に、日本は☐を併合した。	伊藤博文、 朝鮮半島(韓国)	
45 ☐と【三国協商】との対立がもとで勃発した【第一次世界】大戦で、日本は☐側についた。	三国同盟、協商	
46 1925年、☐法が制定され、☐歳以上の【男子】が選挙権を獲得した。	普通選挙、25	
47 1931年、日本軍は中国東北部を占領する☐事変を起こした。	満州 日本は翌年に満州国を樹立。	
48 1936年、陸軍皇道派青年将校らによるクーデター未遂事件(☐事件)が起こった。	二・二六 斎藤内大臣、高橋蔵相、渡辺教育総監が殺害された。	
49 【1941】年、日本がハワイの☐を攻撃したことにより、【太平洋】戦争が始まった。	真珠湾(パールハーバー)	
50 【1945】年、☐宣言の受諾によって、日本は☐に占領されることとなった。	ポツダム、 連合国軍	
51 第二次大戦後、日本での占領政策遂行のため、連合国軍最高司令官に☐が就任した。	マッカーサー 太平洋戦争開戦時の極東軍司令官。	
52 1951年、【旧連合国】・日本間に☐平和条約が締結され、日本の☐が回復した。	サンフランシスコ、 独立	
53 第二次大戦後も、☐は1972年に至るまで【アメリカ】の統治下に置かれた。	沖縄 現在も日本の米軍基地の75%が沖縄に集中。	
54 1972年、日本の☐首相と中国の【周恩来】首相が日中の☐を表明した。	田中角栄、 国交回復	

3章 社会▼日本の歴史

●日本略史

時代	西　暦	主な出来事
縄文	☐ B.C.12000頃	土器・磨製石器
	☐ B.C.8000頃	竪穴住居・貝塚
弥生	☐ B.C.400頃	水稲農業・金属器の使用
	☐ 57	奴国王、後漢より金印を授かる
	☐ 239	邪馬台国の女王卑弥呼、魏に遣使
飛鳥	☐ 604	聖徳太子が十七条の憲法を制定
	☐ 630	遣唐使開始
	☐ 645	大化の改新(蘇我氏滅亡)
	☐ 701	大宝律令完成〈律令政治の基礎〉
奈良	☐ 710	平城京遷都
	☐ 723	三世一身の法
	☐ 743	墾田永年私財法
平安	☐ 794	平安京遷都
	☐ 1017	藤原道長が太政大臣に〈摂関政治の絶頂期〉
	☐ 1086	白河上皇が院政開始
	☐ 1156・59	保元の乱・平治の乱
	☐ 1167	平清盛が太政大臣に
鎌倉	☐ 1185	平氏滅亡。鎌倉幕府成立
	☐ 1192	源頼朝が征夷大将軍に
	☐ 1219	三代将軍 源実朝暗殺
	☐ 1232	北条泰時が御成敗式目制定〈執権政治〉
	☐ 1274・81	文永の役(元寇)・弘安の役(元寇)
	☐ 1333	鎌倉幕府滅亡
南北朝	☐ 1334	後醍醐天皇による建武の新政
室町	☐ 1338	足利尊氏が征夷大将軍に。京都室町に幕府を開く
	☐ 1392	南北朝合一
	☐ 1467	応仁の乱
戦国	☐ 1543	鉄砲伝来
安土・桃山	☐ 1549	キリスト教伝来
	☐ 1573	織田信長が将軍を追放。室町幕府滅亡
	☐ 1590	豊臣秀吉が日本を統一
	☐ 1592・97	文禄の役・慶長の役(秀吉朝鮮侵略)
江戸	☐ 1603	徳川家康が征夷大将軍に。江戸に幕府を開く
	☐ 1614・15	大坂冬の陣・夏の陣(豊臣氏滅亡)
	☐ 1639	鎖国体制完成(中国・オランダを除く)

江戸	☐ 1716	享保の改革(八代将軍吉宗)	
	☐ 1787	寛政の改革(老中松平定信)	
	☐ 1841	天保の改革(老中水野忠邦)	
	☐ 1853	ペリーが浦賀に来航	
	☐ 1854	日米和親条約	
	☐ 1858	日米修好通商条約、安政の大獄	
	☐ 1867	大政奉還	
明治	☐ 1868	五箇条の御誓文〈明治維新〉	
	☐ 1873	徴兵令・地租改正	
	☐ 1889	大日本帝国憲法の発布	
	☐ 1894	日清戦争	
	☐ 1902	日英同盟締結	
	☐ 1904	日露戦争	
	☐ 1910	韓国併合	
大正	☐ 1914	第一次世界大戦勃発	
	☐ 1918	原敬内閣発足	
昭和	☐ 1931	満州事変	
	☐ 1936	二・二六事件	
	☐ 1937	日中戦争開始	
	☐ 1939	第二次世界大戦勃発	
	☐ 1940	日・独・伊三国軍事同盟締結	
	☐ 1941	太平洋戦争開始	
	☐ 1945	ポツダム宣言受諾、第二次世界大戦終結	
	☐ 1946	日本国憲法発布	
	☐ 1951	サンフランシスコ平和条約	
	☐ 1956	日ソ国交回復・国連加盟	
	☐ 1972	沖縄復帰、日中国交正常化	
	☐ 1978	日中平和友好条約調印	
平成	☐ 1989	消費税導入	
	☐ 1992	カンボジアへPKO派遣	
	☐ 2002	日朝首脳会談(小泉首相ーキム・ジョンイル総書記)	
	☐ 2004	イラクへ自衛隊を派遣(〜2006)	
	☐ 2007	郵政事業民営化	
	☐ 2009	裁判員制度スタート	
	☐ 2011	東日本大震災。福島第一原発事故	
	☐ 2016	改正公職選挙法施行。選挙権18歳に	
令和	☐ 2019	新元号(令和)スタート	

3章 社会 ▼ 日本の歴史

■ 次の空欄に適切な語句を入れなさい。

□ ❶ 紀元前3000年頃、□□川流域に興った文明が【古代エジプト文明】である。

ナイル
代表的な建築物はピラミッドやスフィンクス等。

□ ❷ □□文明は、【ハラッパ】や【モヘンジョ・ダロ】等の都市を建設し象形文字を用いたが、滅亡の理由は解明されていない。

インダス

□ ❸ 全メソポタミアを支配した【バビロニア王国】の□□王は、【目には目を、歯には歯を】の復讐法を原則とする法典を編纂した。

ハンムラビ
法典は、楔形（くさびがた）文字で粘土板に書かれた。

□ ❹ ローマは、貴族（【パトリキ】）で構成される【元老院】を中心とする共和制から、【三頭】政治を経て、前27年□□の時に帝国となった。

オクタヴィアヌス（アウグストゥス）

□ ❺ 前317年頃【チャンドラグプタ】によって興った【インド】初の統一国家□□朝インドは、【アショーカ王】のもとで全盛期を迎えた。

マウレア（マウリヤ）
アショーカ王は、仏典結集（編纂）等を行い布教に努めた。

□ ❻ 1世紀に成立した□□教はローマ帝国の【ネロ】帝、【ディオクレティアヌス】帝らによって迫害された。

キリスト
313年のミラノ勅令によって公認。その後392年テオドシウス帝によって国教化。

□ ❼ 1世紀頃、インドの【クシャーナ】朝で、インドの古来様式と【ヘレニズム】文化が融合したギリシャ的傾向の□□美術が生まれた。

ガンダーラ
ギリシャ風の仏像などが代表的なもの。

□ ❽ 中国最初の統一国家である□□の【始皇帝】は、【焚書坑儒】や【郡県制】によって強力な【中央集権】国家の建設を目指した。

秦（しん）
始皇帝は万里（ばんり）の長城を築き、匈奴（きょうど）の侵入に備えた。

□ ❾ □□（高祖）は【秦】を滅ぼした後、【楚】の武将□□を破って、前202年、【長安】を都とし□□王朝を開いた。

劉邦、項羽、漢（りゅうほう、こうう）
漢は当初、郡県制と封建制度を併用した郡国制を採用。

⑩ 後漢末には各地で農民による反乱が起こり、後漢滅亡のきっかけとなった華北の【張角】による □ の乱はその最大のものであった。

黄巾
後漢が滅びたあと、魏(ぎ)、呉(ご)、蜀(しょく)の並び立つ三国時代となった。

⑪ 589年、【南北】に分裂していた中国を統一した □ の【文帝】は、【科挙】を実施して試験によって官吏を登用する制度を開始した。

隋
文帝の子煬帝(ようだい)は大運河を建設し南北交通を盛んにした。

⑫ 618年、隋を倒し □ を都として【李淵】(高祖)が【唐】を建てた。唐は一大帝国を築いたが、907年【朱全忠】に滅ぼされた。

長安
唐を代表する詩人には李白(りはく)と杜甫(とほ)がいる。

⑬ 11世紀から13世紀にかけて【ローマ法王】は聖地 □ を【イスラム教徒】の手から奪回するために7回の □ を派遣した。

エルサレム、十字軍

⑭ □ 同盟は、中世後期に【北ドイツ】を中心にヨーロッパ北部の経済を掌握した自由都市同盟である。

ハンザ
中心は、リューベック、ハンブルク等。

⑮ 中世のヨーロッパの都市では、【商人】や【手工業者】が □ と呼ばれる独占的排他的組織を構築していた。

ギルド
親方の権威は絶対であった。

⑯ □ を始祖とする【モンゴル】帝国は、西夏【ホラズム】王朝や【金】、【アッバース】朝等を滅ぼし空前の大帝国を築いた。

チンギス・ハン(太祖、テムジン)
モンゴルはその後分裂。

⑰ 【元】の【フビライ】に仕えた【ヴェニス】の商人 □ は、【世界の記述】(東方見聞録)を著して豊かなアジアをヨーロッパ人に紹介した。

マルコ・ポーロ
「世界の記述」には、日本が黄金の国ジパングと紹介されている。

⑱ 1215年、イギリスの【ジョン】王の悪政に対抗して、貴族が団結して王に認めさせたのが、□ (【マグナ・カルタ】)である。

大憲章
イギリスの法制度の基となった。

⑲ □ と □ の間で行われた【百年戦争】(1339年~1453年)により、両国の領主・騎士階級が衰退した。

イギリス、フランス
領主・騎士階級の衰退により、封建制から国王による中央集権化への移行が進む。

☐ ⑳ 1381年に【イギリス】で起こった農民の反乱「□□の乱」により、農民の自由化が促進され、独立自営農民（【ヨーマン】）が増加した。

ワット・タイラー
乱の思想的指導者ジョン・ボールの言葉「アダムが耕しイブが紡いだ時、だれが領主だったか」が有名。

☐ ㉑ 13～15世紀頃□□帝国は【アンデス】地方を中心に興隆したが、1533年スペインの【ピサロ】によって滅ぼされた。

インカ
南米では他に、メキシコやグアテマラ等にまたがるマヤ文明が栄えた。

☐ ㉒ 14世紀にイタリアの都市□□に興った人間精神の革新を目指す文化運動を、【ルネサンス】（再生）という。

フィレンツェ
フィレンツェでは15世紀にメディチ家が文化保護を積極的に行った。

☐ ㉓ 【百年】戦争の結末に不満を抱く貴族が、【ランカスター】、【ヨーク】両家の王位継承権争いに加わったのが□□戦争である。

ばら
1455－1485年。両家ともばらを紋章にしていたことによる。

☐ ㉔ ヨーロッパの技術水準を著しく向上させた【ルネサンス】の三大発明とは、□□、□□、□□である。

らしんばん
羅針盤、火薬（火砲）、活版印刷

☐ ㉕ 15・16世紀には【ヴァスコ・ダ・ガマ】のインド到達、□□のアメリカ到達、□□の世界一周など【地理上の発見】がなされた。

コロンブス、マゼラン

☐ ㉖ 【クロムウェル】の指揮する【議会】派が【王党】派を破り、イギリス初の【共和】制を築いたことを、□□革命と呼ぶ。

清教徒（ピューリタン）
実態はクロムウェルの軍事独裁政権だった。

☐ ㉗ フランス【ブルボン】朝の最盛期の王□□は、絶対主義を象徴する「朕は国家なり」という言葉でも知られる。

ルイ14世
豪奢（ごうしゃ）なベルサイユ宮殿を建設、太陽王とも呼ばれた。

☐ ㉘ インドの統一【イスラム】帝国である□□帝国（1526～1858年）の滅亡後、インドは□□の直接統治下に入った。

ムガル（ムガール）、イギリス

☐ ㉙ 1616年から1912年に中国を支配した【清】は、□□、【雍正】、【乾隆】の3帝の時代に最盛期を迎えた。

こうき
康熙
康熙帝は三藩の乱の平定、康熙字典の編纂などを行い、中国史上一の名君とも言われる。

30 【1776】年7月4日に行われたアメリカの□□は、第【3】代大統領□□の起草によるものである。

独立宣言、
ジェファーソン

31 【1789】年に始まった□□革命は、市民による【バスティーユ】牢獄の襲撃から始まった。

フランス
全ヨーロッパ近代社会成立の出発点となった。

32 イギリスで起きた□□革命は、生産体制を【家内制手】工業から【工場制機械】工業へと移行させ、【近代資本主義】を確立させた。

産業
18世紀、農業革命の囲い込みで小作人が土地を失った。これが、安価な工場労働者の供給につながった。

33 1842年□□戦争後に締結された【南京】条約により、【香港】は□□から【イギリス】に割譲された。

アヘン、清
1997年香港は中国に返還された。

34 アメリカの第5代大統領□□は、1823年【アメリカ大陸】諸国と【ヨーロッパ】諸国との【相互不干渉】を宣言した。

モンロー
アメリカは当時孤立主義外交策をとっていた。

35 1914〜1918年の第一次世界大戦は、【ボスニア】の都市□□で、□□皇太子夫妻が暗殺されたことをきっかけに開始された。

サラエボ、
オーストリア

36 1917年、ロシア帝国を滅ぼして、社会主義国家【ソビエト連邦】を建設した□□革命の中心的な指導者は、□□であった。

ロシア、レーニン
ソビエト連邦は1991年に崩壊した。

37 1929年に始まった【世界大恐慌】克服策として、アメリカの【フランクリン・ルーズベルト】大統領は、□□政策を行った。

ニューディール
全国産業復興法と農業調整法の制定、テネシー河流域開発公社による大土木工事等を行った。

38 第二次世界大戦は、【独】、□□、【日本】の□□国対【米】、【英】、【仏】、【中国】、【ソビエト連邦】を中心とする連合国との戦いだった。

伊(イタリア)、枢軸

39 1945年2月、アメリカ□□大統領、イギリス□□首相、ソビエト連邦【スターリン】首相の3首脳で□□会談が開かれた。

ルーズベルト、
チャーチル、
ヤルタ
ソビエト連邦の対日参戦等が決定された。

●18世紀以降の欧州＆アメリカ略史

時代	主な出来事
1707年	☐ イングランドとスコットランド合併　**イギリス**
1760年～	☐ 産業革命　**イギリス**
1776年	☐ アメリカ独立宣言　**アメリカ**
1789年	☐ フランス革命　**フランス**
1804-1814年	☐ 第一帝政(ナポレオン1世)　**フランス**
1823年	☐ モンロー宣言　**アメリカ**
1837-1901年	☐ ヴィクトリア女王時代　**イギリス**
1840-1842年	☐ アヘン戦争
1852-1870年	☐ 第二帝政(ナポレオン3世)　**フランス**
1854年	☐ クリミア戦争
1861-1865年	☐ 南北戦争　**アメリカ**
1870-1871年	☐ 普仏戦争　**フランス／ドイツ**
1871-1918年	☐ ドイツ帝国(第二帝国)　**ドイツ**
1871年	☐ パリ・コミューン　**フランス**
1902年	☐ 日英同盟
1914-1918年	☐ 第一次世界大戦
1917年	☐ ロシア革命
1919-1934年	☐ ワイマール共和国　**ドイツ**
1929-1933年	☐ 世界大恐慌
1933-1945年	☐ ナチスドイツ(第三帝国)　**ドイツ**
1933-1936年	☐ ニューディール政策　**アメリカ**
1939-1945年	☐ 第二次世界大戦
1940-1944年	☐ ヴィシー政権(親独政権)　**フランス**
1945-1990年	☐ 東西分裂時代　**ドイツ**
1950-1953年	☐ 朝鮮戦争
1960-1975年	☐ ベトナム戦争
1990年	☐ 東西ドイツ統一　**ドイツ**
1991年	☐ 湾岸戦争、ソ連崩壊
2001年	☐ アメリカ同時多発テロ
2003年	☐ イラク戦争
2010年	☐ 欧州債務危機(ソブリン危機)

●中国変遷の略史

国名	年代	都	主な出来事
□ 殷(商)	B.C.16世紀- B.C.11世紀		中国最古の王朝。
□ 周	B.C.11世紀- B.C.256年	鎬京→洛邑 (洛陽・前770年〜)	封建制度による統治。
□ 春秋戦国	B.C.770- B.C.221年		戦国の七雄(斉(せい)、楚(そ)、燕(えん)、韓(かん)、魏(ぎ)、趙(ちょう)、秦(しん))。
□ 秦	B.C.221- B.C.206年	咸陽	始皇帝による中国統一。 郡県制・中央集権。
□ 前漢	B.C.202-8年	長安	劉邦(高祖)が建国。制による統治。
□ 後漢	25-220年	洛陽	劉秀(りゅうしゅう)(光武帝)が漢を再建。
□ 三国	220-280年		魏(ぎ)、呉(ご)、蜀(しょく)が並び立った時代。
□ 西晋	265-316年	洛陽	司馬炎(武帝)が建国。
□ 南北朝	439-589年		江南と華北に統一王朝が併存、対立した。
□ 隋	589-618年	長安	楊堅(文帝)が建国。589年南北朝統一。科挙制度採用。大運河建設。均田制、租庸調の税制、府兵制導入。
□ 唐	618-907年	長安	李淵(りえん)(高祖)・李世民(太宗)が建国。2代太宗「貞観の治」。6代玄宗「開元の治」。
□ 五代十国	907-960年	開封	後梁(ごりょう)〜後周(ごしゅう)の五王朝の総称。
□ 宋	960-1126年	開封	趙匡胤(ちょうきょういん)(太祖)が建国。
□ 南宋	1127-1279年	臨安(杭州)	金の侵入により高宗(こうそう)が江南(こうなん)に移って再建。
□ 元	1271-1368年	大都(北京)	モンゴル帝国第5代フビライ(世祖)から。
□ 明	1368-1644年	金陵(南京)→ 北京(1421年〜)	朱元璋(しゅげんしょう)(洪武(こうぶ)帝)が建国。里甲制。
□ 清	1616-1912年	北京(1644年〜)	女真族のヌルハチが建国。康熙(こうき)帝・雍正(ようせい)帝・乾隆(けんりゅう)帝の三大皇帝期が全盛期。
□ 中華民国	1912-1949年	北京	1911年辛亥(しんがい)革命で清を滅ぼし1912年成立。1949年台湾へ。
□ 中華人民共和国	1949年-	北京	日本降伏後、国民党軍に勝利して、毛沢東を主席として成立。

3章 社会▼世界の歴史

119

国会・内閣・行政

■次の空欄に適切な語句を入れなさい。

❶ 【立法】・【行政】・【司法】の三権を司るのは、それぞれ□・□・□である。

国会、内閣、裁判所

❷ 国会には□国会(【常会】)、【臨時国会】(臨時会)、□国会の3種類がある。

通常、特別
臨時国会は「特別会」とも。

❸ 【衆議院】の解散、総選挙のあとに開かれる国会は、□である。

特別国会
総選挙後30日以内に開会する。

❹ 日本の国会は、【衆議院】と【参議院】に分かれる□制が採用されている。

二院

❺ 国会の主要な役割として【法律】の□・□の【承認】・□の【議決】などがある。

制定、条約、予算

❻ 【参議院】が否決した議案も衆議院の再審議で□議員の□の賛成で可決成立できる。

出席、
3分の2以上

❼ 予算審議について、衆参両院のうち、【衆議院】が先に行う権利を□という。

予算先議権

❽ 【内閣総理大臣】は□の中から【国会】が□する。【任命】は□が行う。

国会議員、指名、天皇

❾ 国会の本会議で議決を行うのに【最低限必要な議員数】を□という。

定足数

❿ 国会の本会議で議決を行うには、□の□以上の【出席】が必要である。

全議員、
3分の1

⓫ 内閣が【国会】の信任を得て【行政権】を行使するしくみ(政治制度)を□という。

議院内閣制
19世紀のイギリスで誕生した制度。

⓬ 国会から内閣へのチェック機能には、□の【指名】や□の決議がある。

内閣総理大臣、
内閣不信任案

⓭ 内閣の【国務大臣】のうち、【半数】以上は　　でなければならない。	国会議員	
⓮ 【内閣総理大臣】や国務大臣には【軍人】等が就任できないという制限を一般に　　という。	文民統制 (シビリアン・コントロール)	
⓯ 現在、日本の内閣に置かれている省庁は、【内閣府】のほかに　　ある。	13 11省と復興庁、デジタル庁。	
⓰ 内閣の主な機能には、　　の執行・【政令】の　　・【条約】の　　・【予算】の　　がある。	法律、制定、締結、作成	
⓱ 【内閣不信任案】が可決された場合、内閣は　　、もしくは　　を行う必要がある。	衆議院の解散、総辞職	
⓲ 省庁再編により旧【大蔵省】財政部門は　　に、金融部門は　　へと引き継がれた。	財務省、金融庁	
⓳ 衆参両院で異なる議決が行われた場合、双方の意見を調整する　　が開かれる。	両院協議会 衆参両院から、各10名の委員を選出。	
⓴ 省庁の業務効率化を狙い、行政組織から分離し、独立採算で運営する機関を　　という。	独立行政法人	
㉑ 内閣は【天皇の国事行為】に　　と　　を与える。	助言、承認	
㉒ 内閣の【事務】を司る機関は　　である。	内閣官房 長は国務大臣である内閣官房長官	
㉓ 　　は、両院いずれかの議員総数の　　以上の議員の要求で開催される。	臨時国会、 4分の1	
㉔ 国会内に設けられる、【裁判官】を罷免するか否かの裁判を行う裁判所を　　という。	弾劾裁判所	
㉕ 【通常国会】の会期は　　日間である。	150	
㉖ 衆議院参議院は国政に関して自ら調査を行う　　を有する。	国政調査権	

121

政党・選挙制度

■次の空欄に適切な語句を入れなさい。

☐ **❶** 【衆議院議員】の定数は☐名、任期は☐年で、立候補は☐歳以上でできる。

465、4、25
475名より10減。

☐ **❷** 【参議院議員】の定数は☐名、任期は☐年で、立候補は☐歳以上でできる。

248、6、30
参議院議員は3年ごとに半数が入れ替わる。

☐ **❸** 日本国民は☐歳以上になると【選挙権】を有する。

18
2016年より、「20歳以上」から引き下げ。

☐ **❹** ☐制は、1選挙区から1名の議員を選出する選挙区制で、【多数党】に有利とされる。

小選挙区
二大政党制になりやすいとされる。

☐ **❺** ☐制は、政党ごとの【得票数】に応じて、代表者を選出する方法である。

比例代表
日本は小選挙区比例代表並立制。

☐ **❻** 政党が事前に届け出た【候補者名簿】の順位に従って当選者を決定する方式を☐という。

拘束名簿式
有権者は政党名で投票。その得票数に応じて議席数が配分される。

☐ **❼** 【比例区】で、各党の得票数を整数で割り、商の大きい順に議席配分する方式を☐という。

ドント式
比例代表制の選挙での計算方法の1つ。

☐ **❽** 【非拘束名簿】式で選挙を行う場合、有権者は投票用紙に☐または☐を記入する。

候補者名、政党名
有権者は当選させたい候補者を選ぶことができる。

☐ **❾** 選挙における5つの原則とは、【普通選挙】・【平等選挙】・【秘密選挙】・☐・☐である。

直接選挙、自由選挙

☐ **❿** ☐は衆参両議員や地方自治体の【首長及び議員】の選挙手続きを定めた法律である。

公職選挙法

☐ **⓫** 財産、身分、性別による区別なく、国民が等しく1票の【選挙権】を持つ制度を☐という。

普通選挙制度
選挙権年齢が「満18歳以上」に引き下げられた。

☐ **⓬** 国会議員☐名以上か【直近の国政選挙】で全国☐以上の得票率を得たものを政党と呼ぶ。

5、2%
有効投票の2%到達が公職選挙法上の政党要件。

問	問題文	解答
13	各政党が、選挙に当たって党の【政策方針】を公表する文書を ☐ という。	マニフェスト（政権公約）
14	選挙当選者の関係者が選挙違反で有罪になった場合、当選も無効とする制度を ☐ という。	連座制 さらに当該選挙区からは5年間立候補が不可。
15	国が政党に対し、【助成金】を交付することを定めた法律を ☐ という。	政党助成法 使途の報告等についても定められている。
16	【衆議院】の比例代表選挙は、全国を ☐ のブロックに分けて実施されている。	11 参議院の比例代表区は全国区となる。
17	衆議院では【小選挙区】と【比例代表】との ☐ 立候補が認められている。	重複 選挙区で敗れても比例区で復活当選の可能性がある。
18	小選挙区の落選者が、比例代表区で【復活当選】するには、小選挙区での ☐ が基準となる。	惜敗率 惜敗率が高い順に当選となる。
19	特定の候補者・政党に有利になるように選挙区割りをすることを ☐ という。	ゲリマンダー アメリカ、マサチューセッツ州知事ゲリーが行った。
20	人口の過密地域と過疎地域で、当選に必要な【得票数】に差が出ることを ☐ （問題）という。	一票の格差 議員定数不均衡問題。
21	政党や官僚に働きかけて、政策決定に影響を及ぼそうとしている団体を ☐ という。	利益団体(利益集団・圧力団体)
22	当選を争う意思のない無責任な【立候補】を防ぐため、候補者や政党が預けるお金を ☐ という。	供託金 お金や国債など。
23	日本の公職選挙では、議員に欠員ができたときに、名簿順位の次点者が ☐ する。	繰り上げ当選
24	選挙を管理する団体として、国には ☐ 、地方自治体には ☐ がある。	中央選挙管理会、選挙管理委員会
25	【衆議院議員総選挙】と【参議院議員通常選挙】を総称して ☐ という。	国政選挙
26	☐ は、政治家や政治団体が扱う【政治資金】について規定した法律である。	政治資金規正法 パーティ券関連の裏金や不正な寄付金など様々な事件が起きている。

■次の空欄に適切な語句を入れなさい。

□ ❶ 日本国憲法の三大原則とは、□・□・【基本的人権の尊重】である。

国民主権(主権在民)、平和主義

□ ❷ 基本的人権は【自由権】・□・□・□・【請求権】の5つに大別される。

平等権、社会権、参政権

□ ❸ 日本国憲法は、【第二次世界】大戦後、□から提示された案が基本となっている。

連合国軍総司令部(GHQ)

□ ❹ 日本国憲法の【公布日】は□年11月3日で、【施行日】は1947年□月3日である。

1946、5
5月3日は国民の祝日である憲法記念日。

□ ❺ 憲法に定められた国民の【三大義務】とは、□・□・□である。

教育、勤労、納税
教育は26条、勤労は27条、納税は30条。

□ ❻ 【新しい基本的人権】として、□や□、知る権利などが挙げられる。

環境権、プライバシー権

□ ❼ 憲法第□条では【武力の放棄】、戦力の不保持を宣言している

9

□ ❽ ❼の原則に照らし、存在の合法性が問われている組織が□である。

自衛隊

□ ❾ 憲法第□条で、【天皇】は、【日本国】と【国民統合】の□であると規定されている。

1、象徴
これにより、象徴天皇制と呼ばれる。

□ ❿ 【天皇】は、法律の公布・国会の召集・内閣総理大臣の任命などの□を行う。

国事行為
その責任は内閣にある。

□ ⓫ 基本的人権の中で、国民が【健康で文化的な】最低限度の生活を営む権利を□という。

生存権(社会権)
憲法第25条。

□ ⓬ 【基本的人権】は□に反しない限り、国の政治を行う上で最も尊重されなければならない。

公共の福祉

⑬ 社会権の一部として、労働者に保障されている三権とは、□・□・□である。	団体行動権（争議権）、団結権、団体交渉権	
⑭ 【教育を受ける権利】は□権の、公務員を選定する権利は□権の1つである。	社会、参政 社会権はほかに、生存権、勤労の権利など。	
⑮ 【自由権】は、□的自由、□的自由、□的自由の3つに大別される。	精神、身体、経済 経済的自由とは、職業選択や居住・移転の自由。	
⑯ 【表現の自由】は⑮で挙げられている自由のうちの□に属する。	精神的自由 信教・表現・学問の自由など。	
⑰ 【憲法改正】の発議は国会で行い、衆参両議院で□の□分の□以上の賛成が必要。	総議員、3、2	
⑱ 憲法改正は、国会での発議を受けた後、【国民投票】で□の賛成により可決される。	過半数	
⑲ 憲法第13条では、□および【良心】の自由を、20条では□の自由を定めている。	思想、信教	
⑳ □は、犯罪と刑罰を定めた法律で、その【裁判手続き】を定めたものが□法である。	刑法、刑事訴訟	
㉑ □とは、私人間の財産上の関係や、家族間を規律する法律である。	民法	
㉒ ㉑の法律に関する紛争解決の手続きを定めたものが□法である。	民事訴訟	
㉓ 改正に際し、通常の法律より困難な手続きを必要とする憲法を□という。	硬性憲法 ←→軟性憲法。	
㉔ 六法には、□、【刑法】、【刑事訴訟法】、【民法】、【民事訴訟法】、□がある。	憲法、商法	
㉕ □員には【日本国憲法】を尊重し擁護する義務が課されている。	公務 そのほかの国民にはない義務。	
㉖ 世界で最初に【社会権】（生存権）を明記した憲法は【ドイツ】の□憲法である。	ワイマール 1919年。	

社会 8 地方自治

■次の空欄に適切な語句を入れなさい。

☐ **1** 【地方自治体】が、国からの介入を許さず独立して行政を行うという原則を ☐ という。

団体自治
ドイツで発達した政治思想に基づく。

☐ **2** 地方自治体の行政には【住民】が直接参加するという原則を ☐ という。

住民自治
イギリスで発達した政治思想に基づく。

☐ **3** 地方議会や首長に対する【選挙権】は2016年夏より ☐ 歳以上に与えられることとなった。

18
選挙期日の翌日に18歳の誕生日を迎える人までが投票可能に。

☐ **4** 地方議会議員に立候補できるのは ☐ 歳以上で、任期は ☐ 年である。

25、4

☐ **5** 市町村長の【被選挙権】は ☐ 歳以上で、任期は ☐ 年である。

25、4

☐ **6** 都道府県の【知事】の被選挙権は ☐ 歳以上で、任期は ☐ 年である。

30、4
議会の解散、首長の解職などを請求できる。

☐ **7** 住民が、【議会】や【首長】に働きかける権利を総称して ☐ という。

直接請求権
行政に対する住民の意思を示すことができる。

☐ **8** 【条例】の制定や改廃を求める住民による発議を ☐ という。

イニシアチブ
（住民発案）

☐ **9** ❽の実施には、【有権者】の ☐ 分の1以上の署名が必要である。

50

☐ **10** 議員や首長がその職にふさわしくないとして辞職を求める【住民】による【発議】を ☐ という。

リコール
（解職請求）

☐ **11** ❿の実施には、【有権者】の ☐ 分の1以上の署名が必要である。

3

☐ **12** 住民が支払う【地方税】は、☐ と ☐ の2種類に大別される。

都道府県民税、市町村税

126

13 【地方自治体】が独自に制定する法規を ☐ という。

条例（地方条例）

14 国と地方の役割分担を明確にし【地方分権】の確立を図って制定された法律を ☐ という。

地方分権一括法
2000年に制定。

15 議会の【解散】や議員・首長の【解職】は ☐ で有権者の ☐ の賛成により可決される。

住民投票、
過半数

16 有権者の投票により直接意思表示を行う【住民投票】を、英語で ☐ という。

レファレンダム
イニシアティブとともに直接立法制度の1つ。

17 議会が首長に対する【不信任決議】を可決した場合、首長は ☐ 日以内に議会を解散できる。

10
解散後は40日以内に議員選挙が行われる。

18 地方自治体が処理する事務には、自治体自らが行う ☐ 、国から受けて行う ☐ がある。

自治事務、
法定受託事務

19 自治体ごとの【財政格差】を是正するため、国から配分される資金を ☐ という。

地方交付税交付金
その他、使途に応じて配分される補助金がある。

20 人口【50】万人以上を有し、通常の市制とは異なり域内に区を置く市を ☐ という。

政令指定都市
全20市。最も新しい指定は、熊本市（2012年）

21 市町村の【三役】とは、☐・☐・☐ である。

市町村長、副市町村長、会計管理者

22 複数の地方自治体が、【行政サービス】の一部を共同で行うため設置する組織を ☐ という。

広域連合
特別地方公共団体の1つ。

23 行政機関に対する苦情の処理を中立の立場で行う公職を一般に ☐ という。

オンブズマン
1990年、中野区と川崎市に初めて設置された。

24 ☐ は行政委員会の1つで、地方公共団体の収入・支出を調査する役目を担う。

監査委員
ほかに教育委員会、選挙管理委員会など。

25 地方自治体の【事務】に疑惑がある場合に設置される特別委員会を一般に ☐ という。

百条委員会
関係者の出頭、証言、記録の提出の請求が可能。

26 地方自治体の【財務】に違法性がある場合に監査を請求することができる制度を ☐ という。

住民監査請求
請求をできる者は個人、法人問わず、一人でも可能。

主要国の政治体制

■次の空欄に適切な語句を入れなさい。

□ **❶** アメリカ大統領は □ 年に1度の選挙で選ばれ、任期は □ 年で □ 選は許されない。

4、4、3

□ **❷** アメリカ大統領選挙では、各州で □ を選出する【間接選挙】を採用している。

大統領選挙人
270以上の選挙人票を獲得した候補者が次期大統領に選出される。

□ **❸** アメリカ大統領は【議会】に対し □ ・ □ ・経済の3つの【教書】によって、立法を要請する。

一般、予算
教書とは、大統領が議会に対して行う報告書または意見書。

□ **❹** アメリカ大統領は、議会に対して □ の提出や □ の命令を出せない。

法案、解散
大統領は議会が作った法律に従って行政権を行使する。

□ **❺** アメリカ大統領は、議決された法案に対して □ を発動することができる。

拒否権
議会が再審議して3分の2以上の賛成を得ると法案は成立する。

□ **❻** アメリカ連邦議会は【二院制】で、任期【2】年の □ と任期 □ 年の【上院】で構成される。

下院、6
上院は100議席、下院は435議席。

□ **❼** 【イギリス】の国家元首は □ で、□ と □ の【二大政党】制である。

国王、労働党、保守党
法制上は立憲君主制。

□ **❽** イギリスのように、内閣が議会の信任に基づいて組織される制度を □ という。

議院内閣制
大統領制に比べ、議会と内閣との衝突が少ない。

□ **❾** 【ドイツ】の国家元首は □ であるが、実質的な行政の最高権限は □ にある。

大統領、首相
大統領は連邦議会で選出される。

□ **❿** フランスの国会は、【国民議会】と □ によって構成される □ 制である。

元老院、二院
元老院の議員の任期は9年。

□ **⓫** 1958年に公布された【フランス】の現行憲法は、□ 憲法と呼ばれる。

第5共和政
大統領に強い権限を与えている点が特徴。

□ **⓬** 【中国】は、□ の一党支配であり、党の最高ポストは □ 、国家の最高ポストは □ 。

中国共産党、総書記、国家主席

⓭ 中国の最高立法機関は ☐ であり、最高行政機関は ☐ である。

全国人民代表大会（全人代）、国務院

⓮ 多数の【州】が結合して1つの国家を形成する制度を ☐ という。

連邦制
アメリカ、ロシア、スイス、ドイツなどが採用。

⓯ イギリスは、実質的に慣習法や判例などをもとにした ☐ が憲法の役割を果たしている。

不文憲法
成文憲法を持たない。

⓰ 1979年の【イスラム革命】で、独特の共和制を発足させた国は ☐ である。

イラン
宗教上の最高指導者が監督権を持つ。

⓱ 【ドイツ】の選挙では一定以上の得票率に満たない政党には議席を与えない ☐ がある。

5%条項
小党乱立を防ぐ目的がある。

⓲ 【フランス】大統領は国民からの ☐ 選挙で選ばれ、議会を ☐ する権利を持つ。

直接、解散
2点ともアメリカ大統領とは異なる。

⓳ 【英連邦】の国々のうち、カナダやオーストラリアなどの元首は ☐ である。

英国王

⓴ 【ロシア】の大統領の任期は ☐ 、3選認めずであったが、憲法改正案が承認され延長となった。

6年
2021年4月、プーチン大統領が改正案に署名。2036年まで続投可能に。

㉑ 【韓国】の国家元首は、任期 ☐ の【大統領】であり、議会は ☐ 制である。

5年、一院
大統領の再選は認められていない。

㉒ 【朝鮮民主主義】人民共和国は、☐ 思想と、☐ 政治が基本的な枠組である。

主体、先軍
主体思想は金日成、先軍政治は金正日による。

㉓ ノルウェー、スウェーデン、デンマーク、スペインなどは【王室】を有する ☐ である。

立憲君主国
ほかに、ベネルクス3国など。

㉔ 【政治】と【宗教】が一体化した政治体制を、☐ と呼ぶ。

政教一致
サウジアラビアなどイスラム国家に多い。

㉕ 【南アフリカ共和国】で1994年まで続いた、少数派の白人による政治を ☐ という。

アパルトヘイト

㉖ 冷戦時には【NATO】を中心とする西側と ☐ 機構を中心とする東側が対立していた。

ワルシャワ条約
西側はアメリカ、東側はソ連が中心国。

129

司法・裁判制度

■次の空欄に適切な語句を入れなさい。

☐ ❶ 下級裁判所には、☐、☐、☐、【高等裁判所】の4つの種類がある。

簡易裁判所、地方裁判所、家庭裁判所

☐ ❷ ☐裁判所では軽微な事件の【第一審】を行い、☐裁判所では原則【第一審】を担当する。

簡易、地方

☐ ❸ ☐裁判所は、【家事】事件や【少年】事件を扱い、【高等】裁判所は、☐の裁判権を有する。

家庭、控訴審

☐ ❹ 【司法権】の最高機関である☐は、違憲立法に対する【終審】裁判所でもある。

最高裁判所
法の番人とも呼ばれる。

☐ ❺ ❹の解答は、☐と☐名の判事で構成される。

長官、14
最高裁判所長官は、天皇によって任命される。

☐ ❻ 裁判において、原則として最高【3回の審理】を行うことができる制度を☐という。

三審制
確定までに上訴可能な裁判所が2階層ある。

☐ ❼ 最高裁判所の裁判官は☐年ごとに国民の【直接投票】による☐を経なければならない。

10、国民審査

☐ ❽ 裁判には【刑事】裁判、【民事】裁判、行政機関と個人間の係争を扱う☐裁判がある。

行政
訴えを起こすのは、刑事裁判では検察、民事裁判では個人や法人。

☐ ❾ 【裁判官】の定年は最高裁判所・【簡易裁判所】では☐、それ以外は☐である。

70歳、65歳

☐ ❿ 裁判官の任期は、【下級裁判所】で☐年、【最高裁判所】の裁判官には任期はない。

10
下級裁判官は、任期満了後に再任もできる。

☐ ⓫ 公正な裁判が行われるため、【司法権】にはその☐が保障されている。

独立
憲法第76条。

☐ ⓬ ☐制度は、【司法制度改革】にともない導入された、国民が司法に参加する制度である。

裁判員
2009年より導入。

13 ⑫の制度では、 ___ 事件に国民が【裁判員】として参加し、 ___ とともに審議する。

刑事、裁判官
裁判員6名と裁判官3名、計9名が審議する。

14 裁判所の判決に不服がある場合、上級審に訴えることを ___ という。

上訴
上訴期間は判決が告知された日から14日以内。

15 ⑭には、 ___ に訴える【控訴】と、【三審】に訴える ___ とがある。

二審、上告
控訴も上告も取り下げることができる。

16 裁判において、【判決以外の決定や命令】に対して不服を申し立てることを ___ という。

抗告
判決に対する不服申し立てが控訴と上告。

17 最高裁判所の【裁判官】は ___ に、最高裁判所【長官】は ___ によって【任命】される。

内閣、天皇
長官は、内閣の指名を受けて天皇が任命。

18 各級裁判所は、法案や規則が【憲法】に抵触していないかを審査する ___ を持つ。

違憲立法審査権
「立法府」または「行政府」に対する権限。

19 【民事】裁判では、訴える側を ___ 、訴えられる側を ___ と呼ぶ。

原告、被告
刑事裁判では、それぞれ検察官、被告人と呼ぶ。

20 裁判官の不正を裁き、国会でその裁判官の【罷免】を審理することを ___ という。

弾劾裁判
裁判員は衆参両議院の議員各7名で構成。

21 【捜査】令状や【逮捕】令状を発する権限があるのは ___ のみである。

裁判官
捜査機関からの請求を受けて令状を出す判断をする。

22 【少年】法では、【刑事処罰】の対象となる年齢は、 ___ 歳以上とされている。

14
2001年少年法改正により16歳から引き下げ。

23 特定の人物や特殊な事件を裁くために ___ を設けることは認められていない。

特別裁判所
特別な身分の人、特定の種類の事件だけを扱う。

24 【刑事】事件についての【公訴】を行う【検察官】は、 ___ 省の統括を受ける。

法務
検察官は検察庁に所属する。

25 判決が確定したのち、審理の過誤を理由に裁判の【やり直し】を求めることを ___ という。

再審請求
判決の軽減や無罪を求めて行う。

26 【高等】裁判所は全国に ___ か所置かれている。

8
札幌・仙台・東京・大阪・名古屋・広島・高松・福岡。

社会 11 戦後日本政治史

■次の空欄に適切な語句を入れなさい。

☐ **❶** 【1947】年の総選挙で戦後初の【社会党】内閣の首相となったのは ☐ である。

片山哲
社会党・日本民主党・国民協同党の連立内閣。

☐ **❷** 【1950】年に発足し、現在の自衛隊の前身となった組織は ☐ である。

警察予備隊

☐ **❸** 【1951】年、首相【吉田茂】は、戦後の安全保障体制の基礎となる条約、☐ に調印した。

日米安全保障条約
これにより、アメリカ軍の日本駐留を定めた。

☐ **❹** 【自由党】と【日本民主党】が合同して ☐ 党が生まれたことを ☐ という。

自由民主、保守合同

☐ **❺** 【保守合同】、左右社会党の統一によって生まれた保革二大政党の体制を ☐ と呼ぶ。

55年体制
1993年、非自民連立政権発足により崩壊。

☐ **❻** 【1951】年9月、☐ は日本の代表として【サンフランシスコ講和】条約に調印した。

吉田茂
この条約に調印により、日本は主権を回復した。

☐ **❼** ☐ は1954年より3期にわたり【内閣総理大臣】を務めた。

鳩山一郎
首相在任中、1956年に初代自由民主党党首となった。

☐ **❽** 1956年、ソ連との間で平和条約に代わる ☐ が調印された。

日ソ共同宣言（日ソ復交に関する共同宣言）

☐ **❾** 戦後、【内閣不信任案】の可決により、衆議院を解散した首相は、☐、☐、☐ である。

吉田茂、大平正芳、宮澤喜一

☐ **❿** 1960年の【安保闘争】時の首相は ☐ である。

岸信介
アメリカとの新安保約に署名。

☐ **⓫** 首相 ☐ は、1961年から10年間で、日本の【国民所得を倍増】させる目標を策定した。

池田勇人
目標以上を達成。

☐ **⓬** 【1971】年、【非核三原則】を決議したときの首相は ☐ である。

佐藤栄作
核兵器を作らず、持たず、持ち込ませずの原則。

⓭ 首相 ◯ は、【日本列島改造論】を説き、全国に公共事業を推進して経済成長をはかった。

田中角栄
ロッキード事件により失脚。

⓮ 【日中平和友好】条約を締結したときの首相は ◯ である。

福田赳夫

⓯ 首相 ◯ は、行財政改革を進め、【電電公社】・【専売公社】・◯ の民営化などを行った。

中曽根康弘、
国鉄

⓰ 首相【竹下登】は、1989年、大きな税制改革として初めて ◯ を導入した。

消費税
リクルート事件により内閣総辞職となった。

⓱ 【1993】年、【非自民、非共産8党派】の連立内閣として政権に就いた首相は ◯ である。

細川護熙
1993-1994年在任。日本新党を旗揚げ。

⓲ 【自民】・【社会】・さきがけ三党の連立政権誕生時の首相 ◯ の所属政党は ◯ である。

村山富市、
日本社会党

⓳ 1992年、【PKO協力】法が成立した時の首相は ◯ である。

宮澤喜一

⓴ 【日本社会党】が改名し、【1996】年に ◯ が発足した。

社会民主党
初代党首は村山富市。のちに土井たか子に交替。

㉑ 【社会民主】党、【自由民主】党の一部が合同して【1996】年に生まれた大政党は ◯ である。

民主党
初代の代表には菅直人、鳩山由紀夫の2人が就任。

㉒ 自民党が初めて【公明党】と連立を組んだときの首相は ◯ 、公明党の代表は ◯ である。

小渕恵三、
神崎武法

㉓ 北朝鮮との国交正常化へ向けて、【日朝平壌宣言】に署名した首相は ◯ である。

小泉純一郎
2002年。北朝鮮側は金正日(キム・ジョンイル)総書記。

㉔ 戦後日本で、首相在任期間が最も長い人物は ◯ である。

安倍晋三
2位は佐藤栄作。

㉕ 2009年総選挙で ◯ 党が初めて第1党となり ◯ 代表が首相に就任した。

民主、
鳩山由紀夫

㉖ 2015年 ◯ 首相が唱える、【積極的平和主義】を実現する ◯ 法が国会で成立した。

安倍晋三、
安全保障関連

■次の空欄に適切な語句を入れなさい。

1 経済対策には、政府の行う財政政策と、【日本銀行】が行う □□ 政策がある。

金融
日本銀行は、通貨及び金融の調整を行う。

2 国民が納める税金には、【国】に納める □□ 税と【地方公共団体】に納める □□ 税がある。

国、地方
国税は所得税、法人税、相続税、贈与税など。

3 【所得税】・【法人税】・【相続税】など、納税義務者が直接納める税金を □□ 税という。

直接
他に贈与税、固定資産税、地価税、事業税など。

4 国税や地方税などの税収に占める【直接税】と【間接税】の割合を □□ 比率という。

直間
日本の直間比率（直接税：間接税）は、65：35。

5 納税義務者が直接納めるのではなく、【税負担者】が別にいるものを □□ 税という。

間接
消費税が代表例。他に酒税、たばこ税、関税など。

6 【所得】や【相続】などで、課税対象額が高くなるほど税率が高くなる方式を □□ いう。

累進課税
税率が一定である課税方式を比例税という。

7 企業の【資本金】や【売上高】、敷地面積や従業員数等を基準に課税する方式を □□ という。

外形標準課税
資本金が1億円を超える企業が対象。

8 【企業グループ】を1つの法人とみなして、全体で納税申告する制度を □□ という。

連結納税制度
子会社の赤字を親会社の黒字で相殺も可能。

9 国の財政のうち、【収入】・【支出】にあたるものをそれぞれ □□・□□ という。

歳入、歳出
4月から翌年3月までの期間で計算する。

10 日本の【会計年度】は □ 月 □ 日に始まり、翌年の □ 月 □ 日に終わる。

4、1、3、31
中国や韓国は、1月～12月制。

11 日本の会計の柱である □□ 会計は、【国会】で予算が議決される。

一般
国の会計は単一の会計（一般会計）での経理がより望ましいとされる。

12 「【単一予算主義の原則】」の例外として、⑪とは別に設けている会計を □□ 会計という。

特別
年金、国民健康保険、介護保険などがこれに相当する。

13 国が、道路や港湾などの開発・整備を目的として資金を借り入れる【債券】を □ という。

建設国債
国会の議決を経た金額の範囲内で発行できる。

14 一般会計の【歳入】不足を補うために発行される国債を □ という。

赤字国債
1994年度以降は毎年発行されている。

15 14の発行には【国会の承認】が必要になるところから、これを □ とも呼ぶ。

特例国債
発行には議会で特例法を成立させる必要あり。

16 国が景気を刺激するために行う【財政政策】とは、主に【公共投資】と □ である。

減税
財政政策＝フィスカル・ポリシー。

17 国民の税金や【社会保障費】の負担額を、国民所得で割った値を □ という。

国民負担率
「潜在的国民負担率」と呼ぶこともある。

18 政府が公共の資金を運用して行う投資や融資活動を □ という。

財政投融資
第二の予算とも呼ばれる。

19 国の一般会計における【歳入】のうち、国債が占める割合を □ という。

国債依存度
国債発行高÷歳入。

20 【国債】の発行額と償還額を除外して、財政収支をみたものを □ という。

プライマリーバランス
財政の基礎的収支とも。

21 あらかじめ財政に組み込まれ、【景気】を安定させる機能を持つ仕組みを □ という。

ビルトイン・スタビライザー
自動安定化装置とも。

22 財政政策により政府支出の増大で【金利が上昇】し民間投資が抑制される現象を □ という。

クラウディング・アウト

23 国が使途を特定して【地方自治体】に交付する補助金を □ という。

国庫支出金
生活保護費や、子育て支援に要する交付金など。

24 23の補助金には、【国庫負担金】・□・□の3種類がある。

国庫補助金、国庫委託金

25 居住していない自治体への寄付のほぼ全額が税額控除される制度を □ という。

ふるさと納税
2008年スタート。1年区切りで随時申し込みが可能。

26 財政状況が破綻して、【国の管理下】で財政再建を図る自治体を □ という。

財政再生団体
全国唯一の団体が北海道の夕張市。

■ 次の空欄に適切な語句を入れなさい。

❶ 【生産】の三要素とは、□□・【資本】・【土地】の3つである。

労働力
「労働力」とは、物を生産するために費やされる人間の能力。精神的なものと肉体的なものがある。

❷ 一国全体の経済活動を分析する経済学を□□といい、【家計】など個々の経済主体に分析の主眼を置く経済学を□□という。

マクロ、ミクロ
この場合のマクロは巨視的経済学、ミクロは微視的経済学。

❸ 国税三税とは、【所得税】・【法人税】と、□□の3つである。

酒税
国が徴収する税金が国税。ほかに復興特別所得税、相続税、贈与税など。

❹ 【絶対王政】の時代に生まれ、【保護貿易】主義、植民地獲得につとめ【富国強兵】を目指した経済学説を総称して□□という。

重商主義
トマス・マン、コルベールなど。

❺ 商工業を生産活動とみなさず、【農業】のみがモノを生み出すという経済思想を□□という。

重農主義
ケネー「経済表」、チュルゴー「富の形成、分配に関する考察」など。

❻ イギリス資本主義を背景に生まれ、経済活動の【自由放任】を主張する立場をとる学説を□□という。

古典派経済学
18世紀、資本主義経済を本格的に分析した最初の学説で、アダム・スミスが大成した。

❼ □□は、【見えざる(神の)手】という言葉で有名な経済学者で、著書『□□』を書いた。

アダム・スミス、国富論(諸国民の富)
生没:1723－1790年。
古典派経済学の代表である。

❽ 主著【人口論】で、食糧の需給と人口の関係について説いたイギリスの経済学者は□□である。

マルサス
トマス・ロバート・マルサス。欧州やロシアに滞在し、その国の人口を観測し、論文を書いた。

❾ 富の生産は人為的に左右できないが、【分配】は人間の制度・社会の慣習に依存するといった【古典派経済学者】は□□である。

ジョン・スチュアート・ミル
19世紀イギリスの哲学者。主著「自由論」。

⑩ 資本主義社会でも、完全雇用の実現のために政府は【有効需要】を創出する必要があると説いたのは □ である。

ケインズ
近代経済学の中心人物。有効需要とは、単に何かが欲しい、必要だというだけでなく、実際の貨幣支出を伴う需要のこと。

⑪ 政府は、経済成長に見合った適量の通貨を供給する【金融政策】を重視するべきであるという考え方を □ という。

マネタリズム
ミルトン・フリードマンなど。

⑫ 民間経済の活性化には税負担の公平が不可欠であるとし、【減税】と【政府支出】の抑制を訴える考え方を □ 経済学という。

サプライサイド
アメリカ、レーガン政権時代、レーガノミックスの裏づけとなった。

⑬ 利潤とは、労働者が生産過程で産み出す【剰余価値】にあるとしたドイツの経済学者は □ で、主著は『 □ 』である。

マルクス、資本論
エンゲルスとともに史的唯物論を唱え、科学的社会主義の基礎を築いた。

⑭ 後進的なドイツ資本主義を背景に、【保護貿易】と経済に対する【国家保護】の必要を説いた学派を □ という。

歴史学派
シュモラー「国民経済学概論」など。

⑮ 【飲食費】が家計に占める割合は、所得が高くなるほど【小さく】なるという法則を □ という。

エンゲルの法則
この割合をエンゲル係数という。

⑯ 【悪貨は良貨を駆逐する】という言葉で知られ、悪貨が流通すると、良貨が市場から姿を消す現象を □ の法則という。

グレシャム
イギリスの商人。この法則は1560年代に発見された。

⑰ 所得の増加にともなって【住居費】は増大していくが、それでも総支出に占める割合は低くなるという法則を □ という。

シュワーベの法則
19世紀のドイツ・ベルリンで発表された。

⑱ 市場に供給された生産物は、常にそれ自身に対する【需要】を創出するという法則を □ という。

セイの法則
供給量が需要の大きさを決めるという「供給重視モデル」の考え方。

⑲ 所得分布の【不平等度】は、時代や国とは独立して安定的であるという法則を □ という。

パレートの法則
人口の2割程度の高額所得者が全所得の8割を占めるというもの。

■次の空欄に適切な語句を入れなさい。

□ ❶ 一国の【国民】が、1年間に生産した【モノ】や【サービス】の総計を ___ という。

国民総生産
➡GNP: Gross National Product

□ ❷ 一国の【国内】で、1年間に生産したモノやサービスの総計を ___ という。

国内総生産
➡GDP: Gross Domestic Product

□ ❸ 【NNP】とは、【国民純生産】のことで、GNPから ___ を差し引いて求めることができる。

減価償却費
➡NNP: Net National Product

□ ❹ NNPから間接税を引き、【政府補助金】を加えると ___ が求められる。

国民所得
➡NI: National Income

□ ❺ 国内で生産された財貨やサービスに対する支出を ___ (【GDE】)という。「国内総支出」とも。

国民総支出
➡GDE: Gross Domestic Expenditure

□ ❻ GDPは【生産】・【分配】・【支出】のどの面から見ても等しくなることを ___ の原則という。

三面等価
生産(付加価値)、分配(所得)、支出(需要)の3つの側面。

□ ❼ GDPが対【前年度比】でどれだけ増加したかを、物価の変動分を引いて表す値を ___ という。

実質経済成長率
単に比較したものは名目経済成長率という。

□ ❽ 市場に流通している【通貨量】のことを ___ という。

マネーサプライ
現金や預金に、譲渡性預金を加えて算出する。

□ ❾ 【インフレーション】のうち需要の増加が価格上昇の原因であるものを ___ インフレという。

ディマンド・プル

□ ❿ 生産が間に合わずに起こる【インフレ】を ___ 、【コスト】上昇による価格転嫁を ___ という。

ボトルネック、
コスト・プッシュ

□ ⓫ 消費に比べ生産が過剰になり、【物価】が下がっていくことを ___ という。

デフレーション
反対に、物価が上昇し続けるのがインフレーション。

□ ⓬ 【物価】の下落がさらに不況を招き悪循環に陥ることを ___ という。

デフレ・スパイラル
消費が減退し、実体経済が縮小、景気悪化が続く状態。

13 経済活動が停滞しているのに【物価】が上昇していく現象を □ という。

スタグフレーション
stagnation(景気停滞)とinflationを合成した造語。

14 急速に【インフレ】が進行して貨幣の価値がなくなることを □ という。

ハイパー・インフレ
日本では1945年8月から1949年初めまで。

15 【デフレ】が急激に悪化して物価が暴落し、【失業】が増大することを □ という。

経済恐慌
1929年、アメリカ株価暴落から生じた事件が有名。

16 財貨の【生産】・分配・【支出】の流れを □ と呼ぶ。

フロー
「～の流れ」「手順」の意味。

17 16に対して、資産として【保有】する財貨を □ という。

ストック
ある時点までの蓄積された量を指す。

18 経済成長率、物価上昇率、【失業】率など、国の経済状況を示す指標を総称して □ という。

ファンダメンタルズ
経済状況を見る際の「基礎的な要因」を示す。

19 実質経済成長率を算出する際、【物価の変動分を測る】役割をするものを □ という。

GDPデフレーター
GDPの名目値を実質値で割り出して産出する。

20 国際業務を営む銀行に対して【8】%以上の自己資本比率維持を義務付けたものを □ という。

BIS規制
国際決済銀行が定めた規約。

21 金融機関が預金と貸し出しを繰り返すことで【預金通貨】が増えるしくみを □ という。

信用創造
お金やモノの売り買い・貸し借りを増やし経済活動の活性化をはかる。

22 一度上昇した【賃金】や価格が市場の適正水準に下がりにくくなることを □ という。

下方硬直性

23 企業の【海外進出】が活発になることで国内の生産力が弱まることを □ という。

産業空洞化

24 □ とは金融市場のさまざまな【リスク】分析を数学モデルを使って行う学問である。

金融工学

25 それぞれの通貨の購買力が等しくなるように計算した【為替レート】を □ という。

PPP(購買力平価)
➡PPP: purchasing power parity

26 日本銀行が供給する通貨(【流通通貨】と【日銀当座預金】の合計)を □ という。

マネタリーベース
「ベースマネー」「ハイパワードマネー」とも。

社会 15 金融・証券・株式

■次の空欄に適切な語句を入れなさい。

❶ 【日本銀行】はわが国の □□ 銀行であり、通貨の価値と □□ の安定を目標とする。

中央、物価
中央銀行は、各国に1つしかない。

❷ 【中央銀行】が通貨の安定を図って発行量を調整することを □□ 制度という。

管理通貨
国の信用によってお金の価値が決まるとされる。

❸ 【日本銀行】は、□□銀行、□□の銀行、【銀行】の銀行という3つの役割を持っている。

発券、政府
金融機関や政府は日本銀行に預金口座を持つ。

❹ 政府が行う【財政政策】に対し、中央銀行が行う景気調整の政策を総称して □□ という。

金融政策
物価の安定を目的に、通貨や金融の調整を行う。

❺ 中央銀行の金融政策には大きく □□・【公開市場操作】・【預金準備率操作】の3つがある。

公定歩合操作
日本ではマイナス金利政策が続けられている。

❻ 2013年より日本銀行による金融市場の調節操作対象が □□ から【マネタリーベース】となった。

無担保コール翌日物
異次元の金融緩和に伴うもの。

❼ 中央銀行は、景気が過熱気味のとき、□□ という【公開市場操作】を行う。

売りオペ
（売りオペレーション）

❽ 景気刺激策として行う公開市場操作のうち、□□ は本来認められていない。

買い切りオペ
（買い切りオペレーション）

❾ 市中銀行が保有する預金の一定割合を一定期間【中央銀行】に預け入れる制度を □□ という。

準備金制度
日銀当座預金への預け入れが義務。

❿ 日本銀行は、政府からの【独立性】が保障されており、重要な決定事項は □□ で行われる。

日銀政策決定会合
日銀総裁、副総裁2名、審議委員6名の計9名。

⓫ 代表的な株価指数の1つで、【225】の銘柄を選び、その平均を示すものを □□ という。

日経平均株価
東京証券取引所の株価指数の1つ。

⓬ 【東京証券取引所】の一部上場企業の全銘柄の時価総額を対象に算出する指数を □□ という。

東証株価指数
→TOPIX: Tokyo Stock Price Index

⑬	東京証券取引所は2022年4月より、【プライム】、□□□、□□□の3市場となる。	**スタンダード、グロース**
⑭	【名古屋証券取引所】が開設する新興株式市場は、□□□である。	**ネクスト市場** 2022年4月に再編された。
⑮	銀行が破綻した際、預金者を保護するために預金の一部を返還するしくみを□□□という。	**ペイオフ** 元本1,000万円までとその利子が保障される。
⑯	企業が銀行などから【融資】を受けることを□□□という。	**間接金融** 預金者からお金を借りて他者に貸し出すこと。
⑰	【株式】や【社債】などの発行で資金を調達することを□□□という。	**直接金融** 必要とする相手に直接お金を出資すること。
⑱	□□□は主に新発【10年物国債】の利回りに代表され、その上昇は国債価格の□□□を意味する。	**長期金利、下落** 国債が売られて値下がりすると、金利が上がる。
⑲	会社の関係者が【内部情報】をもとに、株価の変動前に売買を行う違法行為を□□□という。	**インサイダー取引** 証券市場の公正性・健全性が損なわれる。
⑳	⑲のような問題を監視するために【金融庁】に設置されている機関の名称は□□□である。	**証券取引等監視委員会**
㉑	金融政策を実施しても、景気浮揚に効果のない状態に陥ることを「【□□□の罠】」という。	**流動性** 極めて金利が低い状況下で発生する状態。
㉒	【先物取引】・【オプション取引】・【スワップ取引】などを総称して□□□という。	**デリバティブ（金融派生商品）**
㉓	㉒などに分散投資し、高利益を追求することを目的としたファンドを□□□という。	**ヘッジファンド** ヘッジ(hedge)は直訳で「避ける」という意味。
㉔	株式取引で売買される売買単位を□□□という。	**単元株** 株数は1株、100株、1,000株が一般的。
㉕	証券市場において、【午前】の取引を□□□、【午後】の取引を□□□という。	**前場、後場**
㉖	【香港】市場全体の動きを表す代表的な【株価指数】を□□□という。	**ハンセン指数** 中国の代表的な指数には、上海総合株価指数、中国企業指数など。

3章 社会▼金融・証券・株式

141

会社制度・経営

■次の空欄に適切な語句を入れなさい。

❶ 新会社法の下では、【有限責任社員】のみで構成される会社は◻︎と◻︎である。

> 株式会社、合同会社
> 新会社法は2006年施行。

❷ ◻︎は【無限責任社員】で、◻︎は無限責任、有限責任の両社員で構成される。

> 合名会社、
> 合資会社

❸ 複数の企業が【協定】を結び、市場を【独占】しようとすることを◻︎という。

> カルテル
> （企業連合）

❹ いくつかの大企業が【合併】することによって、【市場の独占】を図ることを◻︎という。

> トラスト
> （企業合同）

❺ 企業が資金の借り入れを目的として発行する【有価証券】を◻︎という。

> 社債
> 国債や地方債よりも利回りは高いとされる。

❻ ❺の発行や銀行からの借入、【私募債】発行などによる資金調達を◻︎という。

> デット・ファイナンス

❼ 【傘下】の企業の株式を保有し、その事業活動を支配する目的で設立された会社を◻︎という。

> 持ち株会社
> 子会社の株式の5割以上を有する。

❽ 銀行や関連会社、企業同士が、お互いに相手の【株式】を保有し合うしくみを◻︎という。

> 株式持ち合い
> 株価を高く維持する、株主配当を低く抑えられる、などのメリットがある。

❾ 【私企業】に対し法令の遵守や社会的な公正性への配慮・貢献を求める考え方を◻︎という。

> 企業の社会的責任
> （CSR）

❿ 企業が業務の一部を【外部委託】することを、◻︎という。

> アウトソーシング
> コスト削減や業務の効率化などを目的とする。

⓫ 企業の経営活動に直接的・間接的に関わる【利害関係者】のことを◻︎という。

> ステークホルダー
> 経営者、従業員、株主、顧客、取引先など広範囲。

⓬ 企業が利害関係者に対して、【経営方針】や【財務状況】を公開することを◻︎という。

> ディスクロージャー
> Disclosureとは、情報開示（情報公開）のこと。

13 会社が倒産した際、会社を解散せずに再建する手続きを定めたものに □ と □ がある。

会社更生法、民事再生法

14 【トラスト】【カルテル】【コンツェルン】など、企業の独占形態を禁止する法律が □ である。

独占禁止法
私的独占や不公平な取引方法の禁止など。

15 企業の健全な経営、【不正行為】の防止、【収益性】の向上のためのシステム構築を □ という。

コーポレートガバナンス
「企業統治」とも。

16 【企業統治】の例に、社外取締役・社外 □ の導入、□ 制度の導入などが挙げられる。

監査役、執行役員

17 企業の代表者として、経営全体の責任を負う【最高経営責任者】を略称で □ という。

CEO
➡CEO：Chief Executive Officer

18 会社の業務に関する【最高執行責任者】を略称で □ という。

COO
➡COO：Chief Operating Officer

19 独自の技術や知的財産など、企業にとっての【中核的分野】のことを □ という。

コアコンピタンス
➡Core Competence

20 【日経連】・【経団連】が合同し、わが国最大となった業界団体が □ である。

日本経済団体連合会

21 ⑳のほかに、主な業界団体として、□ 会、日本 □ 、□ 連盟などが挙げられる。

経済同友、商工会議所、新経済

22 【取締役】の違法行為に対し、【株主】が経営陣の経営責任を追及できる制度を □ という。

株主代表訴訟
株主（6か月以上株式保有）であれば、提起する権利が認められている。

23 本業とは関連のない他業種を吸収合併し、【複合企業】と訳される巨大企業を □ という。

コングロマリット
アメリカで、同業種の合併が制限されているところから発展した形態。

24 ある企業が他企業の過半数の株式を取得して【合併】・【買収】することを □ という。

M&A
➡M&A: Merger & Acquisition

25 経営指標として重視される【ROE】とは □ の略称である。

株主資本利益率
株主から預かった資本でどれだけの価値を生み出したかを表す割合。

26 【持ち株会社】を中心に、グループ単位で経営し、業績向上をはかるやり方を □ という。

連結経営
（グループ経営）

社会 17 **戦後日本経済史**

■次の空欄に適切な語句を入れなさい。

☐ **1** 第二次世界大戦後、占領軍が行った日本の
【経済民主化】政策が ☐・☐・☐ で
ある。

財閥解体、農地改革、
労働組合の結成
資本、土地、労働の3つの面で
の民主化がはかられた。

☐ **2** 1950年に勃発した国際紛争である ☐
は、日本に大きな【特需】を生み出し、日本
経済が急成長する要因となった。

朝鮮戦争
「朝鮮特需」と呼ばれる。

☐ **3** 国家が、石炭や鉄鋼などの【基幹産業】に資
金、人材、資材を重点的に投入し、早期の
経済復興を図る方法を ☐ という。

傾斜生産方式
第二次大戦後に行われた産業
政策の呼称。

☐ **4** 戦後占領下において、円とドルとの【為替
レート】を【360】円に固定した、GHQによ
る財政金融引き締め政策を何というか。

ドッジ・ライン
為替レートの固定のほかに、政
府による補助金の廃止、超均衡
予算も行われた。

☐ **5** 【1952】年、日本は【IMF(国際通貨基金)】、
☐ に加盟し、【ブレトン・ウッズ】体制
の下にある西側経済国の一員となった。

IBRD
➡国際復興開発銀行:
International Bank for
Reconstruction and
Development

☐ **6** 戦後高度成長期の1956〜70年頃の経済の
好況を名付けて、【神武景気】、☐ 景気、
☐ 景気、☐ 景気と呼ぶ。

岩戸、オリンピック、
いざなぎ
神武→1956〜57年。
岩戸→1959〜61年。
オリンピック→1962〜64年。
いざなぎ→1965〜70年。

☐ **7** 【1949】年にGHQ最高司令官に提出され、
現在の日本の【税制】の基礎となった改革案
を ☐ という。

シャウプ勧告
カール・シャウプ博士(コロン
ビア大学)を長とする税制調査
団が提出した。

☐ **8** 【1960】年、【池田勇人内閣】が発表した今後
10年間で国民所得を倍にするという計画
を ☐ という。

所得倍増計画
➡池田勇人:1960-1964在
任。

☐ **9** 1973年、【中東戦争】の影響で原油が高騰し、
日本経済が戦後初めて【マイナス成長】を記
録したことを ☐ という。

第1次オイルショック
第4次中東戦争の影響。原油価
格は3か月で約4倍に上昇し、
石油資源を輸入に頼っていた
日本は大きな打撃を受けた。

❿ 【1978】年勃発の◻によって石油の生産が中断し、日本の石油需給を逼迫する【第2次オイルショック】が引き起こされた。

イラン革命
ホメイニ師が中心となって行われた革命。イスラム共和制と呼ばれる政治体制を創始した。

⓫ 【1971】年、アメリカが【金】とドルとの交換を停止したことを◻といい、国際為替が◻へ移行する発端となった。

ドル・ショック、変動相場制
アメリカ大統領の名からニクソン・ショックとも呼ばれる。

⓬ 【1985】年、ドル高是正のための国際協調介入を約束した◻により、その後の日本は◻不況に見舞われた。

プラザ合意、円高
戦後日本経済のみならず、国際経済の一大転換点となった。

⓭ 景気浮揚を意図した金融緩和政策の影響で、株や土地などの【資産価格】が急騰した現象を◻という。

バブル
日本のバブル絶頂期は、1989年末で、12月29日、日経平均が史上最高値(3万8,957円44銭)を付けた。

⓮ 【1985】年、行政改革の一環として、【日本電信電話公社】は◻に、【日本専売公社】は◻に、それぞれ民営化された。

日本電信電話株式会社(NTT)、日本たばこ産業株式会社(JT)

⓯ 【1989】年、◻内閣のもと、日本に初めて【消費税】が導入されたときの税率は◻%であった。

たけしたのぼる
竹下登、3
消費税導入後、竹下登首相はリクルート事件により退陣。

⓰ 銀行などの金融機関が【経営破綻】することのないよう、政府が監督下に置き横並びの経営を行ってきたことを◻という。

護送船団方式
最も弱い銀行に足並みをそろえることを、船団になぞらえた言葉。

⓱ 【1997】年に行われた、金利や外国為替の自由化などの金融システムに関する【規制緩和】を◻という。

(日本版)金融ビッグバン
橋本龍太郎政権で実施された。

⓲ 金融危機による倒産を防ぐ目的で、【日銀】が【1999】年に初めて導入した政策を◻という。

ゼロ金利政策
以後、2001、2010年にも実施された。

⓳ 1973年に、日本はドルを基軸通貨とする【固定相場】制から◻に移行し、1976年の◻合意により移行が追承認された。

変動相場制、キングストン
変動相場制に移行する前は、1ドル=360円だった。

環境・エネルギー

■次の問いに答え、空欄に適切な語句を入れなさい。

☐ **1** 気候変動問題など、2020年以降の【地球温暖化】対策の国際的な枠組みを ☐ という。

パリ協定
2015年に採択され、翌2016年に発効。

☐ **2** ❶の国際ルールで、気温上昇を【2】度未満にするため、☐ の削減を義務づけた。

温室効果ガス
産業革命前に比べた気温。1.5度が努力目標。

☐ **3** 温暖化対策を話し合う、国連の【気候変動枠組条約締約国会議】を略して ☐ という。

COP
パリ協定も採択。2024年は第29回（COP29）アゼルバイジャンで開催。

☐ **4** 炭素税や排出量取引など、【CO2】排出量に価格をつけ、負担を求める仕組みを ☐ という。

カーボンプライシング
低炭素社会に向け、行動変容を促すのが目的。

☐ **5** ☐ 発電は、天候に左右されないが、資源の大半が【国立公園】内にあるという問題がある。

地熱
規制を緩和する動きも。

☐ **6** 代表的な【再生可能エネルギー】に動植物・微生物などの生物資源による ☐ などがある。

バイオマス発電
発電後の排熱は暖房や温水など有効活用可能。

☐ **7** 【水素】を燃料として発電する ☐ は、CO2を排出しない【クリーンエネルギー】とされる。

水素発電
温室効果ガスの発生を抑制するとされる。

☐ **8** 【種の絶滅】のおそれのある生物を調査し、まとめた文書を ☐ という。

レッドリスト
毎年、国際自然保護連合（IUCN）が発表。

☐ **9** 「【絶滅】のおそれのある野生動植物の種の国際取引に関する条約」の通称を ☐ という。

ワシントン条約
1973年、ワシントン会議で採択。

☐ **10** 「特に【水鳥】の生息地として国際的に重要な湿地に関する条約」の通称を ☐ という。

ラムサール条約
1971年、イランのラムサールで採択。

☐ **11** 「廃棄物その他の投棄による【海洋汚染】の防止に関する条約」の通称を ☐ という。

ロンドン条約
1972年採択。

☐ **12** 「有害廃棄物の【越境移動】及びその処分の規制」を定めたのが ☐ である。

バーゼル条約
2019年5月、汚れた廃プラスチックも規制対象に。

13 【自然環境】や人間活動が、その機能を失わずに持続できるような取り組みを □ という。

サステナビリティ
「持続可能性」の意味。具体的な目標がSDGs。

14 【ペルー沖】の海面水温が【高く】なり、地球規模で影響を与える気象現象を □ 現象という。

エルニーニョ
逆に海面水温が低くなるのがラニーニャ現象。

15 □ とは、【水素】と酸素の化学反応によって直接「電気」を発電する装置である。

燃料電池
バイオマスを原料とした製造方法の実用化が進められている。

16 頁岩層の泥岩から採掘される【天然ガス】のことを □ という。

シェールガス
同様に採掘される原油が「シェールオイル」。

17 開発事業前に、【環境面】への影響を事前調査し、事業計画に反映させる制度を □ という。

環境アセスメント（環境影響評価）

18 海洋に漂い、生態系への影響が懸念される微細な【プラスチック】ごみを □ という。

マイクロプラスチック
直径5mm以下。魚介類を通して人体へ入り込む。

19 廃棄物の焼却などで生成される、発がん性を持つ【有機塩素化合物】を □ 類という。

ダイオキシン
大気や土壌など、周囲環境中に拡散する。

20 自動車の排気ガスなどに含まれ、大気中に浮遊する【微小粒子状物質】を □ という。

PM2.5
直径2.5μm以下のもの。呼吸器疾患に悪影響。

21 開発途上国の環境保全を図るために、【政府開発援助】を通して行う取り組みを □ という。

環境ODA
上下水道、ゴミ処理、防災、森林保全、公害対策など、多岐にわたる。

22 可能な限り環境汚染や健康に影響のない製品や【リサイクル】製品を選ぶ消費者を □ と呼ぶ。

グリーンコンシューマー
「環境に優しい消費者」の意。

23 【被災想定】区域や避難場所・【避難】経路、防災関連施設などの位置を示した地図を □ と呼ぶ。

ハザードマップ
災害による被害軽減、防災対策に使用する。

24 【国連の気候変動に関する政府間パネル】は一般に略して □ と呼ばれる。

IPCC
→Intergovernmental Panel on Climate Change

25 企業が行う環境保全活動は、事業を通じて負うべき【社会的責任（ □ ）】の1つである。

CSR
→Corporate Social Responsibility

26 【環境ISO】は、 □ が定めた環境マネジメントシステムにおける国際規格である。

国際標準化機構
「ISO 14000（14001）」とも。

社会
19
労働・年金・社会保険

■次の空欄に適切な語句を入れなさい。

☐ ❶ 【労働三法】とは、労働基本権を示した法律で、□・□・□の三法をいう。

> 労働基準法、
> 労働組合法、
> 労働関係調整法

☐ ❷ 働く意志と能力があり、【求職活動】を行っているのに就業できない人の割合を □ という。

> 完全失業率
> 全失業者数を労働力人口で割った割合。

☐ ❸ 【公共職業安定所】(ハローワーク)での求職者に対する【求人数】の割合を □ という。

> 有効求人倍率
> 求職を断念した人、1日でもアルバイトをした人は含まれない。

☐ ❹ □ とは、正規・非正規に関係なく、企業が労働者に支払うべき【賃金】の最低額のこと。

> 最低賃金
> 国が定めるが、地域別・産業別で異なる。

☐ ❺ 給与などの【名目賃金】から物価変動分を除いて調整した数値を □ という。

> 実質賃金
> 労働者の購買力や消費動向を示す指標。

☐ ❻ □ は、賃金や労働時間についての【性差】による差別禁止などを定めた法律である。

> 男女雇用機会均等法

☐ ❼ 日本における【法定労働】時間は、週 □ 時間、1日 □ 時間と決められている。

> 40、8
> 労働基準法で定められている。

☐ ❽ 「働き方改革」により、【残業時間】の上限は原則として月 □ 時間、年 □ 時間とされている。

> 45、360
> 違反した企業には罰金が科せられる。

☐ ❾ 実労働時間にかかわらず、事前に設定された時間分を働いたと【みなす】制度を □ という。

> 裁量労働制
> みなし労働時間制の1つで適用業務に制限あり。

☐ ❿ 【短時間・短期間】の雇用契約を結び、継続した雇用関係がない働き方を □ という。

> スポットワーク
> 雇用契約を結ばないのが「ギグワーク」。

☐ ⓫ 企業が職務内容や必要な【スキル・資格】などを限定して採用する雇用形態を □ という。

> ジョブ型雇用
> 欧米では主流となっている雇用制度。

☐ ⓬ 個人事業者でも、【従業員】が常時 □ 名以上いれば、□ への加入義務が生じる。

> 5、厚生年金
> 法人は従業員数にかかわらず加入義務あり。

⓭ 労働者の【災害補償】については、◻◻法で規定されている。

労働基準

⓮ 年金制度では◻◻歳から◻◻歳未満の国民に【国民年金】の加入を義務付けている。

20、60
第1号被保険者。

⓯ 公的年金における【第3号】被保険者とは、【第2号】被保険者に扶養されている◻◻である。

配偶者
保険料が免除されている。第1号は自営業者など、第2号は会社員など。

⓰ 【社会保障制度】は、社会保険、社会福祉、公的扶助、◻◻の4つの柱で構成される。

保険医療・公衆衛生
国などが一定水準の保障を行う制度。

⓱ 日本の社会保険は、【医療（健康）】保険・年金保険・◻◻・雇用保険・◻◻で構成される。

介護保険、
労災保険（労働者災害補償保険）

⓲ 医療保険制度には主に【会社員】が加入する◻◻と【自営業者】などが加入する◻◻などがある。

健康保険、
国民健康保険

⓳ 医療保険には大企業向けの【組合管掌健康保険】（健保組合）と中小企業の◻◻などがある。

協会けんぽ（全国健康保険協会）

⓴ ◻◻とは、雇用機会や賃金の差など、【男女の性差】によって生じる格差のことである。

ジェンダーギャップ
ジェンダーとは、「社会的・文化的に形成された性別」のこと。

㉑ 【後期高齢者医療制度】の対象者は、一定の障害がある場合を除いて◻◻歳以上である。

75
一定の障害がある場合は65歳以上。

㉒ 【介護保険】制度の運営主体となる自治体は◻◻で、財源の負担は全体の◻◻％である。

市町村、12.5

㉓ 【介護保険】制度において、サービス計画の作成や見直しを行う担当者を◻◻という。

ケアマネージャー
介護支援専門員のこと。

㉔ 高収入の専門職を対象に、【労働時間】ではなく、成果で賃金を払う仕組みを◻◻という。

高度プロフェッショナル制度
「働き方改革」の柱の1つ。

㉕ 【情報通信技術】を活用し、働く時間や場所を自由に選べる柔軟な働き方のことを◻◻という。

テレワーク
tele（遠くの）＋work（働く）の造語。

㉖ 生活に必要な【最低限】の金額を、全国民に【無条件】で支給する社会保障政策を◻◻という。

ベーシックインカム
導入の議論が世界的に活発化している。

■次の空欄に適切な語句を入れなさい。

❶「□□【六法】」には、生活保護法・児童福祉法・身体障害者福祉法、老人福祉法などがある。

社会福祉
他に、母子及び寡婦福祉法、知的障害者福祉法。

❷【65歳】以上の人口が国の総人口の□□%を超えた社会を【超高齢社会】という。

21
2023年現在、日本の高齢化率は29.1%。

❸人々が心身ともに健康で、社会的にも満たされて【充実感】ある状態を□□という。

ウェルビーイング
実現化への取り組みが世界的に進んでいる。

❹特定の国籍、【人種】、宗教などに基づく差別的な表現行為を□□という。

ヘイトスピーチ
憎悪に基づき、他人を煽動する発言。

❺1人の女性(【15】歳～【49】歳)が生涯に出産する子どもの数の平均推計を□□という。

合計特殊出生率
2023年は過去最低だった前年を下回る1.20予想。

❻□□とは日本に【住民票】がある人に12桁の番号を付与し、本人確認情報を一元化するシステム。

マイナンバー制度
個人情報の誤登録などのミスやトラブルが続出。

❼男性従業員が最長【4】週間の産休を取得できる制度を□□(出生時育児休業)という。

産後パパ育休
出生日から8週間までに取得。育児休業とは別。

❽改正児童福祉法・改正□□で、「しつけ」と称して行う【体罰】の禁止が明文化された。

児童虐待防止法
児童虐待件数は増加し続けている。

❾□□は、小・中学校の最高学年全員を対象に、【学力・学習状況】の把握や分析を目的に行う。

全国学力テスト
国内の小学6年生と中学3年生に行う学力調査。

❿【PISA】(学習到達度調査)は、各国の15歳児を対象に□□が実施する学力テストである。

経済協力開発機構(OECD)
3年ごとに実施。

⓫□□とは、犯罪行為を行った【18】歳・【19】歳の若者を指し、引き続き少年法が適用される。

特定少年
全件が家庭裁判所に送られ処分が決まる。

⓬被告人が他人の犯罪告発などで捜査協力すれば、【刑事処分】を軽減される制度を□□という。

司法取引
2018年6月から導入。

13 【末期患者】の肉体的・精神的苦痛を和らげる目的で行われる看護・治療を □ という。

ターミナルケア
ターミナル=終末期

14 医師や薬剤師が患者に【診療内容】を説明し、患者の同意を得て治療することを □ という。

インフォームドコンセント

15 □ とは、加齢によって心身の活力が衰えた、健常と【要介護】の間の状態を指す。

フレイル
健康寿命を延ばす予防対策が課題。

16 全国の小・中学生に、【ICT】を活用した教育の充実を図る事業を「□ スクール構想」という。

GIGA
文科省が主導。1人1台、端末を配布した。

17 □ 法では消費者が欠陥製品についてメーカーに【損害賠償請求】を行う権利を定めている。

製造物責任(PL)
製造物を「製造または加工された動産」と定義している。

18 高齢者や【障害者】と健常者が社会の中で共生するべきであるという考え方を □ という。

ノーマライゼーション

19 高齢者や障害者など、多様な人が社会参加する上での【障壁】を取り除くことを □ という。

バリアフリー
スロープ、音響式信号機、誘導用ブロックなど。

20 製造業者が自主的に自社製品の欠陥を公表して、製品を【回収・修理】することを □ という。

リコール
公職者への「罷免」「解職請求」などにも使われる。

21 訪問や電話販売などで購入契約をしても、一定期間内ならば【解約】できる制度を □ という。

クーリング・オフ
「特定商取引に関する法律」による。

22 □ とは、認知症などで判断能力が不十分とされる人を、選任者が【法律的】に支える制度。

成年後見制度
本人に代わり契約締結や財産管理などを行う。

23 短時間で高額報酬を得る代わりに、【犯罪行為】に関わる □ が社会問題化している。

闇バイト
SNSやインターネット掲示板などで募集される。

24 【公的保険】で認められた治療法と認められていない治療法とを併用する方法を □ という。

混合診療
自由診療となり保険診療請求は認められない。

25 【保育施設】に入所申請しながら、定員超過などの理由で利用できない子どもを □ という。

待機児童
減少傾向だが、「隠れ待機児童」数は高止まり。

26 □ とは、平均的な所得の【半分】を下回る世帯で暮らす【17】歳以下の子どもの割合をいう。

子どもの貧困率
11.5%(2021年)。厚労省「国民生活基礎調査」より。

社会 21 国際経済

■次の空欄に適切な語句を入れなさい。

❶ 一定期間に外国との間で行われた経済取引を集計したものを□□という。

国際収支
経常収支と資本収支に大別される。

❷ 経常収支は、【貿易】収支・□□収支・【所得】収支・□□収支の合計である。

サービス、
経常移転

❸ 日本企業が海外に工場を建設した場合、□□の【赤字】が記録される。

資本収支
海外に国内の資本が流出することになる。

❹ 【変動相場制】では、自国の通貨価値が高くなると、輸出と輸入のうち□□が有利になる。

輸入
価値が高くなる分、同じ通貨量でより多くの商品を入手できる。

❺ 国際取引における【国際通貨】制度は、1971年のドルショック以降、□□制となっている。

変動相場
第2次大戦後は固定相場制(ブレトンウッズ体制)。

❻ 貿易や金融取引に使う国際通貨の中心となる通貨を□□といい、現在は【米ドル】である。

基軸通貨
第二次大戦直後までは、イギリスのポンドが世界の基軸通貨だった。

❼ 国際金融と【為替相場】の安定を図る□□は、加盟国への融資、政策監視、能力開発を行う。

国際通貨基金
(IMF)

❽ 1945年設立の□□(IBRD)は、開発途上国への【開発援助】を主要な役割とする機関である。

国際復興開発銀行
189の加盟国が出資し運営する国際開発機関。

❾ 【ASEAN】加盟10カ国が1つの経済圏となり、関税撤廃・投資等の自由化を図る機構が□□。

AEC(ASEAN
経済共同体)

❿ □□は、西側諸国の経済協力と【途上国への援助】を目的として設立された国際機構である。

OECD(経済協力
開発機構)

⓫ 【環太平洋地域】の21の国・地域の経済協力を推進する政府間公式協議体を□□という。

APEC(アジア太
平洋経済協力)

⓬ 自由な貿易促進を目的に締結された【GATT】を継承した国際機関が□□である。

世界貿易機関
(WTO)
GATT:関税と貿易に関する一般協定

152

⓭ 開発途上国に対して、政府資金で行う【経済援助】や技術協力などの国際活動を ☐ という。

ODA（政府開発援助）

⓮ 輸入品の急増から国内産業を保護する目的で行う【緊急輸入制限措置】を ☐ という。

セーフガード
WTO協定でも認められている。

⓯ 主に【二国間】での自由な経済協力関係を築こうとする協定を ☐ や ☐ という。

FTA（自由貿易協定）、EPA（経済連携協定）

⓰ 【アメリカ】経済の金融政策を執り行う、中央銀行の役割を果たす機関を ☐ という。

連邦準備制度理事会（FRB）

⓱ 国際金融政策上、【3】つの政策を同時には達成できないことを「国際金融の ☐ 」という。

トリレンマ
必ずどれか1つを諦めなければならないという考え方。

⓲ ⓱でいう3つの政策とは「 ☐ の【安定】」・「自由な ☐ 」・「【金融政策】の ☐ 」である。

為替相場、資本移動、独立性

⓳ 2008年、アメリカ・投資銀行の破綻を期に世界的【金融危機】に陥った現象を ☐ という。

リーマン・ショック
大手投資銀行「リーマン・ブラザーズ」の経営破綻による。

⓴ 国が輸入代金や借金の返済などの支払いに充てる公的な【外貨】の総額を ☐ という。

外貨準備高
通貨当局の管理下にある、直ちに利用可能な対外資産のこと。

㉑ 加盟国の外貨準備不足を補うために、【IMF】が用意している【国際準備資産】を ☐ という。

SDR（特別引出権）

㉒ 【EU（欧州連合）】圏の物価安定と経済政策支援を目的とする機関の略称は ☐ である。

ECB
欧州中央銀行。1998年設立。

㉓ アジア太平洋地域の経済連携協定CPTPP（通称 ☐ ）が【アメリカ】を除く11カ国で発効した。

TPP11
CPTPP：環太平洋パートナーシップに関する包括的および先進的な協定。

㉔ 国連が定めた、開発途上国の中でもさらに開発が遅れている国々のことを ☐ （【LDC】）という。

後発開発途上国
アフリカ、アジア地域、アフガニスタン、スーダンなど。

㉕ 日本政府から開発途上国政府へ行われる長期・低金利の【資金貸し付け】を ☐ という。

円借款
返済を前提とした資金援助である。

㉖ 【公正取引】を意味し、従来の不均衡・不公平な貿易取引の改革を目指す活動を ☐ という。

フェアトレード
立場の弱い途上国の生産者や労働者の生活改善と自立を目指す運動。

社会 22 国連・国際機関

■次の空欄に適切な語句を入れなさい。

☐ **❶** 国際政治機構として【1920】年に☐が、【1945】年に☐が設立された。

国際連盟、国際連合

☐ **❷** 【国際連盟】の本部は☐に置かれていたが、【国際連合】の本部は☐にある。

ジュネーブ、ニューヨーク

☐ **❸** 安全保障理事会は、☐カ国の【常任理事国】と☐カ国の【非常任理事国】で構成される。

5、10
非常任理事国の任期は2年。

☐ **❹** 安全保障理事会の【常任理事国】は、☐・☐・☐・☐・☐の5カ国である。

アメリカ、イギリス、フランス、ロシア、中国

☐ **❺** 日本は、☐年に【国際連合】に加盟し、☐番目の加盟国となった。

1956、80
申請は1952年だったが、ソ連が拒否権を発動した。

☐ **❻** ☐は国際連合の主要機関のうちの1つで、【国際紛争】の法律的な解決を図る役割を持つ。

国際司法裁判所
1922年設立。本部はオランダのハーグ。

☐ **❼** 事務局は国際連合の【行政機関】であり、その最高責任者を☐という。

国連事務総長
現在の事務総長はアントニオ・グテーレス氏。

☐ **❽** 【国連加盟国】が提供する資金を☐といい、最も多くの資金を提供しているのが☐ある。

国連分担金、アメリカ

☐ **❾** 国際連合の基本文書は☐といい、【1945】年、☐で調印された。

国連憲章、サンフランシスコ

☐ **❿** 国連の専門機関の1つで、【健康問題】を扱う機関の名称は☐、略称は☐である。

世界保健機関、WHO

☐ **⓫** 【国連総会】の監督のもとに、【難民問題】を扱う機関の略称は☐である。

UNHCR
国連難民高等弁務官事務所。本部はジュネーブ。

☐ **⓬** 【知的所有権】の保護を目的とした国連の専門機関の略称は☐である。

ワイポ
WIPO
世界知的所有権機関。ジュネーブに置かれる。

13 【南北問題】の解決を目的として、国連総会が設置した機関を□□という。

UNCTAD（アンクタッド）
（国連貿易開発会議）

14 東西冷戦時代、西側陣営の安全保障体制を意味した【北大西洋条約機構】の略称は□□。

NATO（ナトー）
→NATO: North Atlantic Treaty Organization

15 【原子力の平和利用】のための開発促進と指導にあたる国際機関は□□である。

IAEA
（国際原子力機関）

16 【ASEAN】の原加盟国は、【インドネシア】・□□・□□・□□・□□である。

タイ、シンガポール、フィリピン、マレーシア

17 【ASEAN+3】という場合、「+3」に含まれる国名は、□□・□□・□□である。

日本、中国、韓国
1997年のアジア通貨危機を契機に3カ国が加わった。

18 □□は、国際石油資本に対して【産油国】側の利益を守る目的で設立された組織である。

OPEC（オペック）
（石油輸出国機構）

19 【BRICS（ブリックス）】に含まれる5カ国とは、□□・□□・□□・□□・□□である。

ブラジル、ロシア、インド、中国、南アフリカ

20 【G7】サミットの参加国は、□□・□□・□□・□□・□□・□□・日本の7カ国である。

アメリカ、フランス、イギリス、ドイツ、カナダ、イタリア

21 政府機構ではなく【民間】から生まれた国際組織を総称して□□という。

NGO
（非政府組織）

22 【アメリカ】・【メキシコ】・【カナダ】間で結ばれた経済協定を□□という。

NAFTA（ナフタ）
（北米自由貿易協定）

23 2002年に、【アフリカ統一機構（OAU）】から発展して発足した地域協力機構は□□。

AU
（アフリカ連合）

24 アジア・太平洋圏の【経済協力】を図るための経済機構を□□という。

APEC（エイペック）
（アジア太平洋経済協力）

25 中国・【ロシア】・中央アジア4カ国で発足した安全保障・経済協力体制を□□という。

SCO
（上海協力機構）

26 【OECD】内に置かれたエネルギーに関する安全保障を目的とした機関を□□という。

国際エネルギー機関（IEA）

■次の空欄に適切な語句を入れなさい。

❶ 自国と密接な関係にある外国が【武力攻撃】を受けた時、共に反撃できる権利を□□という。

集団的自衛権
国連憲章51条で認められている。

❷ 朝鮮半島は、□□度線付近を停戦ラインとして【韓国】と【北朝鮮】に分断されている。

北緯38
南北分断の象徴。このラインを中心に、緩衝地帯が設けられている。

❸ 国家の【領域】とは、主権が及ぶ地域を指し、【領空】と□□を含む。

領海
領海の基線からその外側12海里(約22km)の線までの海域をいう。

❹ 漁業・鉱物資源などの管轄権が認められている、沿岸【200海里】までの海洋を□□という。

排他的経済水域
➡EEZ：Exclusive Economic Zone

❺ ユダヤ人国家【イスラエル】と【アラブ】諸国の間で争われている領地問題を□□と呼ぶ。

パレスチナ問題

❻ 【南沙】諸島・【尖閣】諸島で近隣国と領有権を争っている国は□□である。

中国
南沙諸島はフィリピンと、尖閣諸島は日本と領有権を争っている。

❼ 【インド】と【パキスタン】の間では□□地方の帰属をめぐる衝突・紛争が起きている。

カシミール
インドへの帰属を表明後も衝突が絶えない。

❽ 【核兵器不拡散】条約でアメリカ・□□・□□・□□・□□の5カ国を核兵器保有国と定めた。

イギリス、フランス、ロシア、中国

❾ 1991年に独立宣言をするも、【ロシア】との間で独立紛争が続いているのは□□共和国。

チェチェン
1994・1999年と紛争が起きている。

❿ ピレネー山脈の西側に位置し、【スペイン】からの独立を求めている地方を□□という。

バスク地方
現代はスペインの自治州であるが、分離独立運動も起きている。

⓫ 1996年に国連総会で採択、未発効の【核実験】や【核爆発】を禁止する条約の略称は□□。

CTBT
包括的核実験禁止条約。

⓬ 中国が唱える□□制度は【台湾】との統一を想定し、国内に別の制度の存在を認めるもの。

一国二
現在、香港・マカオにおいて実施されている。

⓭ 北方領土問題では日本がロシアに対し【国後】・【択捉】・□・□の四島一括返還を要求。

歯舞、色丹
「二島先行返還」論との間で揺れ動いてきた。

⓮ イスラエルからの独立国家の建設を目指す【パレスチナ人】の代表組織の名称は□である。

PLO(パレスチナ解放機構)

⓯ パレスチナにおける【イスラム原理主義】組織の名称は□である。

ハマス
1987年にガザ地区を中心に創設されたイスラエルに対する抵抗組織。

⓰ 【イスラム】教の二大宗派とは、【シーア】派と□である。

スンニー派
世界のイスラム教徒の約8割はスンニー派。

⓱ 1978年8月締結された、日本と【中国】間で結ばれた平和条約が□である。

日中平和友好条約
日本は、福田赳夫首相、中国は鄧小平総書記。

⓲ □は、【地下実験】を除く、すべての核実験停止を決めた条約である。

部分的核実験禁止条約

⓳ □は、EC加盟国間に調印され、【単一通貨】の導入・【EU】設立を定めた条約である。

欧州連合条約
(マーストリヒト条約)

⓴ アメリカと旧【ソ連】との間で調印され、【冷戦終結】の契機となった条約が□である。

中距離核戦力全廃条約

㉑ □は、原子力の【平和利用】の権利を保障し、非核保有国の【核の武装化】を禁じた条約である。

核拡散防止条約
➡NPT:1968年調印、1970年発効。

㉒ 第二次大戦終結前、日本に対して【アメリカ・イギリス・中国】が発した共同宣言が□。

ポツダム宣言
1945年。

㉓ イラエルと【PLO】間で調印された□により【パレスチナ】暫定自治政権の発足が実現。

オスロ合意
1993年調印の歴史的合意。

㉔ □は、日本・北朝鮮の首脳会談で、【国交正常化交渉】の再開を確認した共同宣言である。

日朝平壌宣言
2002年9月、小泉首相・金正日間で署名。

㉕ □は、戦時における【傷病者】や【捕虜】の取り扱いなどを定めた条約の総称である。

ジュネーブ条約
1864年、1929年、1949年の3度調印。

㉖ □は、日本とアメリカの間に交わされた【軍事協力体制】を定めた条約である。

日米安全保障条約
1951年調印、1952年発効。

☐ **㉗**	☐は戦後、【連合国】と日本との間で締結され、日本が【国際社会】への復帰を果たした条約。	**サンフランシスコ講和条約**
☐ **㉘**	☐は【ユネスコ総会】で採択された、世界の文化及び自然遺産の保護を目的とした条約。	**世界遺産条約** 正式名称「世界の文化遺産及び自然遺産の保護に関する条約」
☐ **㉙**	☐は、【海洋】上の船舶の航行、資源の利用などの諸問題の包括的なルールを定めた条約。	**国連海洋法条約** 1982年採択。「海の憲法」と呼ばれている。
☐ **㉚**	☐は、イギリスが【アラブ民族】に対して、パレスチナでの国家樹立を約束した協定。	**フセイン・マクマホン協定**
☐ **㉛**	☐は、イギリスが【ユダヤ民族】に対して、ユダヤ国家の独立を約束した書簡。	**バルフォア宣言** 現在も続くパレスチナ問題の原因となった。
☐ **㉜**	☐は、第二次世界大戦後の【国際通貨】・【国際金融システム】の安定を目的とする国際協定。	**ブレトン・ウッズ協定**
☐ **㉝**	☐は1985年、【ドル高】是正のため、先進5カ国が行った【為替レート】に関する合意。	**プラザ合意** 「双子の赤字」にあえぐアメリカが対日貿易赤字の是正を狙ったもの。
☐ **㉞**	㉝の合意により、先進5カ国は協調して【為替レート】を☐に進めることとなった。	**ドル安** 参加国の通貨は米ドルに対し一律10%～12%に切り上げ。
☐ **㉟**	日本は☐(【東南アジア諸国連合】)の全加盟国等と☐(経済連携協定)を締結している。	**ASEAN、** **EPA**
☐ **㊱**	1992年、☐法の成立により文民・自衛隊による日本の【平和維持】活動への参加が開始。	**PKO協力** 1992年、初の自衛隊派遣となるカンボジアへ。
☐ **㊲**	1989年、☐において、当時の【ソ連書記長】と【米大統領】が【冷戦の終結】を宣言した。	**マルタ島** ゴルバチョフ(ソ連)とジョージ・H・W・ブッシュ(米)が宣言。
☐ **㊳**	【クラスター爆弾】は、☐条約によって禁止されている。	**オスロ** 2010年発効。
☐ **㊴**	【対人地雷】は☐条約によって禁止されている。	**オタワ** 対雷は無差別に人を負傷させるため「悪魔の兵器」とも。
☐ **㊵**	【条約】とは、国家間もしくは国家と国際機関の☐による【合意】をいう。	**文書** 日本では条約の締結権は内閣にあり、事前または事後に国会の承認が必要。

4章

一般常識問題

数学・理科

四則の計算

■次の計算をしなさい。

① 1 $(-29)+17$ **−12** $17-29$

□ 2 $-158-(-92)$ **−66** $-158+92$

□ 3 $143+28-22-21$ **128** $(143-22-21)+28$
$=100+28$

□ 4 $8.5+3.82$ **12.32**   小数点の位置を合わせて計算。

□ 5 $3-1.58$ **1.42**   小数点の位置を合わせて計算。
$3.00-1.58$

□ 6 $4.8-2.1\div7$ **4.5** $4.8-0.3$

□ 7 $41\times23+59\times23$ **2300** $(41+59)\times23=100\times23$

□ 8 $25\times31\times4$ **3100** $(25\times4)\times31=100\times31$

□ 9 $17\times5\times2$ **170** $17\times(5\times2)=17\times10$

□ 10 36×25 **900** $(9\times4)\times25=9\times100$

□ 11 125×8 **1000** $100\times8+(25\times4)\times2$

□ 12 $720\div9\div8$ **10** $720\div(9\times8)=720\div72$

□ 13 99.9×175 **17482.5** $100\times175-0.1\times175$

□ 14 $4\times0.75\div3$ **1** $4\times(0.75\div3)=4\times0.25$

□ 15 $(2.27-0.17)\div0.7$ **3**   （ ）内から先に計算する。

□ 16 $(305-4.5)\times0.2$ **60.1** $30.5\times2-0.45\times2$
$=61-0.9$

□ 17 3.2×0.25 **0.8**   0.25＝1/4なので、
$3.2\div4$と同じ

18	$\dfrac{1}{3} + \dfrac{1}{2}$	$\dfrac{5}{6}$	通分して計算する。 $\dfrac{2}{6} + \dfrac{3}{6}$
19	$\dfrac{1}{3} + \dfrac{1}{5}$	$\dfrac{8}{15}$	通分して計算する。 $\dfrac{5}{15} + \dfrac{3}{15}$
20	$\dfrac{7}{8} - \dfrac{1}{4}$	$\dfrac{5}{8}$	通分して計算する。 $\dfrac{7}{8} - \dfrac{2}{8}$
21	$\dfrac{9}{5} \times \dfrac{2}{15}$	$\dfrac{6}{25}$	約分してから、分子同士、分母同士をかけ合わせる。
22	$\dfrac{3}{2} \div \dfrac{3}{8}$	4	わる数の逆数をかける。 $\dfrac{3}{2} \times \dfrac{8}{3}$
23	$\dfrac{3}{7} \times (-28)$	-12	28を$\dfrac{28}{1}$として、約分してから、かけ合わせる。
24	$\dfrac{3}{4} \times \dfrac{1}{6} \div \dfrac{9}{16}$	$\dfrac{2}{9}$	わる数の逆数をかける。 $\dfrac{3}{4} \times \dfrac{1}{6} \times \dfrac{16}{9}$
25	$\dfrac{3}{5} \div \left(-\dfrac{1}{3}\right) \times \left(-\dfrac{1}{9}\right)$	$\dfrac{1}{5}$	わる数の逆数をかける。 $\dfrac{3}{5} \times \dfrac{3}{(-1)} \times \dfrac{(-1)}{9}$
26	$\dfrac{3}{5} \times \dfrac{1}{2} + 0.5 \div \dfrac{4}{5}$	$\dfrac{37}{40}$	小数は分数に直してから計算。 $\dfrac{1}{2}\left(\dfrac{3}{5} + \dfrac{5}{4}\right)$

章 数学 ▼ 四則の計算

■次の時間の単位を、既約分数(それ以上約分できない分数)を使って変換しなさい。

1	6分＝□時間	$\dfrac{1}{10}$	$\dfrac{6}{60}$ 時間を約分する。
2	20分＝□時間	$\dfrac{1}{3}$	$\dfrac{20}{60}$ 時間を約分する。
3	45分＝□時間	$\dfrac{3}{4}$	$\dfrac{45}{60}$ 時間を約分する。

■ 次の計算をしなさい。

1 $(-3)^3 + 2^3 + 7^2$

30

指数の法則に従い符号に注意しながら計算する。

2 $\left(\dfrac{2}{5}\right)^2 - \dfrac{1}{5} \div 2^{-2}$

$-\dfrac{16}{25}$

累乗を計算し、除法→減法の順序で計算。
$2^{-2} = \dfrac{1}{2^2}$

3 49^2

2401

49＝50－1を利用。
$(x-y)^2 = x^2 - 2xy + y^2$

4 $|3-8|$

5

絶対値は2点間の距離を表すので、符号は不要。

5 36の平方根

±6

平方根には、正と負の2つがある。

6 $(-\sqrt{3})^3$

$-3\sqrt{3}$

$(-\sqrt{3})^2 = 3$

7 $\sqrt{98} - \sqrt{2}$

$6\sqrt{2}$

$\sqrt{98} = \sqrt{7^2 \times 2}$
与式＝$7\sqrt{2} - \sqrt{2}$

8 $\sqrt{1.69}$

1.3

与式＝$\sqrt{1.3^2}$

9 $\sqrt{(-3)^4}$

9

先に累乗の計算をしてから、平方根をはずす。

10 $\sqrt{24} \times \sqrt{8} \div \sqrt{3}$

8

平方根の中の数字は、通常の乗除計算ができる。

11 $(\sqrt{3} + \sqrt{2})(\sqrt{3} - \sqrt{2})$

1

$(x+y)(x-y)$
$= x^2 - y^2$ を利用。

12 $\sqrt{\dfrac{4}{9}} \times \sqrt{\dfrac{2}{3}}$

$\dfrac{2\sqrt{6}}{9}$

平方根をはずし、分母に$\sqrt{3}$をかけて有理化してから、かけ合わせる。

13 $\left(\dfrac{3\sqrt{2}}{\sqrt{3}}\right)^2$

6

分子と分母をそれぞれ2乗して、約分する。

14 $\dfrac{2}{\sqrt{3}} - \dfrac{\sqrt{3}}{2}$

$\dfrac{\sqrt{3}}{6}$

$\dfrac{2}{\sqrt{3}}$の分子と分母に$\sqrt{3}$をかけ(有理化)、通分して計算する。

15 $\dfrac{1}{\sqrt{10} - 3}$

$\sqrt{10} + 3$

分子と分母に$\sqrt{10}+3$をかけて有理化する。

■ A= $\sqrt{5}$ +2、B= $\sqrt{5}$ -2 のとき、次の値を求めなさい。

☐ ❶ $A^2 - B^2$

$8\sqrt{5}$

与式=(A+B)(A-B)

☐ ❷ $A - \dfrac{1}{B}$

0

分母を有理化して計算。

■ 次の問いに答えなさい。

☐ ❶ 無限小数0.44444…を2乗した値を求めよ。

$\dfrac{16}{81}$

まず無限小数を既約分数に直す。
x=0.44444…を①とする。
①の両辺を10倍すると、
$10x$=4.4444…これを②とする。
②-①より、$9x$=4 → $x=\dfrac{4}{9}$

☐ ❷ $\sqrt{2}$ の小数部分を α としたとき、$(1+\alpha)^2$ の値を求めよ。

2

$1^2<2<2^2$より、$1<\sqrt{2}<2$なので、
$\sqrt{2}$ の小数部分 α は、整数部分の1をひいたもの。
$\alpha=\sqrt{2}-1$ とすると、
$(1+\alpha)^2=(1+\sqrt{2}-1)^2=(\sqrt{2})^2$

☐ ❸ 不等式 $2<\sqrt{3a}<4$ にあてはまる整数 a の個数を求めよ。

4個

$2^2<3a<4^2$より、$4<3a<16$

4 章 数学 ▼ 累乗と平方根

■ $\dfrac{1}{\sqrt{3}-1}$ の整数部分をa、小数部分をbとするとき、次の値を求めなさい。

☐ ❶ a と b

$a=1$、$b=\dfrac{\sqrt{3}-1}{2}$

分母を有理化し、整数部分(a)を与式からひき、
小数部分(b)を求める。
$1^2<3<2^2$より、$1<\sqrt{3}<2$

☐ ❷ $2ab$

$\sqrt{3}-1$

❶の答えを$2\times a\times b$に代入する。

☐ ❸ $a^2+2ab+b^2$

$1+\dfrac{\sqrt{3}}{2}$

❶の答えを与式=$(a+b)^2$に代入する。

163

数学・理科 3 約数と倍数

■次の問いに答えなさい。

1 15の約数を求めよ。

1、3、5、15

15の約数は、15をわりきれる整数。1とその数自身は必ず約数になる。

---

2 78の約数の和を求めよ。

168

78の約数は、1、2、3、6、13、26、39、78。
これらをすべてたす。

---

3 13の倍数のうち、1から1000までの個数を求めよ。

76個

13の倍数は、13を整数倍してできる整数。1000÷13＝76余り12なので76個。

---

4 12と18の最大公約数を求めよ。

6

12と18の公約数は1、2、3、6であり、その最大の数は6である。

---

5 4と18と27の最小公倍数を求めよ。

108

4と18の最小公倍数は36。
36と27の最小公倍数は108。

---

6 48とxの最大公約数は12で、最小公倍数は144である。xを求めよ。

36

$48÷12＝4$、$x÷12＝\dfrac{x}{12}$
$12×4×\dfrac{x}{12}＝144$

---

7 1000にある数xを加えて、9でも15でも20でもわりきれるようにした。このような数xのうち、最も小さい数を求めよ。

80

9、15、20の最小公倍数180の倍数で1000より大きく1000に最も近い数は1080。

---

8 A〜Dの4人で50本の鉛筆をわけた。もらった数については、アとイのことがわかっている。このとき、Dの本数はいくつか。

ア　Bの本数は、Aの$\dfrac{3}{5}$であった

イ　Cの本数は、Aの$\dfrac{2}{3}$であった

16本

Aは5でも3でもわりきれる数。5と3の最小公倍数＝15より、Aは15の倍数15、30、45本のいずれか。
A＝30、45のときは、A＋B＋C＞50となり不適なので、Aは15本。Bは9本、Cは10本。
Dは残りの16本。

9 池の周囲8mおきに杭を打つと、10mおき に杭を打ったときより5本多かった。この 池の外周は何mか。

200m

8と10の最小公倍数は40。
40mごとに1本の差ができる。
5本多いので40×5(m)。

---

10 リンゴが26個、ミカンが39個、イチゴが65 個ある。これをできるだけ多くの人に同じ数 ずつ分けると、何人に分けることができるか。

13人

26と39と65の最大公約数 は、13。

---

11 1から100までの整数のうち、3でわりき れるが、5でわりきれない整数は全部でい くつあるか。

27個

3でわりきれるのは33個。3 と5の最小公倍数15でわりき れるのは6個。
ちなみに、3でわりきれる数は、 各ケタの数字の和が3でわり きれる。

---

12 縦27cm、横54cm、高さ18cm の直方体の 空き箱がある。この箱に同じ大きさの立方 体の箱をすきまなく入れた。立方体の箱は 全部でいくつ入るか。ただし、立方体の箱 の数はできるだけ少なくすること。

36個

27と54と18の最大公約数は 9なので1辺が9cmの立方 体の箱を詰めればよい。
縦=27÷9=3(個)
横=54÷9=6(個)
高さ=18÷9=2(段)
必要な立方体の箱の個数は、
縦×横×高さ
=3×6×2=36(個)

---

13 A駅から、B駅行きの電車は12分間隔、C 駅行きの電車は9分間隔、D駅行きの電車 は16分間隔で運行している。午前11時に 3本の電車が同時に発車するとき、次に同 時に出発するのはいつか。

午後1時24分

次に同時に出発するのは、12 と9と16の最小公倍数である 144分=2時間24分後。
午前11時に同時に出発してい るので、次に同時に出発するの は、午後1時24分となる。

■縦28cm、横42cmの画用紙を敷き詰めて、できるだけ小さな正方形を作りたい。ただし、 並べる向きは同じとする。次の問いに答えなさい。

1 正方形の1辺は何cmになるか。

84cm

1辺の長さは、28と42の最小 公倍数である84cmとなる。

---

2 何枚の画用紙が必要か。

6枚

縦=84÷28=3(枚)
横=84÷42=2(枚)
縦×横=3×2=6(枚)

方程式と不等式

■次の式を展開して整理しなさい。

❶ $(x-6)(x+2)$

$x^2-4x-12$
$(x+a)(x+b)=x^2+(a+b)x+ab$

❷ $(x-7)(x+7)$

x^2-49
$(x-a)(x+a)=x^2-a^2$

❸ $(x-5)^2$

$x^2-10x+25$
$(a-b)^2=a^2-2ab+b^2$

❹ $(x-3)(x+5)+(x+1)(x-8)$

$2x^2-5x-23$
展開してから同類項を整理する。

❺ $(x+y-1)^2$

$x^2+y^2+2xy-2x-2y+1$
$(a+b+c)^2=a^2+b^2+c^2+2ab+2bc+2ca$

❻ $(2x-y+3)(2x+y+3)$

$4x^2-y^2+12x+9$
$2x+3=A$とすると、
与式$=(A-y)(A+y)=A^2-y^2$

■次の式を因数分解しなさい。

❶ $2xy^2-2xy-12x$

$2x(y+2)(y-3)$
$2x$でくくってから因数分解する。

❷ x^2-25y^2

$(x-5y)(x+5y)$
$x^2-a^2=(x-a)(x+a)$

❸ $x^2+11x-12$

$(x+12)(x-1)$
$x^2+(a+b)x+ab=(x+a)(x+b)$

❹ $(x-2y)^2-xz+2yz$

$(x-2y)(x-2y-z)$
2項の共通因数である$-z$でくくってから、
$x-2y$でくくる。
与式$=(x-2y)^2-z(x-2y)$

❺ $x^2+9y^2+4+6xy+12y+4x$

$(x+3y+2)^2$
$a^2+b^2+c^2+2ab+2bc+2ca$
$=(a+b+c)^2$

❶ $-3x-9=8x+13$

$x=-2$

移項すると符号が変わることに注意する。

---

❷ $x^2+x-6=0$

$x=2, -3$

因数分解を使う。
$(x-2)(x+3)=0$

---

❸ $4x^2-5x-10=3x^2-2x+18$

$x=7, -4$

与式を整理し、因数分解。
$(x-7)(x+4)=0$

---

❹ $x^2-16=0$

$x=\pm4$

因数分解を使う。 $(x-4)(x+4)=0$

---

❺ $x^2-x-1=0$

$x=\dfrac{1\pm\sqrt{5}}{2}$ $b^2-4ac\geqq0$のとき、$ax^2+bx+c=0$の解は、

$x=\dfrac{-b\pm\sqrt{b^2-4ac}}{2a}$ (解の公式)

---

❻ $\begin{cases} x-2y=5x+4 \\ -3x+2y=8y+3 \end{cases}$

$x=-1, y=0$

一方の式を$x=\sim$、あるいは$y=\sim$の形に直し、もう一方に代入する。

---

❼ $-6x-11<25$

$x>-6$

両辺をマイナスでわると、符号の向きが変わることに注意する。

---

❽ $x^2+2x-8<0$

$-4<x<2$

$(x+4)(x-2)<0$

---

❾ $x^2+6x+5>0$

$x<-5, -1<x$

$(x+1)(x+5)>0$

---

❿ $(x+1)^2\geqq0$

すべての実数

xにどんな値が入っても、2乗した値は必ず0以上になる。逆に、$(x+1)^2<0$は解なし。

⓫ $\dfrac{-2x+4}{2}-\left(\dfrac{2x+5}{3}\right)<-\dfrac{x}{3}+3$

$x>-2$

先に$\dfrac{-2x+4}{2}$を2で約分し、その後両辺に3をかけて計算する。

4章 数学▼方程式と不等式

割合・百分率・歩合

■ 次の空欄に適切な数値を入れなさい。

❶ 12人は、20人の◻️倍。

0.6 　割合＝比べる量÷もとの量
　　　12÷20＝0.6倍

❷ 1mは、◻️cmの1.25倍。

80 　もとの量＝比べる量÷割合
　　　1÷1.25＝0.8(m)＝80(cm)

❸ 15枚の$\frac{3}{5}$倍は、◻️枚。

9 　比べる量＝もとの量×割合
　　　$15×\frac{3}{5}＝9$(枚)

❹ 510円は、680円の◻️%。

75 　百分率＝比べる量÷もとの量×
　　　100 → 510÷680×100

❺ 500人の40%は、◻️人。

200 　百分率÷100＝割合
　　　500×0.4＝200(人)

❻ ◻️mの160%は、2m。

1.25 　160%÷100＝1.6倍
　　　2÷1.6＝1.25(m)

❼ 1000円は、2500円の◻️割。

4 　割合＝比べる量÷もとの量
　　　1000÷2500＝0.4倍＝4割

❽ 60kgは、◻️kgの2割5分。

240 　2割5分＝0.25倍
　　　60÷0.25＝240(kg)

❾ 1.5ℓの6割6分は、◻️ℓ。

0.99 　6割6分＝0.66倍
　　　1.5×0.66＝0.99(ℓ)

❿ 1時間半の75%
　＝◻️時間◻️分◻️秒

1、7、30 　1時間半＝90分
　　　　75%＝0.75倍
　　　　90×0.75＝67.5(分)
　　　　＝1時間7分30秒

⓫ 33.3%＝◻️割◻️分◻️厘

3、3、3 　33.3%＝0.333倍
　　　　＝3割3分3厘

⓬ 240打数72安打の打率＝◻️割

3 　72÷240＝0.3倍＝3割

⓭ 360円の1.5倍は720円の◻️%。

75 　360×1.5＝540(円)
　　　540÷720＝0.75倍＝75%

⓮ 400円の45%は200円の◻️割引き。

1 　40×0.45＝180(円)
　　　200－180＝20(円)
　　　→ 20÷200＝0.1倍＝1割

⓯ 定価600円に消費税8%を加えた代金は、◻️円。

648 　600×1.08＝648(円)

次の表は、A・B・C社の社員が自宅に所有しているパソコンのメーカー名とその割合を示したものである。 次の問いに答えなさい。

	A社	B社	C社
所有者数	300人		500人
Xメーカー	33%	45%	21%
Yメーカー	40%	20%	
その他のメーカー	27%	35%	

❶ B社でXメーカーを使用している人が90人であった。 B社で自宅にパソコンを所有している人は、全部で何人か。

200人
B社でXメーカーを使用している45%が90人に当たるのだから、
90÷0.45=200(人)

❷ C社でYメーカーを所有している人数が、A社でYメーカーを所有している人数と同じであったとき、C社のYメーカー所有者の割合は何%か。
(必要があれば、最後に小数点以下第1位を四捨五入しなさい)

24%
A社でのYメーカーの所有者数は、
300×0.4=120(人)
A社でのYメーカーの所有者数
=C社でのYメーカーの所有者数なので、C社で自宅にパソコンを所有しているすべての人に対する割合は、
120÷500=0.24 → 24%

❸ ❷の条件に加えて、C社でその他のメーカーを所有している人のうち、さらにプリンタを持っている人は、そのうちの80%であった。 C社でその他のメーカーを所有し、プリンタも持っている人は何人か。

220人
全体のM%のさらにN%の数
=全体数×$\frac{M}{100}$×$\frac{N}{100}$
500×(1−0.21−0.24)×0.8
=220(人)

■次の問いに答えなさい。

A中学校の卒業生数は300人、B中学校の卒業生数は400人であり、この2校からC高校への進学率は、A中学校が45%、B中学校が30%であった。 さらに、そのとき入学した生徒のうち、C高校からD大学への進学率は20%であった。 このとき、A中学校またはB中学校を卒業したのち、C高校からD大学へ進学した生徒数は何人か。

51人
(300×0.45+400×0.3)×0.2
=51(人)

4章 数学▼割合・百分率・歩合

169

■次の問いに答えなさい。

❶ 【損益算】原価に3割の利益を見込んで、2730円の定価をつけた。原価はいくらか。

2100円
定価÷(1+利益率)=原価
2730÷(1+0.3)=2100(円)

❷ 【損益算】定価4200円の商品を2割引きで売り、商品1個につき500円の利益を得た。この商品の仕入れ値はいくらか。

2860円
仕入れ値=最終的な売値−利益
=定価×(1−割引率)−利益
4200×(1−0.2)−500=2860(円)

❸ 【損益算】ある商品を3割引きで売り、原価の5%の利益を得た。この商品は、原価に何%の利益をのせて定価を決めたか。

50% 仮に原価を100円とすると、原価の5%の利益を得た売価は105円。
売価=定価×(1−割引率)より、
105=定価×(1−0.3)
定価=105÷0.7=150(円)
原価を100円としたときの定価が150円なので、利益率は50%。

❹ 【損益算】ある品物に原価の4割の利益を見込んで定価をつけた。実際には定価から400円値引きして売ったところ、利益は原価の1割5分だった。原価はいくらか。

1600円
原価をx円とする。見込んだ利益は原価の4割なので、0.4x。値引き後の利益は原価の1割5分なので、0.15x。見込んだ利益−値引き後の利益=値引き額(400円)なので、0.4x−0.15x=400
0.25x=400
x=400÷0.25=1600

❺ 【損益算】商品AとBを合わせて2200円で仕入れ、Aには1割、Bには3割の利益を見込んで定価をつけた。この商品AとBが両方とも売れ、合わせて500円の利益を得たとすると、Bの仕入れ値はいくらか。

1400円
AとB両方に1割の利益を見込んで定価をつけたと仮定すると、利益の和は仕入れ値の1割になるので、
2200×0.1=220(円)
実際の利益との差は、
500−220=280(円)。
これをAとBの利益率の差でわると、Bの仕入れ値が求まる。
280÷(0.3−0.1)=1400(円)

❻ 【損益算】ある商品を100個仕入れて、25%の利益を見込んで50個売り、残った商品は原価の10%引きで売りきったところ、3750円の利益となった。原価はいくらか。

500円
原価をx円とする。
1.25x×50+0.9x×50−100x=3750

170

❼【損益算】 1個24円で仕入れたトマト x 個がある。1個40円で売った場合、仕入れたうちの20個が売れ残っても1600円の利益がある。仕入れたトマトの個数はいくつか。

150個
仕入れたトマトが x 個なので、
$40 \times (x - 20) - 24 \times x = 1600$

---

❽【損益算】 消費税が8%かかるとき、2000円で買える最も高い税抜き価格はいくらか。ただし、消費税の1円未満は切り捨てとする。

1852円
消費税の1円未満は切り捨てるので、税込みで2001円未満にする。
$2001 \div (1 + 0.08) = 1852.7\cdots$
なので1852（円）

---

❾【濃度算】 10gの食塩を190gの水に溶かしてできる食塩水の濃度は何%か。

5%
濃度＝食塩の重さ÷食塩水の重さ
$10 \div (10 + 190) = 0.05 = 5\%$

---

❿【濃度算】 20%の食塩水250gには、何gの食塩が溶けているか。

50g
食塩の重さ＝食塩水の重さ×濃度
$250 \times 0.2 = 50$ (g)

⓫【濃度算】 5%の食塩水を作るには、食塩8gを何gの水に溶かせばよいか。

152g
水の重さ＝食塩の重さ÷濃度－食塩の重さ $8 \div 0.05 - 8 = 152$ (g)

⓬【濃度算】 0.5%の食塩水500gに、さらに食塩20gを溶かすと何%の食塩水になるか。（必要があれば、最後に小数点以下第2位を四捨五入しなさい）

4.3%
0.5%の食塩水500g中に含まれる食塩は、$500 \times 0.005 = 2.5$ (g)
全食塩量：$2.5 + 20 = 22.5$ (g)
溶かしたあとの食塩水：520 (g)
濃度：$22.5 \div 520 \times 100 = 4.32\cdots$ (%)

⓭【濃度算】 10%の食塩水100gに15%の食塩水を混ぜて、13%の食塩水を作りたい。15%の食塩水を何g混ぜたらよいか。

150g
15%の食塩水を x g混ぜるとすると、
$\dfrac{10}{100} \times 100 + \dfrac{15}{100} \times x$
$= \dfrac{13}{100} \times (100 + x)$

⓮【濃度算】 2%の食塩水300gを10%の食塩水にするためには、何gの水を蒸発させればよいか。

240g
食塩の重さは一定なので、
食塩の重さ＝食塩水の重さ×濃度
$= 300 \times 0.02 = 6$ (g)
食塩6gを含む10%の食塩水の重さは、
食塩水の重さ＝食塩の重さ÷濃度
$6 \div 0.1 = 60$ (g) よって、蒸発させる水は、$300 - 60 = 240$ (g)

■次の問いに答えなさい。

☐ **1**【速度算】Aは自転車で、15km離れた高校へ部活動に行く。午前9時に自宅を出発したAは、高校で3時間20分部活をしてから、午後1時50分に自宅に戻った。Aの自転車の平均速度は時速何kmか。

時速20km
Aが自宅を出てから戻るまでの時間は4時間50分。
部活動の時間（3時間20分）をひいた1時間30分＝1.5時間で15kmを往復したので、
距離÷時間＝速さ より、
$(15×2)÷1.5=20$（km／時）

☐ **2**【速度算】ある日A君は、自宅から2km離れた学校を目指し、はじめは5km/時で歩いていたが、遅刻しそうになったので途中から10km/時で走ったところ、自宅を出てから21分で学校へ着いた。歩いていたのは何kmか。

1.5km
21分＝0.35時間
歩いていた時間をx時間とすると、
速さ×時間＝距離 より、
$5x+10(0.35-x)=2$
$x=0.3$（時間）
歩いていた距離は、
$5×0.3=1.5$（km）

☐ **3**【速度算～通過算】全長260mの列車が、時速81kmで走っているとき、長さ1kmの鉄橋を通過するには何秒かかるか。

56秒
時速を秒速にすると、
81km/時＝22.5m/秒
通過距離＝鉄橋の長さ＋列車の長さ
$1000+260=1260$（m）
$1260÷22.5=56$（秒）

☐ **4**【速度算～旅人算】1周150mの池の周りをXは分速70m、Yは分速60mで同時に同じ場所から同じ方向に進んだ。次に2人が同時に同じ場所にいるのは何分後か。

15分後
2人が同時に同じ場所にいるのは、XがYに1周の差をつけたとき。1分間に10mの差がつくので、
$150÷10=15$分後。

☐ **5**【速度算～旅人算】1.2km離れたA、Bの2地点がある。兄はA地点から分速70mでB地点へ向かって、弟はB地点から分速50mでA地点へ向かって同時に出発した。
①2人が出会うのは何分後か。
②2人が出会うのはB地点から何mのところか。

①10分後
1分間に120mずつ縮まるので、
$1200÷120=10$分後。

②500m
10分間の弟の移動距離と同じになるので、$50×10=500$m。

6 【仕事算】Aさんがやると10日、Bさんがやると15日かかる仕事がある。2人で仕事を始めた。仕事が終わるまでに何日かかったか。

6日

かかった日数をx日とする。
単位時間当たりの仕事量
＝全体の仕事量(1)÷時間

Aさんの1日の仕事量＝$\dfrac{1}{10}$

Bさんの1日の仕事量＝$\dfrac{1}{15}$

$\left(\dfrac{1}{10}+\dfrac{1}{15}\right)\times x=1$

7 【仕事算】Aが1人でやると3時間、Bが1人でやると6時間かかる仕事がある。A、B、Cの3人でやると、1時間で終わった。この仕事をCが1人でやると何時間かかるか。

2時間

全体の仕事量を1とし、Cだけでやるとx時間かかるとすると、1時間の仕事量は、

$C=\dfrac{1}{x}$、 $A=\dfrac{1}{3}$、 $B=\dfrac{1}{6}$

3人でやると1時間で終わるので、3人の1時間の仕事量は、

$\dfrac{1}{3}+\dfrac{1}{6}+\dfrac{1}{x}=1$

8 【仕事算】Aさんがやると7時間、Bさんがやると14時間かかる仕事がある。最初は2人で仕事を始めたが、途中交替でそれぞれ1時間ずつ休憩をとった。仕事開始から終了までに何時間何分かかったか。

5時間40分

かかった時間をx(時間)とすると、仕事をした時間は$(x-1)$時間。
全体の仕事量を1とすると

$\left(\dfrac{1}{7}+\dfrac{1}{14}\right)\times(x-1)=1$

$x=\dfrac{17}{3}=5\dfrac{2}{3}$（時間）＝5時間40分

9 【仕事算〜水槽算】同型のポンプ5台で排水すると30分で満水から空になる水槽がある。3台のポンプで排水すると、満水の水槽が空になるまでに何分かかるか。

50分

5台で30分かかるから、1台だけで排水すると、30×5＝150分。
3台でやるので、150÷3＝50(分)

【別解】$30\times\dfrac{5}{3}=50$(分)

10 【仕事算〜水槽算】あるポンプには、低速と高速の設定パターンがあり、低速では毎分3ℓ、高速では毎分5ℓの水を排水できる。このポンプの低速と高速を組み合わせて使ったところ、4.4ℓを排水するのに1分かかった。低速で排水したのは何ℓか。

0.9ℓ

1分＝60秒。1秒間の排水量は、

低速：$\dfrac{3}{60}$(ℓ)、 高速：$\dfrac{5}{60}$(ℓ)

低速で排水した時間をx秒とすると、

$\dfrac{3}{60}x+\dfrac{5}{60}(60-x)=4.4$

$x=18$(秒)

よって、低速で排水した水の量は、

$\dfrac{3}{60}\times18=0.9$(ℓ)

鶴亀算・過不足算

■ 次の問いに答えなさい。

1 【鶴亀算】1束50円のニラと1束70円のネギを合わせて17束買った。合計で950円だったとすると、ニラは何束買ったか。

12束
17束全部がネギだと仮定すると、70×17＝1190（円）。実際との差は、1190－950＝240（円）。これをニラとネギの料金差でわれば、ニラの束数。240÷（70－50）＝12（束）

2 【鶴亀算】ある博物館の入場料は、大人800円、子ども350円である。大人と子ども合わせて10人のグループで5300円かかった。大人は何人か。

4人
10人全員が子どもだと仮定すると、350×10＝3500（円）。実際との差は、5300－3500＝1800（円）。これを大人と子どもの料金の差でわれば大人の人数。1800÷（800－350）＝4（人）

3 【鶴亀算】焼き菓子が80個ある。5個入りと12個入りの箱につめたら11箱できて4個余った。12個入りの箱はいくつできたか。

3箱
11箱すべてが5個入りだとすると、合計個数は、5×11＋4＝59（個）
実際の個数は80個なので、その差は、80－59＝21（個）
これを1箱あたりの個数の差でわると、21÷（12－5）＝3（箱）

4 【鶴亀算】500円玉、100円玉、50円玉を全種類使って、11枚で1200円を作るとき、50円玉は何枚必要か。

6枚
500円玉は最大2枚。2枚だと残り200円を他の9枚で作るのは不可能なので、500円玉は1枚。残り700円を計10枚の100円玉と50円玉で作る。50円玉をx枚とすると、$50x＋100(10－x)＝700$

5 【鶴亀算】2kg、5kg、10kg、3種類の米袋が全部で31袋あり、重さの合計は150kgで、5kgと10kgの米袋は同じ数ある。2kgの米袋は何袋か。

15袋
5kgと10kgの米袋は同数なので、重さの平均＝（5＋10）÷2＝7.5（kg）
これで「2kgと7.5kgの米袋が全部で31袋あり、重さの合計が150kg」という2つの数量の問題と考えられる。2kgの米袋をx袋とすると、$2x＋7.5(31－x)＝150$

6 【鶴亀算】一の位が6の2ケタの整数がある。十の位と一の位を入れかえたら、もとの数よりも27大きくなる。もとの数を求めよ。

36
十の位の数字をxとすると、もとの数は$10x＋6$。位を入れかえた数はもとの数より27大きくなるので、$6×10＋x＝10x＋6＋27$
両辺の一の位を比較すると早い。

7 【鶴亀算】ある会社の去年の社員数は、男女合わせて200人であった。今年は、男性が10%減り、女性が5%増えて、全体で8人減った。今年の女性社員数は何人か。

84人

今年の全社員数＝200−8＝192（人）
去年の女性社員数をx人とすると、去年の男性の社員数は(200−x)人。
$(200-x)(1-0.1)+(1+0.05)x$
$=192$
$x=80$（人）
よって、今年の女性社員数は、
$80×1.05=84$（人）

8 【鶴亀算】郵便局で、52円、82円、120円の切手を合わせて30枚買った。2500円支払ったところ、194円のおつりをもらった。52円切手の枚数は、120円切手の2倍である。このとき120円切手は何枚買ったか。

7枚

実際にかかった金額は、
$2500-194=2306$（円）
120円切手をx枚とすると、52円切手はその2倍なので$2x$枚。
82円切手は、
$30-x-2x=30-3x$（枚）
$52×2x+82×(30-3x)+120x$
$=2306$

9 【鶴亀算】20問の心理テストを実施した。質問にYesと答えたものは3点、Noと答えたものは−1点で計算すると、合計で32点になった。このとき、Noと答えた質問は何問あったか。

7問

すべての質問にYesと答えたと仮定すると、点数は、$3×20=60$（点）
実際との差は、$60-32=28$（点）
これをYesとNoの得点差でわると、Noと答えた質問の数が求まる。
$28÷\{3-(-1)\}=28÷4=7$（問）

10 【過不足算】何人かの子どもにみかんを1人4個ずつ配ると、均等に分けられるが、1人に6個ずつ配ると16個足りない。このとき、子どもは何人いるか。

8人

1人4個ずつのときはちょうどの数で、2個ずつ増やすと16個足りないので、子どもの人数は、
$16÷2=8$（人）

11 【過不足算】何人かにカードを7枚ずつ配ると6枚余り、10枚ずつ配ると9枚足りなかった。このとき、カードは何枚あるか。

41枚

7枚ずつだと6枚余り、10枚ずつだと9枚不足なので、全体の差は$6+9=$15枚。このとき、1人に配られる枚数の差は3枚。1人3枚の差で全体で15枚の差なので、人数は、$15÷3=5$人。

12 【過不足算】子どもたちにアメを6個ずつ配ると5個不足したので、5個ずつ配ったが2個不足した。このときアメは何個あるか。

13個

全体の差は$5-2=3$個。
1人1個の差でわると、
人数(3)が求まる。

数学・理科 9 **いろいろな計算**

■次の問いに答えなさい。

☐ ❶ 【年齢算】現在、母は38歳、子ども
は10歳である。母の年齢が子どもの
年齢の3倍になるのは、今から何年
後か。

4年後
x年後に3倍になるとすると、
$38+x=3(10+x)$

☐ ❷ 【年齢算】両親はともに35歳で、10
歳、8歳、5歳の3人の子どもがいる。
両親の年齢の和が、3人の子どもの年
齢の和の2倍であるのは、何年前(何
年後)のことか。

6年後
x年後に両親の年齢の和が、3人の子ど
もの年齢の和の2倍になると仮定する
と、
$(35+x)+(35+x)$
$=2\{(10+x)+(8+x)+(5+x)\}$

☐ ❸ 【植木算】周囲240mのひょうたん形
をした公園がある。この周囲に6m
ごとに杭を打ちたい。杭は何本必要か。

40本
囲む場合は、間隔の数と杭の数は等しい
ので、間隔の数を求める。
$240÷6=40(本)$

☐ ❹ 【植木算】2.6kmの沿道に、端から端
まで20mおきに木を植えたい。木は
何本必要か。

131本
一直線に端から端まで植えるので、木の
数は間の数+1。 2.6km=2600m
$2600÷20=130(間の数)$
$130+1=131(本)$

☐ ❺ 【料金割引】ある文具店でのファイル
の販売価格は、100冊までの分は1
冊100円、101~200冊については1
冊95円、201冊以上については1冊
90円となる。250冊のファイルを購
入すると、代金はいくらか。

24000円
「100冊までは1冊100円」「101~
200冊は1冊95円」「201冊以上は1
冊90円」の場合ごとに順番に計算して
いく。
$100×100+95×(200-100)$
$+90×(250-200)$
$=10000+9500+4500$
$=24000(円)$

☐ ❻ 【料金割引】植物園の入場料は1人
1000円だが、10人以上の団体には、
5人を超えた分について団体割引が
適用されて2割引になる。12人の団
体で入場するときの料金は総額いく
らか。

10600円
割引のない5人と、割引される6人目か
らを分けて考える。
$1000×5=5000…①$
$(1000×0.8)×(12-5)=5600…②$
①+②=$5000+5600=10600(円)$
【別解】
割引の分をあとから引いてもよい。
$1000×12-(1000×0.2)×(12-$
$5)=10600(円)$

❼ 【代金精算】 3人で食事に出かけた。1軒目はXが9800円支払い、2軒目はYが7000円支払い、3軒目はZが4500円支払った。3人が同じ出費になるように精算するには、YとZはXにいくら支払えばよいか。

Y：100円、Z：2600円

1人当たりの負担額
＝（支払額の和）÷人数
＝（9800＋7000＋4500）÷3
＝7100（円）

1人当たりの負担額と、Y、Zの実際の支払額との差が精算額。
Y：7100－7000＝100（円）
Z：7100－4500＝2600（円）

- -

❽ 【割合】 成人男性100人に聞いたところ、週3日以上外食する人は全体の60%であった。週3日以上外食する人に、さらに外食するエリアについて聞くと以下の結果となった。男性100人のうち、決まったエリアで週3日以上外食する人は何人か。

自宅の近く	30%
決まっていない	45%
会社の近く	25%

33人

「決まったエリアで外食する」人についての問いなので、「決まっていない」人以外が対象になる。「決まっている（自宅の近くまたは会社の近く）」人の割合は、
100%－45%＝55%
「週3日以上外食する」人は、この調査を行った成人男性100人中の60%。
そのうちの55%が決まったエリアで外食する人なので、
全体のM%のさらにN%の数
＝全体数$\times \dfrac{M}{100} \times \dfrac{N}{100}$より、
100×0.6×0.55＝33（人）

- -

❾ 【割合】 A氏は無利子の8回払いで車を購入した。1回目の支払いでは、購入金額の半分を支払い、あとの7回払いは残りの額を均等に分割して支払った。4回目の支払いが終わった時点での支払い総額は、購入金額のどれだけにあたるか。

$\dfrac{5}{7}$

1回目の支払いで半分支払ったので、残りの額は、$1 - \dfrac{1}{2} = \dfrac{1}{2}$

2回目以降は、これを7回で等分した金額、つまり、
$\dfrac{1}{2} \div 7 = \dfrac{1}{14}$ ずつ支払う。

4回目の支払い終了時点の支払い総額は、$\dfrac{1}{2} + \dfrac{1}{14} \times 3 = \dfrac{5}{7}$

- -

❿ 【比】 酢としょう油を1：3で混合したA液と、1：1で混合したB液を同量ずつ混合し、C液を作った。C液に含まれる酢の割合は何%か。

37.5%

A液は、酢：しょう油＝1：3なので、その中の酢は$\dfrac{1}{4}$。同様にB液は、1：1なので、その中の酢は$\dfrac{1}{2}$。

C液は、A液とB液を同量混ぜているので、C液に含まれる酢の割合は、
$(\dfrac{1}{4} + \dfrac{1}{2}) \div 2 = \dfrac{3}{8} = 0.375$
0.375×100＝37.5（%）

■次の問いに答えなさい。 円周率は π とする。

☐ **1** 対角線が5cmと9cmのひし形の面積を求めよ。

22.5cm²
ひし形の面積＝対角線×対角線÷2
$5 \times 9 \div 2 = 22.5$(cm²)

☐ **2** 周囲が52mの正方形の土地の面積は何㎡か。

169m²
周囲が52mの正方形の1辺の長さは、
$52 \div 4 = 13$(m)
土地の面積は、
$13 \times 13 = 169$(m²)

☐ **3** 直径が8cmの円の面積を求めよ。

16πcm²
半径＝直径÷2＝8÷2＝4(cm)
円の面積＝半径²×π
$4^2 \times \pi = 16\pi$(cm²)

☐ **4** 半径が3cmで、中心角が150°の扇形の面積を求めよ。

$\dfrac{15}{4}\pi$ cm²
扇形の面積＝円の面積×$\dfrac{中心角（度）}{360}$
$3^2 \times \pi \times \dfrac{150}{360} = \dfrac{15}{4}\pi$(cm²)

☐ **5** 半径が5cmの球の表面積を求めよ。

100πcm²
球の表面積＝4π×半径²
$4\pi \times 5^2 = 100\pi$(cm²)

☐ **6** △ABCと△EFGは相似の関係にあり、その相似比は5：3である。
△ABCの面積が30㎠のとき、△EFGの面積は何㎠か。

10.8cm²
相似比の2乗は面積の比に等しいので、
相似比 △ABC:△EFG＝5:3
面積比 △ABCの面積:△EFGの面積
＝5^2:3^2＝25:9
△EFGの面積を$x$cm²とすると、
△ABCの面積:△EFGの面積
＝25:9＝30:x → x＝10.8(cm²)

☐ **7** 2000㎡の楕円形の土地がある。
縮尺1：20000の地図上では、この土地の面積は何㎠になるか。

0.05cm²
土地の形は関係ない。1:20000は相似比を表している。面積比はその2乗に等しいので、面積比は 1^2:20000^2。
2000m²(＝2000×10000 cm²)の土地の地図上での広さをx cm²とすると、
1^2:20000^2＝x:2000×10000
x＝0.05(cm²)

次の図形の面積を求めなさい。◯のある図は▨部分の面積を求めること。円周率はπとする。

❶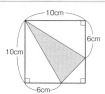

$32cm^2$

▨部分の三角形＝正方形－3つの白い三角形
正方形の面積＝1辺^2＝10^2＝$100(cm^2)$
底辺4cmの三角形＝底辺×高さ÷2＝4×4÷2＝$8(cm^2)$
底辺6cmの三角形2つ＝6×10÷2×2＝$60(cm^2)$
▨部分の三角形＝100－(8＋60)＝$32(cm^2)$

❷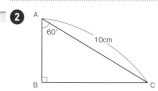

$\dfrac{25\sqrt{3}}{2}$ cm^2

1つの角が60°の直角三角形の辺の比は、
BA：AC：CB＝1：2：$\sqrt{3}$
BA：10：CB＝1：2：$\sqrt{3}$
高さ：BA＝5(cm)、底辺：CB＝$5\sqrt{3}$ (cm)
三角形の面積＝底辺×高さ÷2＝$5\sqrt{3}$ ×5÷2

❸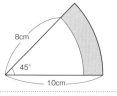

$\dfrac{9}{2}\pi$ cm^2

▨部分の面積＝大きい扇形－小さい扇形
＝$10×10×\pi×\dfrac{45}{360}-8×8×\pi×\dfrac{45}{360}$
＝$(100-64)\pi×\dfrac{1}{8}=\dfrac{9}{2}\pi(cm^2)$

❹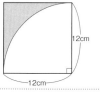

$144-36\pi$ cm^2

▨部分の面積＝正方形－扇形
＝$12×12-12×12×\pi×\dfrac{90}{360}$
＝$144-36\pi(cm^2)$

❺

$50cm^2$

1辺が10cmの正方形に内接する円の直径は10cm。
よって、その円に内接する正方形の対角線はいずれも10cm。
▨部分のひし形(正方形)の面積
＝10×10÷2＝$50(cm^2)$

❻

$18\pi-36$ cm^2

補助線として、正方形に対角線を引き、▨部分を2等分して考える。
▨部分の面積
＝90°の扇形－直角二等辺三角形
＝$6×6×\pi×\dfrac{90}{360}-6×6÷2=9\pi-18(cm^2)$
2つあるので、$(9\pi-18)×2=18\pi-36(cm^2)$

■運転免許を持っている人70人に、車についてのアンケートを行ったところ、次の結果が得られた。次の問いに答えなさい。

	はい	いいえ
車を持っていますか？	32人	38人
今車を買いたいですか？（買い替えを含む）	40人	30人

❶ 車は持っているが、今車を買い替えたいという人が15人いた。車を持っていないが、今は車を買いたくないという人は何人いるか。

13人
ベン図を描いて考える。
車なしで買いたくない人
＝全体−（ア＋ウ−イ）
＝70−(32＋40−15)＝13(人)

ア:車あり/32　ウ:買いたい/40
イ:車ありで買いたい15
車なしで買いたくない?
全体70

❷ 車を持っていると答えた人に、「車の運転は好きですか？」という質問をすると、50%が好きと答えた。そのうち、今は車を買いたくないという人が25%だったとすると、車を持っている人のうち、運転が好きで、今車を買いたい人は何人いるか。

12人
車ありの50%が運転好きなので、
カ＋キ＝32×0.5＝16(人)
このうち25%が買いたくない人(カ)なので、買いたい人(キ)は、100−25＝75(%)　キ＝車ありで運転好きで買いたい＝16×0.75＝12(人)

車あり/32　買いたい/40
カ　キ　運転好き
イ:車ありで買いたい15
全体70

■1、2、3、4、5の5つの数字を使い、次の5つの規則に従って3ケタの数を作るとき、次の問いに答えなさい。
　・1を使ったら、2も使う　・2を使ったら、1も使う　・3を使ったら、4も使う
　・5を使ったら、4は使わない　　・隣り合うケタには、同じ数字を使わない

❶ 次のうち、一緒に使えない数の組み合わせはどれか。

　ア　1と4
　イ　2と4
　ウ　2と3
　エ　1と5

ウ
①1と2はワンセットで同じ集合。
②3は4の集合に含まれる。
③4と5の集合は交わらない。以上の規則をベン図に表すと上図の通り。隣り合うケタには、同じ数字が使えないので、最低2つ、最高3つの数字で作る。以上の条件に合うのはグレー部分の4通り。ベン図より2と3の集合は交わらないので、一緒には使えない。

2 一の位と百の位が次の組み合わせですでに決まっているとき、十の位に3を入れてもよいのはどれか。

ア 1と4　　イ 1と2
ウ 2と2　　エ 4と4

エ
❶のベン図より、3の集合に重なる数字は4のみ。

■個人資産家150人に資金運用の方法について聞いたところ、次のような結果が得られた。次の問いに答えなさい。

	する	しない
株式投資	104人	46人
債券購入	75人	75人
預　金	130人	20人

❶ 株式投資も債券購入もしない人は35人いた。株式投資と債券購入の両方をする人は何人いるか。

64人

「株＋債券＋株も債券もしない人」は、
104＋75＋35＝214(人)
ここから全体の150人をひくと、重なっている「株も債券もする」人数が求まる。 214－150＝64(人)

株も債券もする?
株も債券もしない35

❷ ❶の条件に加えて、株式投資も債券購入もしないが、預金だけはする人が30人いることがわかった。いずれの資金運用もしない人は何人いるか。

5人

「いずれの資金運用もしない人」は、「株も債券もしない人」から「預金だけの人」をひいた数。
いずれの資金運用もしない人
＝株も債券もしない－預金だけ
＝35－30＝5(人)

いずれもしない?

❸ ❶・❷の条件に加えて、株式投資をする人の2割5分が、株式投資・債券購入・預金のすべての資金運用をしているという。株式投資と債券購入はするが、預金はしない人は何人いるか。

38人

株をする人の2割5分が3つともするので、❷のベン図において、3つの条件が重なる中心部分(イ)の人数は、
イ＝104×0.25＝26(人)
求めたいのは、「株式と債券はするが、預金はしない(ア)」人数。
❶で求めた「株も債券もする人」から、イをひく。 ア＝株も債券もする人－イ
＝64－26＝38(人)

4章 数学▼集合

181

数列と規則性

■次の□に当てはまる数値を答えなさい。

❶ −3, 2, □, 12, 17, 22, …

　　7　　公差5、初項−3の等差数列。

❷ 4, 12, 36, 108, □, 972, …

　　324　　公比3、初項4の等比数列。

❸ 2, 2, 3, 5, 8, 12, □, …

　　17　　右隣との差(階差)の数列=階差数列が、公差1、初項0の等差数列(0, 1, 2, 3, 4, 5, …)になっている。

❹ 1, 4, 9, 16, □, 36, 49, …

　　25　　「1^2, 2^2, 3^2, 4^2, 5^2, 6^2, …」のように、1ずつ増えた数の2乗になっている。

■数列　1, 5, 9, 13, 17, 21, …について、次の問いに答えなさい。

❶ 第15項を求めよ。

　　57　　公差4、初項1の等差数列。
等差数列の一般項(a_n)は
初項$+(n-1)×$公差〔nは項数〕
$a_{15}=1+(15-1)×4=57$

❷ 初項から第15項までの和を求めよ。

　　435　　❶より、$a_{15}=57$
等差数列の和$=\dfrac{1}{2}n×$(初項+末項)
$\dfrac{1}{2}×15×(1+57)=435$

■初項1、公比2の等比数列について、次の問いに答えなさい。

❶ 第10項を求めよ。

　　512　　等比数列の一般項(a_n)は
初項×公比$^{n-1}$
$a_{10}=1×2^{10-1}=2^9=512$

❷ 初項から第10項までの和を求めよ。

　　1023　　等比数列の和$=\dfrac{初項×(公比^n-1)}{公比-1}$
$\dfrac{1×(2^{10}-1)}{2-1}=2^{10}-1$
$=1023$

■次の問いに答えなさい。

❶ 1から100までの自然数のうち、9でわりきれる数の総和はいくらか。

　　594　　9でわりきれる数は、9, 18, …, 90, 99であり、公差9の等差数列。
項数は、100÷9=11余り1より、11個なので、その総和は、

等差数列の和$=\dfrac{1}{2}n×$(初項+末項)

$\dfrac{1}{2}×11×(9+99)=594$

2 群に分けられた数列{1}, {2, 3, 4}, {5, 6, 7, 8, 9}, {10, 11, 12, 13, 14, 15, 16}, …の、第10群の第3項を求めよ。

84

この数列は、公差1の等差数列(一般項$a_n =$ n)。
各{ }中の最後の数を見ると、1, 4, 9, 16, …
となっており、これは1ずつ増えた数(群の番号)の2乗の数列である。
第9群の最後は $9^2 = 81$。
第10群の第3項は、これよりも3大きい数になるので、$81 + 3 = 84$

■ある豚の繁殖数を観察した結果、観察を開始してからn年後の個体数を $f(n)$ とすると次の関係が成り立つことがわかった。このとき次の問いに答えなさい。

$f(n) = 2f(n-1) - f(n-3)$　　$(n \geqq 1)$

ただし、$n < 0$ のときは、すべて $f(n) = 0$ として計算しなさい。

観察を開始した時点での豚の個体数が8頭であるとき、3年後の個体数は何頭になるか。

56頭

3年後($n = 3$)の個体数を求めたいが、式を見ると $f(n-1)$ と $f(n-3)$ がわからないと求められないので、条件にある観察開始時($n = 0$)の個体数から考えていく。
$f(0) = 8$　　$f(1) = 2f(0) - f(-2)$
$n < 0$のときは、$f(n) = 0$なので、
$f(1) = 2f(0) - 0 = 16$
$f(2) = 2f(1) - f(-1) = 2 \times 16 - 0 = 32$
$f(3) = 2f(2) - f(0) = 2 \times 32 - 8 = 56$(頭)

■ある工場の流れ作業の一工程において、部品を1つ取り付けるのにかかる時間は1分間であり、作業を開始してからn分後までに手掛けた製品の数は次の式で表される。このとき、次の問いに答えなさい。

$f(n) = -f(n-1) + n$　　(ただし、$n > 0$, $f(0) = 0$)

1 作業開始から4分後までに手掛けた製品の数は全部でいくつか。

2個

与式に、$n = 1$(1分後)から順に代入する。
$f(1) = -f(1-1) + 1 = 0 + 1 = 1$
$f(2) = -f(2-1) + 2 = -1 + 2 = 1$
$f(3) = -f(3-1) + 3 = -1 + 3 = 2$
$f(4) = -f(4-1) + 4 = -2 + 4 = 2$
よって、2個。

---

2 作業開始から30分後までに手掛けた製品の数は全部でいくつか。

15個

この数列は、0, 1, 1, 2, 2, 3, 3, …と続くので、1つの製品に部品を2つずつ取り付けている。
手掛けた製品の数 $f(n)$ は、

n が偶数:$f(n) = \dfrac{n}{2}$、

n が奇数:$f(n) = \dfrac{n+1}{2}$ となるので、

30分後($n =$ 偶数)には、

$f(30) = \dfrac{30}{2} = 15$(個)となる。

■次の問いに答えなさい。

1 赤が4枚、緑と青が3枚ずつの折り紙がある。この10枚をP、Q、R、S、Tの5人が2枚ずつもらった。Pの色の組み合わせは、Qと同じであり、Rは2枚とも同じ色であった。同じ色の折り紙をもらったのが1人のとき、Tがもらった色の組み合わせであり得るのは何色と何色か。

赤緑か赤青
同色2枚はRだけなので、他の4人は「赤緑」「赤青」「緑青」のいずれか。
①P＝Q＝赤緑の場合。残りは赤2緑1青3。R＝青2。SとT＝赤緑か赤青。
②P＝Q＝赤青の場合。残りは赤2緑3青1。R＝緑2。SとT＝赤緑か赤青。
③P＝Q＝緑青の場合。残りは赤4緑1青1。R＝赤2。SとT＝赤緑か赤青。
よって、Tの色の組み合わせとしてあり得るのは、赤緑か赤青。

2 L、M、N、O、P、Qの6人の身長について、ア～ウのことがわかっている。次のA～Cの条件のうち、最低どの条件が加われば、全員の身長が確定するか。

　ア　L氏とN氏の身長は等しい
　イ　N氏はO氏よりも身長が高い
　ウ　6人のうち、3人が165cm、2人が170cm、残る1人が175cm

　A　O氏とP氏の身長は等しい
　B　Q氏はL氏よりも身長が高い
　C　P氏は165cmである

B
条件アとイより、L＝N＞O。
条件ウより、複数いて、最低でないLとNは170cm、Oは165cmと確定。あとは、M、P、Qのうち、175cmが誰かわかればよい。
A：O＝Pがわかっても、MとQの身長が不明。
B：Q＞Lより、Q＞L＝N＞O。
　条件ウより、Qは175cm、Oと残りのM、Pの2人が165cmとなり、全員の身長が確定する。
C：P＝165cmとわかっても、MとQの身長が不明。

3 英会話教室を経営する会社の、5教室における生徒の総数は年々増え続け、3年前に比べると30%増加している。次の推論のうち、正しいものはどれか。

　A　この3年間の生徒増加数は、30%以上と30%未満の教室が半々である
　B　この3年間、生徒数は前年に比べて10%ずつ増加した
　C　5教室の平均生徒数は、この3年間で30%増加した

C
それぞれの正誤を考える。
A：全教室で30%増加の場合もあるので、どちらともいえない。
B：「前年比10%増」とは、
　1年目＝110%、2年目＝121%、
　3年目＝133.1%
　となることなので誤り。
C：30%増加した5教室の平均生徒数とは、5教室の生徒総数÷5。
　生徒総数はこの3年間で30%増加しているので正しい。

4 食事のとき、O、P、Q、R、S、Tの6人が円卓を囲んで座っていた。そのときの並び方について、次のことがわかっている。

　ア　OはQとRの間に座っていた
　イ　QとPは並んでいない
　ウ　Sの左にはTが座っていた

以上のことから、確実に正しいといえるのは、次のうちどれか。

　A　QはRと並んでいた
　B　TはRと並んでいた
　C　Rの右はOであった
　D　PはRと並んでいた
　E　Pの左はSであった
　F　Sの正面にOがいた

D

ア、イ、ウから、考え得る並び方は下記の2通り。

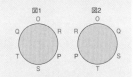

図1　　　　　図2

図より、A、Bは明らかに間違い。
CとEとFは、図1では正しいが、図2のような並び方もあり得るので、確実に正しいとはいえない。
Dは、図1、図2のどちらの場合でも正しい。

5 A、B、C、Dの4人が次のようにいっている。

　A「Bはウソをついている」
　B「Cはウソをついている」
　C「Dはウソをついている」
　D「Aはウソをついている」

これらの発言には、本当もウソもある。何人がウソをついているか。

2人

対立する意見をいっている人を2グループに分けて考えると、「A・C対B・D」に分けられる。
どちらが本当かウソかは確定できないが、2人ずつに分かれるのは確かなので、ウソをついているのは2人。

6 P、Q、Rの3人の中には、血液型がA、B、O型の人が1人ずついる。
3人はそれぞれ自分の血液型について、次のようにいっている。

　P「私はB型ではありません」
　Q「私はB型です」
　R「私はO型です」

この中で1人だけウソをついているとき、誰がウソつきで、その人の血液型は何か。

R、A型

Pがウソつきなら、B型が2人になるので、Pの発言は本当。
Qがウソつきなら、B型がいなくなるので、Qの発言は本当。
よって、RがウソつきでA型。

	A型	B型	O型
P	△	×	△
Q	×	○	×
R	×	×	○ |←ウソ

185

7 100人を対象に、旅行に行くとき、最も多く利用する交通手段を聞いたところ、回答が多い順に、車、飛行機、電車、新幹線で、同数の回答はなかった。この中で、車と答えた人が40人だったとき、次の推論ア・イ・ウのうち、必ずしも誤りとはいえないものはどれか。

> ア　飛行機と答えた人は20人である
> イ　電車と答えた人は20人である
> ウ　新幹線と答えた人は20人である

8 ある年の3月の最高気温を、N、O、P、Qの4地域について調べたところ、ア～ウのことがわかった。

> ア　4地域の3月の平均最高気温は10℃であった
> イ　N地域とO地域の3月の平均最高気温は14℃であった
> ウ　Q地域の3月の最高気温は、P地域よりも10℃低かった

次の推論カ・キについて、正しいものを○、間違っているものを×、どちらともいえないものを▲とすると、A～Iのうち正しい組み合わせはどれか。

> カ　O地域の3月の最高気温は、4地域の中で最も高い
> キ　P地域の3月の最高気温は、4地域の中で最も高くはない

左から力、キの順番で、

A	○○	B	○▲
C	○×	D	▲○
E	▲▲	F	▲×
G	×○	H	×▲
I	××		

イ

飛行機、電車、新幹線と答えた人の総数は60人なので、平均するとそれぞれ20人。
したがって、一番多いはずの飛行機は21人以上、一番少ないはずの新幹線は19人以下となり、答えはイのみ。

D

「平均×地域数＝気温合計」より、4地域の3月の最高気温の合計は、
$10 \times 4 = 40$（℃）…①
NとOの平均気温は14℃より、NとO、2地域の気温合計は、
$14 \times 2 = 28$（℃）…②
PとQの気温合計は、
①－②＝$40 - 28 = 12$（℃）…③
Qの最高気温（q℃）は、Pのそれ（p℃）よりも10℃低いので、この条件と③から連立方程式を立てる。

$$\begin{cases} p+q=12 \\ p-q=10 \end{cases} \rightarrow \begin{cases} p=11（℃） \\ q=1（℃） \end{cases}$$

以上のことから、3月の最高気温について、
カ：Oは4地域の中で最も高い ← NとOの平均最高気温が14℃なので、Oの最高気温が14℃よりも高い場合は正しいが、14℃以下の場合はNが最も高くなるので、どちらともいえない。
キ：Pは4地域の中で最も高くはない ← NとOがともに11℃以下（平均最高気温が11℃以下になる）ことはあり得ないので、この推論は正しいといえる。
よって、「▲○」のDが正解。

9

あるマンションの空室、101、202、303、404、505の5室のうち、和室と床暖房の有無について調べたところ、次のア～ウのことがわかった。A～Cのうち、確実に正しいといえるのはどれか。

ア 和室と床暖房の両方があるのは、303か505のいずれかである

イ 和室があるのは2室で、そのうち1室は505である

ウ 床暖房があるのは3室で、そのうち1室は101である

A 202と404の少なくとも一方には和室がある

B 202と404の少なくとも一方には床暖房がない

C 和室も床暖房もない部屋がある

BとC

ア～ウの条件を場合分けし、表にして考える。

①303に和室と床暖房がある場合

	101	202	303	404	505
和室(2室)	×	×	○	×	○
床暖房(3室)	○		○		×

②505に和室と床暖房がある場合

	101	202	303	404	505
和室(2室)	×				○
床暖房(3室)	○				○

A：①では202と404の両方とも和室はないが、②ではどちらか一方にある可能性もあるので、どちらともいえない。

B：床暖房は、①では202か404の一方にあり、②では202、303、404のいずれか1室にあるので、202と404の両方にあることはない。○

C：①では202と404の一方に床暖房があれば、もう一方には和室も床暖房もない。②では202、303、404のうち、1室に和室、1室に床暖房、1室は両方ともない。○

■H,I,J,K,L,Mの6チームが野球のリーグ戦に参加したところ、次のような結果になった。なお、引き分けはないものとする。次の問いに答えなさい。

❶

・Hは4勝1敗
・IはKに勝った
・Lは3勝した
・KはMに勝った
・Jは全勝

このとき、Kは何勝何敗か。

1勝4敗

表を作成してわかる部分を埋めていく。

相手	H	I	J	K	L	M
H		○	×	○	○	○
I	×		×	○	×	
J	○	○		○	○	○
K	×	×	×		×	○
L	×	○	×	○		
M	×		×	×	×	

❷

すべての勝敗が確定するために、必要でない条件はどれか。

A 1勝4敗は1チームである
B 全敗はいない
C MはIに勝った
D IはKより勝数が多い
E 3勝は1チームだけである
F 2勝のチームはいない

E

E以外の条件なら、❶の表の「I対M」の空欄が○か×で確実に埋まる。

■ 次の問いに答えなさい。

1 果物を3個入れて景品のセットを作りたい。使える果物は、メロン、スイカ、マンゴー、ブドウ、オレンジで、次の条件がある。

 A：スイカは、マンゴーと一緒に入れる
 B：メロンは、オレンジと一緒に入れる
 C：オレンジは、メロンと一緒に入れなくてもかまわない
 D：最低2種類の果物を入れる

次の中から可能なセットを選べ。

 1. ブドウ、ブドウ、ブドウ
 2. メロン、メロン、オレンジ
 3. スイカ、スイカ、オレンジ

2.
1. 1種類を3個なので、条件Dに合わない。
2. 条件B、Cに合う。
3. スイカを入れるときは、条件Aよりマンゴーが入らなければいけない。

2 P、Q、Rの命題が成り立つとき、確実に成り立つものは推論ア、イ、ウのうちどれか。A～Fの中で1つ選べ。

 P 誠実な人は素直である
 Q 勤勉な人は誠実である
 R 誠実な人は有能である

 ア 勤勉な人は有能である
 イ 誠実でない人は有能でない
 ウ 有能でない人は勤勉でない

 1. アだけ 2. イだけ
 3. ウだけ 4. アとイ
 5. アとウ 6. イとウ

5.
PQRを下図のようにまとめる。
記号の上にバーをつけると打ち消しの意味になり、矢印を逆にすれば対偶となる。
命題が真（正しい）ならば、その対偶は真（正しい）。これを選択肢と比べればわかる。

アは赤字部分の三段論法。
ウはアの対偶なので正しい。

3 原田、中村、田中、上沢の4人が競歩を行った。その際、それぞれが赤、黄、青、白のシャツを着用し、1〜4の数字が書かれたゼッケンをつけていた。結果について以下のことがわかっている。

Ⅰ．赤のシャツの次に原田が、その次にゼッケン2がゴールに入った。
Ⅱ．ゼッケン3の次にゴールした中村は、青のシャツのすぐ前だった。
Ⅲ．ゼッケン4の人の次にゴールした人のシャツは白だった。

次の中で、確実に言えることを選べ。

1. 原田と中村の間には、誰もゴールしていない。
2. 白の人の次に、黄色の人がゴールした。
3. 中村はゼッケン1をつけていた。

1.
条件文を記号にすると、
Ⅰ．赤−原−2
Ⅱ．3−中−青
Ⅲ．4−白
条件文では黄色のシャツとゼッケン1が抜けているが、全部で4人で、色と番号と名前が重ならない配列は、次の2通りしかない。

確実なのは1.だけで、他は確実とはいえない。

---

4 A、B、C、D、E、Fの6人の体重について次のことがわかっている。

・EはFの次に重い。
・BはCよりも重い。
・AはB、Dよりも重い。
・FはCの次に重い。
・EはDよりも軽い。

次の中で、確実に正しいとは言えないものを選べ。

1. Fは、Dよりも軽い
2. Eの体重は、6番目に重い
3. Eの方がAよりも軽量である
4. Bの体重は、Dよりも軽い
5. Fは、Bほど体重が重くない

4.
重い方が左にくるように条件を記号にして、順序を考える。
「−」は間に誰も入れないことを表す。

A>B>C、A>D>Eの順番があって、C−F−Eでひとまとまりなので、
「A>B>C−F−E」
「A>D>C−F−E」
は確実。
BとDは、AとCの間に入るが、どちらが重いのかは不明。
従って、正しいと言えないのは4.のみ。

■ 次の問いに答えなさい。

❶ 下の暗号表を使うと、「はと」はどう表されるか。ア〜ウから選べ。

	A	B	C	D	E	F	G	H	I	J	K
1	あ	か	さ	た	な	は	ま	や	ら	わ	ん
2	い	き	し	ち	に	ひ	み		り		
3	う	く	す	つ	ぬ	ふ	む	ゆ	る		
4	え	け	せ	て	ね	へ	め		れ		
5	お	こ	そ	と	の	ほ	も	よ	ろ	を	

ア　F5、D1 　　 イ　F1、D5
ウ　D5、F5

イ

暗号表より、
「は→F1」、「と→D5」
と変換できる。

❷ ある暗号では「木(き)」を「31、24」と表す。これと同じ暗号を使って、「24、31、15」と表されるものは次のうちどれか。

ア　池(いけ)
イ　川(かわ)
ウ　湖(みずうみ)

ア

「木(き)」はローマ字で表すと、2文字になるので、ローマ字で考える。
kiが「31、24」なので、
kが31、iが24と考えられる。
設問は24のiで始まる言葉なので「池(ike)」が正解。
また、ローマ字で3文字は池(ike)だけなので、文字数からもわかる。

【別解】kは31、iは24なので、
以下の暗号表となる。同じく、
「24、31、15」を見ると「ike」になる。

	1	2	3	4	5
1	a	b	c	d	e
2	f	g	h	i	j
3	k	l	m	n	o
4	p	q	r	s	t
5	u	v	w	x	y

❸ パリを「QBSJT」と表すとき、ロンドンはどう表されるか。

MPOEPO

5文字の「PARIS」と比べるとアルファベットの次の文字と判明。

④ 白菜を「まわすわたわきわ」と表すとき、「つわきわさわ」は何か。

西瓜（すいか）
例の語から「わ」を取ると「ますたき」。「はくさい」と比べると1語ずつ母音の並びが同じで五十音表の1つ後ろの行であることがわかる。

---

⑤ 「大阪」を「MQYIY」と表すとき、「パリ」は次のうちどれを表しているか。

ア NYPGQ
イ NZQTQ
ウ NYPGS

ア
「大阪」が5文字なので、ローマ字か英語。「パリ」に対応する選択肢が5文字なので、英語で「PARIS」と考えられる。2つに共通する文字はSとA。
「OSAKA」→「MQYIY」より、
「PARIS」→「?Y??Q」でアが正解。

【別解】アルファベットを並べて「OSAKA」の下に「MQYIY」と書き込む。すると下のようにアルファベットを2文字ずつずらした暗号だとわかる。
ABCDEFGHIJKLMNOPQRSTUVWXYZ
YZABCDEFGHIJKLMNOPQRSTUVWX
従って、「PARIS」は「NYPGQ」。

---

⑥ 「たぬき」を「ははなむなちな」と表すとき、「なめなとな」は次のうちどれを表しているか。

ア いぬ
イ ねこ
ウ とら

イ
同じ文字が繰り返し登場する暗号は、余分な文字を取り去る。ここでは交互に出てくる「な」を消す。
「はなはなむなちな」→「はむち」→「たぬき」
文字数と母音が変わっていないことに注目して、五十音表の行を考えると、は（ハ行）→た（タ行）、む（マ行）→ぬ（ナ行）、ち（タ行）→き（カ行）となるので、50音表で2つ前の行にずらせば解読できる。
「なめなとな」→「めと」→「ねこ」

---

⑦ 「額縁」を「5C、3B、3J、4F」と表すとき、「5B、4A、5C」は次のうちどれを表しているか。

ア 版画
イ 風景画
ウ 絵画

ウ
「がくぶち」が「5C、3B、3J、4F」なので、が→5C、く→3B、ぶ→3J、ち→4Fで、5＝ア段、4＝イ段、3＝ウ段と予想できる。「5B、4A、5C」は「ア段、イ段、ア段」で、それを満たす選択肢は「かいが」だけ。暗号表は次の通り。

	A	B	C	D	E	F	G	H	I	J	K	L	M	N	O	P
5	あ	か	が	さ	ざ	た	だ	な	は	ば	ぱ	ま	や	ら	わ	ん
4	い	き	ぎ	し	じ	ち	ぢ	に	ひ	び	ぴ	み		り		
3	う	く	ぐ	す	ず	つ	づ	ぬ	ふ	ぶ	ぷ	む	ゆ	る		
2	え	け	げ	せ	ぜ	て	で	ね	へ	べ	ぺ	め		れ		
1	お	こ	ご	そ	ぞ	と	ど	の	ほ	ぼ	ぽ	も	よ	ろ	を	

■次の条件に当てはまる直線の式を求めなさい。

☐ **❶** 変化の割合が6で、原点を通る。

$y=6x$
変化の割合(一次関数では傾き)
$=\dfrac{y\,の増加量}{x\,の増加量}$

☐ **❷** 傾きが－3で、y切片が5。

$y=-3x+5$
$y=ax+b$において、
$a=$傾き、$b=y$切片。

☐ **❸** 傾きが2で、点(2, 1)を通る。

$y=2x-3$
$y=ax+b$に、$a=2$と点(2,1)の座標を代入して、b(切片)を求める。

☐ **❹** $y=-x+5$に平行で、点(1, 2)を通る。

$y=-x+3$
平行=傾きが同じ。

☐ **❺** 2点(2, －1)、(1, 3)を通る。

$y=-4x+7$
$y=ax+b$に2点を代入して、a(傾き)とb(切片)を求める。

■次の条件に当てはまる放物線の式を求めなさい。

☐ **❶** $y=ax^2$のグラフが、点(2, 12)を通る。

$y=3x^2$
$y=ax^2$に、点(2,12)の座標を代入して、aを求める。

☐ **❷** $y=2x^2$のグラフをx軸方向に3、y軸方向に4平行移動させる。

$y=2x^2-12x+22$
$y=ax^2$をx軸方向に p、y軸方向にq
平行移動 → $y-q=a(x-\mathrm{p})^2$

☐ **❸** $y=x^2$のグラフが、2点(−2, 2)、(0, 6)を通るように平行移動させる。

$y=x^2+4x+6$
$y=x^2+bx+c$に2点を代入する。

■次の2つのグラフの交点を求めなさい。

☐ **❶** $y=x+5$と$y=-2x+8$

$(1,6)$
2式の連立方程式の解が交点。

☐ **❷** $y=x^2$と$y=3x+4$

$(-1,1)、(4,16)$
$x^2=3x+4$の解から2つの交点のx座標を求める。

❶ $y = x^2 - 1$
$(-1 \leqq x \leqq 2)$

最大値 3、最小値 − 1
頂点(0, − 1)で下に凸の放物線。
簡単なグラフを書いて考える。

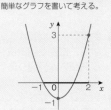

❷ $y = -\dfrac{1}{2}x^2 - 4x - 9$
$(-4 \leqq x \leqq 0)$

最大値− 1、最小値− 9
与式 $= -\dfrac{1}{2}(x^2 + 8x) - 9$
$= -\dfrac{1}{2}(x + 4)^2 - 1$
頂点(− 4, − 1)で上に凸の放物線。

4 章
数学 ▼ 関数

■ 次の問いに答えなさい。

下の図は、ア〜ウの3つの式によって示されるグラフである。

ア $y = -2$ 　　イ $y = \dfrac{4}{x}$
ウ $y = 2x - 2$

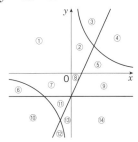

式ア〜ウと、$x = 0$、$y = 0$のグラフで区切られた①〜⑭が示す領域のうち、カ〜クの3つの不等式で表される領域はどれか。

カ $y > -2$ 　　キ $y < \dfrac{4}{x}$
ク $y > 2x - 2$

②、⑥、⑧
カ〜クのそれぞれの領域がすべて重なる部分を考える。
カ：$y > -2$は、x軸に平行な直線の上側。
キ：$y < \dfrac{4}{x}$は、下図の赤い部分。

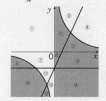

ク：$y > 2x - 2$は、右上がりの直線の上側。
よって、3つの領域が重なるのは、下図の赤い部分。

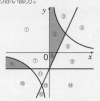

■次の問いに答えなさい。

1 男子3人、女子4人のグループの中で、班長と副班長を1人ずつ選ぶ選び方は何通りあるか。

42通り
順列の問題。7人から2人選ぶ順列は、
$_7P_2 = 7 \times 6 = 42$(通り)

2 男性6人、女性4人の中から、4人の代表を選ぶとき、代表の中に男性が2人以上入っている選び方は何通りあるか。

185通り
10人から男女に関係なく4人選ぶ選び方から、男性の代表が0、1人の選び方をひく。
10人から4人を選ぶ組み合わせは、

$_{10}C_4 = \dfrac{10 \times 9 \times 8 \times 7}{4 \times 3 \times 2 \times 1} = 210$(通り)

男性0人=4人とも女性=$_4C_4 = 1$(通り)
男性1人=男性6人から1人選ぶので$_6C_1$
通りあり、残り3人は女性4人から選ぶため、
$_4C_3 = _4C_{4-3} = _4C_1$通りあるので、

$_6C_1 \times _4C_1 = \dfrac{6}{1} \times \dfrac{4}{1} = 24$(通り)

よって、代表に男性が2人以上入る選び方は、
$210 - 1 - 24 = 185$(通り)

3 図の点Aから点Bを通り、点Cへ移動するとき、最短経路は何通りあるか。

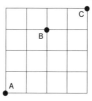

30通り
AからBまでの最短経路=$_5C_2$通り
BからCまでの最短経路=$_3C_1$通り
AからBを経由してCへ行く最短経路の組み合わせは、

$_5C_2 \times _3C_1 = \dfrac{5 \times 4}{2 \times 1} \times \dfrac{3}{1} = 30$(通り)

4 当たりくじが7枚、はずれくじが13枚入った箱がある。同時に3枚ひくとき、1枚だけ当たる確率を求めよ。

$\dfrac{91}{190}$

ひいた3枚中1枚当たりとは、当たり7枚から1枚を選ぶことなので、$_7C_1$(通り)。
残り2枚ははずれなので、はずれ13枚から2枚を選ぶ組み合わせは、$_{13}C_2$(通り)。
当たり1枚とはずれ2枚の組み合わせは、
$_7C_1 \times _{13}C_2$(通り)。
全20枚の中から当たりはずれに関係なく3枚を取り出す組み合わせは、$_{20}C_3$(通り)。
当たり1枚はずれ2枚が出る確率は、

$\dfrac{_7C_1 \times _{13}C_2}{_{20}C_3} = \dfrac{7}{1} \times \dfrac{13 \times 12}{2 \times 1} \div \dfrac{20 \times 19 \times 18}{3 \times 2 \times 1}$

$= \dfrac{91}{190}$

5 赤玉が3個、白玉が7個入っている箱がある。1個ずつ3回玉を取り出したとき、3個とも赤玉が出る確率を求めよ。ただし、一度取り出した玉は戻さない。

$\dfrac{1}{120}$

1回目に赤が出る確率：$\dfrac{3}{10}$

2回目に赤が出る確率：$\dfrac{2}{9}$

3回目に赤が出る確率：$\dfrac{1}{8}$

すべてをかけ合わせて、

$\dfrac{3}{10} \times \dfrac{2}{9} \times \dfrac{1}{8} = \dfrac{1}{120}$

---

6 ある野球選手の1試合中にヒットを打つ確率は、第1打席では0.4、第2打席では0.2である。この選手が2回打席に立ったとき、少なくとも1回はヒットを打つ確率を求めよ。

0.52

余事象である「1回もヒットを打たない」確率を求めて1からひく。
第1打席で打たない確率は、1−0.4＝0.6
第2打席で打たない確率は、1−0.2＝0.8
1回も打たない確率は、0.6×0.8＝0.48
少なくとも1回はヒットを打つ確率は、
1−0.48＝0.52

---

7 白玉が5個、赤玉が4個入った箱がある。この箱から、続けて3個の玉を取り出すとき、少なくとも1つが赤になる確率を求めよ。

$\dfrac{37}{42}$

余事象である「3つとも白になる」確率を求めて1からひく。3つとも白になるのは、

$\dfrac{5}{9} \times \dfrac{4}{8} \times \dfrac{3}{7} = \dfrac{5}{42}$

最後にこれを1からひいて、$1 - \dfrac{5}{42} = \dfrac{37}{42}$

---

8 コインを3回投げたとき、裏が2回出る確率を求めよ。

$\dfrac{3}{8}$

コインを1回投げて裏が出る確率は、$\dfrac{1}{2}$

裏が出ない(表が出る)確率は、$1 - \dfrac{1}{2}$

1回目が表の確率：$(1 - \dfrac{1}{2}) \times \dfrac{1}{2} \times \dfrac{1}{2} = \dfrac{1}{8}$

2回目が表の確率：$\dfrac{1}{2} \times (1 - \dfrac{1}{2}) \times \dfrac{1}{2} = \dfrac{1}{8}$

3回目が表の確率：$\dfrac{1}{2} \times \dfrac{1}{2} \times (1 - \dfrac{1}{2}) = \dfrac{1}{8}$

裏が2回出る確率は、$\dfrac{1}{8} + \dfrac{1}{8} + \dfrac{1}{8} = \dfrac{3}{8}$

---

9 XとY2つの箱にはくじが10本ずつ入っており、当たりくじは、Xに4本、Yに2本入っている。Xから1本ひき、それをYに入れてかき混ぜた後、Yから1本ひいて、Xに戻した。このとき、Xの当たりの数が変わらない確率を求めよ。

$\dfrac{3}{5}$

当たり数が変わらないのは「両方当たりをひく」場合と「両方はずれをひく」場合。
Xから当たりをひいた後、Yからも当たりを

ひく確率は、$\dfrac{4}{10} \times \dfrac{3}{11} = \dfrac{12}{110}$

Xからはずれをひいた後、Yからもはずれを

ひく確率は、$\dfrac{6}{10} \times \dfrac{9}{11} = \dfrac{54}{110}$

よって、Xの当たり数が変わらない確率は、

$\dfrac{12}{110} + \dfrac{54}{110} = \dfrac{66}{110} = \dfrac{3}{5}$

■次の問いに答えなさい。

☐ **①** 次の展開図を組み立てたとき、アと向かい合う文字は何か。

	イ		
ア	ウ	オ	カ
	エ		

オ

1つの面をはさんだ面同士は向かい合う。アとオ、イとエ、ウとカは対面関係。また、アとカのように、2つの面をはさむ面同士は隣り合う。

☐ **②** 次の展開図のうち、組み立てるとアとイが隣り合うのはA～Cのどれか。

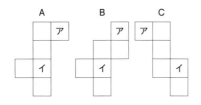

A

組み立てると重なる辺は、展開図でも重なる。最終的に赤い点線が重なるようにアの面を回転移動させると、AはA'となり、アとイが隣り合う。同様にして、BとCのアの面を回転移動させると、アとイの間に1つの面をはさむので、向かい合う。

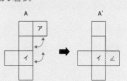

☐ **③** 次の展開図を組み立ててできるサイコロは、A～Eのどれか。

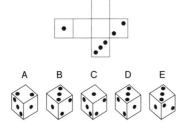

A

1、2、3の面を1カ所に集める。
展開図で4面が1列に並んでいるとき、一番端の面は、3面を飛び越した位置へそのままの向きで移動できるので、1の面を2の横へ移動。

3の面を回転移動させて、2の下にもってくると、1、2、3の面が1カ所に集まる。これを組み立てると、1の面に対して、2と3の目はV字型に開いていることがわかる。

196

4 図のサイコロの展開図はAとBのどちらか。

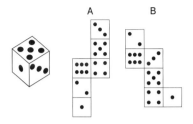

A B

A

1、3、5の面を1カ所に集め、3の目の向きに注目する。Bの1の面を回転移動させて、5の右横にもってくると、3の目の並びが図のサイコロとは逆なので、正しいのはA。

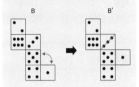

B B'

■ 次のような展開図の立方体が床に置かれている（文字の向きは不問）。ア～エの方向に1面ずつ回転させたとき、回転後に☆が上の面に来るのは、AとBのどちらか。

1

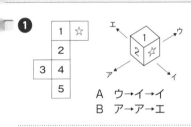

1	☆
2	
3	4
5	

A ウ→イ→イ
B ア→ア→エ

B

立方体の図で☆の位置がわかっているので、展開図は見ない。☆の面にとっての横回転は無視する。
A：ウは横回転なので無視。イで下、次のイで※向こう側の左になるので×。
B：ア→アは横回転なので無視。エで上になるので○。

2

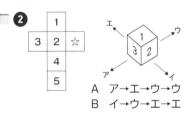

	1	
3	2	☆
	4	
	5	

A ア→エ→ウ→ウ
B イ→ウ→エ→エ

B

展開図を見ると、☆の位置は3の対面、※向こう側の右にある。
A：アで上、エで向こう側の左、ウ→ウは横回転になるので無視すると、最終的に向こう側の左なので×。
B：イは横回転なので無視。ウで下、エで手前の右、次のエで上になるので○。

3

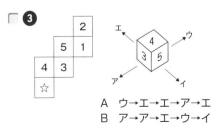

A ウ→エ→エ→ア→エ
B ア→ア→エ→ウ→イ

A

展開図を見ると、☆の位置は5の対面、※向こう側の左にある。
A：ウは横回転なので無視。エで下、次のエで手前の右、アは横回転なので無視、エで上になるので○。
B：ア→アは横回転なので無視。エで下、エで手前の左、イは横回転なので無視すると、最終的には手前の左になるので×。

※解説では、a＝手前の左、b＝手前の右としたとき、aの対面＝向こう側の右、bの対面＝向こう側の左、と表す。

■ 次の空欄に適切な語句を入れなさい。

① 1 可視光のうち、【波長】が一番長い光は ☐ 色であり、一番短い光は ☐ 色である。

赤、紫
可視光の赤より波長が長い光を赤外線、紫より波長が短い光を紫外線という。

② 2 音は、物体の中を ☐ として伝わるが、☐ では伝わらない。

波、真空中
真空中では、空気などの波を伝える物質がないので、音が伝わらない。

③ 3 音源と観測者が相対運動をしているとき、両者が近づくと音源よりも【高い】音、遠ざかると【低い】音に聞こえる現象を ☐ という。

ドップラー効果
音の大小は振幅の大小に、音の高低は振動数の多少に関係する。

④ 4 花火の光が見えてから3秒後に音が聞こえた。このとき花火を打ち上げた場所までの距離は約 ☐ mである。

1020
音が大気中を伝わる速さは、約340m/s。
$340 \times 3 = 1020$〔m〕

⑤ 5 1kgの物体に1m/s^{2}の【加速度】を生じさせる力を1 ☐ という。

N
Nはニュートンと読み、力の大きさを表す単位。

⑥ 6 天体がその中心に向かって物体を引っ張る力を ☐ という。100gの物体にはたらく地球の ☐ の大きさは ☐ 【N】とほぼ等しい。

重力、重力、1
地球の重力は1kgの物体について、9.8kg・m/s$^2 = 9.8$N

⑦ 7 【力の3要素】とは、力の ☐ 、力の【向き】、力の【大きさ】である。

作用点
2力がつり合う3条件は、①一直線上にあり、②反対向きで、③大きさが等しい。

⑧ 8 物体の表面を垂直に押す単位面積あたりの力を ☐ (単位は【パスカル(Pa)】)という。〔Pa〕＝垂直に押す力〔N〕÷面積〔㎡〕

圧力
100Pa = 1hPa(ヘクトパスカル)も使われる。
空気の圧力を大気圧という。

⑨ 9 海面上の大気圧は、約1000hPaである。このとき、空気が1㎡の海面を押す力の大きさは、約 ☐ Nである。

100000
1000〔hPa〕= 100000〔Pa〕= 100000〔N/m^2〕
100000〔N/m^2〕× 1〔m^2〕

10 液体(気体)中の物体が受ける浮力の大きさは、その物体が押しのけた液体(気体)の重さに等しい。これを◻️の原理という。

アルキメデス
水中(密度:0.001kg/cm³)
1cm³の物体の浮力は、
0.001×1×g=0.001g[N]
(g:重力加速度)

11 【運動の3つの法則】とは、◻️の法則、◻️の法則、◻️の法則である。

慣性、運動、作用反作用

12 【力学的エネルギー保存の法則】とは、「運動エネルギー+◻️エネルギー」が常に一定であることを表す。

位置
位置エネルギー[J]=mgh
(m[kg]:質量、g[m/s²]:重力加速度、h[m]:高さ)

13 質量1000kgの自動車が、速さ14m/sで走っているときの運動エネルギーは◻️kJである。

98
運動エネルギー[J]=$\frac{1}{2}$mv²
(m[kg]:質量、v[m/s]:速さ)
$\frac{1}{2}$×1000×14²=98000[J]

14 物体に50Nの力を加え、物体を力の向きに2m動かすとき、この力がする仕事は◻️Jである。

100
仕事[J]
=力[N]×移動距離[m]
50×2=100[J]

15 【電圧は電流の強さに比例する】法則を、◻️の法則という。

オーム
V=RI(V[V]:電圧、R[Ω]:抵抗、I[A]:電流)

16 電圧10Vで電流を流したところ、0.5A流れた。このときの抵抗は◻️Ωである。

20
V=RIより、
R=10÷0.5=20[Ω]

17 100Ωの抵抗2個に100Vの電圧を加えた場合、1個の抵抗を流れる電流は、直列接続では◻️A、並列接続では◻️Aである。

0.5、2
直列:I=V÷R
=100÷(100Ω+100Ω)
=0.5A
並列:合成抵抗$\frac{1}{R}=\frac{1}{R_1}+\frac{1}{R_2}$
=$\frac{1}{100}+\frac{1}{100}=\frac{1}{50}$
R=50Ω、I=100÷50=2A

18 電流によって発生する熱量が【電流の大きさの2乗と抵抗の大きさに比例する】法則を◻️の法則、発生する熱を◻️という。

ジュール、ジュール熱
Q=I²Rt=IVt=Pt
(Q[J]:発熱量、t[s]:時間、P[W]:電力=IV:電流×電圧)

19 100Vで1200Wの電力を消費する電気器具がある。この電気器具に1分間電流を流したときの発熱量は◻️Jである。

72000
Q=Ptより、
1200[W]×60[s]=72000[J]
ちなみに、1J=約0.24cal。

■次の物質の元素記号を答えなさい。

❶	水素	H		❾	塩素	Cl
❷	炭素	C		❿	カリウム	K
❸	窒素	N		⓫	カルシウム	Ca
❹	酸素	O		⓬	鉄	Fe
❺	ナトリウム	Na		⓭	銅	Cu
❻	マグネシウム	Mg		⓮	亜鉛	Zn
❼	アルミニウム	Al		⓯	銀	Ag
❽	硫黄	S		⓰	金	Au

■次の物質の化学式を答えなさい。

❶	酸素	O_2		❾	塩素	Cl_2
❷	水	H_2O		❿	一酸化炭素	CO
❸	塩化水素	HCl		⓫	二酸化炭素	CO_2
❹	硝酸	HNO_3		⓬	塩化ナトリウム	$NaCl$
❺	硫酸	H_2SO_4		⓭	塩化カルシウム	$CaCl_2$
❻	アンモニア	NH_3		⓮	水酸化ナトリウム	$NaOH$
❼	メタノール	CH_3OH		⓯	水酸化カリウム	KOH
❽	エタノール	C_2H_5OH		⓰	グルコース(ブドウ糖)	$C_6H_{12}O_6$

■次の物質の分子量を計算しなさい。ただし、原子量は次の値とする。
H = 1、C = 12、O = 16、S = 32、Cl = 35.5

❶	H_2O_2	34		❸	CH_3OH	32
❷	H_2S	34		❹	HCl	36.5

■次の(金属)元素について、炎色反応の色を答えなさい。

❶	ナトリウム	黄色	❷	銅	青緑

■三態変化について、次の変化の名称を答えなさい。

❶	固体→液体	融解		❹	液体→固体	凝固
❷	液体→気体	蒸発		❺	気体→液体	凝縮
❸	固体→気体	昇華		❻	気体→固体	昇華

次の空欄に適切な語句を入れなさい。

1 【ダイヤモンド】は ☐ 原子がすべて共有結合してできた無色の結晶で、きわめて硬く、電気伝導性がない。

炭素（C）
黒鉛も炭素だが性質が異なる同素体であり、軟らかく、電気や熱をよく伝える。

2 一部の簡単な化合物（一酸化炭素、二酸化炭素、炭酸塩など）を除く、【炭素原子を含む化合物】を ☐ という。

有機化合物
炭素以外の元素でできた化合物（一部例外あり）を無機化合物という。

3 一酸化炭素と酸素が反応して、二酸化炭素ができる化学変化を化学反応式で示すと、☐ となる。

$2CO + O_2 \rightarrow 2CO_2$
Oは原子のままでは存在できないので、必ずO_2という分子で表すこと。

4 【酸性】を示すもとになるイオンは ☐ であり、【塩基（アルカリ）性】を示すもとになるイオンは ☐ である。

H^+、OH^-
H^+は水素イオン、OH^-は水酸化物イオンという。

5 ☐ は、「特有の刺激臭」を持つ無色の気体で、「水に非常によく溶け」、水溶液は ☐ 性である。

アンモニア、塩基（アルカリ）
$NH_3 + H_2O \rightleftarrows NH_4^+ + OH^-$

6 ☐ は、すべての気体の中で【最も軽く】、無色無臭である。水を【電気分解】するか、【亜鉛や鉄に希硫酸を加える】と発生する。

水素
$Zn + H_2SO_4 \rightarrow ZnSO_4 + H_2$

7 【絶対温度】0K（ケルビン）は、【摂氏】約 ☐ 度である。

−273
温度は絶対零度を下回る事はない。摂氏はセルシウス度ともいう。

8 同じ温度・圧力のもとでは、どんな気体でも、同じ体積中に【同個数の分子を含む】。これを ☐ の法則という。

アボガドロ
1mol（モル）に含まれる粒子の数は6.02×10^{23}個。これをアボガドロ数という。

9 物質が酸化されるとは、「酸素と ☐ する＝水素を ☐ ＝電子を ☐ 」ことを意味する。酸化された原子の【酸化数は増加】する。

化合、失う、失う
逆に還元されるとは、「水素と化合する＝酸素を失う＝電子を得る」こと。

10 水溶液の酸性や塩基性の強さを示すには、【pH】（水素イオン指数）を用いる。pHが7より ☐ ほど強酸性、☐ ほど強塩基性。

小さい、大きい
pHはピーエイチと読み、pH＝7が中性である。

201

■次の空欄に適切な語句を入れなさい。

❶ 植物細胞に特徴的な構造物で、動物細胞内に存在しないものには、□、□、□がある。

葉緑体、細胞壁、液胞
核・細胞質基質・細胞膜・ミトコンドリアなどは植物・動物のどちらにもある。

❷ 植物の呼吸や光合成によるガス交換(酸素や二酸化炭素の吸収・排出)は、主に葉の表皮にある□を通して行われる。

気孔
葉に運ばれた水分を気孔から水蒸気として大気に排出する現象を蒸散という。

❸ 植物が【葉緑体】の中で光合成を行い、有機物と酸素をつくるときに必要なものは、□、□、□である。

二酸化炭素、水、光エネルギー(順不同)
生成した有機物の多くはデンプンとして貯えられる。

❹ 【根毛】から吸い上げた水や無機物を運ぶ【道管】と、葉で合成した有機物を運ぶ【師管】が集まった部分を□という。

維管束
葉・茎・根の区別が明確なシダ植物と種子植物は、維管束植物とも呼ばれる。

❺ リンゴなどの成熟果実は植物ホルモンと呼ばれる□を出すため、同じ容器に入っている植物の成熟・老化を促進する。

エチレン
例えば、青いバナナとリンゴを一緒に入れておくと、バナナが早く熟す。

❻ 細胞の核に含まれ、細胞分裂の際に現れるひも状の【染色体】は、①と②でできている。①とは【デオキシリボ核酸】のこと。

①DNA ②タンパク質
DNAによる生物の形質変化を「形質転換」という。

❼ ヒトの体細胞1個に含まれる染色体の数は、□本であり、□対の【常染色体】と□対の【性染色体】からなる。

46、22、1
男性の性染色体はXY、女性はXXであり、常染色体は性別による違いはない。

❽ 遺伝についての3つの法則、【優性】の法則、【分離】の法則、【独立】の法則を見つけたのは□である。

メンデル
エンドウの交配実験を繰り返し行った結果、発見した。

❾ 優性純系の親と劣性純系の親から生まれた雑種第一代を両親に持つ子ども(雑種第二代)に優性と劣性の現れる割合は□:1。

3
雑種第一代には、優性形質だけが現れる(優性の法則)。

⑩ ヒトの場合、二酸化炭素を最も多く含む血液が流れている血管は◻︎、酸素を最も多く含む血液が流れている血管は◻︎である。

肺動脈、肺静脈
心臓から送り出される血液が流れるのが動脈、心臓に戻る血液が流れるのが静脈。

⑪ ヒトの血液量は通常体重の◻︎分の1で、血液中には、有形成分の【赤血球】、【白血球】、【血小板】と液体成分の【血しょう】がある。

13
赤血球は酸素運搬、白血球は殺菌作用、血小板は血液凝固に役立つ。

⑫ ヒトの眼に入ってきた光は、【水晶体(レンズ)】を通り、◻︎上に像を結ぶ。

網膜
毛様体の筋肉によって水晶体の厚さを変え、遠近の調整をしている。

⑬ ヒトの体の【傾き】は、耳の中の◻︎で、また体の【回転】は◻︎で感知する。

前庭、半規管
耳は聴覚以外に、平衡覚も感知している。

⑭ 熱いものに触った時手を引くように、受けた刺激が感覚神経から運動神経に伝わり、すぐに無意識に起こる反応を◻︎という。

反射
意識して起こす反応は、感覚神経から大脳を経由して運動神経に伝わる。

⑮ ヒトの神経系は◻︎と呼ばれる【神経細胞】からできている。

ニューロン
ニューロンとニューロン(または作動体)の連絡部をシナプスという。

⑯ だ液に含まれる【消化酵素(アミラーゼ)】は、◻︎を分解する。

デンプン
主にタンパク質は胃液中の酵素、脂肪は胆汁とすい液中の酵素に分解される。

⑰ ヒトが食べた物は口から、食道、胃、十二指腸、小腸、大腸などを経て肛門から排出される。これら食物を運ぶ管を◻︎という。

消化管
だ液腺や肝臓・すい臓などの消化液を出す消化腺と、消化管を合わせて消化系という。

⑱ 【消化酵素】によって、グルコースやアミノ酸、脂肪酸、グリセリンなどに分解された養分は、【小腸】の壁面にある◻︎から吸収される。

柔毛
水分も主に小腸で吸収され、残りは大腸で吸収される。

⑲ 自然界の生物同士における食べる・食べられるという関係によるつながりを、◻︎という。

食物連鎖
養分をつくる植物は生産者、それを食べる動物は消費者、菌類・細菌類は分解者。

■次の空欄に適切な語句を入れなさい。

☐ **1** 単位面積に加わる大気の重さを【気圧】という。1【気圧】(1atm)は約◻️hPaであり、上空にいくほど【小さく】なる。

1013
hPaはヘクトパスカルと読む。上空にいくほど、気圧とともに気温も下がる。

☐ **2** ◻️前線付近では強いにわか雨が降り気温が下がり、◻️前線付近では穏やかな雨が降り続き気温が次第に上がることが多い。

寒冷、温暖
寒気と暖気の勢力が釣り合い、長時間動かない前線を停滞前線という。

☐ **3** 日本の天気は、冬に発達する低温で【乾燥】した◻️気団や、夏に発達する【高温湿潤】な◻️気団などの影響を受ける。

シベリア、小笠原
梅雨前線や秋雨前線の発生の一因となる寒冷湿潤な「オホーツク海気団」もある。

☐ **4** 冬の代表的な気圧配置を◻️型という。大陸には◻️高気圧が発達し、冷たく乾燥した北西の【季節風】が吹く。

西高東低、シベリア
夏の気圧配置は、南高北低型である。

☐ **5** 湿った風が山肌にあたり、山を越えて下降気流として降りてくる、暖かく乾いた風によって気温が上がる現象を◻️という。

フェーン現象
日本では春から夏に太平洋側の高温多湿な空気が山を越え日本海側で気温が上がる。

☐ **6** 南米ペルー沿岸の海域で、【海水温が上昇】する現象を◻️といい、異常気象をもたらす。日本では【冷夏】になることが多い。

エルニーニョ現象
同地域で、逆に海水温が下がる現象を「ラニーニャ現象」という。

☐ **7** 【マグマ】が冷えて固まった岩石を◻️といい、地表付近で急激に冷え固まった◻️と、地下で長時間かけて固まった◻️がある。

火成岩、火山岩、深成岩
安山岩は火山岩の一種、花崗岩は深成岩の一種。

☐ **8** 礫岩、砂岩、泥岩、石灰岩のように海底や湖底の【堆積物】が層になりおし固められてできた岩石を◻️という。

堆積岩
礫岩、砂岩、泥岩は、その岩石に含まれる粒の大きさによって区分されている。

☐ **9** 地震の規模は◻️で表される。◻️が1増えると地震のエネルギーは【約32倍】に増える。

マグニチュード(M)
震度はゆれの大きさの程度を表す。

⑩ 地震波が最初に発生した所が【震源】であり、その真上の地表の場所を□□という。地震のゆれは、震源から【波】として伝わる。

しんおう
震央
「震源の深さ」とは、震源から震央までの距離のこと。

⑪ 地震波のうち、速く伝わる縦波による小さなゆれを□□といい、遅く伝わる横波による大きなゆれを□□という。

初期微動、主要動
同時に発生した2つの波の到着時刻の差を初期微動継続時間という。

⑫ 自ら光と熱を出して輝く天体を① 、① の周りを公転する天体を② 、② の周りを公転する天体を③ という。

①恒星 ②惑星 ③衛星
このほかにも、宇宙には小惑星や彗星、ブラックホールなどもある。

⑬ 太陽の【表面温度】は約□□℃、表面に吹き上げられる【高温ガスの流れ】を□□、太陽の周りの【高温ガスの層】を□□という。

6000、プロミネンス（紅炎）、コロナ
太陽の直径は、地球の約109倍である。

⑭ 太陽の表面に点在する黒く見える部分を□□といい、その温度は約□□℃と周りよりも【温度が低い】ために、黒く見える。

黒点、4000
黒点を観察すると移動していくが、これは太陽の自転速度と地球の公転速度の差によるものである。

⑮ 日本の【四季】は、地軸が公転面に垂直な方向から約□□°【傾いている】ため、太陽の照射量と日照時間が変化することで生じる。

23.4
日の出・日の入の方位は、夏至に最も北寄り、冬至に最も南寄りになる。

⑯ 月は地球の周りを約□□で【公転】している。また、月の【自転周期】は□□である。

1カ月、1カ月
このため、月は地球に対し、常に同じ面を向けている。

⑰ 月が、太陽と地球の間に入り、地球から見ると太陽が【月】によって【覆い隠される現象】を、□□という。

日食
地球が太陽と月の間に入り、月が欠けて見える現象を「月食」という。

⑱ 星は1時間に約□□°、□□から□□へ動き、【24】時間で約【360】°動いてほぼもとの位置に戻るように見える。

15、東、西
これを「日周運動」という。これは、地球が約24時間で1回転の自転をしているためである。

⑲ 同時刻に見える星座の位置が、1日に約□□°ずつ□□から□□に動くように見えるのは【地球が太陽の周りを公転】するため。

1、東、西
1カ月で約30°、1年で約360°移動し、同じ位置に戻るように見える。

■科学史上、次の業績を残した日本人科学者の名前を答えなさい。なお、❼〜㉔はノーベル賞受賞者である([　]内は、受賞年)。

❶ [1674]【発微算法】を刊行。 関孝和（せきたかかず）

❷ [1774]【解体新書】を刊行。 前野良沢・杉田玄白ら（まえのりょうたく・すぎたげんぱく）

❸ [1776]【エレキテル】(摩擦起電器)を復元。 平賀源内（ひらがげんない）

❹ [1889]コッホの下で【破傷風菌】の純粋培養に成功。 北里柴三郎（きたさとしばさぶろう）

❺ [1897]【赤痢菌】を発見。 志賀潔（しがきよし）

❻ [1911]【梅毒病原体スピロヘータ】の純粋培養に成功。 野口英世（のぐちひでよ）

❼ [1949]【中間子】の存在を予言。 湯川秀樹（ゆかわひでき）(物理学賞)

❽ [1965]【くりこみ理論】で量子電磁力学を発展させる。 朝永振一郎（ともながしんいちろう）(物理学賞)

❾ [1973]半導体内での【トンネル効果】の実験的発見。 江崎玲於奈（えさきれおな）(物理学賞)

❿ [1981]【フロンティア電子軌道理論】の樹立。 福井謙一（ふくいけんいち）(化学賞)

⓫ [1987]【抗体を生成する遺伝子の構造】を解明。 利根川進（とねがわすすむ）(医学・生理学賞)

⓬ [2000]【導電性プラスチック】の発見と発展。 白川英樹（しらかわひでき）(化学賞)

⓭ [2001]【キラル触媒による不斉反応】の研究。 野依良治（のよりりょうじ）(化学賞)

⓮ [2002]【ニュートリノ】検出への先駆的な貢献。 小柴昌俊（こしばまさとし）(物理学賞)

⓯ [2002]【生体高分子の質量分析装置】の開発。 田中耕一（たなかこういち）(化学賞)

⓰ [2008]【自発的対称性の破れ】の発見。 南部陽一郎（なんぶよういちろう）※(物理学賞)

⓱ [2008]【CP対称性の破れ】を説明した理論を提唱。 小林誠・益川敏英（こばやしまこと・ますかわとしひで）(物理学賞)

⓲ [2008]【緑色蛍光たんぱく質(GFP)】を発見。 下村脩（しもむらおさむ）(化学賞)

⓳ [2010]【クロスカップリング】技術の開発。 鈴木章・根岸英一（すずきあきら・ねぎしえいいち）(化学賞)

⓴ [2012]【人工多能性幹細胞(iPS細胞)】の作製。 山中伸弥（やまなかしんや）(医学・生理学賞)

㉑ [2014]【青色発光ダイオード(LED)】の発明。 赤崎勇・天野浩（あかさきいさむ・あまのひろし）(物理学賞)

㉒ [2015]【ニュートリノ】に重さ(質量)があることを発見。 梶田隆章（かじたたかあき）(物理学賞)

㉓ [2015]【寄生虫やマラリアなどの感染症】の研究。 大村智（おおむらさとし）(医学・生理学賞)

㉔ [2016]【オートファジー】の仕組みの解明。 大隅良典（おおすみよしのり）(医学・生理学賞)

※受賞時は米国籍。

5章

一般常識問題

文化・スポーツ

世界の建築

■次の空欄に適切な語句を入れなさい。

☐ **❶** 1920〜30年には機械文明を肯定し直線的な【機能美】を強調する☐☐☐が流行した。

アール・デコ
エンパイア・ステート・ビル(アメリカ)、コルコバードのキリスト像(ブラジル)、ミッチェル・ハウス(オーストラリア)など。

☐ **❷** 古代ギリシャの建築様式は、柱頭の飾り様式によって時代の古い順に【ドーリア】式、【イオニア】式、☐☐☐式に大きく分けられる。

コリント
時代が下るにつれ装飾的になった。アテネのパルテノン神殿はドーリア式建築の代表的な建造物。

☐ **❸** 中世キリスト教建築様式には、【半円状アーチ】を取り入れた【ロマネスク】様式と、【垂直性】を強調した☐☐☐様式がある。

ゴシック
ゴシック様式の代表的作品に、ドイツのケルン大聖堂がある。

☐ **❹** パリ近郊にある☐☐☐宮殿は、16世紀から18世紀初頭に流行した豪壮で華麗な【バロック】様式の代表的な造造物である。

ヴェルサイユ
ルイ14世が建築。

☐ **❺** 18世紀頃流行した繊細で優美な【ロココ】様式の代表的な建造物には、プロイセン(現ドイツ)の☐☐☐宮殿がある。

サンスーシ
フリードリッヒ2世が建築。

☐ **❻** 【19世紀末】にヨーロッパで盛んとなった、植物的な曲線を多用したデザイン様式を☐☐☐と呼ぶ。

アールヌーヴォー
工芸→ガレ、ラリック 絵画→ビアズリー、ミュシャ、クリムト 建築→ワーグナー、ガウディらが代表的な作家。

☐ **❼** 産業革命以降の、【モダニズム】(近代)建築の4大巨匠とは、【ライト】、【ファン・デル・ローエ】、【グロピウス】、☐☐☐である。

ル・コルビュジエ
上野の国立西洋美術館の基本設計も行っている。

☐ **❽** 1980年代以降の思潮である【ポストモダン】の代表的な建築家には「つくばセンタービル」を設計した☐☐☐らが挙げられる。

磯崎新
代表作は、東京都庁、江戸東京博物館などもポストモダンの建築と位置づけられる。

☐ **❾** 1919年、グロピウスらは、工芸技術と芸術との結合を目指す総合造形学校☐☐☐を【ワイマール】に創設した。

バウハウス
1919年から始まった、芸術とデザインの運動の象徴であり、多くの芸術家に影響をもたらした。

●世界の著名な建築物

建築物	国	概要
□ 桂離宮	日本	回遊式庭園の傑作。17世紀、宮家の別荘として建てられた。
□ 金閣寺(鹿苑寺)	日本	室町時代、北山文化を代表する鹿苑寺の舎利殿。創建は足利義満。
□ ピサ大聖堂	イタリア	ロマネスク様式。ピサの斜塔が有名。
□ サンピエトロ大聖堂	イタリア	バロック様式建築の代表作。ローマバチカン市国内にある。
□ ヴェルサイユ宮殿	フランス	17世紀のバロック様式宮殿。
□ エッフェル塔	フランス	1889年(フランス革命100周年)、第4回パリ万国博覧会の年に完成。
□ タージ・マハル	インド	北部にある総大理石の墓廟建築。
□ ブルジュ・ハリファ	アラブ首長国連邦	ドバイに建設された高さ828mで世界一の高層ビル。
□ 故宮(紫禁城)	中国	明清朝の旧王宮。正殿である太和殿は、現存する中国最大の木造建築物。
□ シドニー・オペラハウス	オーストラリア	シドニーにある劇場・コンサートホール。

●近・現代の代表的な建築家と作品

建築家名	国	代表作
◆海外 ※は「近代建築の三大巨匠」		
□ ル・コルビュジエ※	スイス/フランス	国立西洋美術館/サヴォア邸
□ フランク・ロイド・ライト※	アメリカ	旧帝国ホテル/落水荘 グッゲンハイム美術館
□ ミース・ファン・デル・ローエ※	ドイツ/アメリカ	ファンスワース邸/シーグラム・ビル
□ アントニ・ガウディ	スペイン	サグラダ・ファミリア(聖家族教会) グエル公園
□ ルイス・カーン	エストニア/アメリカ	ソーク研究所/イエール大学
□ ジュゼッペ・テラーニ	イタリア	サンテリア幼稚園 カサ・デル・ファッショ
□ オスカー・ニーマイヤー	ブラジル	国際連合本部ビル
◆日本		
□ 前川國男 (まえかわくにお)	東京文化会館/国立国会図書館/東京都美術館	
□ 吉村順三 (よしむらじゅんぞう)	奈良国立博物館新館/箱根ホテル小涌園	
□ 丹下健三 (たんげけんぞう)	東京都庁第一本庁舎/広島平和記念公園	
□ 清家清 (せいけきよし)	横浜・八景島シーパラダイス/東京工業大学校舎	
□ 槇文彦 (まきふみひこ)	幕張メッセ/テレビ朝日六本木6丁目本社ビル	
□ 磯崎新 (いそざきあらた)	ロサンゼルス現代美術館/つくばセンタービル	
□ 黒川紀章 (くろかわきしょう)	国立新美術館/青山ベルコモンズ/下田プリンスホテル	
□ 谷口吉生 (たにぐちよしお)	ニューヨーク近代美術館新館/慶應義塾大学	
□ 安藤忠雄 (あんどうただお)	光の教会/表参道ヒルズ/東急電鉄東横線渋谷駅	
□ 隈研吾 (くまけんご)	新・歌舞伎座/新国立競技場/サントリー美術館	
□ SANAA(妹島和世&西沢立衛) (せじまかずよ/にしざわりゅうえ)	金沢21世紀美術館/ルーヴル・ランス/ディオール表参道	

世界の音楽

■次の空欄に適切な語句を入れなさい。

❶ ドイツの【三大B】といわれる作曲家は、【バッハ】、□、□の三人である。

> **ブラームス、ベートーベン**
> ヨハン・セバスティアン・バッハ、ヨハネス・ブラームス、ルートヴィヒ・ファン・ベートーベン。

❷ 世界の民族音楽には、ブラジルの【サンバ】、アルゼンチンの【タンゴ】、インドネシアの□、スペインの【ボレロ】などがある。

> **ガムラン**
> キューバのルンバ、ポルトガルのファド、イタリアのカンツォーネ、フランスのシャンソン、ジャマイカのレゲエなど。

❸ 男声のパート名は、高い順に【テノール】(テナー)、□、【バス】(ベース)、女声は【ソプラノ】、【メゾソプラノ】、【アルト】である。

> **バリトン**
> 大きく、ハイ・バリトン、バス・バリトンの2種類に分けられる。

❹ 作曲家の異名で、【ピアノの詩人】は□、【ピアノの魔術師】は□、【交響曲の父】は□、【歌曲王】は□である。

> **ショパン、リスト、ハイドン、シューベルト**
> 他に、バッハ「音楽の父」、ヘンデル「音楽の母」、モーツァルト「神童」など。

❺ 無伴奏での合唱・重唱・独唱を□、オペラなどの【独唱曲】を□、【円舞曲】をワルツ、死者のための【ミサ曲】を□とよぶ。

> **ア・カペラ、アリア、レクイエム**
> a cappella(イタリア語)で「礼拝堂風に」、Requiemで「安息を」の意味。

❻ □(NARAS)は、アメリカの4大音楽賞の1つで、日本人では【内田光子】(ピアニスト)、【松本孝弘】(B'zのギタリスト)らが受賞。

> **グラミー賞**
> 2022年に藤村実穂子(メゾソプラノ歌手)、松本エル(チェロ奏者)、2023年に宅見将典(作曲家)、小川慶太(パーカッショニスト、ドラマー)らも受賞。

❼ ニューヨークマンハッタン地区の□は、【音楽の殿堂】といわれ、ジャズやクラシックの演奏会が開かれるコンサートホールである。

> **カーネギーホール**
> ロイヤル・オペラハウス(英)、スカラ座(伊)、コンセルトヘボウ(オランダ)、サントリーホール(東京)なども有名。

❽ □は中国や【ベトナム】、日本などの伝統的な音楽の1つで、日本では【和琴】、太鼓、龍笛、琵琶、笙などの楽器で演奏される。

> **雅楽**
> 奏者に、東儀秀樹、宮田まゆみ、芝祐靖(しばすけやす)など。

❾ 日本最大規模の【ロックフェスティバル】として、新潟県苗場で□が、大阪・東京圏で□が開催されている。

> **フジロックフェスティバル、サマーソニック**
> 主に屋外、数日間の開催で10万〜15万人を集客する。

●西洋音楽の代表的な作曲家と作品

作曲家名	出身国	代表作
◆バロック		
☐ ヴィヴァルディ (1678–1741年) 独奏協奏曲の形式を大成。	イタリア	協奏曲「四季」
☐ バッハ (1685–1750年) 音楽の父。ドイツ3Bの1人。	ドイツ	「ブランデンブルク協奏曲」 「マタイ受難曲」
☐ ヘンデル (1685–1759年)音楽の母。	ドイツ	オラトリオ「メサイア」
◆古典派		
☐ ハイドン (1732–1809年) 交響楽の父。	オーストリア	オラトリオ「天地創造」
☐ モーツァルト (1756–1791年) 神童。	オーストリア	歌劇「魔笛」「フィガロの結婚」
☐ ベートーベン (1770–1827年) 古典派音楽を集大成した。ドイツ3Bの1人。	ドイツ	ピアノソナタ「月光」 交響曲「運命」「英雄」「田園」
◆19世紀〜20世紀		
☐ シューベルト(1797–1828年) ロマン派。近代歌曲を創始した歌曲王。	オーストリア	「未完成交響曲」
☐ メンデルスゾーン (1809–1847年)ロマン派。	ドイツ	ピアノ曲「無言歌集」
☐ ショパン (1810–1849年) ピアノ音楽を完成。ピアノの詩人。	ポーランド	ピアノ曲「英雄ポロネーズ」
☐ リスト (1811–1886年) 交響詩を創始。ピアノの魔術師。	ハンガリー	「ハンガリー狂詩曲」 「超絶技巧練習曲」
☐ ワグナー (1813–1883年) ロマン派。楽劇を創始。	ドイツ	楽劇「タンホイザー」「ローエングリン」「ニーベルングの指輪」
☐ ヴェルディ (1813–1901年)多数の歌劇を作曲。	イタリア	歌劇「椿姫」「リゴレット」「アイーダ」
☐ ブラームス (1833–1897年) 新古典主義の作風を樹立。ドイツ3Bの1人。	ドイツ	「ドイツ・レクイエム」交響曲第1番〜第4番
☐ ムソルグスキー (1839–1881年) ロシア国民楽派。	ロシア	交響詩「禿げ山の一夜」 ピアノ組曲「展覧会の絵」
☐ チャイコフスキー (1840–1893年)	ロシア	バレエ曲「白鳥の湖」「眠れる森の美女」「くるみ割り人形」交響曲「悲愴」
☐ ドヴォルジャーク (1841–1904年)チェコ国民楽派。	チェコ	交響曲「新世界より」
☐ プッチーニ (1858–1924年) 多数の歌劇を作曲。	イタリア	歌劇「トスカ」「トゥーランドット」「蝶々夫人」「ラ・ボエーム」
☐ マーラー (1860–1911年)後期ロマン派。	オーストリア	交響曲「大地の歌」「巨人」
☐ ドビュッシー (1862–1918年) 印象派音楽を確立。	フランス	「牧神の午後への前奏曲」 交響詩「海」
☐ ガーシュイン (1898–1937年) ジャズとクラシックの融合。	アメリカ	「ラプソディー・イン・ブルー」

世界の美術

●西洋美術の代表的な作家と作品

画家・彫刻家	概要	主な作品
◆ルネサンス		
□ ボッティチェリ	メディチ家の庇護	「春」「ヴィーナスの誕生」
□ レオナルド・ダ・ヴィンチ	ルネサンスの三大巨匠の一人、万能の天才	「モナリザ」「最後の晩餐」「岩窟の聖母」
□ ミケランジェロ	ルネサンスの三大巨匠の一人	「システィーナ礼拝堂　天井画」「最後の審判」「ダビデ像(彫刻)」「サン・ピエトロ寺院(設計)」
□ ジョルジョーネ	ヴェネチア派	「嵐」「眠れるヴィーナス」
□ ラファエロ・サンティ	ルネサンスの三大巨匠の一人	「アテナイの学堂」「システィナの聖母」「グランドゥーカの聖母」
□ デューラー	ドイツルネサンス	「メランコリア」「自画像」
◆バロック		
□ ルーベンス	フランドル出身	「マリ・ド・メディシスの生涯」「三美神」
□ レンブラント	オランダ出身、光の画家	「夜警」「トゥルプ博士の解剖学講義」
◆ロマン派		
□ ゴヤ	スペインの画家	「裸のマハ」「着衣のマハ」
□ ドラクロワ	劇的な事件を絵画で表現	「民衆を導く自由の女神」「キオス島の虐殺」
□ ターナー	イギリスの風景画家	「戦艦テメレール号」
◆自然主義		
□ ミレー	バルビゾン派	「晩鐘」「落ち穂拾い」「種まく人」
◆印象派		
□ マネ	近代絵画の先駆者	「草上の昼食」「オランピア」「笛を吹く少年」
□ モネ	光の画家	「睡蓮」「印象・日の出」
□ ルノワール	豊満な裸婦像	「浴女」「ムーラン・ド・ラ・ギャレット」

☐ ドガ	パステル画の名手	「舞台の踊り子」
☐ セザンヌ	後期印象派、近代絵画の父	「水浴」「サン・ビクトアール山」
☐ ゴーギャン	後期印象派、タヒチ移住	「黄色いキリスト」「タヒチの女たち」
☐ ロダン	近代彫刻の父	「考える人」「地獄門」「カレーの市民」
☐ ゴッホ	後期印象派	「糸杉」「ひまわり」

◆19〜20世紀

☐ ミュシャ	アールヌーヴォー	「ジスモンダ」「黄道十二宮」
☐ クレー	ドイツの芸術学校バウハウスの教授	「パルナッソス山」
☐ クリムト	ウィーン分離派	「接吻」
☐ ムンク	表現主義	「叫び」
☐ マティス	野獣派	「オダリスク」
☐ ルオー	野獣派	「キリストの顔」「ミゼレーレ」
☐ ピカソ	キュビズムを創始	「アビニオンの娘たち」「ゲルニカ」
☐ ブラック	キュビズム	「果物とナイフ」「裸婦」
☐ ユトリロ	パリの市街風景画	「コタン小路」「モンマルトルのアブルヴォワール通り」
☐ ローランサン	女流画家	「ココ・シャネル嬢の肖像」
☐ エゴン・シーレ	ウィーン分離派	「自画像」「家族」
☐ ダリ	シュールレアリスム	「記憶の固執」
☐ カンディンスキー	抽象主義	「コンポジション」シリーズ、「インプレッション」シリーズ
☐ モンドリアン	抽象主義	「リンゴの樹」「赤・青・黄のコンポジション」「ブロードウェイ・ブギ・ウギ」
☐ アンディ・ウォーホル	ポップアート	マリリン・モンローなどの女優たちやキャンベルの缶等の大量生産品をモチーフにした作品多数
☐ リキテンシュタイン	ポップアート	「ヘアリボンの少女」

■次の問いに当てはまる美術品・建造物・人物名を答えなさい。

❶	世界最古の【木造】建築は。	法隆寺
❷	【法隆寺】にある日本最古の仏教絵画は。	玉虫厨子の台座絵
❸	【藤原京】を中心に栄えた華麗な文化は。	白鳳文化
❹	1972年発見され【劣化】が激しい壁画は。	高松塚古墳壁画
❺	【東大寺正倉院】の建築様式は。	校倉造
❻	【法隆寺】に伝わる世界最古の印刷物は。	百万塔陀羅尼
❼	【奈良】東大寺の大仏を建立させたのは。	聖武天皇
❽	【密教】の宇宙観を示す絵は。	両界(両部)曼荼羅
❾	宇治の【平等院鳳凰堂】を建てたのは。	藤原頼通
❿	平安京の【貴族】の代表的な邸宅様式は。	寝殿造
⓫	【奥州藤原】氏が平泉に建てた仏堂は。	中尊寺金色堂
⓬	【平氏】一門が拝した安芸の国にある神社は。	厳島神社
⓭	【東大寺南大門金剛力士像】の作者は。	運慶・快慶
⓮	【鎌倉】にある【禅宗様】の代表的建造物は。	円覚寺舎利殿
⓯	【重源】が宋から伝えた【大仏様】の建造物は。	東大寺南大門
⓰	室町三代将軍足利【義満】建立の寺院は。	鹿苑寺〈金閣寺〉
⓱	室町八代将軍足利【義政】建立の寺院は。	東山慈照寺〈銀閣寺〉
⓲	【龍安寺石庭】が用いた庭作りの手法は。	枯山水
⓳	水墨画【天橋立図】【山水長巻】の作者は。	雪舟
⓴	信長建立の高層【天守閣】を持つ城は。	安土城
㉑	【秀吉】が京都の旧大内裏跡に建てた邸宅は。	聚楽第
㉒	【松林図屛風】で有名な水墨画家は。	長谷川等伯
㉓	豪華絢爛な【障壁画】で有名な流派は。	狩野派
㉔	建仁寺の【風神雷神図屛風】の作者は。	俵屋宗達
㉕	【有田】焼の磁器技法を完成させたのは。	酒井田柿右衛門
㉖	書院造に【茶室】を取り入れた様式は。	数寄屋造

㉗	根津美術館蔵【燕子花図屏風】の作者は。	尾形光琳
㉘	江戸前期発明の布地に【染色】する技法は。	友禅染
㉙	陶器の【色絵】の技法を完成したのは。	野々村仁清(清右衛門)
㉚	【木版浮世絵】を完成したのは。	菱川師宣
㉛	【一刀彫】の仏像で有名なのは。	円空
㉜	【画俳一致】の独自の作風で有名なのは。	与謝蕪村
㉝	【十便十宜図】の作者は。	池大雅、与謝蕪村
㉞	円山派の画風を引き継ぐ【四条派】の祖は。	呉春(松村月渓)
㉟	日本最初の【銅版画】を描いたのは。	司馬江漢
㊱	【錦絵】の技法を完成させたのは。	鈴木春信
㊲	【美人大首絵】で有名な浮世絵師は。	喜多川歌麿
㊳	【役者大首絵】で有名な浮世絵師は。	東洲斎写楽
㊴	浮世絵【富嶽三十六景】の作者は。	葛飾北斎
㊵	浮世絵【東海道五十三次】の作者は。	歌川(安藤)広重
㊶	【鷹見泉石像】を描いた文人画家は。	渡辺崋山
㊷	日本美術の紹介に努めたお雇い外国人は。	アーネスト・フェノロサ
㊸	明治初期【新日本画運動】を起こしたのは。	岡倉天心
㊹	洋画家【黒田清輝】の代表作は。	「湖畔」、「読書」
㊺	【海の幸】「わだつみのいろこの宮」の作者は。	青木繁
㊻	美人画を女性の目を通して描いたのは。	上村松園
㊼	「天平の面影」「蝶」の作者は。	藤島武二
㊽	「紫禁城」【桜島】連作の作者は。	梅原龍三郎
㊾	【麗子像】の作者は。	岸田劉生
㊿	彫刻【手】の作者であり、詩人でもあるのは。	高村光太郎
(51)	仏に題をとった【板画】で知られるのは。	棟方志功
(52)	【シルクロード】がテーマの日本画家は。	平山郁夫
(53)	大阪万国博のシンボル【太陽の塔】の作者は。	岡本太郎
(54)	漫画【鉄腕アトム】【火の鳥】の作者は。	手塚治虫
(55)	【ラッピング電車】の絵で知られるデザイナーは。	横尾忠則

世界の文学

●世界の代表的な著者と作品

作者	作品	出身地	時代
☐ ホメロス	イーリアス、オデュッセイア	小アジア	B.C.8世紀頃
☐ ソフォクレス	オイディプス王	アテネ	B.C.5世紀頃
☐ プラトン	ソクラテスの弁明、饗宴	アテネ	B.C.4世紀頃
☐ 司馬遷	史記	前漢	B.C.91年頃
☐ カエサル(シーザー)	ガリア戦記	古代ローマ	B.C.1世紀頃
☐ オマル・ハイヤーム	ルバイヤート	ペルシャ	12世紀
☐ マルコ・ポーロ	東方見聞録(世界の記述)	ヴェネチア	1298年
☐ ダンテ	神曲	フィレンツェ	1321年
☐ ボッカチオ	デカメロン	フィレンツェ	1353年
☐ 施耐庵	水滸伝	元	14世紀
☐ 羅貫中	三国志演義	明	14世紀
☐ チョーサー	カンタベリー物語	イギリス	1400年頃
☐ ラブレー	ガルガンチュア物語	フランス	1534年
☐ シェークスピア	ハムレット、リア王、マクベス	イギリス	1600年頃
☐ セルバンテス	ドン・キホーテ	スペイン	1615年
☐ ミルトン	失楽園	イギリス	1667年
☐ デフォー	ロビンソン・クルーソー	イギリス	1719年
☐ スウィフト	ガリバー旅行記	アイルランド/イギリス	1726年
☐ シラー	ヴィルヘルム・テル	ドイツ	1804年
☐ スタンダール	赤と黒	フランス	1830年
☐ ゲーテ	ファウスト	ドイツ	1832年
☐ バルザック	人間喜劇	フランス	1842-1846年
☐ 大デュマ(父)	モンテ・クリスト伯	フランス	1845年
☐ エミリ・ブロンテ	嵐が丘	イギリス	1847年
☐ 小デュマ(子)	椿姫	フランス	1848年
☐ メルヴィル	白鯨	アメリカ	1851年
☐ フロベール	ボヴァリー夫人	フランス	1857年
☐ ボードレール	悪の華	フランス	1857年
☐ ユゴー	レ・ミゼラブル(噫無情)	フランス	1862年
☐ トルストイ	戦争と平和	ロシア	1869年

216

☐ ドストエフスキー	罪と罰, カラマーゾフの兄弟	ロシア	1866年、1880年
☐ オルコット	若草物語	アメリカ	1868年
☐ ゾラ	居酒屋	フランス	1877年
☐ イプセン	人形の家	ノルウェー	1879年
☐ マーク・トウェイン	ハックルベリー・フィンの冒険	アメリカ	1882年
☐ モーパッサン	女の一生	フランス	1883年
☐ スティーブンソン	宝島	イギリス	1883年
☐ ゴーリキー	どん底	ロシア	1902年
☐ ヘッセ	車輪の下	ドイツ	1906年
☐ メーテルリンク	青い鳥	ベルギー	1909年
☐ タゴール	ギーターンジャリ	インド	1910年
☐ カフカ	変身	チェコ	1915年
☐ サマセット・モーム	月と六ペンス	イギリス	1919年
☐ 魯迅	阿Q正伝	中国	1921年
☐ ジョイス	ユリシーズ	アイルランド	1922年
☐ トーマス・マン	魔の山	ドイツ	1924年
☐ プルースト	失われた時を求めて	フランス	1927年
☐ D・H・ロレンス	チャタレー夫人の恋人	イギリス	1928年
☐ パール・バック	大地	アメリカ	1931年
☐ ミッチェル	風と共に去りぬ	アメリカ	1936年
☐ サルトル	嘔吐	フランス	1938年
☐ スタインベック	怒りの葡萄	アメリカ	1939年
☐ ヘミングウェイ	誰がために鐘は鳴る	アメリカ	1940年
☐ カミュ	異邦人	フランス	1942年
☐ サン・テグジュペリ	星の王子さま	フランス	1943年
☐ サリンジャー	ライ麦畑でつかまえて	アメリカ	1951年
☐ ベケット	ゴドーを待ちながら	アイルランド/フランス	1952年
☐ サガン	悲しみよこんにちは	フランス	1954年
☐ グラス	ブリキの太鼓	ドイツ	1959年
☐ ガルシア・マルケス	百年の孤独	コロンビア	1967年
☐ エンデ	モモ	ドイツ	1973年
☐ ウンベルト・エーコ	薔薇の名前	イタリア	1980年
☐ クンデラ	存在の耐えられない軽さ	チェコ	1984年
☐ ローリング	ハリー・ポッター	イギリス	1997-2007年
☐ トニ・モリスン	青い眼がほしい	アメリカ	2001年

文化スポーツ 6 日本の文学

■次の作品の著者名、もしくは編者名を答えなさい。

❶	【古事記】	おおのやすまろせん 太安万侶撰
❷	【日本書紀】	とねりしんのう 舎人親王他撰
❸	【万葉集】	おおとものやかもち 大伴家持他撰
❹	【古今和歌集】	きのつらゆき 紀貫之他撰
❺	【土佐日記】	きのつらゆき 紀貫之
❻	【蜻蛉日記】	ふじわらのみちつなのはは 藤原道綱母
❼	【枕草子】	せいしょうなごん 清少納言
❽	【源氏物語】【紫式部日記】	むらさきしきぶ 紫 式部
❾	【更級日記】	すがわらのたかすえのむすめ 菅原孝標女
❿	【新古今和歌集】	ふじわらのていか 藤原定家他撰
⓫	【金槐和歌集】	みなもとのさねとも 源 実朝
⓬	【方丈記】	かものちょうめい 鴨長明
⓭	【徒然草】	けんこうほうし よしだけんこう 兼好法師(吉田兼好)
⓮	【風姿花伝(花伝書)】	ぜあみ 世阿弥
⓯	【好色一代男】【世間胸算用】【日本永代蔵】	いはらさいかく 井原西鶴
⓰	【奥の細道】	まつおばしょう 松尾芭蕉
⓱	【曾根崎心中】【国性爺合戦】【女殺油地獄】	ちかまつもんざえもん 近松門左衛門
⓲	【玉勝間】【古事記伝】	もとおりのりなが 本居宣長
⓳	【東海道中膝栗毛】	じっぺんしゃいっく 十返舎一九
⓴	【南総里見八犬伝】	たきざわ きょくてい ばきん 滝沢(曲亭)馬琴
㉑	【小説神髄】	つぼうちしょうよう 坪内逍遥
㉒	【浮雲】	ふたばていしめい 二葉亭四迷
㉓	【高瀬舟】【山椒大夫】【ヰタ・セクスアリス】	もりおうがい 森鷗外
㉔	【たけくらべ】【にごりえ】	ひぐちいちよう 樋口一葉
㉕	【金色夜叉】	おざきこうよう 尾崎紅葉
㉖	【五重塔】	こうだろはん 幸田露伴

㉗	【みだれ髪】【全訳源氏物語】	与謝野晶子
㉘	【吾輩は猫である】【坊ちゃん】【草枕】【三四郎】	夏目漱石
㉙	【若菜集】【破戒】【夜明け前】	島崎藤村
㉚	【一握の砂】【悲しき玩具】	石川啄木
㉛	【蒲団】	田山花袋
㉜	【あめりか物語】【濹東綺譚】	永井荷風
㉝	【鼻】【芋粥】【羅生門】【或る阿呆の一生】	芥川龍之介
㉞	【暗夜行路】【小僧の神様】【城の崎にて】	志賀直哉
㉟	【伊豆の踊り子】【雪国】	川端康成
㊱	【檸檬】	梶井基次郎
㊲	【蟹工船】	小林多喜二
㊳	【智恵子抄】【道程】	高村光太郎
㊴	【春琴抄】【細雪】【蓼喰ふ虫】	谷崎潤一郎
㊵	【死霊】	埴谷雄高
㊶	【走れメロス】【斜陽】【人間失格】	太宰治
㊷	【太陽の季節】【弟】	石原慎太郎
㊸	【仮面の告白】【金閣寺】【潮騒】	三島由紀夫
㊹	【砂の器】【点と線】【ゼロの焦点】	松本清張
㊺	【楢山節考】	深沢七郎
㊻	【飼育】【個人的な体験】【ヒロシマ・ノート】	大江健三郎
㊼	【楡家の人びと】【どくとるマンボウ航海記】	北杜夫
㊽	【山椒魚】【黒い雨】	井伏鱒二
㊾	【青春の門】	五木寛之
㊿	【砂の女】	安部公房
(51)	【限りなく透明に近いブルー】	村上龍
(52)	【サラダ記念日】	俵万智
(53)	【キッチン】	吉本ばなな
(54)	【時をかける少女】【文学部唯野教授】	筒井康隆
(55)	【父と暮らせば】【吉里吉里人】【手鎖心中】	井上ひさし

思想・哲学

■次に示す特徴(著書・主義・提唱など)と関連する思想家を答えなさい。

□ ❶	『経済学原理』。功利主義	J・S・ミル
□ ❷	『ニコマコス倫理学』『形而上学』。古代ギリシャ	アリストテレス
□ ❸	『哲学探究』。論理実証主義	ヴィトゲンシュタイン
□ ❹	『哲学書簡』『カンディード』。啓蒙主義思想	ヴォルテール
□ ❺	『純粋理性批判』。ドイツ観念論	カント
□ ❻	非戦論。無教会主義。『代表的日本人』	内村鑑三
□ ❼	『死に至る病』。実存主義	キルケゴール
□ ❽	『存在と無』『嘔吐』。実存主義	サルトル
□ ❾	『エチカ』。汎神論	スピノザ
□ ❿	「無知の知」。古代ギリシャ	ソクラテス
□ ⓫	『方法叙説』。「我思う、ゆえに我あり」	デカルト
□ ⓬	『エクリチュールと差異』。ポスト構造主義	デリダ
□ ⓭	中世ヨーロッパ。「神学大全」。スコラ哲学	トマス・アクィナス
□ ⓮	『ユートピア』。イギリス人文学	トマス・モア
□ ⓯	『ツァラトゥストラはかく語りき』。実存主義	ニーチェ
□ ⓰	『存在と時間』。実存主義	ハイデガー
□ ⓱	『パンセ』。実存主義の先駆者	パスカル
□ ⓲	『狂気の歴史』。構造主義	フーコー
□ ⓳	『ソクラテスの弁明』。イデア論。古代ギリシャ	プラトン
□ ⓴	『新オルガノン』。「知は力なり」。帰納法。イギリス経験論	ベーコン

㉑	『精神現象学』。ドイツ観念論	ヘーゲル
㉒	『道徳と立法の諸原理序説』。功利主義	ベンサム
㉓	『市民論』。「万人の万人に対する闘争」。社会契約説	ホッブズ
㉔	『君主論』。近代政治学の創始者。政治学者	マキアヴェリ
㉕	【唯物史観】を大成	マルクス
㉖	『共産党宣言』『資本論』。共産主義思想	マルクス、エンゲルス
㉗	【宗教】改革。ドイツ出身の神学者。教会非難	マルティン・ルター
㉘	『随想録(エセー)』。モラリスト	モンテーニュ
㉙	『法の精神』。啓蒙主義思想	モンテスキュー
㉚	『単子論』。モナド論	ライプニッツ
㉛	『社会契約論』『エミール』。啓蒙主義思想	ルソー
㉜	『悲しき熱帯』。構造主義	レヴィ・ストロース
㉝	『市民政府二論』。社会契約説。啓蒙主義思想	ロック
㉞	『弁道』。江戸期の儒学者	荻生徂徠
㉟	『論語』、『春秋』。中国春秋戦国時代。儒学	孔子
㊱	『読史余論』『折たく柴の記』。江戸期の儒学者	新井白石
㊲	『善の研究』。東西思想の統一	西田幾多郎
㊳	「兼愛説」を提唱。墨家始祖	墨子
㊴	『玉勝間』。「もののあはれ」の発見。国学者	本居宣長
㊵	性善説。中国春秋戦国時代。儒学	孟子
㊶	「無為自然」。「神仙思想」。道教	老子
㊷	性悪説。中国春秋戦国時代。儒学	荀子
㊸	道教の始祖の一人。「万物斉同」。「斉物論」	荘子

■ 次の言葉を述べた人物名、または関連のあるとされる人物名を答えなさい。

❶	【悪法】も法なり。	ソクラテス
❷	【汝】自身を知れ。	ソクラテス
❸	人間は【万物】の尺度である。	プロタゴラス
❹	【万物】は流転する。	ヘラクレイトス
❺	【足場】さえあれば地球でも動かしてみせる。	アルキメデス
❻	【賽】は投げられた。	カエサル(シーザー)
❼	【ブルータス】よ、お前もか。	カエサル(シーザー)
❽	学問に【王道】なし。	ユークリッド
❾	国破れて【山河】あり。	杜甫
❿	人は【パン】のみにて生くる者にあらず。	キリスト
⓫	【和】を以て貴しと為す。	聖徳太子
⓬	願わくは花の下にて【春死なん】。	西行
⓭	【精神一到】何事か成らざらん。	朱子
⓮	【善人】なおもて往生をとぐ、いわんや【悪人】をや。	親鸞
⓯	【初心】忘るべからず。	世阿弥
⓰	アダムが耕しイヴが紡いだとき、誰が【領主】だったのか。	ジョン・ボール
⓱	悪貨は良貨を【駆逐する】。	グレシャム
⓲	為せば成る、為さねば成らぬ、何事も、成らぬは人の為さぬなりけり。	上杉鷹山
⓳	人の一生は【重荷】を負うて遠き道を行くが如し。	徳川家康
⓴	【知】は力なり。	フランシス・ベーコン
㉑	弱き者よ、汝の名は【女】なり。	シェークスピア
㉒	【万人】の【万人】に対する闘争。	ホッブズ
㉓	我思う、故に我あり。	デカルト
㉔	人間は考える【葦】である。	パスカル
㉕	神は自ら【助くる者】を助く。	ベンジャミン・フランクリン
㉖	苦は【楽】の種、【楽】は苦の種と知るべし。	徳川光圀

❷⓻	知って行わざれば知らざるに同じ。	貝原益軒
❷⓼	朕は【国家】なり。	ルイ14世
❷⓽	【自然】に帰れ。	ルソー
❸⓿	最大多数の最大【幸福】。	ベンサム
❸⓵	予の辞書に【不可能】の文字はない。	ナポレオン
❸⓶	冬来りなば、春【遠からじ】。	シェリー
❸⓷	ペンは【剣】より強し。	リットン
❸⓸	太った豚よりは痩せた【ソクラテス】たれ。	J・S・ミル
❸⓹	【絶望】とは死に至る病である。	キルケゴール
❸⓺	国家は【鉄】なり、【血】なり。	ビスマルク
❸⓻	万国の労働者よ、【団結】せよ。	マルクス
❸⓼	哲学者たちは世界をさまざまに解釈してきたにすぎない。	マルクス
❸⓽	児孫のために【美田】を買わず。	西郷隆盛
❹⓿	少年よ【大志】を抱け。	クラーク
❹⓵	【天】は人の上に人を造らず、人の下に人を造らず。	福沢諭吉
❹⓶	板垣死すとも【自由】は死せず。	板垣退助
❹⓷	【神】は死んだ。	ニーチェ
❹⓸	【天才】とは、1パーセントのひらめきと99パーセントの汗である。	エジソン
❹⓹	人生は芸術を【模倣】する。	ワイルド
❹⓺	【人民】の【人民】による【人民】のための政治。	リンカーン
❹⓻	【アジア】は1つである。	岡倉天心
❹⓼	【天災】は忘れたころにやってくる。	寺田寅彦
❹⓽	【老兵】は死なず、ただ消え去るのみ。	マッカーサー
❺⓿	元始、女性は実に【太陽】であった。	平塚雷鳥
❺⓵	そこに【山】があるからだ。	マロリー
❺⓶	人は【女】に生まれない、【女】になるのだ。	ボーヴォワール
❺⓷	【地球】は青かった。	ガガーリン
❺⓸	最強の敵は【自分自身】だ。	アベベ
❺⓹	【知】は力なり。	ベーコン

■次の事柄に当てはまる作家名を答えなさい。

☐ **1** 『ノルウェイの森』の著者であり、2006年に【フランツ・カフカ】賞を受賞した。

村上春樹
他に『海辺のカフカ』『1Q84』。

☐ **2** 世界約30カ国語に翻訳された『キッチン』などで、若い世代を中心に絶大な人気を誇る。

吉本ばなな
他に『TUGUMI』『デッドエンドの思い出』。

☐ **3** 2004年、『OUT』で日本人として初めてアメリカの【エドガー賞】にノミネートされた。

桐野夏生
『柔らかな頬』で直木賞を受賞。

☐ **4** 2006年、冒険ミステリー『ブレイブ・ストーリー』が映画化された。

宮部みゆき
他に直木賞受賞作品『理由』、『模倣犯』『火車』。

☐ **5** 2005年、【谷崎潤一郎】賞を受賞した『風味絶佳』が2006年映画化された。

山田詠美
他に『ベッドタイムアイズ』。

☐ **6** 1992年から古代ローマを描く『ローマ人の物語』を年1冊のペースで執筆した。

塩野七生
2006年最終巻刊行。他に『海の都の物語』等。

☐ **7** 1人の作家の作品としては世界最長の『グイン・サーガ』を執筆した。

栗本薫
2009年作者死去により、未完成作品となった。

☐ **8** 1981年の死亡まで、『寺内貫太郎一家』等のドラマの脚本やエッセイで人気を博した。1980年、『花の名前』等で【直木賞】を受賞。

向田邦子
エッセイ『父の詫び状』、『思いでトランプ』、脚本『あ・うん』等がある。

☐ **9** 『エイジ』で山本周五郎賞受賞。いじめや不登校などの教育・家庭・社会問題を追求。

重松清
『ビタミンF』で直木賞受賞。他に『定年ゴジラ』等。

☐ **10** 『アヒルと鴨のコインロッカー』で吉川英治文学新人賞受賞。他に『重力ピエロ』等。

伊坂幸太郎
『ゴールデンスランバー』で第5回本屋大賞受賞。

☐ **11** 『王妃の離婚』『褐色の文豪』などヨーロッパが舞台の歴史小説を執筆している。

佐藤賢一
『女信長』で日本を舞台にした小説にも挑戦。

☐ **12** 『秘密』等で人気のミステリー作家で、2007年『探偵ガリレオ』がテレビドラマ化された。

東野圭吾
2005年『容疑者Xの献身』で直木賞受賞。

●主な文学賞受賞者一覧（2021〜2023年）

●芥川賞受賞者・受賞作

□ 第165回	2021年上半期	石沢麻依	貝に続く場所にて
		李琴峰	彼岸花が咲く島
□ 第166回	2021年下半期	砂川文次	ブラックボックス
□ 第167回	2022年上半期	高瀬隼子	おいしいごはんが食べられますように
□ 第168回	2022年 下半期	井戸川射子	この世の喜びよ
		佐藤厚志	荒地の家族
□ 第169回	2023年上半期	市川沙央	ハンチバック
□ 第170回	2023年下半期	九段理江	東京都同情塔

●直木賞受賞者・受賞作

□ 第165回	2021年上半期	佐藤究	テスカトリポカ
		澤田瞳子	星落ちて、なお
□ 第166回	2021年下半期	今村翔吾	塞王の楯
		米澤穂信	黒牢城
□ 第167回	2022年上半期	窪美澄	夜に星を放つ
□ 第168回	2022年下半期	小川哲	地図と拳
		千早茜	しろがねの葉
□ 第169回	2023年上半期	垣根涼介	極楽征夷大将軍
		永井紗耶子	木挽町のあだ討ち
□ 第170回	2023年下半期	万城目学	八月の御所グラウンド
		河﨑秋子	ともぐい

●本屋大賞受賞者・受賞作

□ 第18回	2021年	町田そのこ	52ヘルツのクジラたち
□ 第19回	2022年	逢坂冬馬	同志少女よ、敵を撃て
□ 第20回	2023年	凪良ゆう	汝、星のごとく

●菊池寛賞（文学）受賞者・作品

□ 第69回	2021年	小川洋子	「博士の愛した数式」など、作品の多くが世界各国語に翻訳され、海外でも高く評価
□ 第70回	2022年	宮部みゆき	現代ミステリーから、時代小説、ファンタジー、SF、ホラーまで数々のエンタテインメント小説を評価
□ 第71回	2023年	東野圭吾	デビュー以来40年近くに亘り、ミステリー小説の世界を牽引。本年国内累計1億部突破などを評価

文化スポーツ
10 流行・エンターテインメント

■次の問いに答え、空欄に適切な語句を入れなさい。

1 日本の映画興行収入第1位は2020年公開の
[　]の404億円、次いで【千と千尋の神隠し】
の317億円となっている。

劇場版「鬼滅の刃」
無限列車編
「週刊少年ジャンプ」連載
漫画。単行本は1億5,000
万部超。(興業通信社調べ)

2 Amazonの[　]や楽天の【Kobo】などの電子
書籍リーダーには、「目に優しい」「バッテリー
が長持ち」「携帯に便利」などのメリットがある。

キンドル
Kindle
書籍などを読み上げる「オー
ディオブック」も売上げ
が急成長している。

3 内閣総理大臣賞の1つ【国民栄誉賞】は近年、将棋
の[　]氏と囲碁の井山裕太氏、フィギュアスケ
ートの[　]氏、車いすテニスの国枝慎吾氏が受賞。

は ぶ よしはる は にゅう ゆ づる
羽生善治、羽生結弦
これまでに27人と1団体
が受賞。2021年、大谷翔
平選手は受賞を辞退。

4 科学・芸術分野で文化の発展に功績をあげた
人に贈られる【文化勲章】だが、過去に服飾
デザイナーで授与された2人の日本人とは誰か。

もりはなえ　み やけいっせい
森英恵、三宅一生
森氏は1996年、三宅氏は
2010年に受賞。

5 [　]は、短い動画の作成・投稿を気軽に楽し
める【動画配信】サービス。10〜20代の若年層
を中心に利用者が世界中に拡大している。

ティックトック
TikTok
中国のユニコーン企業が
運営。既存のSNS企業も
短尺動画の機能を続々と
開発。

6 [　]とは、オンライン上の三次元【仮想空間】を
活用したゲームのこと。アバター(自分の分身)
を操作して交流や活動を楽しむ。

メタバースゲーム
ゲーム内での報酬を仮想
通貨で獲得し、現金化でき
るものもある。

7 ビデオゲームなどを使って対戦・競技する[　]
が世界的に拡大。【国際オリンピック委員会】も
2023年6月に「[　]ウイーク」を開催した。

eスポーツ
(Electronic Sports)
知略や戦略、プレイヤーの
スキルなどが必要とされる。

8 [　]は、主力商品の1つである三日月形ショル
ダーバッグの模倣品を、ネット通販【SHEIN】
が違法販売しているとして提訴した。

シーイン
ユニクロ
SNS投稿をきっかけに、世
界的人気商品に。

9 M-1グランプリは、吉本興業と朝日放送テレ
ビが主催する、日本一の若手【漫才師】を決め
る大会。2023年は[　]が優勝した。

令和ロマン
2001年より開催。初代は
「中川家」。「サンドウィッ
チマン」は7代目。

❿ 【キングオブコント】は、毎年TBS系列で生放送される"コント芸日本一"を決める大会。2023年、16代王者は□□□となった。

サルゴリラ
歴代最高得点で優勝。過去の優勝者には「東京03」「バイきんぐ」など。

⓫ □□□は、安くておいしい【ご当地グルメ】をPRし、開催地と参加団体の地元を盛り上げる国民的イベントとされている。

B-1グランプリ
「B」は地域BRAND（ブランド）の「B」。2023年は東海・北陸B-1グランプリin四日市が開催された。

⓬ 2023年10月、21歳にして【将棋】界の八大タイトルを独占するという前人未到の快挙を達成したのが□□□八冠である。

藤井聡太
棋聖、王位、叡王、竜王、王将、棋王、名人、王座の全冠を制覇。

⓭ 朝日新聞社が主催する、優れた漫画に贈られる【手塚治虫文化賞】において、2023年第27回の受賞作品（マンガ大賞）は、□□□であった。

ゆりあ先生の赤い糸
作者は入江喜和氏。第1回受賞作は、藤子・F・不二雄氏の『ドラえもん』。

⓮ 日本の3大野外音楽フェスティバルとは、「□□□」（ロッキン）、「【サマーソニック】」（サマソニ）、「フジロックフェスティバル」（フジロック）。

ロック・イン・ジャパン・フェスティバル
ライジング・サン・ロック・フェスティバル（RSR）を入れて"4大フェス"とも。

⓯ ABEMAが行った2023年「年間再生数ランキング」で、『□□□』、『【鬼滅の刃】刀鍛冶の里編』、『映画クレヨンしんちゃん』が上位3作品に。

【推しの子】
ABEMAは、テレビ朝日とサイバーエージェントが出資・設立した㈱ABEMATVが運営する動画配信サービス。

⓰ 主にSNS上で大きな影響力を持つ人物が製品・サービスを発信することで消費者の行動変容を促す手法を【□□□マーケティング】という。

インフルエンサー
SNSマーケティングの1つ。主にフォロワーの多いYouTuberやインスタグラマーなどを起用する。

⓱ 自身のアバターを通して、ライブ配信を行う□□□とは、【仮想空間】でファンとリアルタイムの交流を楽しむエンターテイナーのこと。

バーチャルライバー（Vライバー）
YouTubeを中心に動画配信・投稿するのがVtuber。

⓲ 頭部に【ディスプレイ】を装着し、360度の仮想空間映像を楽しめる□□□（仮想現実）体験施設やアミューズメントが全国各地に展開中。

VR
現実世界と仮想世界を融合させる新技術の総称がXR（クロスリアリティ）。

⓳ 日本最大級の芸能事務所であった□□□が、故【ジャニー喜多川】氏の性加害問題により消滅し、新社名は「SMILE-UP.」となった。

ジャニーズ事務所
問題発覚後は被害者補償に専念。芸能事業は「STARTO ENTERTAINMENT」に移管。

世界遺産

●主な世界遺産

	世界遺産	国・地域
自然遺産	☐ テ・ワヒポウナム-南西ニュージーランド	ニュージーランド
	☐ カナディアン・ロッキー山脈自然公園群	カナダ
	☐ ザガルマータ国立公園(チョモランマ)	ネパール
	☐ グランド・キャニオン国立公園	アメリカ合衆国
	☐ ガラパゴス諸島	エクアドル
	☐ グレート・バリア・リーフ	オーストラリア
	☐ キリマンジャロ国立公園	タンザニア
	☐ バイカル湖	ロシア
	☐ イグアス国立公園	ブラジル/アルゼンチン
文化遺産	☐ 万里の長城	中国
	☐ ローマ歴史地区、教皇領とサン・パオロ・フォーリ・レ・ムーラ大聖堂	イタリア/バチカン市国
	☐ シェーンブルン宮殿と庭園群	オーストリア
	☐ ケルン大聖堂	ドイツ
	☐ ストーンヘンジ、エーヴベリーと関連する遺跡群	イギリス
	☐ モスクワのクレムリンと赤の広場	ロシア
	☐ ボロブドゥル寺院遺跡群	インドネシア
	☐ タージ・マハル	インド
	☐ 昌徳宮	韓国
	☐ モヘンジョダロの遺跡群	パキスタン
	☐ クメール建築の傑作寺院アンコール・ワット	カンボジア
	☐ ナスカとフマナ平原の地上絵	ペルー
	☐ メンフィスとその墓地遺跡(ピラミッド地帯)	エジプト
	☐ アテネのアクロポリス	ギリシャ
	☐ アウシュヴィッツ強制収容所	ポーランド
	☐ アルタミラ洞窟	スペイン
	☐ ヴェルサイユの宮殿と庭園	フランス
複合遺産	☐ ギョレメ国立公園とカッパドキアの岩窟群	トルコ
	☐ タスマニア原生地域	オーストラリア
	☐ マチュ・ピチュの歴史保護区	ペルー

●日本の世界遺産・文化遺産と暫定リスト記載遺産

自然遺産	☐ 屋久島(鹿児島県) ☐ 白神山地(青森県・秋田県) ☐ 知床(北海道) ☐ 小笠原諸島(東京都) ☐ 奄美大島、徳之島、沖縄島北部および西表島(鹿児島県、沖縄県)

文化遺産

☐ 法隆寺地域の仏教建造物(奈良県)

☐ 姫路城(兵庫県)

☐ 古都京都の文化財(京都府、滋賀県)

☐ 白川郷・五箇山の合掌造り集落(富山県、岐阜県)

☐ 原爆ドーム(広島県)

☐ 嚴島神社(広島県)

☐ 古都奈良の文化財(奈良県)

☐ 日光の社寺(栃木県)

☐ 琉球王国のグスク及び関連遺産群(沖縄県)

☐ 紀伊山地の霊場と参詣道(奈良県、和歌山県、三重県)

☐ 石見銀山遺跡とその文化的景観(島根県)

☐ 平泉-仏国土(浄土)を表す建築・庭園及び考古学的遺跡群(岩手県)

☐ 富士山-信仰の対象と芸術の源泉(静岡県、山梨県)

☐ 富岡製糸場と絹産業遺産群(群馬県)

☐ 明治日本の産業革命遺産 製鉄・製鋼、造船、石炭産業(岩手県ほか7県)

☐ ル・コルビュジエの建築作品-近代建築運動への顕著な貢献-(国立西洋美術館本館)(東京都)

☐ 『神宿る島』宗像・沖ノ島と関連遺産群(福岡県)

☐ 長崎と天草地方の潜伏キリシタン関連遺産(長崎県)

☐ 百舌鳥・古市古墳群(大阪府)

☐ 北海道・北東北の縄文遺跡群(北海道、青森県、岩手県、秋田県)

無形文化遺産

能楽／人形浄瑠璃文楽／歌舞伎／雅楽／小千谷縮・越後上布／奥能登のあえのこと／早池峰神楽／秋保の田植踊／チャッキラコ／大日堂舞楽／題目立／アイヌ古式舞踊／組踊／結城紬／佐陀神能／壬生の花田植／那智の田楽／和食-日本の伝統的な食文化／和紙-日本の手漉(てすき)和紙技術／山・鉾・屋台行事／来訪神-仮面・仮装の神々／伝統建築工匠の技-木造建造物を受け継ぐための伝統技術

暫定リスト記載遺産

☐ 古都鎌倉の寺院・神社ほか(神奈川県)

☐ 彦根城(滋賀県)

☐ 飛鳥・藤原の宮都とその関連資産群(奈良県)

☐ 金を中心とする佐渡鉱山の遺産群(新潟県)

☐ 平泉-仏国土(浄土)を表す建築・庭園及び考古学的遺跡群(拡張申請・岩手県)

スポーツ一般

■次の問いに答え、空欄に適切な語句を入れなさい。

1 【テニス】の4大大会とは、【全英】オープン、【全仏】オープンと□と□である。

全米オープン、全豪オープン
4大会すべてを制することをグランドスラムという。

2 テニスの国別対抗戦は、男子は【デビスカップ】、女子は□と呼ばれる。

ビリー・ジーン・キング・カップ
旧フェドカップ。

3 男子【ゴルフ】の4大大会とは、【マスターズ】、【全米プロ】と□と□である。

全米オープン、全英オープン
日本人のメジャー優勝者は松山英樹選手(マスターズ)のみ。

4 女子ゴルフのメジャー大会で優勝した日本人は、樋口久子、【渋野日向子】、□の3人。

笹生優花
2021年、全米女子オープン史上最年少で優勝。

5 大相撲で、審判や相撲記者クラブらが協議して選ぶ【三賞】を挙げよ。

殊勲賞、敢闘賞、技能賞
関脇以下の幕内力士に贈られる。

6 大相撲の本場所は年に【6】回、奇数月に行われ、7月の場所を□という。

名古屋場所
1・5・9月は東京、3月は大阪、11月は福岡で開催。

7 陸上男子100mの日本記録は、□選手が2021年に出した【9秒95】である。

山縣亮太
女子の日本記録保持者は福島千里選手(11秒21)。

8 マラソンの男子・世界記録保持者は【ケニア】の□選手である(2時間35秒)。

ケルビン・キプタム
女子はエチオピアのティギスト・アセファ選手。

9 【箱根駅伝】で過去100回のうち、最多優勝を誇る大学は、□(14回)である。

中央大学
2位は早稲田大学(13回)。2024年優勝の青山学院大学は7回目。

10 国際柔道連盟の審判規定では、【一本】、または□2回(合わせ技一本)で勝利となる。

技あり
消極的姿勢に与えられる「指導」は3回で反則負け。

11 プロ【ボクシング】の最重量級は□級、最軽量級は【ミニマム】級である。

ヘビー
プロは全17階級、アマチュアは13階級ある。

12 □選手は、【2】階級での【4】団体統一王者となり、全米ボクシング記者協会の最優秀選手賞(2023年)に日本人で初めて選出された。

井上尚弥
WBC、WBO、WBA、IBFの4団体のバンタム級(2022年)と、スーパーバンタム級(2023年)を制覇。

⑬ FIBA◻ワールドカップで3勝した日本は、48年ぶりに自力で【パリ五輪】の出場権を得た。

バスケットボール
4年に1度の国際大会。次回は2027年、カタールで開催予定。

⑭ 1チーム15人でプレーする【ラグビー】の国内最高峰のリーグ名称は◻である。

リーグワン
「JAPAN RUGBY LEAGUE ONE」。全23チームで構成。

⑮ ラグビーワールドカップの最多優勝国は◻(4回)である。【ニュージーランド】は3回。

南アフリカ
次回は2027年にオーストラリアで開催予定。

⑯ 日本卓球界初のオリンピック金メダルは、水谷隼・【伊藤美誠】ペアの◻で獲得した。

混合ダブルス
2021年、東京大会で獲得。

⑰ トライアスロンは、【水泳】(スイム)、◻、【ランニング】(ラン)の三種の競技からなる。

自転車(バイク)
日本では、佐渡島、富士河口湖、宮古島・石垣島の大会が人気。

⑱ ◻は世界最大の【サイクルロードレース】である。

ツール・ド・フランス
フランスを3週間かけて1周する。

⑲ フィギュアスケートのISUグランプリシリーズ開催国で日本以外の5カ国を挙げよ。

アメリカ、カナダ、ロシア、中国、フランス
日本ではNHK杯として行われる。

⑳ 冬季五輪の男子【フィギュアスケート】で大会2連覇、国民栄誉賞を受賞したのは◻選手。

羽生結弦 (はにゅうゆづる)
ソチ大会、平昌大会で優勝。フィギュア日本人男子初の金メダリスト。

㉑ 【スキージャンプ】女子ワールドカップで最多優勝回数を誇るのが日本の◻選手である。

高梨沙羅 (たかなしさら)
2011年からの記録。男女通じて歴代最多の63勝。

㉒ 半筒状のコース内を自由に滑り、高さや技の難易度を競う種目が◻である。

ハーフパイプ
スノーボードやスキー、スケートボードなどの競技種目の1つ。

㉓ 中央競馬のクラシック三冠と呼ばれるレースは、【皐月】賞と◻と◻である。

菊花賞、日本ダービー
牝馬クラシック三冠とは、桜花賞、オークス、秋華賞である。

㉔ 国内外の【GI】レース(競馬)を6連勝した◻(牡5歳)が世界ランキング1位となった。

イクイノックス
内国産馬。総獲得賞金は22億円を突破(史上初)。

㉕ ◻は、【2】年に1度、奇数年に開催される世界の学生の競技大会である。

FISUワールドユニバーシティゲームズ
旧ユニバーシアード。2021年夏季大会から名称変更。

㉖ 【F1日本グランプリ】の開催場となるのは◻である。

鈴鹿サーキット
三重県鈴鹿市。他に鈴鹿8時間耐久ロードレースなどがある。

■次の空欄に適切な語句を入れなさい。

☐ **❶** 国際サッカー連盟の略称は【FIFA】、【日本サッカー協会】の略称は☐である。

JFA
➡JFA: Japan Football Association

☐ **❷** Jリーグ優勝回数最多チームは、【鹿島アントラーズ】の☐回である。

8
2007～2009年は3連覇。2023年はヴィッセル神戸が初優勝。

☐ **❸** Jリーグ(2024シーズン)には、J1に☐、J2に【20】、J3に20のクラブが所属する。

20
1991年に10チーム(オリジナル10)で発足。2024シーズンは全60チームに。

☐ **❹** 欧州サッカー連盟が開催する【クラブチーム】の国際サッカー大会を☐という。

UEFAチャンピオンズリーグ
2021-22年シーズンは、レアル・マドリードが優勝。

☐ **❺** 国際サッカー連盟主催の、クラブチームによる世界大会を☐といい、【各国代表チーム】による世界大会をFIFAワールドカップという。

FIFAクラブワールドカップ
2023年サウジアラビア大会の優勝はマンチェスター・C、2位はフルミネンセ。

☐ **❻** 【2026】年のワールドカップ(W杯)は☐の3カ国による共同開催となる。

アメリカ、カナダ、メキシコ
2022年はカタールで開催。

☐ **❼** ワールドカップで、【ブラジル】に続き優勝回数が多いのは☐と☐で4回である。

イタリア、ドイツ
ブラジルは5回優勝。

☐ **❽** ☐とは、ピッチ外で試合の映像を見ながらビデオ判定し、主審を補助する【審判員】のこと。

VAR(Video Assistant Referee)
W杯では2018年のロシア大会から導入された。

☐ **❾** ワールドカップでの日本チームの初勝利は、【2002】年の☐戦である。

ロシア
初の勝ち点は引き分けたベルギー戦。

☐ **❿** 2022年のW杯(カタール大会)で、史上初めて主審と副審の各【3人】が☐審判員を務めた。

女性
主審の1人は山下良美氏(唯一の日本人)。

☐ **⓫** 日本【女子】サッカーリーグは、通称☐リーグといい、1部・2部構成となっている。

なでしこ
1部に12チーム、2部に10チーム(合計22チーム)が所属。

☐ **⓬** 【2011】年、サッカー日本女子代表は、ワールドカップ☐大会で優勝を果たした。

ドイツ
5得点を挙げた澤穂希選手は最優秀選手に。

⑬ 女子ワールドカップ優勝は□□□の4回が最多で、【ドイツ】2回、ノルウェーと日本が1回。

アメリカ
1991年より4年に1回開催されている。次回は2027年。

⑭ 世界の4大リーグとは、□□□（イングランド）、ラ・リーガ（【スペイン】）、□□□（イタリア）、ブンデスリーガ（【ドイツ】）である。

プレミアリーグ、セリエA
「欧州4大リーグ」とも呼ばれる。

⑮ ブラジルの□□□選手は、【サッカーの王様】の愛称で親しまれた史上最高のプレーヤーである。

ペレ
W杯優勝3回の伝説的存在。2022年12月死去。

⑯ 2022年に開催されたW杯（カタール大会）で□□□選手は【アルゼンチン】を優勝に導き、MVP（【ゴールデンボール賞】）も受賞した。

リオネル・メッシ
W杯MVP受賞は2度目。同国は36年ぶり3回目の優勝。レジェンドのマラドーナ選手に続く快挙。

⑰ □□□とは、フランスのサッカー専門誌が創設した世界【年間最優秀】選手に贈られる賞。

バロンドール
最多受賞者（7回）はリオネル・メッシ選手。

⑱ □□□とは、プロ・アマ問わず【JFA】登録の全チームが出場する日本最大のトーナメント。

天皇杯
2023年はJ1の川崎フロンターレが優勝。

⑲ 2021年から開始された日本の女子【プロサッカーリーグ】を□□□という。

WEリーグ
Women Empowerment Leagueの略。12チームが参加。

⑳ 1人の選手が1試合で【3】得点以上をあげることを□□□という。

ハットトリック
ホッケーやラグビーなどでも使われる。

●FIFAワールドカップ開催地

回	開催年	開催国	優勝国
□ 第1回	1930年	ウルグアイ	ウルグアイ
□ 第14回	1990年	イタリア	西ドイツ
□ 第15回	1994年	アメリカ	ブラジル
□ 第16回	1998年	フランス	フランス
□ 第17回	2002年	日本&韓国	ブラジル
□ 第18回	2006年	ドイツ	イタリア
□ 第19回	2010年	南アフリカ	スペイン
□ 第20回	2014年	ブラジル	ドイツ
□ 第21回	2018年	ロシア	フランス
□ 第22回	2022年	カタール	アルゼンチン
□ 第23回	2026年	アメリカ・カナダ・メキシコ（3カ国共催）	―

野球

■次の空欄に適切な語句を入れなさい。

☐ **❶** 日本プロ野球(NPB)で、通算最多本塁打【868】本を記録したのは☐選手である。

王貞治
おうさだはる
歴代最多安打(3085本)記録は張本勲選手。

☐ **❷** 本塁打56本で日本選手シーズン最多記録(【王貞治】選手/55本)を更新したのは☐選手。

村上宗隆
むらかみむねたか
2022年達成。歴代最多記録はバレンティン選手(60本)。

☐ **❸** 1シーズンで【首位打者】、【打点王】、本塁打王のすべてを獲得した選手を☐という。

三冠王
村上宗隆選手が22歳の最年少で達成(史上8人目)。

☐ **❹** メジャーリーグ(MLB)は☐と【ナショナル・リーグ】の計【30】チーム編成である。

アメリカン・リーグ
各15チーム。全体優勝を決めるのがワールド・シリーズ。

☐ **❺** NPBとMLBで通算【4257】安打の世界記録保持者(ギネス認定)が☐選手である。

イチロー
最多試合出場世界記録など、多数の記録を保持。

☐ **❻** ☐選手は、メジャーリーグ(ア・リーグ)で日本人初の【ホームラン王】(44本)となった。

大谷翔平
おおたにしょうへい
2023年は2度目の最優秀選手(MVP)に選出された。

☐ **❼** ❻の選手は【ベーブ・ルース】の記録を超え、史上初の2年連続「☐」の偉業を達成した。

2桁勝利・2桁本塁打
2023年達成。ハンク・アーロン賞など、多数受賞。

☐ **❽** ❻の選手は、史上最高額の10年契約【7】億ドル(1,000億円超)で☐へ移籍した。

ロサンゼルス・ドジャース
ほぼ「後払い」で話題に。山本由伸選手も同期入団。

☐ **❾** 一定の条件を満たしたプロ野球選手が、自由に【契約】できる制度を☐制という。

フリーエージェント(FA)

☐ **❿** 【FA】権を持たない日本のプロ野球選手をMLB球団が入札で得る制度を☐という。

ポスティングシステム
近年では、大谷翔平、菊池雄星、筒香嘉智らが利用して移籍。

☐ **⓫** 2023年3月、野球の国際大会☐の第5回が開かれ、日本が【3】回目の優勝を果たした。

ワールド・ベースボール・クラシック(WBC)
日本の優勝は14年ぶり。

☐ **⓬** 先発投手が安打などによる出塁は許しても、無失点で勝利することを【完封】、打者を1人も出塁させずに勝利することを☐という。

完全試合
直近は2022年4月に佐々木朗希選手が達成。両方とも1人の投手が最後まで投げ切ること(完投)が条件。

⑬ ☐は、日本プロ野球において、1年間活躍した【先発】完投型の投手を表彰する賞。

沢村賞
正式名称は沢村栄治賞。

⑭ ☐とは、出塁は許しても、先発投手が【無安打】無失点で完投勝利することである。

ノーヒットノーラン
2023年は石川柊太、山本由伸(2年連続)の2選手が達成。

⑮ ⑭の記録をメジャーリーグで達成した日本人投手は☐(【2】回)と☐(1回)である。

野茂英雄、岩隈久志
メジャーリーグでは条件が少し緩い「ノーヒッター」。

⑯ プロ野球日本シリーズ(2023年)では、☐がオリックス・バファローズを破って優勝した。

阪神タイガース
4勝3敗の対戦成績。優勝は38年ぶり。

⑰ 2023年の最優秀選手賞(MVP)は、セ・リーグ☐選手、パ・リーグ☐選手が獲得。

村上頌樹、山本由伸
村上選手(阪神)は新人王も受賞。山本選手は3年連続の受賞。

⑱ ☐とは、【NPB】(日本野球機構)に属さず、独自に組織・運営するリーグの総称である。

独立リーグ
四国アイランドリーグplus、ルートインBCリーグなど。

⑲ 全国高等学校野球選手権大会(夏の甲子園大会)で、最多優勝は☐高校(7回)である。

中京大中京(中京大附属中京)
広島商業が6回、松山商業と大阪桐蔭が5回優勝。

⑳ 日本の2大大学野球全国大会とは、☐と【明治神宮野球大会】である。

全日本大学野球選手権大会
毎年6月に開催。明治神宮野球大会は11月に開催。

●日本のプロ野球チーム

	球団名	本拠地	ホームグラウンド
パシフィック・リーグ	北海道日本ハムファイターズ	北広島市	エスコンフィールドHOKKAIDO
	東北楽天ゴールデンイーグルス	仙台市	楽天モバイルパーク宮城
	埼玉西武ライオンズ	所沢市	ベルーナドーム
	千葉ロッテマリーンズ	千葉市	ZOZOマリンスタジアム
	オリックス・バファローズ	大阪市	京セラドーム大阪
	福岡ソフトバンクホークス	福岡市	福岡PayPayドーム
セントラル・リーグ	読売ジャイアンツ	文京区	東京ドーム
	東京ヤクルトスワローズ	新宿区	明治神宮野球場
	横浜DeNAベイスターズ	横浜市	横浜スタジアム
	中日ドラゴンズ	名古屋市	バンテリンドーム ナゴヤ
	阪神タイガース	西宮市	阪神甲子園球場
	広島東洋カープ	広島市	MAZDA Zoom-Zoom スタジアム広島

文化スポーツ 15 オリンピック/パラリンピック

■次の空欄に適切な語句を入れなさい。

☐ ❶ 近代オリンピック第1回大会は、1896年、□□男爵の提唱で【アテネ】で開催された。

クーベルタン
オリンピックの創設に係わり、IOCの会長を2度つとめた。

☐ ❷ 世界5大陸のうち□□大陸でのみ未開催である。

アフリカ
オリンピックの旗の五輪は五大陸を意味する。

☐ ❸ 日本人初のオリンピック金メダリストは【三段跳び】の□□である。

織田幹雄
1928年のアムステルダムオリンピックにおいての快挙。

☐ ❹ 【1912】年、日本は□□大会で初めてオリンピックに参加した。

ストックホルム
短距離の三島選手、マラソンの金栗選手が参加。

☐ ❺ 【聖火リレー】は、1936年、ドイツで行われた□□大会から導入された。

ベルリン
聖火はギリシャで点火され、聖火ランナーが開催地へ届ける。

☐ ❻ 【1948】年、ロンドンの病院のアーチェリー競技が□□の起源。1960年ローマ大会が第1回。

パラリンピック
もうひとつの(Para) +オリンピックという意味。東京(2021)で第16回。

☐ ❼ 日本での開催は、夏季五輪が1964年と2020(2021)年の【東京】大会、冬季五輪が1972年の□□大会と1998年の□□大会である。

札幌、長野
2020年の東京大会は新型コロナウイルス感染拡大で2021年に延期して開催された。

☐ ❽ 東西冷戦下の【1980】年、アメリカ、日本など西側諸国は□□大会出場を拒否した。

モスクワ
逆に、1984年のロサンゼルス大会は東側諸国が出場拒否を行った。

☐ ❾ 国際オリンピック委員会(【IOC】)の会長(9代)はドイツ出身の□□氏である。

トーマス・バッハ
2013年に就任。

☐ ❿ 【1976】年のスウェーデンでの障害者スキー国際大会が、第1回パラリンピック□□とされた。

冬季大会
日本は第2回から参加。2022年の北京大会が第13回。

☐ ⓫ 【男子体操】の□□選手は、ロンドン、リオデジャネイロの2大会で個人総合の金メダルを獲得。

内村航平
五輪は4大会に出場。全7つのメダルを獲得。

☐ ⓬ 東京大会(2021年)では、□□27個を含む、史上最多の【58】個のメダルを獲得した。

金メダル
銀は14個、銅は17個。パラリンピックでは過去2番目の51個を獲得。

⑬ ◻︎は、パラリンピック独自の競技の1つで、ラテン語の【ボール】を意味する。

ボッチャ
重度脳性まひ者や四肢重度機能障がい者のために考案されたスポーツ。

⑭ 2024年の【パリ】大会では、音楽に合わせてアクロバティックな動きを競う◻︎が加わる。

ブレイキン（ブレイクダンス）
暫定的に加えられた新種目。

⑮ 2028年夏季五輪はアメリカの◻︎で、2026年冬季五輪は【イタリア】で開催される予定。

ロサンゼルス
冬季五輪はミラノ／コルティナダンペッツォでの共催が決定。

●近代オリンピック開催地

夏季				
☐	1896年	第1回	**アテネ（ギリシャ）** クーベルタン男爵の提唱。
☐	1912年	第5回	**ストックホルム（スウェーデン）** 日本初参加。
☐	1928年	第9回	**アムステルダム（オランダ）** 日本人初の金メダル。
☐	1936年	第11回	**ベルリン（ドイツ）** 前畑が日本女子初の金。ナチス宣伝色が濃い。
☐	1964年	第18回	**東京（日本）** アジア初の開催。女子バレーボールで日本が金。
☐	1980年	第22回	**モスクワ（ソ連）** 西側諸国ボイコット。
☐	1984年	第23回	**ロサンゼルス（アメリカ）** 東側諸国ボイコット。大会の商業化。
☐	1988年	第24回	**ソウル（韓国）** 陸上、ベン・ジョンソンの金剥奪。
☐	1992年	第25回	**バルセロナ（スペイン）** 女子200m平泳ぎで岩崎恭子が金。
☐	2000年	第27回	**シドニー（オーストラリア）** 女子マラソン、高橋尚子が金。
☐	2004年	第28回	**アテネ（ギリシャ）** 女子レスリングで吉田沙保里が金。
☐	2008年	第29回	**北京（中国）** 中国での初の開催。
☐	2012年	第30回	**ロンドン（イギリス）** 1908年、1948年以来3回目の開催。
☐	2016年	第31回	**リオデジャネイロ（ブラジル）** 南アメリカ大陸での開催は初。
☐	2021年	第32回	**東京（日本）** 日本史上最多の58メダルを獲得。

冬季				
☐	1924年	第1回	**シャモニー（フランス）** 北欧勢がメダルを独占した。
☐	1972年	第11回	**札幌（日本）** スキージャンプ70m級で日本人が金・銀・銅を独占。
☐	1994年	第17回	**リレハンメル（ノルウェー）** スキーノルディック複合の団体で日本2連覇。
☐	1998年	第18回	**長野（日本）** 札幌以来26年ぶりの日本開催。スキーラージヒル団体優勝。
☐	2006年	第20回	**トリノ（イタリア）** 日本のメダルは荒川静香の金がただ1つ。
☐	2010年	第21回	**バンクーバー（カナダ）** 男子フィギュアで髙橋大輔が日本男子初の銅。
☐	2014年	第22回	**ソチ（ロシア）** 男子フィギュアで羽生結弦が日本男子初の金。
☐	2018年	第23回	**平昌（韓国）** 羽生結弦（フィギュア）、小平奈緒（スピードスケート500m）が金。
☐	2022年	第24回	**北京（中国）** 小林陵侑（スキージャンプ）、高木美帆（スピードスケート）、平野歩夢（スノーボード）が金。メダルは史上最多の18個。

5章 文化・スポーツ▼オリンピック／パラリンピック

237

20・21世紀の偉人

■次の空欄に当てはまる人物名・語句を答えなさい。

❶ 1921年ノーベル物理学賞を受賞した□□□は、【相対性】理論で特に有名である。

アルベルト・アインシュタイン
ドイツ出身。1933年アメリカに亡命。

❷ アメリカの画家□□□は、有名人や大衆的な商品をモチーフにしたシルクスリーンの作品で知られ、【ポップアートの旗手】と呼ばれた。

アンディ・ウォーホル
ロックバンド「ヴェルヴェット・アンダーグラウンド」のアルバムジャケットのデザインも有名。

❸ フランスの前衛芸術家□□□は、詩集、『恐るべき子どもたち』等の小説、戯曲、評論、映画などで20世紀の芸術活動に影響を与えた。

ジャン・コクトー
代表的な映画監督作品に「オルフェ」「双頭の鷲」「美女と野獣」等。

❹ イギリスの物理学者【スティーブン・ホーキング】は、□□□論のほか、一般の人向けの科学啓蒙書「ホーキング、宇宙を語る」などで知られる。

量子重力
「車椅子の物理学者」としても知られる。1942年−2018年。

❺ □□□は、紳士用の仕立てを女性用に応用した画期的な【スーツ】や香水などでファッション界にセンセーションを巻き起こした。

ココ・シャネル
第二次大戦中はナチスの将校の愛人であったことで、戦後亡命生活を余儀なくされた。

❻ 登山家□□□は、モンブラン、キリマンジャロ、アコンカグア、エベレスト、マッキンリーと世界初の【五大陸最高峰】登頂を果たした。

植村直己（うえむらなおみ）
1984年、世界初マッキンリー厳冬期単独登頂後消息を絶つ。

❼ 1977年没の□□□は、1956年に発売された「【Heartbreak Hotel】」などの大ヒットにより、「キング・オブ・ロックンロール」と呼ばれた。

エルビス・プレスリー
その他のヒット曲に「ラヴ・ミー・テンダー」等。

❽ 天才【トランペット】奏者であり優れた歌手でもあるジャズミュージシャンの□□□は、「この素晴らしき世界」など世界的メガヒットを生んだ。

ルイ・アームストロング
愛称は「サッチモ」。「ハロー・ドーリー！」は63歳の時の全米ヒット曲。

❾ アメリカ大リーグ選手□□□が、1927年に記録したシーズン【60】ホームランは、1961年に破られるまで、34年間最多記録であった。

ベーブ・ルース
投手から野手に転向。所属チームは、レッドソックス→ヤンキース→ブレーブス。

10 ☐ は、1960年のローマオリンピック金メダリストで、のちに【世紀のボクサー】と呼ばれ、ヘビー級タイトルを獲得した。

モハメド・アリ
アメリカ人。華麗なボクシングスタイルは「蝶のように舞い、蜂のように刺す」と形容された。

11 ☐ は、【20世紀バレエ団】を結成。「春の祭典」「【ボレロ】」など、集団的スペクタクルな舞踊で独自の世界を作り上げたバレエ振付家である。

モーリス・ベジャール
1927-2007年。他の振付家では、ジェローム・ロビンス、ローラン・プティ、ジョージ・バランシン等。

12 【エベレスト】(【チョモランマ】、【サガルマータ】)初登頂成功者は、1953年、イギリス登山隊の☐ とシェルパのテンジンである。

エドモンド・ヒラリー
日本人初は松浦輝夫・植村直己(1970年)、女性初は日本の田部井淳子(1975年)。

13 ハンガリー出身の☐ は、20世紀を代表する【報道カメラマン】として、特に【戦場】を取材した数々の写真を残している。

ロバート・キャパ
彼の死後、報道写真を対象にロバート・キャパ賞が創設された。

14 1927年5月20日、アメリカの飛行家の☐ は、【ニューヨーク】とパリ間を飛び、初めて大西洋横断【単独無着陸】飛行を成功させた。

チャールズ・リンドバーグ
25歳であった。

15 ☐ は、1955年、【フルトヴェングラー】の後をついで【ベルリン・フィルハーモニー】管弦楽団の首席指揮者に就任した。

ヘルベルト・フォン・カラヤン
オーストリア出身。「帝王」と呼ばれた。

16 【アフリカ系アメリカ人の公民権運動】で知られる☐ 牧師は、1964年ノーベル平和賞を受賞したが、1968年暗殺された。

マーティン・ルーサー・キング・Jr
1929-1968年。

17 【非暴力・不服従】を唱えて【インド】の【英国】からの独立運動を指導した☐ は、「インド独立の父」と呼ばれる。

マハトマ・ガンディー
1869-1948年。暗殺された。

18 ☐ は、アップル社(米)の共同設立者の1人で前CEO。パーソナルコンピュータの【マッキントッシュ】、【iPhone】などの製品を生み出した。

スティーブ・ジョブズ
2011年死去。スティーブ・ウォズニアックらと共に初期のホームコンピュータ「Apple I」などを開発。

19 ☐ は、日本初のテープレコーダーやトランジスタラジオを発売した「【ソニー】」の創業者の1人。独創的・革新的製品を作り出した。

もりた あきお
盛田昭夫
電子技術者の井深大が共同創業者。「ウォークマン」で新文化を創造した。

239

映画・演劇・古典芸能

文化スポーツ 17

■次の空欄に適切な語句を入れなさい。

❶ □□は、【猿楽】の滑稽な要素を台詞に練り上げた劇である。

狂言
登場人物である庶民が僧侶、大名、山伏を風刺した話が多い。

❷ 【猿楽】から発達した日本の古典芸能で、【室町】時代、【観阿弥】、【世阿弥】親子が集大成した芸能は□□である。

能
能と狂言をあわせた能楽はユネスコが指定する無形遺産に登録されている。

❸ 三大映画祭の1つで、【フランス】で開催され、【パルムドール】という名の最優秀作品賞が授与される映画祭は□□国際映画祭である。

カンヌ
1997年、今村昌平監督が「うなぎ」で、2018年には是枝裕和監督が「万引き家族」で共にパルムドール受賞。

❹ 三大映画祭の1つで、【イタリア】で開催され、最優秀作品賞が【金獅子賞】と名付けられているのは、□□国際映画祭である。

ヴェネチア
1997年、北野武監督が「HANA-BI」で金獅子賞受賞。

❺ 三大映画祭の1つで、【ドイツ】で開催され、最優秀作品賞が【金熊賞】と名付けられているのは、□□国際映画祭である。

ベルリン
2002年、宮崎駿(はやお)監督が「千と千尋の神隠し」で金熊賞受賞。

❻ □□賞は、アメリカの優れた映画作品や制作者に対し送られる賞で、受賞者には【オスカー】と呼ばれる彫像が授与される。

アカデミー
毎年、映画芸術科学アカデミー協会が選出。1年間にアメリカ国内で公開された作品を対象に選考される。

❼ □□賞は、ハリウッド【外国人記者】協会が優れた映画とテレビドラマを選出する賞で、【アカデミー】賞の前哨戦と見られている。

ゴールデン・グローブ
2022年、濱口竜介監督「ドライブ・マイ・カー」が外国語映画賞を、2024年、宮崎駿監督「君たちはどう生きるか」がアニメ作品賞を受賞。

❽ アメリカ映画の三大喜劇王とは、バスター・□□、【ハロルド・ロイド】と、【チャールズ・チャップリン】である。

キートン
キートンは映画監督、脚本家でもある。ロイドはサイレント映画の大スター、チャップリンはイギリス出身。

❾ □□賞は【アメリカ】のすぐれた【演劇】および【ミュージカル】に与えられる最高の権威を有する賞である。

トニー
正式名称は「アントワネット・ペリー賞」。ブロードウェーで公開された舞台作品が対象。

240

⑩ ◻︎は、1924年設立されたアメリカの巨大映画・テレビの制作・供給会社であり、歴史超大作【ベン・ハー】などを制作した。

MGM(メトロ・ゴールドウィン・メイヤー)
そのほか、「レインマン」(1988年)「ロッキー」(1976年)、「007シリーズ」など。

⑪ ◻︎監督は、【カンヌ】国際映画祭において、【楢山節考】でグランプリを、【うなぎ】で最高賞である【パルムドール】を受賞した。

今村昌平
生没:1926－2006年。他の作品に「復讐するは我にあり」。

⑫ 1960年代の【フランス】の新映画運動を【ヌーベルバーグ】といい、◻︎監督の【勝手にしやがれ】などがその代表的な作品である。

ジャン=リュック・ゴダール
そのほかフランソワ・トリュフォー、アラン・レネ、ルイ・マルらの監督がいる。

⑬ 歌舞伎の発祥は1600年頃の◻︎のかぶき踊りといわれ、その後【女】歌舞伎、【若衆】歌舞伎を経て【野郎】歌舞伎として発展した。

出雲阿国
女歌舞伎、若衆歌舞伎は売春の温床となったため、17世紀に江戸幕府により禁止。

⑭ 元は【人形浄瑠璃】の一派であった【文楽】は、◻︎、【三味線】、【人形遣い】の【三業】の【男性】によって演じられる。

太夫
元は大阪で、近松門左衛門、竹本義太夫らによって発展。無形遺産。

⑮ アジア各国の固有の演劇には、中国の【京劇】、インドネシア・バリ島の【ケチャ】、韓国の◻︎などがあげられる。

パンソリ
ケチャは、バリ島に伝わる舞踏サンヒャンをもとに1930年代に観光客向けに作られたもの。

⑯ 能は、主人公を演じる舞い手の◻︎方、その他の舞い手の【ワキ】方および狂言方、伴奏を担当する囃子方などで演じられる。

シテ
仕手、為手とも書き、主役の演技者を指す。演目の前半と後半で場面が変わる場合、それぞれ前シテ、後シテと呼ぶ。

⑰ ◻︎賞は【アメリカ】におけるドラマ、スポーツ、ドキュメンタリーなどテレビ番組に関連する様々な業績に与えられる賞である。

エミー
作品賞は、コメディ、ドラマ、テレビ映画、バラエティなど、様々な部門に贈られる。

⑱ 1960年代から舞台芸術の1つの流れとなった【アングラ演劇】には、◻︎が率いる【状況劇場】や、◻︎の【天井桟敷】などがある。

唐十郎、寺山修司
アングラとは、アンダーグラウンドのこと。根底に反体制的思想が流れており、従来の演劇とは一線を画した。

⑲ 【落語】は、落語家によって主に◻︎と呼ばれるホールや常設演芸場で演じられるが、その舞台のことを◻︎と呼ぶ。

寄席、高座
本来、「高座」は僧侶が弟子に講義したり、信者に説教をする時の高い壇を意味した。

●主な日本の劇団一覧

劇団	主催・創始者	特徴	主な演目
□ 劇団四季	浅利慶太	日本最大の劇団。	「CATS」「オペラ座の怪人」
□ 宝塚歌劇団	阪急電鉄	団員は未婚の女性のみ。花、星、月、雪、宙の各組。	「ベルサイユのばら」
□ 第三舞台	鴻上尚史	2001年より活動休止。2011年復活も2012年に解散。	「天使は瞳を閉じて」
□ 劇団東京乾電池	柄本明ら	笑い中心から幅を広げる。	「夏の夜の夢」
□ 東京サンシャインボーイズ	三谷幸喜ら	1994年から30年間の充電中。2024年、「リア玉」新作舞台を予定。	「12人の優しい日本人」
□ 劇団俳優座	東野英治郎ら	1944年ー。三大新劇団の一。	「三人姉妹」
□ 文学座	岸田国士、久保田万太郎ら	1937年ー。三大新劇団の一。	「女の一生」
□ 劇団民藝	宇野重吉、滝沢修ら	1950年ー。三大新劇団の一。	「破戒」「女子寮記」
□ 状況劇場	唐十郎	1964ー1988年。(唐十郎は「劇団唐組」創設)	「さすらいのジェニー」
□ NODA・MAP	野田秀樹	1993ー。	「エッグ」「フェイクスピア」
□ 天井桟敷	寺山修司	代表的なアングラ劇団の一。	「毛皮のマリー」
□ 劇団☆新感線	こぐれ修、いのうえひでのりら	1980年ー。つかこうへい作品のコピー劇団としてスタート。	「西遊記〜PSY U CHIC〜」「シレンとラギ」

●世界の代表的な劇作家

創作家	特徴	主な作品
□ アイスキュロス	古代ギリシャ三大悲劇詩人の一。	オレスティア三部作(アガメムノン等)
□ ソフォクレス	古代ギリシャ三大悲劇詩人の一。	オイディプス王
□ エウリピデス	古代ギリシャ三大悲劇詩人の一。	メディア
□ ラシーヌ	フランス古典演劇三大作家の一。	フェードル
□ モリエール	フランス古典演劇三大作家の一。	女房学校/人間嫌い
□ コルネイユ	フランス古典演劇三大作家の一。	ル・シッド
□ シェイクスピア	イギリス・エリザベス朝。	四大悲劇ハムレット/マクベス/オセロ/リア王、喜劇ヴェニスの商人、史劇リチャード三世
□ シラー	ドイツ古典主義の代表者。	ヴィルヘルム・テル
□ イプセン	ノルウェー。近代演劇の創始者。	人形の家/ペール・ギュント
□ チェーホフ	ロシア演劇を革新。	桜の園/かもめ
□ ブレヒト	ドイツ。叙事的演劇。	三文オペラ
□ ジョージ・バーナード・ショー	アイルランド。イギリス近代劇の確立者。	ピグマリオン
□ テネシー・ウイリアムズ	アメリカ。近代人の孤独。	欲望という名の電車/熱いトタン屋根の猫
□ ベケット	アイルランド/フランス。不条理演劇。	ゴドーを待ちながら
□ アーサー・ミラー	アメリカ。近代批判。	セールスマンの死

●アカデミー賞（日本人受賞者一覧）

受賞者	賞	作品	日本公開年
黒澤明監督	名誉賞	「羅生門」	1950年
衣笠貞之助監督	名誉賞	「地獄門」	1953年
和田三造	衣装デザイン賞	「地獄門」	1953年
稲垣浩監督	名誉賞	「宮本武蔵」	1954年
ナンシー梅木	助演女優賞	「サヨナラ」	1957年
黒澤明監督	外国語映画賞	「デルス・ウザーラ」	1975年
ワダエミ	衣装デザイン賞	「乱」	1985年
坂本龍一	作曲賞	「ラストエンペラー」	1988年
石岡瑛子	衣装デザイン賞	「ドラキュラ」	1992年
伊比恵子監督	短編ドキュメンタリー映画賞	「ザ・パーソナルズ 黄昏のロマンス」	1998年
宮崎駿監督	長編アニメーション賞	「千と千尋の神隠し」	2001年
滝田洋二郎監督	外国語映画賞	「おくりびと」	2009年
加藤久仁生監督	短編アニメーション賞	「つみきのいえ」	2008年
カズ・ヒロ（辻一弘）	メイクアップ＆ヘアスタイリング賞	「ウィンストン・チャーチル／ヒトラーから世界を救った男」	2017年
		スキャンダル	2020年
濱口竜介監督	国際長編映画賞	ドライブ・マイ・カー	2021年
山崎貴監督	視覚効果賞	ゴジラ－1.0	2023年
宮崎駿監督	長編アニメーション賞	君たちはどう生きるか	2023年

●国際映画祭（主な日本人受賞者と作品）

カンヌ国際映画祭	2018年	パルムドール	是枝裕和監督「万引き家族」
	2021年	脚本賞ほか	濱口竜介監督「ドライブ・マイ・カー」
	2022年	特別表彰(ある視点部門)	早川千絵監督「PLAN 75」
	2023年	最優秀脚本賞・クィアパルム賞	坂元裕二「怪物」
	2023年	最優秀主演男優賞	役所広司「PERFECT DAYS」
ヴェネチア国際映画祭	2011年	マルチェロ・マストロヤンニ賞(新人賞)	染谷将太、二階堂ふみ「ヒミズ」
	2020年	監督賞(銀獅子賞)	黒沢清監督「スパイの妻」
	2022年	最優秀復元映画賞	鈴木清順監督「殺しの刻印」
	2023年	銀獅子賞	濱口竜介監督「悪は存在しない」
モントリオール世界映画祭	2008年	最優秀作品賞	滝田洋二郎監督「おくりびと」
	2010年	最優秀女優賞	深津絵里「悪人」
	2014年	最優秀監督賞	呉美保監督「そこのみにて光輝く」
	2016年	最優秀芸術賞※	錦織良成監督「たたら侍」
ベルリン国際映画祭	2010年	最優秀女優賞	寺島しのぶ「キャタピラー」
	2012年	銀熊賞(短編部門)	和田淳監督「グレートラビット」
	2014年	最優秀女優賞	黒木華「小さいおうち」
	2021年	銀熊賞	濱口竜介監督「偶然と想像」
	2022年	特別賞(短編部門)	和田淳監督「半島の鳥」

※ワールドコンペティション部門

書籍・音楽・映画ランキング

●年間(2023年)ベストセラー(総合)　　(日販調べ)

作　品	著　者
□1位 小学生がたった1日で19×19までかんぺきに暗算できる本	小杉拓也
□2位 大ピンチずかん	鈴木のりたけ
□3位 変な家	雨穴
□4位 変な絵	雨穴
□5位 街とその不確かな壁	村上春樹

●年間(2023年)年間アルバムランキング　　(オリコン調べ)

タイトル	アーティスト
□1位 Mr.5	King & Prince
□2位 i DO ME	Snow Man
□3位 SEVENTEEN 10th Mini Album「FML」	SEVENTEEN
□4位 Social Path(feat. LiSA)/Super Bowl-Japanese ver.	Stray Kids
□5位 SEVENTEEN JAPAN BEST ALBUM「ALWAYS YOURS」	SEVENTEEN

●年間(2023年)総合興行収入ベスト5　(一社)日本映画製作者連盟HPより

作　品	興行収入(億円)	配給元
□1位 THE FIRST SLAM DUNK	158.7	東映
□2位 ザ・スーパーマリオブラザーズ・ムービー	140.2	東宝東和
□3位 名探偵コナン 黒鉄の魚影	138.8	東宝
□4位 君たちはどう生きるか	88.4	東宝
□5位 キングダム 運命の炎	56.0	東宝/SPE

●国内年間興行収入ベスト1位(2020~2023年) (一社)日本映画製作者連盟HPより

作　品	興行収入(億円)	配給元
□2023年 THE FIRST SLAM DUNK	158.7	東映
□2022年 ONE PIECE FILM RED	203.3	東映
□2021年 シン・エヴァンゲリオン劇場版	102.8	東宝/東映/カラー
□2020年 劇場版「鬼滅の刃」無限列車編	404.3	東宝/アニプレックス

最新時事問題

国際情勢

■次の問いに答え、空欄に適した語句を入れなさい。

☐ ❶ 【国連】の「世界人口白書2023」によると、2023年の世界人口は ☐ 億4500万人で、前年より7600万人の増加となった。

80
人口世界1位だった中国を抜いて、インド(約14億2,000万人)が初めて1位となった。

☐ ❷ 【アメリカ】の議会は2023年1月より上下院で多数派が異なる「☐ 議会」としてスタートした。

ねじれ
下院では共和党、上院では民主党がそれぞれ多数派を占める。

☐ ❸ ☐ は【中国】へ対抗するためアメリカ主導で発足した経済圏構想。2023年現在14カ国が参加、世界のGDPの4割を占める。

アイペフ IPEF
(インド太平洋経済枠組み)
①貿易②サプライチェーン③クリーン経済④公平な経済の4つの協議分野から構成される。

☐ ❹ 日本、アメリカ、【オーストラリア】、【インド】による安全保障や経済を協議する枠組みを ☐ という。

クアッド Quad
(日米豪印戦略対話)
インド太平洋地域における中国の軍事的、経済的台頭を抑えるためとされる。

☐ ❺ 2023年3月、【米英豪】3国の軍事同盟「☐」の首脳会合で、次世代原子力潜水艦の艦隊を創設する計画が発表された。

オーカス AUKUS
AUKUSはインド太平洋地域における中国の影響力に対抗することを目的に設立。

☐ ❻ ☐ は、2020年に発効した、北米自由貿易協定(NAFTA)に代わるアメリカ・【メキシコ】・【カナダ】間の貿易協定である。

USMCA
(アメリカ・メキシコ・カナダ協定)
アメリカは米中対立を受けて、友好国とのサプライチェーン構築を進めている。

☐ ❼ 2023年1月、日米の外務・防衛閣僚協議「☐」で、日本の「【反撃能力】」について「協力を深化させる」と共同発表した。

ツープラスツー 2+2
(日米安全保障協議委員会)
「反撃能力」とは、弾道ミサイルに対処するため相手のミサイル発射拠点を攻撃する能力のこと。

☐ ❽ 2023年8月、アメリカ政府は ☐ へ、敵の射程圏外から攻撃できる長距離【巡航ミサイル】の売却を初めて承認した。

日本
防衛省は反撃能力の手段として、2023年度予算での取得を計上している。

☐ ❾ 2023年2月、アメリカ国防総省は ☐ の【偵察気球】を大西洋のアメリカ領海上で撃墜したことを発表した。

中国
中国側は気球を「民間の気象研究用の飛行船」と主張している。

⓾ アメリカ下院外交委員会は2023年3月、中国系【動画投稿アプリ】「□□□」の国内での利用を禁止する法案を可決した。

ティックトック
TikTok
利用者情報が中国に流出する懸念があるとして、アメリカやEUでは行政での利用を禁じる動きが進んでいる。

⓫ 2023年10月、アメリカ・バイデン政権は前年に導入した【中国】への□□の輸出規制をさらに強化する方針を発表した。

半導体
前年の規制措置を改良、抜け穴を塞ぐことを目指している。

⓬ 2023年8月、□□□前大統領がアメリカ・【ジョージア】州の地方検事により通算で4度目の起訴となった。

トランプ
2020年のアメリカ大統領選で南部ジョージア州の集計手続きに不正に介入した容疑。

⓭ 欧州連合(EU)の政治的指針を示す【欧州理事会】の議長を「欧州連合の大統領」とも呼び、現在□□□氏が務めている。

シャルル・ミッシェル
2019年12月に3代目議長に就任。2022年3月に再選された。元ベルギー首相。

⓮ 2019年12月、ドイツの前国防相の□□□新欧州委員長が率いる【欧州委員会】が発足した。

フォン・デア・ライエン
欧州委員会は、欧州連合(EU)の執行機関。女性初の欧州委員長。

⓯ 【EU】加盟国を中心に、域内の【国境審査】を撤廃し、人の移動の自由を保障する協定を□□□という。

シェンゲン協定
難民の増加で、見直しの機運も。

⓰ 欧州委員会は2022年3月、石油や天然ガスなど【ロシア】産化石燃料依存からの脱却を目指す□□□計画を発表した。

リパワーEU
ロシア産化石燃料依存を2022年末までに大幅に低下させ、2030年よりも早い時期の脱却を目指している。

⓱ EUの金融政策の中心となる【欧州中央銀行】の本部は□□□にある。

フランクフルト
欧州中央銀行はユーロ圏の中央銀行。

⓲ 【北大西洋条約機構】(□□□)は、北米・欧州の【32】カ国が加入する政治的・軍事的同盟である。

ナトー
NATO
日本はパートナー国(41カ国)の一員として参加している。スウェーデンの正式加盟は2024年以降となる見込み。

⓳ 2023年11月から開催された□□□28において、「【1.5℃】目標」の実現に向けた、エネルギーに関する合意がなされた。

コップ
COP
具体的な合意内容は、化石燃料からの脱却と再生可能エネルギー容量、省エネ改善率の増大など。

247

⑳ ［　　］は、パレスチナ自治区である【ガザ】地区を実効支配するイスラム武装組織である。

ハマス
ハマスはイスラエルの破壊とイスラム国家樹立を目的としている。

㉑ 2023年10月、イスラム組織【ハマス】による奇襲攻撃に対して、イスラエル軍はパレスチナの［　　］地区への侵攻を開始した。

ガザ
ガザ地区は地中海に面した細長いエリアにあるパレスチナ自治区。人口は約222万人

㉒ パレスチナ自治区には【ガザ】地区と［　　］川西岸地区があり、独立国家ではないが自治政府が存在する。

ヨルダン
ヨルダン川西岸地区は、パレスチナ解放機構の主流派「ファタハ」が実効支配。

㉓ 2023年11月、【アラブ連盟】と、イスラム教国で構成する［　　］はイスラエルに対し、即時停戦を求める決議を採択した。

イスラム協力機構(OIC)
57のイスラム国家・機構が加盟する地域機構。イスラム諸国の連帯強化を目的とする。

㉔ 2024年1月、米英両国は【紅海】で船舶攻撃を繰り返すイエメンの親【イラン】武装組織［　　］に対し、報復攻撃を実施した。

フーシ派
フーシ派は、イスラム組織ハマスと連携、紅海で船舶への攻撃を繰り返している。

㉕ ［　　］は2023年11月、2024年からの原油の追加の【協調減産】には合意できず、有志国による自主減産が発表された。

OPECプラス
主要産油国が石油価格の安定を図る枠組み。石油輸出国機構(OPEC)とロシアなど非加盟の産油国が設立。

㉖ 日本は2023年1月から2年間の任期で、12回目となる【国連安全保障理事会】(安保理)の［　　］を務めている。

非常任理事国
非常任理事国は総会で選出される。任期は2年で、連続再選は認められない。

㉗ 国連安全保障理事会は、［　　］カ国の【常任理事国】と、10カ国の【非常任理事国】から構成されている。

5
常任理事国を務めているのは中国、フランス、ロシア、イギリス、アメリカ。

㉘ ［　　］禁止条約の第2回締約国会議が2023年11月、国連本部で開催されたが、日本は前回に引き続き【不参加】となった。

核兵器
不参加の理由は「アメリカやロシア、中国など、核兵器を保有する国が参加していないため」としている。

㉙ 日本は2023年9月、【Quad】参加国としては最後に［　　］との関係を「包括的戦略的パートナーシップ」に格上げした。

ASEAN
(東南アジア諸国連合)
Quadは日米豪印による枠組み。近年、ASEANとの協力関係を強化している。

30 2023年5月、日本が議長国となり、□□□で【G7サミット】が開催、地域情勢や核不拡散などをテーマに議論が行われた。

広島
紛争中のウクライナからゼレンスキー大統領が来日、各国首脳と会談を行った。

31 2023年5月、前年9月に即位した【イギリス】国王の□□□3世とカミラ王妃の戴冠式が行われた。

チャールズ
戴冠式はエリザベス女王の時以来、70年ぶりとなる。

32 □□□で2023年3月、【年金制度】改革法案成立に抗議する全国的ストライキが発生、100万人以上が抗議活動に参加した。

フランス
相次ぐストライキで、鉄道の運行やごみ収集など市民生活に影響を与えた。

33 2023年3月、□□□の【尹錫悦】大統領が12年ぶりに単独来日、岸田文雄総理大臣と会談を行った。

韓国
韓国の財閥トップも同行し、経済交流の活性化を促した。

34 2023年4月、およそ5年ぶりに日本と【韓国】の外務・防衛当局による「□□□対話」がソウルで開催された。

日韓安全保障（安保）
3月の岸田・尹会談で、両国の関係改善に向けて早期再開を確認していた。

35 □□□（【AIIB】）は、2016年1月に中国主導で開業したアジア向け国際開発金融機関である。

アジアインフラ投資銀行
加盟国・地域は109（2024年1月）。日本とアメリカは未加盟。

36 中国は2023年3月、全国人民代表大会（全人代）において、【国家主席】に□□□中国共産党総書記を選出した。

習近平
党と軍に加え、国家でも習氏をトップとする体制の継続が確定した。

37 中国首相を10年間務めた【李克強】氏が、全人代での後任首相選出に伴い退任。新首相には□□□が選出された。

李強
李強氏は上海市の前トップで、3期目に入った習近平国家主席の側近。

38 2023年1月10日、【中国】大使館が□□□人へのビザ発給を停止したが、その後、1月末には発給を再開した。

日本
中国からの渡航者に向けて、新型コロナウイルス感染症の水際対策を強化したことへの対抗措置。

39 【中国】で2023年7月に改正反□□□法が施行され、□□□行為の対象が従来の国家機密・機密情報から大幅に拡大された。

スパイ
2014年の旧「反スパイ法」施行以来、2023年現在、17人の日本人がスパイ活動への関与を疑われ拘束された。

40 2023年8月、中国政府は、福島第一原発にたまる【処理水】の放出に反対し、日本産の◯◯の輸入を全面的に停止した。

水産物
IAEA（国際原子力機関）は処理水の放出について、「国際安全基準に合致している」と結論づけている。

41 2023年12月、G7の中で唯一、中国の【一帯一路】構想に参加していた◯◯が、離脱することを中国側に正式に通達した。

イタリア
中国からの輸入額の大幅増に比較して、輸出額が伸び悩んだことが主因とされる。

42 【インド】、ブラジル、南アフリカなど、主に南半球に位置するアジアやアフリカ、中南米地域の新興国・途上国を総称して◯◯という。

グローバルサウス
権力関係による格差から生まれた概念であり、明確な定義や国家のリストがあるわけではない。

43 2024年1月、中東の原油国など◯◯カ国が【BRICS】に新たに加盟。加盟国は10カ国となった。

5
エジプト、エチオピア、イラン、サウジアラビア、アラブ首長国連邦が新規に加盟した。

44 ロシアのプーチン大統領は2023年3月、米露の【新戦略兵器削減】条約（新◯◯）の履行停止を定めた法律に署名した。

START
アメリカ政府も同月、同条約に基づく核戦力のデータ共有を停止すると発表した。

45 2023年5月、◯◯のルカシェンコ大統領は、ロシア軍が◯◯国内で【戦術核兵器】の配備を開始したことを明らかにした。

ベラルーシ
同大統領は12月、核兵器の配備が既に完了、運用可能な状態にあるとしている。

46 2023年3月、対立関係にあった◯◯と【イラン】が中国の仲介によって国交正常化について合意した。

サウジアラビア
同年11月、イランのライシ大統領がサウジアラビアの首都リヤドを訪問。同国のムハンマド皇太子と会談した。

47 2023年12月、国際原子力機関（【IAEA】）は、◯◯が最大60%の高濃縮【ウラン】の生産量を増加させていると警告を発した。

イラン
高濃縮ウランの生産量は、2023年6月以降は約3キロに抑えられていたが、11月下旬から約9キロに増加。

48 2023年5月、【アサド】政権の市民弾圧で国際的に孤立してきた◯◯が、12年ぶりにアラブ連盟への復帰を承認された。

シリア
同年5月、第32回アラブ連盟首脳会議が開催され、アサド大統領が出席。アラブ連盟の21カ国・1機構の代表が揃った。

49 2023年4月、アフリカの◯◯では国軍と即応支援部隊（RSF）との間で武力衝突が発生、内戦状態が続いている。

スーダン
日本政府は自衛隊機を派遣し、現地在住の日本人を退避させた。

50 2023年7月、西アフリカ・□で大統領警護隊によるクーデターが発生。【バズム】大統領は追放、軍事政権が発足。

ニジェール
ニジェール、マリ、ブルキナファソの軍政3カ国は同年9月、集団防衛を規定する安全保障協定を設立した。

51 2024年1月、【イラン】と□は、過激派組織の拠点に対する攻撃として、互いの領土への越境攻撃を行った。

パキスタン
攻撃後、両国の外相は電話会談を行い、緊張緩和を図る方向で合意した。

52 2023年5月の【トルコ】大統領選挙で、現職の□氏が野党6党の統一候補との決選投票を制し、再選を果たした。

エルドアン
エルドアン氏は大統領制移行(2018年)以前から20年以上トルコを率いている。

53 2023年4月、□が【NATO】へ正式加盟した。ロシアによるウクライナ侵攻が加入のきっかけとされる。

フィンランド
同時に加盟申請したスウェーデンは2024年内に承認され、正式加盟となる予定。

54 2023年4月、【フィンランド】議会選で、NATO加盟を手掛けた□首相の社会民主党が第3党に転落。首相は辞任。

マリン
新首相は、第1党となった中道右派の国民連合を率いるオルポ氏。

55 □は2023年11月、同年3回目となる軍事【偵察衛星】の打ち上げを行い、周回軌道へ正確に進入したと発表した。

北朝鮮
韓国は同年12月、北朝鮮監視を目的とする、初の国産偵察衛星の打ち上げに成功した。

56 北朝鮮の□総書記は2024年1月、最高人民会議で、憲法を改正して【韓国】を「第1の敵国」に定めるべきだと述べた。

キムジョンウン
金正恩
「韓国との統一はもはや不可能であり、南北関係については新たな立場」をとるとしている。

57 2023年8月、□軍事政権は、クーデター後から続く【非常事態宣言】の半年間延長を発表、総選挙を来年以降に先送りした。

ミャンマー
2024年1月、国軍と複数の少数民族の武装勢力が、中国の仲介により一時的な停戦に正式合意した。

58 2023年12月の□大統領選で、左派フェルナンデス氏から右派【ハビエル・ミレイ】氏に政権交代した。

アルゼンチン
政権交代に伴い、2024年1月に加盟予定していたBRICSへの不参加を決定した。

59 ミャンマーにおいて、【イスラム系】少数民族□が、様々な制約・差別・迫害を受けて難民化する問題が起きている。

ロヒンギャ
2021年の軍事クーデター以降、難民の帰還はさらに困難を増している。

60 2023年5月、◻︎下院総選挙で前進党が第1党となったが、首相には◻︎貢献党の【セター】氏が選出された。

タイ
前進党首相候補ピター党首は同年7月の首相選出会議で過半数を獲得できず、9月に党首を辞任した。

61 2023年7月の◻︎総選挙で、与党◻︎人民党が圧勝。首相はフン・セン氏から長男の【フン・マネット】氏へ世襲された。

カンボジア
提出書類の不備を理由に最大野党・キャンドルライト党を排除、実質的に野党不在の総選挙となった。

62 ◻︎国会は、2023年3月の第4回臨時国会において、【トゥオン】共産党書記局常務を新たな国家主席として選任した。

ベトナム
トゥオン国家主席は同年11月に訪日、岸田首相と首脳会談を行った。

63 国連安保理は2023年12月、【タリバン】暫定政権が掌握する◻︎政府の国際社会への復帰に向けた決議案を採択した。

アフガニスタン
決議案では、女性の権利尊重やテロ組織との関係断絶をタリバン政権承認の条件としている。

64 石油産業に関連する経済活動で協力するために、【産油国】が集まって結成した国際機関を◻︎という。

OAPEC（オアペック）
(アラブ石油輸出国機構)
1968年結成。2022年現在は10カ国で構成されている。

65 アメリカ、中国、ロシアなど【21】の国と地域が参加する【環太平洋フォーラム】の略称は◻︎である。

APEC（エイペック）
(アジア太平洋経済協力)
Asia Pacific Economic Cooperation

66 【G7】とは◻︎、フランス、ドイツ、【イタリア】、日本、イギリス、アメリカの7カ国と【EU】で構成される枠組みのこと。

カナダ
年に一度、G7サミットを開催し、貿易、経済、安全保障、気候変動などの問題を議論している。

67 ◻︎（【経済協力開発機構】）は、経済成長、貿易の自由化、途上国支援に貢献することを目的とする国際機関である。

OECD
欧州諸国を中心に日米を含め38カ国が参加している。日本は1964年に加盟。

68 公式に核保有国と確認されている7カ国とは、【イギリス】、【アメリカ】、【フランス】、【ロシア】、【中国】と◻︎、◻︎である。

インド、パキスタン
このほか、イスラエルも核保有国と見られている。また北朝鮮も核実験を実施している。

69 日本や中国、ASEAN加盟国など15カ国が参加する【地域的な包括的経済連携】を◻︎という。

RCEP（アールセップ）
世界経済の3分の1近くを占める広域自由貿易圏。2022年1月に発効された。

70 2024年3月、国連開発計画が発表した、国民生活の豊かさを示す「【人間開発指数】(2022年)」で、日本は◻︎位であった。

24
191の国と地域を対象としており、1位はスイス。日本は前回調査(2021〜22年版)から2つ下がった。

71 2024年1月に行われた台湾の総統選挙で、対中強硬路線継続を鮮明にする与党・◻︎の【頼清徳（ライセイトク）】氏が当選した。

民進党
民進党は同時に行われた議会・立法院の選挙では過半数を維持できなかった。

72 【EU】は2023年3月の理事会で、環境負荷の小さい合成燃料で走る◻︎車に限り、2035年以降の新車販売を承認した。

エンジン
EUは2035年以降、エンジン車の新車販売をすべて禁止するとしていた。

73 2023年の◻︎の【自由度】ランキングで、日本は68位。前年の71位からは上昇したが、引き続きG7では最下位となった。

報道
1位は7年連続でノルウェー。ロシアは164位、中国は179位。

74 2022年、時間当たりの◻︎生産性ランキングで、日本は52.3ドルでOECD加盟38カ国中30位だった。

労働
一人当たりの労働生産性は、85,329ドルで31位。東欧・バルト海沿岸諸国とほぼ同水準となっている。

75 2023年、世界【幸福度】ランキングで、日本は47位。2022年の54位から上昇した。1位は6年連続で◻︎。

フィンランド
フィンランドは福祉国家であり、子育てや医療への支援が手厚いことで知られる。

76 現在の国連事務総長は【ポルトガル】元首相の◻︎氏。2017年1月1日、第9代国連事務総長に就任、現在2期目を務める。

アントニオ・グテーレス
2005年6月から2015年12月にかけ、国連難民高等弁務官を務めている。

77 2023年10月、【国際オリンピック委員会】の理事会は12日、◻︎・オリンピック委員会の無期限資格停止を発表した。

ロシア
ロシアが不法併合しているウクライナ4州のスポーツ組織を承認したことが、五輪憲章違反に当たる、としている。

78 【NPT】は、国連常任理事国のアメリカ、ロシア、【イギリス】、【フランス】、◻︎以外の国の核保有を禁止する条約である。

中国
→NPT: Treaty on the Non-Proliferation of Nuclear Weapons　1970年発効。

79 【世界経済フォーラム】が発表した2023年版「◻︎指数」で、1位は【アイスランド】、日本は156カ国中125位だった。

ジェンダー・ギャップ
G7内では圧倒的最下位。男女平等に関して非常に遅れた状況であることが明らかに。

経済・金融・財政

■次の問いに答え、空欄に適した語句を入れなさい。

❶ □□□とは税収など国の収入から、政策的経費(【歳出】)を差し引いた財政の健全性を表す指数のこと。

プライマリーバランス
国は2025年度の黒字化を目指している。

❷ 2023年12月に閣議決定された2024年度の□□□予算案の歳出総額は約112兆円となった。新規【国債発行】額は34.9兆円。

一般会計
歳出総額は12年ぶりに前年を下回った。公債依存度は31.5%(2024年1月政府案)。

❸ 2023年、日本の名目国内総生産(【GDP】)は、4兆2,106億ドル(591.4兆円)に。□□□に抜かれて世界第【4】位となった。

ドイツ
名目GDPは、円ベースでは過去最高となったが、円安のため、ドル換算では減少した。

❹ 2023年4月、黒田東彦総裁の後任として、東京大学名誉教授の□□□氏が新たに日銀総裁に就任した。

植田和男
植田和男氏は日本を代表する経済学者。1998年から7年間は日銀の審議委員を務めた。

❺ 2023年6月、□□□銀行の新総裁に【アメリカ】のアジェイ・バンガ氏が就任した。任期は5年間となる。

世界
世界銀行は、貧困削減や開発支援が目的で、途上国にとっては欠かせない資金源・技術援助機関である。

❻ 【国債】の保有比率トップは□□□で約574兆円、発行残高全体の53.8%(2023年9月)。海外保有率は7.1%となった(2022年末)。

日銀
国債価格の下落により、保有残高は6月末からやや減少した。

❼ 日本銀行は2023年10月、□□□について、上限としてきた【1.0】%を上回る金利上昇も一定程度容認する方針を決めた。

長期金利
日銀は2023年7月の決定会合で、長期金利の上限を0.5%から1.0%に拡大していた。

❽ □□□とは、各家庭が預貯金や株式、債券、投資信託などの形で保有する資産のこと。

家計金融資産
2023年9月末時点で前年比5%増の2,121兆円(日銀調べ)。

❾ □□□独立行政法人【GPIF】とは、公的な年金保険料の運用を司る機関で、近年は株式の運用比率を高めている。

年金積立金管理運用
環境、社会、企業統治への取り組みを判断材料にするESG投資にも力を入れている。

⑩ 日本経済団体連合会、日本商工会議所、□□を経済3団体といい、□□代表幹事は2023年より【新浪剛史(にいなみたけし)】氏が務める。

経済同友会
経団連会長は十倉雅和氏、日商会頭は小林健氏が務めている。

---

⑪ 2023年、民間主要企業の春季労使交渉で、□□率は【3.60】%となり、1994年以来の3%台を記録した。

賃上げ
平均妥結額は1993年以来30年ぶりに1万円を超えた。

---

⑫ 東京証券取引所は2022年4月より、現在の4つの市場区分を「□□」、「【スタンダード】」、「グロース」の3市場に再編された。

プライム
それまでの4区分とは、市場第一部、市場第二部、JASDAQ、マザーズ。

---

⑬ 消費税の【軽減税率】の経理では、「請求書等保存方式」から「□□(【適格請求書等保存方式】制度)」に段階的に変更される。

インボイス
品目により複数税率となるため。欧州各国で導入されている。

---

⑭ 生活必需品にもかかる消費税は、増税に比例して【低所得者層】ほど負担が大きくなる□□が問題になっている。

逆進性
逆進性緩和のために軽減税率が導入された。

---

⑮ □□【価格激変緩和】補助金は、□□の小売価格の急騰を抑え、消費者の負担を低減することを目的としている。

燃料油
2023年12月末で期限を迎える予定だった補助金措置は、2024年4月末まで延長された。

---

⑯ 2023年度上期の日本の【国際収支】で、□□は約12.7兆円の黒字。前年同期比約3倍と年度半期ベースでは過去最高となった。

経常収支
国際収支統計は、一定の期間における、あらゆる対外経済取引を体系的に記録した統計のこと。

---

⑰ 2023年の日本の□□収支は、【9】兆2,913億円の【赤字】となったが、前年比では54.3%縮小した。

貿易
輸出額が伸びて100兆円を超え、過去最高に。輸入額は110兆1,779億円で前年比7.0%減。

---

⑱ 【法定税率】ではなく、企業が実際に収める税金の負担率を□□といい、国際競争力を高めるために各国で引き下げ競争が激化。

法人実効税率
税率を抑えることで外資企業の誘致を促す狙い。

---

⑲ 2021年より施行された□□税制は、企業のデジタル投資に対して【税額控除】または【特別償却】を認める措置のこと。

DX投資促進
企業のデジタル技術や設備の導入に関わる費用の負担軽減を目的としている。

⬜ ⑳ アメリカの中央銀行制度を◻️といい、連邦準備制度理事会（【FRB】）が12の連邦準備銀行を統括している。

FRS
FRB（連邦準備制度理事会）は日銀に相当する中央銀行で、金融政策の策定や実施などを行っている。

⬜ ㉑ 2022年1月に発効した地域的な包括的経済連携（【RCEP】）では、関税の撤廃率が品目数ベースで◻️となる。

91%
99%以上のTPP11と比べるとやや低い水準となっている。

⬜ ㉒ 2023年12月現在、日本のEPA・FTAは【ASEAN】やTPP11などを含めて、◻️の国や組織と協定を発効・署名している。

21
EPAとは経済連携協定、FTAとは自由貿易協定のこと。

⬜ ㉓ 【消費者物価指数】（総合）から生鮮食品を除いたものを【コア】指数、食料（酒類除く）とエネルギーを除いた指数を◻️と呼ぶ。

コアコアCPI（米国型コア）
物価動向の要因を見るための指標の通称で、世界的にはコア指数に該当する。

⬜ ㉔ 毎年1月に開催される【世界経済フォーラム】の年次総会を◻️という。2024年のテーマは「信頼の再構築」。

ダボス会議
政治・経済・学術界のトップが一堂に会し、地球規模の課題について議論を行う。

⬜ ㉕ ◻️とは、【インターネット】を通じてモノやサービスの対価として利用でき、法定通貨と相互交換可能な財産的価値がある。

暗号資産
2020年5月、「仮想通貨」から名称変更。ビットコインやイーサリアムなどがある。

⬜ ㉖ ◻️は、ITビジネスや【eビジネス】を通じて技術革新を促進し、日本の競争力向上を掲げる経済団体である。

新経済連盟
2012年に改称して開始。代表理事は三木谷浩史・楽天グループ会長兼社長。

⬜ ㉗ 産業や組織を問わず、成長性の高い事業に対して、官民共同で資金の融資を行う【投資ファンド】を◻️という。

産業革新投資機構（JIC）
➡JIC: Japan Investment Corporation
2018年に「産業革新機構」から名称変更。

⬜ ㉘ ◻️とは、調達した資金が【気候変動】や社会的課題の解決に資する事業に充当される債券のこと。

SDGs債
サステナビリティボンド、グリーンボンド、ソーシャルボンドなどを総称して呼ぶ。

⬜ ㉙ 【IT技術】を活用した金融サービスのことを◻️と呼び、取り組むベンチャー企業が急速に増えている。

フィンテック（Fintech）
Finance（金融）とTechnology（技術）を合わせた造語。

㉚ 【所得格差】を測る代表的指標の□□は、0〜1の間の数値で表し、係数が0に近づくほど所得格差は【小さい】とされる。

ジニ係数
税金や年金などの「再配分」後の日本の数値は0.334（2021年）。ほぼ3年に1度の調査で、前回調査時より、わずかに改善。

㉛ コーポレートガバナンス改革の一環として、監査役会設置会社・【指名委員会等設置会社】に加え、□□制度が導入されている。

監査等委員会設置会社
指名委員会等設置会社は、委員会設置会社が改称されたもの。

㉜ モノや場所、サービスなどを【共有】・交換して有効活用する経済行動や概念を□□といい、世界中で市場が急速に拡大している。

シェアリングエコノミー
物品レンタルや家事代行、カーシェアなどのほか、民泊やクラウドファンディングも含まれる。

㉝ □□（【世界貿易機関】）は自由な国際貿易の促進を目的に設立された国際機関。2023年現在164カ国・地域が加盟。

WTO
ウルグアイ・ラウンド交渉の結果、1995年に設立された。

㉞ □□とは、定額料金を支払うことで、製品やサービスを【一定期間】自由に利用することができる形式のビジネスモデル。

サブスクリプション
コンピュータソフト、スマホ有料アプリ、音楽・動画配信サービスの支払いなどはこの方式が主流。

㉟ 各国の中央銀行が自国の【通貨危機】に備え、自国通貨を一定期間相互に預け合うことを取り決めた協定を□□という。

スワップ協定
日本は現在、アメリカ・EU・イギリス・スイス・カナダとの間で、期限・金額無制限の協定を締結している。

㊱ 【国民所得】に対する税金の割合と社会保険料の割合の合計（□□率）は、45.1%（2024年度）と12年連続で4割を超える見通し。

国民負担
国の財政収入に占める国民の負担を表す比率。少子高齢化や消費税増税などで増加傾向。

㊲ 【自己資本利益率】（ROE）や営業利益率などの要素にも注目し、投資魅力の高い会社で構成した株価指数を□□という。

JPX日経インデックス400
東京証券取引所に上場する企業のうち、400銘柄が対象。

㊳ 2023年の平均□□指数は、2020年を100として105.6（総合指数）。前年比で【3.2】%の上昇となった。

消費者物価
消費者物価指数とは、消費者が購入するモノやサービスなどの価格変動を測定した指数。

㊴ 商品やサービスの【需要】に応じて価格を【変動】させる□□の手法が様々な分野・企業に普及しつつある。

ダイナミックプライシング
人工知能の進化で過去データから需要の予測と時価の算出が的確にできるようになったため。

政治・外交

■次の問いに答え、空欄に適した語句を入れなさい。

☐ **1** 2023年9月、第二次【岸田第二次改造】内閣がスタート。女性閣僚は歴代内閣最多に並ぶ◻人が選ばれた。

5
上川陽子外相、加藤鮎子こども政策担当相、自見はなこ地方創生担当相、土屋品子復興相、高市早苗経済安全保障担当相の5人が入閣。

☐ **2** 上記内閣における自民党四役は、【茂木敏充】◻、【萩生田光一】政調会長、森山裕総務会長、小渕優子選対委員長となった。

幹事長
茂木敏充幹事長、萩生田光一政調会長は再任。

☐ **3** 2023年11月に自民党◻の政治資金パーティー問題が告発され、この結果【安倍】、二階、岸田、【森山】の4◻が解散した。

派閥
安倍派、二階派、岸田派の会計責任者および、安倍派所属の国会議員3名が起訴された。

☐ **4** 政治資金パーティー問題で、辞任した【安倍】派所属の萩生田光一政調会長に代わって◻紀三朗氏が就任した。

渡海
安倍派からは松野博一官房長官、西村康稔経済産業相など4閣僚も辞任した。

☐ **5** 辞任した松野博一氏に代わって、【岸田】派所属の◻芳正氏が官房長官に就任した。

林
林氏は防衛大臣や農林水産大臣、文部科学大臣、外務大臣などを歴任した。

☐ **6** 2024年度与党税制改正大綱において、◻費の財源確保に向けた【増税】の開始時期については、明示されなかった。

防衛
防衛増税策は、法人、所得、たばこの3税で2027年度までに1兆円強を賄うというもの。

☐ **7** 2023年4月、岸田首相は、敵の【ミサイル基地】などをたたく「反撃能力(◻)」について、保有が不可欠だと強調した。

敵基地攻撃能力
日米同盟の抑止力や対処力を向上させるためとしている。

☐ **8** 2024年1月、【防衛省】はアメリカ製巡航ミサイル「◻」の配備開始を1年前倒しして2025年度から取得すると発表した。

トマホーク
取得費は、ミサイル分と関連器材分をあわせて、およそ2,540億円程度の見込み。

☐ **9** 国の予算には【一般会計】と◻があり、この◻は、国が行う特定の事業や資金を運用する等を目的に設けられた会計である。

特別会計
エネルギー対策特別会計、年金特別会計などがあり、総額では一般会計をはるかに上回る。

⑩ 2024年度【一般会計】の予算案では、国の歳出は約112兆円。歳入は◯◯が約70兆円、公債金が約35兆円としている。

税収
過去最高だった2023年度に次ぐ過去2番目の規模となった。

⑪ 2024年度の予算案では、◯◯費が37兆7193億円と全体の【3分の1】を占め、過去最大となった。

社会保障
高齢化による給付増加や少子化対策の強化、医療従事者の賃上げなどが増加原因。

⑫ 「◯◯」が最大【3.03】倍となった2022年7月の参院選について、2023年10月、最高裁は「【合憲】」とする判断を示した。

一票の格差
合憲の判断の理由は、「投票価値が著しい不平等状態だったとは言えない」としている。

⑬ 【一票の格差】是正のため、次期衆議院選挙から議席配分について、ドント方式に代わって◯◯方式が採用される。

アダムズ
2020年の国勢調査の結果に基づいて議席配分を行う。

⑭ 2023年6月に改正された◯◯が12月より施行、【不法滞在】などの違法対象となる外国人の送還ルールが強化された。

入管法
改正案では難民認定の手続き中でも、認定申請が3回目以降となる申請者については、退去させることが可能となった。

⑮ 政府は2023年12月の閣議で、2024年12月には現在の【保険証】の発行を終了、◯◯に移行することを正式決定した。

マイナ保険証
保険証は廃止後1年間は使えるとともに、マイナ保険証を持たない人には、「資格確認書」を発行する。

⑯ アメリカ軍◯◯基地の移設を巡る裁判で、2023年12月、国が勝訴。福岡高裁那覇支部は【沖縄】県に対し、工事承認を命じた。

普天間
地盤改良工事の申請を国が県に代わって承認する「代執行」が認められた。

⑰ 2023年10月、国は【世界平和統一家庭連合】(旧◯◯)の解散命令を裁判所に請求した。

統一教会
今後は裁判所が双方から意見を聴いた上で命令を出すか判断する。

⑱ 2023年5月、新型コロナウイルス感染症の位置づけが、感染法上の【2類】から◯◯へと変更された。

5類
季節性インフルエンザと同様に、幅広い医療機関での受診が可能になった。

⑲ 【経済安全保障推進】法は、①◯◯の強化、②基幹インフラの事前審査、③先端技術での官民協力、④特許出願の非公開からなる。

サプライチェーン
背景に半導体などをめぐる米中の対立がある。2023年以降、段階的に施行される。

☐ **⓴**	☐は【子ども】の最善の利益を第一に考え、【子ども】の成長を社会全体で後押しするために設置される政府機関である。	**こども家庭庁** 岸田内閣により2022年2月25日に国会提出、6月15日成立。2023年4月に発足した。
☐ **㉑**	☐とは戦争やテロ、大規模災害などの国家的な危機に対処するため、【内閣】の権限を一時的に強化する規定のことである。	**緊急事態条項** 自民党が2011年の東日本大震災のあとに発表した憲法改正草案に盛り込まれた。
☐ **㉒**	2021年9月、未来志向のDX(【デジタルトランスフォーメーション】)の大胆な推進を目指す☐庁が発足した。	**デジタル** 2022年からは河野太郎氏がデジタル大臣を務めている。
☐ **㉓**	首相官邸に設置された【国家安全保障会議】(日本版【NSC】)を構成する首相以下3大臣を挙げよ。	**内閣官房長官、外務大臣、防衛大臣** 外交・安全保障政策の司令塔として設置。
☐ **㉔**	☐構想とは、AIや【ビッグデータ】など最先端の技術を活用した、未来の暮らしを先行して実現する都市構想である。	**スーパーシティ** 2020年の国家戦略特別区域法の改正により創設された「スーパーシティ型国家戦略特区」のこと。
☐ **㉕**	【内閣府】が提唱する☐とは、狩猟社会、農耕社会、工業社会、情報社会に続く、我が国が目指すべき未来社会を指す。	**ソサエティー5.0** 科学技術政策の1つ。サイバー空間とフィジカル空間を融合させ、経済発展と社会的課題の解決が両立する社会を目指す。
☐ **㉖**	外交・安全保障上の重要情報を特定秘密とし、行政機関からの【機密漏えい】に厳罰を科す法律が☐である。	**特定秘密保護法** 2014年12月施行。2019年の見直しで適用対象機関を70から28に大幅減。
☐ **㉗**	☐三原則とは、従来の【武器輸出】三原則を見直し、条件付きで輸出を認めるものである。	**防衛装備移転** 武器輸出三原則は、1967年佐藤内閣から。
☐ **㉘**	2022年12月、「一票の格差」を是正するため衆議院の☐の数を【10増10減】する改正公職選挙法が成立した。	**小選挙区** 今回の改正では、過去最多となる140選挙区の区割りも変更された。
☐ **㉙**	【参院選】の格差是正のため、複数の都道府県を1つの選挙区とする☐が導入されている。	**合区(合同選挙区)** 鳥取県と島根県、徳島県と高知県がそれぞれ1つの選挙区となった。

30 自民党による憲法改正草案には、第【9】条を改正して、天皇を【元首】とし、□□を設置するなどの条項がある。

国防軍
「9条2項の廃止」も話し合われている。

31 東京一極集中の是正を進めるため、2023年3月に□□が【京都】へ移転。新たなスタートを切った。

文化庁
中央省庁の地方移転は、地方創生の目玉とされていたが、現在文化庁以外は進んでいない。

32 【デジタル】□□とは、【デジタル】技術を活用して、地域社会の課題を解決、地方活性化を目指す構想である。

田園都市国家
岸田政権が看板政策に掲げる「新しい資本主義」の柱の一つとなる。

33 日本国内におけるアメリカ軍への【基地の提供】や、事件を起こしたアメリカ兵の身柄などについて定めたのが、□□である。

日米地位協定
1960年締結。改定が懸案となっている。

34 2024年度から国内に住所のある個人に対して、個人住民税均等割と併せて1人年額【1,000】円の□□税が徴収される。

森林環境
税収の全額が、国によって森林環境譲与税として都道府県・市町村へ譲与される。

35 □□税は、日本から出国する旅客から出国1回につき【1,000】円を徴収し、これを国に納付する。

国際観光旅客
船舶または航空会社が、チケット代金に上乗せする等の方法で徴収する。

36 2022年5月、最高裁は「海外在住の邦人が【最高裁裁判官】の□□に投票できないのは違憲」との初めての判断を示した。

国民審査
国政選挙では2007年6月1日以降、衆議院小選挙区選挙、参議院選挙区選挙の在外投票が可能となっている。

37 ロシアとの【北方領土】問題で、日本は□□・□□・【歯舞群島】・【色丹島】の四島一括返還を求めている。

択捉島、国後島
えとろふとう くなしりとう

38 □□は、日本が【島根】県に編入しているが、現在は【韓国】が実効支配しており、両国間で領有権問題が生じている地域である。

竹島
韓国名「独島(ドクト)」。

39 □□は、2012年9月に日本政府が【国有化】し、【中国】との間に領有権問題が生じている地域である。

尖閣諸島
せんかくしょとう
台湾も領有権を主張している。

社会・生活

■次の問いに答え、空欄に適した語句を入れなさい。

❶ 2024年1月、【石川】県□□□地方でM7.6の地震が発生。死者・安否不明者を合わせて250人以上（発生時）の大災害となった。

能登
県内の住宅被害は約5万棟。輪島市をはじめ調査が進んでいない地域があり、被害棟数は増える見通し。

❷ 総務省【人口推計】の発表によると、2024年1月現在の日本人の総人口は、約1億2,400万人。前年比約□□万人の減少。

65
現在の調査方法になった1973年以降、初めて全都道府県で人口が減少した。

❸ 人口動態調査速報によると、2023年1〜11月期の【婚姻】数は、前年同期比□□□%の大幅減となった。

マイナス5.6
婚姻数減少から出生数減少は避けられず、将来の労働力不足の加速が危惧される。

❹ □□□とは1990年代後半〜2012年頃に生まれた若者のことで、いわゆる【デジタルネイティブ】の始まりの世代を指す。

Z世代
1980年頃〜1990年代中頃生まれの「Y世代（ミレニアル世代）」に続く世代として名付けられた。

❺ 本来なら大人が担う家事や家族の世話、介護を行っている【18】歳未満の子供を□□□という。

ヤングケアラー
公立中学2年生の5.7%、公立の全日制高校2年生の4.1%が世話をしている家族がいると回答した。

❻ 【可処分所得】が中央値の半額未満の人の割合を□□□といい、日本は約【6】人に1人（15.4%）が低所得者層とされる。

(相対的)貧困率
子どもの貧困率（17歳以下）は11.5%で、ひとり親世帯は44.5%（国民生活基礎調査：2021年）。

❼ 日本の食料自給率の目標値は、【2030】年までに【カロリーベース】で□□□%、生産額ベースでは□□□%とされている。

45、75
2021年度の食料自給率はカロリーベースで約38%、生産額ベースで約63%。

❽ 2023年10月、最高裁は□□□変更の際に、【生殖】能力を失くす手術を必要とする規定が違憲・無効との決定を出した。

性別
2004年に施行された「性同一性障害特例法」では、生殖機能がない場合のみ、性別を変更できるとしている。

❾ 2023年8月、東京電力は福島第一原子力発電所から出た「□□□処理水」の【海洋放出】を開始した。

ALPS（アルプス）
処理水の放出は今後30年程度続くとされている。

⑩ 【大川原化工機】の不正◻︎をめぐる冤罪事件で、東京地裁は捜査を違法として、国と都に賠償を命じた。

輸出
大川原化工機の幹部は、軍事転用が可能な機械を中国などに不正輸出した疑いで逮捕、起訴されていた。

⑪ 【JR東海】は◻︎の開業時期について、これまでの「2027年」を「2027年以降」と変更、国に申請した。

リニア中央新幹線
静岡県が着工を認めないことから「2027年開業は難しい」としている。

⑫ 新青森駅と【新函館北斗】駅間で運行している◻︎は、【札幌】駅までの全線が2031年春に開業予定。

北海道新幹線
その一方、JR北海道は赤字の5路線5区間の廃線を決定。

⑬ ジャニー喜多川氏の性加害問題で、◻︎事務所は社名を【SMILE-UP.】に変更、被害者への補償のみを行うことを発表した。

ジャニーズ
タレントのマネージメントなどは新会社「STARTO ENTERTAINMENT」で行うこととになる。

⑭ 2022年4月より、女性が43歳未満であることを要件に「人工授精」「体外受精」などの【不妊治療】の◻︎が拡大された。

保険適用
今回の改定まで、不妊治療は原因検査以外すべて自己負担(助成金あり)とされていた。

⑮ 再婚後に生まれた子の父親は【前夫】とする◻︎規定が見直され、【現夫】とする改正民法が成立、2024年夏までに施行の予定。

嫡出推定
改正民法の見直しに伴い、離婚後100日間は女性の再婚を禁じていた規定は廃止となる。

⑯ ◻︎とは、国民の【4】人に1人が75歳以上の超高齢化社会となり、医療・介護や社会保障費の急増などに直面すること。

2025年問題
団塊の世代が75歳以上となり、続いて団塊ジュニアが65歳以上となる「2035年問題」が懸念される。

⑰ 自営業者などが加入する◻︎料について、厚生労働省は2024年度から上限を2万円引き上げて【106万】円に決定した。

国民健康保険
高所得者の保険料を上げることで、保険財政の安定を図るねらい。

⑱ 【65】歳以上の住民が過疎化などで人口の◻︎%を超え、存続が危ぶまれる地域社会を◻︎という。

50、限界集落
離島や山村地域など社会経済的条件に恵まれない地域に集中している。

⑲ 2025年度以降の【大学入試共通テスト】では、出題教科・科目が現行の6教科30科目から◻︎教科◻︎科目へと変更される。

7、21
プログラミングやデータ分析を含む「情報」教科が加わる。

□ **⑳** 【全国瞬時警報システム】（＿＿）は、対処に余裕がない事態に関する緊急情報を携帯電話等に配信するしくみである。

Jアラート
弾道ミサイル攻撃の情報や緊急地震速報、津波警報などが発出の対象となる。

□ **㉑** 2023年12月、原子力規制委員会は東京電力・【柏崎刈羽】原子力発電所について、＿＿命令を解除した。

運転禁止
テロ対策上の問題について自律的な改善が見込めることが確認できたとしている。

□ **㉒** 総人口のうち＿＿歳以上の人口の占める割合を【高齢化】率といい、これが＿＿％を超えた社会を【超高齢社会】という。

65、21
日本は2010年より超高齢社会を迎えており、2025年には高齢化率30％に達する予測。

□ **㉓** 高齢の親と、【引きこもり】の中高年の子の同居世帯が抱える生活の困窮や社会的孤立などの諸問題を＿＿という。

8050問題
はちまるごーまるもんだい
「80代の親と50代の子」から。内閣府は「中高年の引きこもり」が全国に約61万人以上と推定。

□ **㉔** 2022年4月1日から、＿＿が【18歳】に引き下げられ、保護者の同意なしでローンやクレジットカードなどの契約が可能に。

成人年齢
少年法の対象となる18、19歳は「特定少年」とされ、犯罪の一部を厳罰化した。

□ **㉕** 小・中学校に相当する【9】年間を一貫教育する＿＿は、178校設置(2022年度現在)されており、今後も増加する見込み。

義務教育学校
2016年の改正学校教育法により設置が可能になった。

□ **㉖** 大学入試制度が約30年ぶりに改革され、2020年度から現行の【大学入試センター試験】に代わり、＿＿が導入された。

大学入学共通テスト
制度の不備が指摘され、英語民間試験と記述式問題の導入が延期となった。

□ **㉗** ＿＿は【保護者】の休暇に合わせて、子どもが年間3日まで学校を休み、家族での活動機会を増やせるようにする制度である。

ラーケーション
「ラーケーション」とは、LearningとVacationを組み合わせた造語。愛知県で初導入。

□ **㉘** 観光地にキャパシティ以上の【観光客】が押し寄せることで、地域住民や環境に悪影響を及ぼすことを＿＿という。

オーバーツーリズム
交通渋滞やトイレ不足といったインフラの問題、騒音やゴミのポイ捨てといったマナーの問題などがある。

□ **㉙** 厚生労働省は2023年4月、日本で初めて【人工妊娠中絶】のための飲み薬（＿＿）を承認した。

経口中絶薬
薬を投与できるのは、都道府県医師会に指定を受けた医師のみに限られる。

30 ボランティアで、貧困や孤食などの状況にある子どもに無料か低額で【食事】を提供する____が全国に広がっている。

子ども食堂
全国で9,100カ所超。孤立しがちな保護者や高齢者なども含めた地域コミュニティーの役目も。

31 認知症などで判断能力が不十分な人に代わり、【家庭裁判所】による選任者が法律的に支援する制度を____という。

成年後見制度
後見人を家庭裁判所が選ぶ「法定後見」と、事前に本人が選ぶ「任意後見」がある。

32 2025年には730万人と推計される認知症患者対策を策定した【認知症施策推進総合戦略】を、通称____という。

新オレンジプラン
65歳以上の高齢者の約5人に1人は認知症と推計される。

33 ____とは、差別の撤廃が課題となっている、同性愛者などの【性的少数者】の総称の1つである。

LGBTQ＋
L＝レズビアン、G＝ゲイ、B＝バイセクシュアル、T＝トランスジェンダー、Q＝クエスチョニング、クイア。＋は性の多様性を意味する。

34 2023年11月、【福島】県富岡町で____区域の避難指示が解除。これで____区域はすべて避難指示の解除が完了した。

特定復興再生拠点
福島県内には、なお309平方キロ余りの帰還困難区域が残っている。

35 2023年、1年間の世相を表す「今年の漢字」に「____」が選ばれ、「【新語・流行語】大賞」に「____」が選ばれた。

税、アレ(A.R.E)
年間を通して増税議論が行われたこと、阪神タイガースの活躍から選定。

36 美術、文芸、音楽作品の【著作権保護期間】が、著作者の死後または団体の著作物の公表後、原則、____に延長された。

70年
TPP11の発効(2018年12月30日)に合わせて著作権法を改正。施行前の保護期間は50年。

37 全国の児童・生徒に1人1台のコンピュータと高速通信ネットワークを整備する【文部科学省】の取り組みを____構想という。

GIGAスクール
「Global and Innovation Gateway for All」の略。小中学生には、1人1台のICT端末の配布を行った。

38 高校では、2022年4月から、「____」教科や【家庭科】では、投資や資産形成まで踏み込んだ金融教育が必修となった。

公共
お金や金融商品に加え、社会生活に必要となる金融に関する知識を身につけることを目的としている。

39 飼い主の特定や、迷子・虐待などの防止に効果があるとして【改正動物愛護管理】法で販売用の犬猫に____の装着が義務化された。

マイクロチップ
犬猫の皮膚に獣医が埋め込む。販売可能時期も生後8週超に制限。2022年6月から施行。

■次の問いに答え、空欄に適した語句を入れなさい。

❶ 2023年、世界の【化石燃料】からの□□□排出量は、前年より1.1%増加して、368億トンに達した。

二酸化炭素(CO_2)
EUとアメリカでは排出量が減少したが、インド、中国は増加が予想され、世界の排出量は過去最高を記録する見込み。

❷ 2023年の地球の□□は20世紀の平均に比べ【1.18】度高く、観測史上最高を記録した。

気温
水深2,000メートルまでの海水温度も最高だったほか、南極の氷の面積も最低レベルに下がった。

❸ 2023年12月、【ドバイ】で開催されたCOP28では、COPとしては初めて「□□□からの脱却」に向けたロードマップが承認された。

化石燃料
石油、石炭、ガスの「段階的廃止」を合意に盛り込むまでには至らなかった。

❹ 日本は、2030年度には【温室効果ガス】排出量を2013年度比で46%削減、2050年には完全な□□□の実現を目標としている。

カーボンニュートラル
温室効果ガスの排出量と吸収量を均衡させて、合計を実質的にゼロにすること。

❺ 2020年以降の気候変動問題に関する国際的な枠組みである□□□により、締約国は【脱炭素】社会に向けた対策に取り組んでいる。

パリ協定
国連気候変動枠組条約第21回締約国会議（COP21）で合意され、2016年に発効。

❻ 2021年の統計（BPベース）によれば、【二酸化炭素】排出量の最も多い国は□□で、次いで□□・□□・ロシアの順である。

中国、アメリカ、インド
日本は5番目に多い。

❼ □□□とは、各国政府推薦の学者が【気候変動】について科学的・技術的・社会経済的側面から評価を行う政府間組織である。

IPCC（気候変動に関する政府間パネル）
現在の参加国は195の国と地域（2022年3月）。スイス・ジュネーブに事務局がある。

❽ 電力供給事業で、季節や時間帯によらず、年間を通じた1日の需要の最低水準【発電量】のことを□□□という。

ベースロード
ベースロード電源には低単価で安定供給できる石炭や水力、原子力などが適す。

❾ 世界の電源構成に占める□□□エネルギーの割合が、現在の約【30】%から、2030年には【50】%近くに高まると予想される。

再生可能
2023年の国際エネルギー機関（IEA）発表より。日本では現在の18%程度から約2倍程度の36〜38%に引き上げる予定。

⑩ 青森県【六ヶ所村】に建設している使用済み核燃料の□□□の完成目標時期が、2年延期されて2024年度上期となった。

再処理工場
2023年9月、日本原燃は年内に原子力規制委員会の審査を終えるのは厳しいと発表した。

---

⑪ 2023年8月、東京電力は福島第一原発に溜まり続ける□□□を含む【ALPS】処理水の海洋放出を開始した。

トリチウム
国際原子力機関は、ALPS処理水の海洋放出が国際安全基準に合致した方法だとしている。

---

⑫ 2023年5月3日、「【GX脱炭素電源法】」が参院本会議で成立。原発が□□年を超えて運転できることになった。

60
2011年の東京電力福島第一原発事故を機に運転期間を最長60年に制限していた。

---

⑬ 2047年度完了予定の高速増殖炉【もんじゅ】の□□計画だが、冷却材の液体ナトリウムの回収方法など課題が山積みである。

廃炉
2023年2月現在、廃炉決定・解体中の国内原発は24基。廃炉作業は困難で完了予定は不透明。

---

⑭ □□□は自然環境や生態系の保全を図る国際条約で、【2030】年までに陸と海の30%を保護区化するなどの対策強化が新目標。

生物多様性条約
2010年の愛知目標の後継。これに対応する国内法が「種の保存法」(2017年改正)。

---

⑮ 別の地域から移入して、在来の生態系に被害を及ぼすほど繁殖し、【外来生物法】で指定されたものを□□生物という。

特定外来
マングース、アライグマ、ガビチョウ、カミツキガメ、ヒアリ、オオキンケイギクなど。

---

⑯ □□□とは、【国際自然保護連合】(IUCN)が絶滅の恐れのある野生生物を調査し作成した資料のこと。

レッドリスト
2023年12月現在、4万4,000種以上が絶滅危惧種に。日本国内では3,772種(2020年)。日本版は環境省が作成。

---

⑰ 日本は【国際捕鯨委員会】(IWC)の脱退後、排他的経済水域内での□□□を再開した。捕獲できる鯨の種類を増やすことも検討中。

商業捕鯨
2019年6月に脱退。現在、水産庁が捕獲対象を3種に絞り、捕獲可能頭数も定めている。

---

⑱ 【エルニーニョ】現象は冷夏や暖冬を、逆に□□□は猛暑や厳冬などの気象を日本にもたらす。

ラニーニャ現象
南米ペルー沖の平均海面水温が半年以上高いと「エルニーニョ」。気象庁は監視速報を毎月発表。

---

⑲ 2022年4月より、【プラスチック資源循環促進法】が施行。基本原則に3R＋□□□(再生可能)を掲げている。

リニューアブル
3R→リデュース・リユース・リサイクル。使い捨てストローや歯ブラシ、衣料用ハンガーなどの無料提供も見直しの対象に。

20 ビニール袋などに由来する□は、粒子が細かく自然環境下では分解されないため、河川や【海洋汚染】の問題が深刻化している。

マイクロプラスチックゴミ
海洋生物に悪影響を及ぼし、生態系を破壊すると問題視され、世界中で規制強化の動き。

21 今後想定される巨大地震には、【南海トラフ地震】、□周辺海溝型地震、首都直下地震、中部圏・近畿圏直下地震がある。

日本海溝・千島海溝
発生確率は、南海トラフ地震が今後20年以内で60%程度、首都直下地震は30年以内で70%。

22 2024年1月1日に発生した【能登半島】地震における地震活動と土地隆起の原因は、海底の□であると見られている。

活断層
北東から南西に延びている約150キロにおよぶ活断層がずれ動いたとされている。

23 2023年2月6日、【トルコ】南東部の□国境付近でマグニチュード7.8の大地震が発生し死者は5万人を超えたと発表された。

シリア
2月20日には、トルコ南部で新たにマグニチュード6.4の地震が発生。

24 【熱中症】の危険性が極めて高いと予測される際に発表される□が、2023年4月26日から10月25日まで運用された。

熱中症警戒アラート
環境省と気象庁の発表。2024年から、特に気温が高くなると予測される場合は、熱中症特別警戒アラートが発表される。

25 「概ね過去□以内に噴火した火山及び現在活発な噴気活動のある火山」を【活火山】と呼び、日本では111カ所ある。

1万年
2022年7月に鹿児島県の桜島で初の噴火警戒レベル5（避難）を記録した。

26 2024年1月、前年12月に噴火した□南西部【レイキャネス】半島の火山が再び噴火し、溶岩が町の郊外に流れ込んだ。

アイスランド
2024年2月8日にも噴火し、2023年12月以来、3度目となる。

27 2023年8月、ハワイ・□島で山火事が発生。島西部の観光地【ラハイナ】は2,200以上の建物が損壊した。

マウイ
老朽化した送電線が強風で損傷し、出火したとの見方が出ている。死者数はおよそ100人。

28 □とは次々と発生する【積乱雲】が帯状に連なり、同じ場所を通過・停滞する現象。特定の地域に大雨をもたらす。

線状降水帯
気象庁は2022年6月から発生予測情報を半日から6時間前までに伝える取り組みを始めた。

29 風上の気流が山の斜面にあたり、山頂を越えて吹き下ろす【高温】で乾燥した風により風下側の気温が急上昇する現象が□。

フェーン現象
この現象で2022年9月、石川県金沢市で観測史上最も高い気温38.5度を観測した。

30 地球温暖化で海氷面積が減少し夏季運航が可能となった▢は、【航行距離】の短縮や資源開発などへの活用で期待大。

北極海航路
燃費も大幅縮小し、各国が航路開発への関心を高める一方、環境への影響も懸念。

31 近年、エコカーの主流は、EV（【電気自動車】）・PHV（プラグインハイブリッド車）・FCV（▢）に移っている。

燃料電池自動車
世界でHV（ハイブリッド車）をエコカーの定義から外す動きが加速。

32 東【アジア】の砂漠域や黄土地帯から強風で吹き上げられた多量の砂じんが、風に乗って飛散・降下する現象を▢という。

黄砂
日本気象協会の黄砂情報では、大陸からの黄砂の分布を3日先まで予測・発表している。

33 ▢を燃料にした▢発電は、【二酸化炭素】を出さない究極のクリーンエネルギーとされる。

水素
政府は2030年までの商用化を目指す。「水素・燃料電池戦略ロードマップ」を改訂し、技術開発に取り組む。

34 太陽光や風力など【再生可能エネルギー】で作る水素を「▢」、化石燃料由来でCO2削減対策したものを「【ブルー水素】」という。

グリーン水素
脱炭素社会実現の柱として本格活用が期待されている。

35 地球の衛星軌道上を超高速で周回する、ロケットや【人工衛星】などの大量の残骸や破片を▢（宇宙ゴミ）という。

スペースデブリ
宇宙での衝突リスクを憂慮し、各国が処理・回収に取り組むほか、専門ベンチャー企業も誕生。

36 廃棄物の再利用などを通して、環境汚染や気候の混乱を招く廃棄物の排出を、限りなく【ゼロ】にしようとする構想を▢という。

ゼロ・エミッション
1994年に国連大学によって提唱された日本発のコンセプトとされている。

37 【ユネスコ】の世界自然遺産に登録されている国内5地域による「▢」が、自然保護の連携を目的に、2023年1月に発足した。

世界自然遺産5地域会議
知床、白神山地、小笠原諸島、屋久島、奄美・沖縄にある22の市町村などで構成。

38 【温室効果ガス】削減や、環境対策を目的とした事業のための資金調達に発行される【債券】を▢という。

グリーンボンド
ソーシャルボンド、サステナビリティボンドなどを含む「SDGs債（エスディージーズさい）」の1つ。

39 ▢とは、適正に管理された森林から産出した木材などを、独立した【第三者機関】が評価・認証して流通させる制度。

森林認証制度
持続可能な森林利用と保護が目的。国際的認証機関がFSC（森林管理協議会）。

科学技術・情報通信・IT

■次の問いに答え、空欄に適した語句を入れなさい。

❶ □□□とは、学習した情報から新たに文章や画像などを生み出す人工知能技術のことで、【ChatGPT】はその一種である。

生成AI(Generative AI)
OpenAI社が開発したAIによる自動応答システム。多様な分野で急速に活用が進む。

❷ □□□の技術を応用し、唯一で代替不可能なデータであると証明されたデジタル資産のことを【NFT】(非代替性トークン)という。

ブロックチェーン
暗号資産の基盤技術。NFTはNon-Fungible Tokenの略。

❸ 今までPC上で人間が行ってきた事務処理業務を【ソフトウェアロボット】により自動化する技術を□□□という。

RPA
人手不足を補い、事務的作業を効率化できるため、企業から自治体まで多方面で導入が進んでいる。

❹ □□□計画は、アメリカ・【航空宇宙局】(NASA) が予定する有人月面着陸計画。居住棟建設や有人火星探査への礎を目指す。

アルテミス
日本やEUも参加する、月面探査や月面基地の建設などを目指す国際プロジェクト。

❺ 【NASA】が太陽周回軌道に打ち上げた世界最大の「□□□宇宙望遠鏡」から、2023年7月より観測データの公開がスタート。

ジェームズ・ウェッブ
ハッブル宇宙望遠鏡の後継機。遠方宇宙領域や未知の天体の観測が可能になった。

❻ 2023年8月、【インド】宇宙研究機関(ISRO)の□□□が、困難とされる【月】の南極(裏側)への着陸を世界で初めて達成した。

無人月面探査機
月面着陸に成功したのは、アメリカ、旧ソ連、中国に続いてインドが4カ国目。

❼ 2024年1月、アメリカ・ハッブル宇宙望遠鏡で、地球の約2倍の大きさの□□□に、【水】を豊富に含む大気を検出したと発表。

太陽系外惑星
太陽系から97光年先の系外惑星。銀河系内での生命存在の可能性に重要な要素。

❽ 2023年10月、NASAは大量の金属でできた小惑星「【プシケ】」に向け、史上初の無人探査機「□□□」の打ち上げに成功。

サイキ
2029年に到着予定。将来的に宇宙鉱山として資源としても期待がかかる。

❾ 準天頂軌道を周回する、日本の衛星測位システム「□□□」は、現在の【4】基体制から【11】基体制にするのが目標である。

みちびき
日本版GPS(全地球測位システム)。精度向上を目指す。

⑩ 2023年2月、【宇宙航空研究開発機構】（____）は14年ぶりに日本人宇宙飛行士を選出（男女2人）。

JAXA（ジャクサ）
アルテミス計画で日本人宇宙飛行士が月面着陸する方向で調整中。

⑪ 2024年1月、【JAXA】が打ち上げた小型無人探査機「____」が、日本初のピンポイントでの【月面】着陸を成功させた。

SLIM（スリム）
目標地点の誤差55mは世界初の精度。月面着陸成功は世界で5番目となる。

⑫ ____は、特定の【プラットフォーマー】を介在させずに、データを個人が分散管理する次世代のインターネットである。

Web3.0（ウェブスリー）
ブロックチェーン技術を利用し、「分散型インターネット」とも称される。

⑬ オンライン上に構築された現実世界とは異なる3Dの【仮想空間】やそこで楽しむサービスを総称して____という。

メタバース
利用者はアバター（自身の分身）を介して空間内を移動、他の利用者と交流できる。

⑭ ____（AI）が現実や事実とは違う情報をもっともらしく生成する現象を「【ハルシネーション】（幻覚）」という。

人工知能
学習データの誤りが原因とされ、深刻な社会問題を引き起こすリスクの1つとされる。

⑮ X（旧Twitter）に対抗して、アメリカ・【メタ社】（旧フェイスブック）も短文投稿型のSNSサービス「____」を2023年7月より開始。

Threads（スレッズ）
Twitterはアメリカ・テスラ社のCEOイーロン・マスク氏が買収し、青い鳥のロゴも廃止した。

⑯ 2023年4月、京都大病院の研究チームが「バイオ____」を使い、指や手首の【神経再生】に世界で初めて成功したと発表。

3Dプリンター
医療分野のほか、食品や機械製造、ファッションなど活用領域が拡大している。

⑰ 2024年1月、京都大学の研究チームは、____細胞から【腎臓】の細胞の一種を作ることに成功したと発表した。

iPS
「再生医療」の切り札。これで腎臓のもとになる主な細胞を全て作れるようになった。

⑱ ユーザーのデバイスに不利益をもたらす意図で作成された、【悪意】のあるソフトウェアを総称して____という。

マルウェア
「Malicious Software」（悪意のあるソフトウェア）の省略語。

⑲ ____詐欺とは、インターネットのユーザーから、クレジットカードや銀行口座情報などを【不正入手】する犯罪のこと。

フィッシング
実在の企業からのメールを装い偽サイトに誘導、IDやパスワードを入力させる手口。

20 パソコンをロックしたりファイルを暗号化し、元に戻すための【解除料】を請求する【不正プログラム】を ☐ という。

ランサムウェア
ネット犯罪の1つで被害は増加の一途。セキュリティ対策の徹底が不可欠。

21 【ハッカー集団】などによる企業や公共機関への ☐ は、社会インフラの停止などの被害もあり、対策は急務となっている。

サイバー攻撃
特に国家や国民生活を混乱に陥れる重大犯罪は「サイバーテロ」と呼ばれる。

22 世界各国から機密情報を盗み出す、中国が背景と指摘される【サイバー攻撃】グループを ☐ という。

ブラックテック
2023年9月、日本政府は名指しで注意喚起を行った。

23 パソコンやスマホなどの情報通信機器を活用して患者の診察を行い、対応や受診指示をその場で行う【遠隔診療】を ☐ という。

オンライン診療
離島やへき地などのほか、在宅療養にも利用拡大。公的保険の対象になっている。

24 建物や設備、電子機器、車など、あらゆる【モノ】をインターネットに接続する仕組みを ☐ といい、各分野で導入が進む。

IoT _{アイオーティー}
→IoT: Internet of Things
情報通信機器を超えた「モノのインターネット」ともいう。

25 特定の条件のもとでなら運転を完全に化する、【自動】運転の「 ☐ 」が2023年4月から解禁された。

レベル4
政府は地域の無人運転バスなど、普及を加速させる方針。

26 ☐ とは中央銀行発行の【デジタル通貨】。デジタル化、法定通貨建て、中央銀行の債務として発行、の3条件を満たすもの。

CBDC
「Central Bank Digital Currency」の省略語。

27 【製造】業を、インターネットや人工知能などのデジタル技術と融合させる潮流を ☐ と呼ぶ。

第四次産業革命
ドイツが提唱する「Industrie（インダストリー）4.0」に起因する。

28 トヨタやソニーなど、日本企業8社が出資して設立した、次世代 ☐ の量産を目指す新会社を【ラピダス（Rapidus）】という。

半導体
北海道千歳市に工場を建設し、2027年から量産を開始する予定。

29 2023年11月、アメリカ・オークリッジ国立研究所とHPEの「フロンティア」が ☐ の【計算速度】で4期連続で世界一となった。

スーパーコンピュータ
日本の「富岳（理化学研究所と富士通の共同開発）」は4位。なお、「処理性能」の2部門では、富岳が8期連続の1位に。

30 光速度で伝わる【時空のゆがみ】を捉える日本の重力波望遠鏡「____」が2023年5月、3年ぶりに国際共同観測を再開した。

かぐら
KAGRA
従来の望遠鏡では観測不可能なブラックホールなどの天体現象がキャッチできる。

31 ____は、スパコンを遥かに超える【計算能力】を持つ次世代コンピュータとされ、国産機が次々に稼働を開始している。

量子コンピュータ
2023年3月、理化学研究所はアメリカ・IBM社の性能を上回る初の国産機を稼働した。

32 現実世界に仮想の視覚情報を重ねて表示する【拡張現実】(AR)。コンピュータによる仮想世界を体験できるのが____(VR)。

仮想現実(Virtual Reality)
ARはスマホ向けサービス、VRはエンタメのほか医療・建築・教育など多方面で活用。

33 ____【MR】とはCGなどの仮想世界を現実世界に重ね合わせて体験できる技術で、映像を手で操作したり複数人での共有も可能。

複合現実(Mixed Reality)
ARやVRの拡張版。建設・製造計画などの確認に利用できる。ホログラム操作にも発展すると予想される。

34 従来より遥かに超高速・超大容量の通信が可能になる【通信規格】の____は、2030年頃からの実用化が見込まれている。

6G(第6世代移動通信システム)
Beyond 5Gとも。5G(第5世代移動通信システム)の次世代通信規格。

35 【エーザイ】とバイオジェンが共同開発した【アルツハイマー】病の新薬____が2023年1月、アメリカFDAから迅速承認を受けた。

レカネマブ
日本でも2023年12月より保険適用となった。

36 ____とは、プログラマーなどのチームが指定時間内でテーマに合う【開発】を競うイベント。IT業界以外にも拡大している。

ハッカソン(hackathon)
IT業界のイベント名称。ITエンジニアリング(hack)とマラソン(marathon)からの造語。

37 自動操縦・【垂直離着陸】できる次世代モビリティ「____」が、世界で注目されている。国内でも実現に向けて動きが本格化。

空飛ぶクルマ(車)
国内企業のスカイドライブ社が2025年の大阪・関西万博で運航を予定している。

38 【鉄】より強度があり【アルミ】より軽量で、航空機や建築資材等として汎用化される次世代の素材とは____である。

炭素繊維
重さは鉄の4分の1でありながら、強度は10倍というハイテク素材。

39 ____(CNF)とは、【パルプ】から作る超微細な植物繊維のことで、次世代の【バイオマス】素材として注目されている。

セルロースナノファイバー
→CNF: Cellulose Nanofiber
鉄の5倍の強度で重さは5分の1とされ、活用範囲が広い。

■次の空欄に適した語句を入れなさい。

❶ 2023年の□□□件数は8,690件。前年からの増加率は、【35.1】%とバブル崩壊以降で最も高い数値を記録した。

企業倒産
負債総額は2兆4,026億4,500万円。人手不足やコロナ融資返済などが原因とされる。

❷ 2023年11月、政府の有識者会議は、外国人材の確保と育成を目的とした□□□を廃止し、【育成就労制度】の創設を提言した。

技能実習制度
技能実習制度のもと、厳しい職場環境から実習生の失踪が相次ぎ、人権侵害とも指摘されていた。

❸ □□□は、生産性向上や人材確保が難しい産業で、即戦力となる【外国人】を受け入れるために2019年に創設された。

特定技能制度
国際貢献が目的の「技能実習制度」と異なり、人手不足の解消を目的とする制度。

❹ 【働き方改革】関連法に基づく□□□は、前日の終業時刻と翌日の始業時刻の間に一定時間の【休息】を確保する制度である。

勤務間インターバル制度
2019年4月から制度の導入が努力義務となった。

❺ 2020年4月に施行された□□□に関する法改正とは、正規、非正規社員など雇用形態による不合理な【待遇格差】を解消するもの。

同一労働同一賃金
大企業では2020年4月1日、中小企業では2021年4月1日より改正法が施行された。

❻ 国内の【農水産品】のブランドを守るために導入された□□□(GI)保護制度では、一定の品質を満たす産品のみ登録され表示できる。

地理的表示
2022年10月現在、登録件数は国内では夕張メロン、但馬牛など117件。各都道府県で1品以上の登録が目標。

❼ 2023年12月、自動車メーカーの□□□は、国の【認証取得】での不正問題で新たに174件の不正が見つかったと発表した。

ダイハツ(ダイハツ工業)
国内外の全ての車種が出荷停止となったが、2024年2月、国交省より、そのうちの3車種を解除するとの発表あり。

❽ 働く人一人ひとりが出資して組合を作り、「出資」「【経営】」「【労働】」のすべての仕事を担う働き方を□□□という。

協同労働
「労働者協同組合法」として2022年10月より施行。地域社会活性化の一助としても期待されている。

❾ □□□とはECと【ライブ配信】動画を合わせた販売形態。視聴者は配信者とリアルタイムでのコミュニケーションが可能。

ライブコマース
動画で商品を紹介し、チャットを介してユーザーの質問などに答えていく。

⑩ 働く能力と意思のある人に、政府が一定額の賃金を払って仕事を提供することを□□（【一定賃金雇用の無制限供給】）という。

JGP
「Job Guarantee Program」の略。雇用保障の一環であり、財源は税金ではなく、政府の赤字支出として賄われる。

⑪ □□とは、フルタイムで働いても生活維持困難な低所得者層（年収【200】万円以下）のこと。

ワーキングプア
「働く貧困層」ともいう。多くが非正規労働者で年々増加している。

⑫ 政府は「女性版骨太の方針2023」で、女性の管理職比率の【2030】年までの目標を□□%以上とした。

30
政府は中間目標として、プライム市場に上場する企業の女性役員比率を「2025までに19%」に引き上げるとした。

⑬ 2023年9月の【日銀短観】で景気の判断指数である□□DIは大企業製造業で9、大企業非製造業で27と発表された。

業況判断
製造業は同年6月調査から4ポイント、非製造業でも4ポイントの改善となった。

⑭ 【農業改革】の取り組みの1つとして、生産から加工、流通までを総合的に運営する枠組みを□□という。

6次産業化
1次×2次×3次＝6次を表す。

⑮ 従業員が、休日や【勤務時間外】にきた仕事に関わるメールや電話への対応を【拒否】できる権利を□□という。

つながらない権利
従業員への負担を考慮したもの。長期休暇中のメールの受信拒否や自動削除できるシステムを導入する企業も。

⑯ 短時間・短期間の【雇用契約】を結び、継続した雇用関係がない働き方を「□□」という。

スポットワーク
単発で雇用契約を結ばない働き方を「ギグワーク」という。

⑰ 実労働時間にかかわらず、事前に設定された時間分を働いたと【みなす制度】を□□という。

裁量労働制
みなし労働時間制の1つで適用業務には制限がある。

⑱ 働き方改革により、【残業】時間の上限は原則として、月□□時間・年□□時間とされている。

45、360
違反した企業には罰金が科せられる。

⑲ 生活に必要な【最低限】の金額を、全国民に無条件で支給する社会保障政策を□□という。

ベーシックインカム
導入の議論が世界的に活発化している。

国際略語

■次の【　】内の語句の略称を答えなさい。

☐ ❶	【東南アジア諸国連合】	ASEAN(アセアン) Association of Southeast Asian Nations
☐ ❷	【国際決済銀行】	BIS(ビス) Bank for International Settlements
☐ ❸	【包括的核実験禁止条約】	CTBT Comprehensive Nuclear Test Ban Treaty
☐ ❹	【自由貿易協定】	FTA Free Trade Agreement
☐ ❺	【アメリカ連邦準備制度理事会】	FRB Federal Reserve Board
☐ ❻	【大量破壊兵器】	WMD Weapons of Mass Destruction
☐ ❼	【排他的経済水域】	EEZ Exclusive Economic Zone
☐ ❽	【国連児童基金】	UNICEF(ユニセフ) United Nations Children's Fund
☐ ❾	【国連教育科学文化機関】	UNESCO(ユネスコ) United Nations Educational, Scientific and Cultural Organization
☐ ❿	【欧州連合】	EU European Union
☐ ⓫	【アジア欧州会合】	ASEM(アセム) Asia-Europe Meeting
☐ ⓬	【上海協力機構】	SCO Shanghai Cooperation Organization
☐ ⓭	【石油輸出国機構】	OPEC(オペック) Organization of Petroleum Exporting Countries
☐ ⓮	【パレスチナ解放機構】	PLO Palestine Liberation Organization
☐ ⓯	【経済協力開発機構】	OECD Organization for Economic Cooperation and Development
☐ ⓰	【世界貿易機関】	WTO World Trade Organization
☐ ⓱	【国際通貨基金】	IMF International Monetary Fund
☐ ⓲	【アジア太平洋経済協力】	APEC(エイペック) Asia-Pacific Economic Cooperation Conference
☐ ⓳	【北大西洋条約機構】	NATO(ナトー) North Atlantic Treaty Organization
☐ ⓴	【新興工業経済地域】	NIES(ニース) Newly Industrializing Economies
☐ ㉑	【政府開発援助】	ODA Official Development Assistance
☐ ㉒	【欧州通貨制度】	EMS European Monetary System
☐ ㉓	【国連貿易開発会議】	UNCTAD(アンクタッド) United Nations Conference on Trade And Development
☐ ㉔	【世界保健機関】	WHO World Health Organization
☐ ㉕	【国際復興開発銀行】	IBRD International Bank for Reconstruction and Development

☐ ㉖【独立国家共同体】	CIS	Commonwealth of Independent States
☐ ㉗【関税および貿易に関する一般協定】	GATT(ガット)	General Agreement for Tariffs and Trade
☐ ㉘【アメリカ証券取引委員会】	SEC	Securities and Exchange Commission
☐ ㉙【国連平和維持活動】	PKO	Peace Keeping Operations
☐ ㉚【アメリカ航空宇宙局】	NASA(ナサ)	National Aeronautics and Space Administration
☐ ㉛【戦略防衛構想】	SDI	Strategic Defence Initiative
☐ ㉜【国際刑事警察機構】	ICPO	International Criminal Police Organization
☐ ㉝【世界知的所有権機関】	WIPO(ワイポ)	World Intellectual Property Organization
☐ ㉞【国連安全保障理事会】	UNSC	United Nations Security Counsil
☐ ㉟【民間非営利団体】	NPO	Non-Profit Organization
☐ ㊱【核拡散防止条約】	NPT	Nuclear non-Proliferation Treaty
☐ ㊲【非政府組織】	NGO	Non-Governmental Organization
☐ ㊳【国際労働機関】	ILO	International Labour Organization
☐ ㊴【戦略兵器削減条約】	START(スタート)	Strategic Arms Reduction Treaty
☐ ㊵【国連難民高等弁務官事務所】	UNHCR	United Nations High Commissioner for Refugees
☐ ㊶【国際原子力機関】	IAEA	International Atomic Energy Agency
☐ ㊷【アメリカ連邦捜査局】	FBI	Federal Bureau of Investigation
☐ ㊸【アメリカ中央情報局】	CIA	Central Intelligence Agency
☐ ㊹【ニューヨーク証券取引所】	NYSE(ナイス)	New York Stock Exchange
☐ ㊺【大陸間弾道ミサイル】	ICBM	Intercontinental Ballistic Missile
☐ ㊻【経済連携協定】	EPA	Economic Partnership Agreement
☐ ㊼【アフリカ連合】	AU	African Union
☐ ㊽【国際司法裁判所】	ICJ	International Court of Justice
☐ ㊾【欧州中央銀行】	ECB	European Central Bank
☐ ㊿【国際エネルギー機関】	IEA	International Energy Agency
☐ 51【国際財政報告基準】	IFRS	International Financial Reporting Standards
☐ 52【北米自由貿易協定】	NAFTA(ナフタ)	North American Free Trade Agreement
☐ 53【アメリカ通商代表部】	USTR	Office of the United States Trade Representative
☐ 54【国連平和維持軍】	PKF	Peace Keeping Force

6章 最新時事▼国際略語

時事英語

■次の【 】内の英語に適する訳語を答えなさい。

〈政治・政府〉関連語

☐ ❶	【politics】	政治
☐ ❷	【the government】	政府
☐ ❸	【parliamentary democracy】	議会制民主主義
☐ ❹	【coalition government】	連立政権
☐ ❺	【the Diet(日)／the Congress(米)】	国会、議会
☐ ❻	【bill】	法案
☐ ❼	【act】	法
☐ ❽	【session】	会期
☐ ❾	【member of the the Diet, lawmaker】	国会議員
☐ ❿	【appointment】	任命
☐ ⓫	【election】	選挙
☐ ⓬	【referendum】	国民投票、住民投票
☐ ⓭	【landslide victory】	圧勝、地すべり的勝利
☐ ⓮	【reform】	改革
☐ ⓯	【resignation】	辞任
☐ ⓰	【corruption】	汚職
☐ ⓱	【ruling party】	与党
☐ ⓲	【opposition party】	野党
☐ ⓳	【two-party system】	二大政党制
☐ ⓴	【Liberal Democratic Party】	自由民主党(日など)
☐ ㉑	【Democratic Party】	民主党(日、米など)
☐ ㉒	【Republican Party】	共和党(米など)
☐ ㉓	【Conservative Party】	保守党(英など)
☐ ㉔	【Labour Party】	労働党(英など)
☐ ㉕	【party leader】	党首

㉖	【the Prime Minister】	首相
㉗	【the Ministry of Foreign Affairs】	外務省
㉘	【the Foreign Minister】	外相、外務大臣
㉙	【the Department of State】	国務省(米)
㉚	【diplomat】	外交官
㉛	【the Ministry of Finance】	財務省
㉜	【the Finance Minister】	財務相
㉝	【budget】	予算
㉞	【taxation】	課税
㉟	【tax rate】	税率
㊱	【financial resources】	財源
㊲	【local government】	地方自治体
㊳	【devolution, decentralization】	地方分権
㊴	【domestic affairs】	国内問題
㊵	【international affairs】	国際問題
㊶	【legality】	合法性、正当性
㊷	【legalization】	合法化

〈外交〉関連語

❶	【treaty】	条約
❷	【agreement】	協定、合意
❸	【bilateral relation】	二国間関係
❹	【the U.N. Charter】	国連憲章
❺	【the U.N. Security Council】	国連安全保障理事会
❻	【U.N. resolution】	国連決議
❼	【sanction】	制裁
❽	【international law】	国際法
❾	【ally】	同盟国
❿	【international threat】	国際的脅威

6章 最新時事▼時事英語

☐	⓫	【nuclear program】	核開発計画
☐	⓬	【war of aggression】	侵略戦争
☐	⓭	【military action】	軍事行動
☐	⓮	【forces、troops】	軍
☐	⓯	【security forces】	治安部隊
☐	⓰	【weapon】	兵器
☐	⓱	【intelligence agency】	情報機関
☐	⓲	【national security】	国家安全保障
☐	⓳	【peace talks】	和平交渉
☐	⓴	【border dispute】	国境紛争
☐	㉑	【terrorism】	テロリズム
☐	㉒	【international terrorist organization】	国際テロ組織
☐	㉓	【propaganda】	プロパガンダ、政治的宣伝

〈経済・経営〉関連語

☐	❶	【capitalism】	資本主義
☐	❷	【free-market economy】	自由市場経済
☐	❸	【commerce】	商業
☐	❹	【investment】	投資
☐	❺	【stock market】	株式市場
☐	❻	【stockholder, shareholder】	株主
☐	❼	【business alliance】	業務提携
☐	❽	【board of directors】	取締役会
☐	❾	【capital increase】	増資
☐	❿	【audit】	監査
☐	⓫	【market mechanism】	市場原理
☐	⓬	【economic development】	経済発展
☐	⓭	【economic growth】	経済成長
☐	⓮	【economic expansion】	景気拡大

☐ ⑮	[economic crisis]	経済危機
☐ ⑯	[business climate]	景気、景況
☐ ⑰	[recession]	景気後退
☐ ⑱	[depression]	恐慌
☐ ⑲	[government intervention]	政府介入
☐ ⑳	[open market operations]	公開市場操作
☐ ㉑	[consumer price]	消費者物価
☐ ㉒	[crude oil price]	原油価格
☐ ㉓	[domestic demand]	内需、国内需要
☐ ㉔	[business investment]	設備投資
☐ ㉕	[individual consumption]	個人消費
☐ ㉖	[trade deficit, trade gap]	貿易赤字
☐ ㉗	[trade surplus]	貿易黒字
☐ ㉘	[retail]	小売
☐ ㉙	[customer satisfaction]	顧客満足度
☐ ㉚	[competitiveness]	競争力
☐ ㉛	[emerging market]	新興市場

〈情報・科学技術〉関連語

☐ ❶	[application]	アプリケーション
☐ ❷	[programmer]	プログラマー
☐ ❸	[server]	サーバ
☐ ❹	[file sharing]	ファイル共有
☐ ❺	[mobile]	モバイル
☐ ❻	[digital broadcasting]	デジタル放送
☐ ❼	[fiber optic network]	光ファイバー網
☐ ❽	[alternative energy]	代替エネルギー
☐ ❾	[nuclear power plant]	原子力発電所
☐ ❿	[global warming]	地球温暖化

ビジネス用語

■次の文章で表される語句を答えなさい。

□ ❶ 【企業目標】を達成する過程での業績を計測する指標・尺度のこと。

KPI
→Key Performance Indicator（重要業績評価指標）

□ ❷ 社会的な大変化によって、経済やビジネスなどに新しい状況や【標準】が定着すること。

ニューノーマル
新常態とも。オンライン会議、非接触決済などが具体例。

□ ❸ 状況に応じてオフィス勤務と【テレワーク】を組み合わせた、柔軟な働き方のこと。

ハイブリッドワーク
出社、在宅などの勤務形態を社員が選択できる。

□ ❹ 従業員が個々の特性を認め合って能力を発揮できる、【一体感】のある組織の状態。

インクルージョン
→iinclusion
「包括」「一体性」の意味。

□ ❺ 企業や組織が困難や変化に、迅速に対応し、うまく【適応】する能力のこと。

レジリエンス
→resilience
「回復力」「弾力性」の意味。

□ ❻ 自治体や企業などを【代表】して宣伝・【広報】活動を行う人のこと。

アンバサダー
→ambassador
「大使」「代理人」の意味。

□ ❼ 本体企業以外で、関連する製品やサービスを製造・提供する【外部事業者】のこと。

サードパーティ
「第三者」の意味。非純正品を指すことも。

□ ❽ 計画(Plan)→実行(Do)→評価(Check)→【改善】(Act)を繰り返すことで業務を改善する手法。

PDCAサイクル
（マネジメントサイクル）

□ ❾ 【状況分析】に重点を置いて業務改善する手法で、機動性や効率が高いと注目されている。

OODAループ
Observe (観察)→Orient (判断)→Decide (決定)→Act (行動) のサイクル。

□ ❿ 業務において、【上司】に判断や指示を仰いだり、対応を要請すること。

エスカレーション
（エスカレ）
→escalation

□ ⓫ ビジネスシーンでは、【多様】な人材を積極的に雇用・活用する概念や取り組みを指す。

ダイバーシティ
「多様性」の意味。

□ ⓬ 主張する内容の【根拠】や証拠、検証結果のこと。医療、IT分野などでよく使われる。

エビデンス
→evidence

№	説明	用語
13	知識を基に必要な情報を【収集】・【選択】し、適切に理解して活用する能力のこと。	リテラシー 「ネット」「メディア」「金融」などと組み合わせて使われることも多い。
14	商品やサービスの利用顧客の中で最も重要な【人物】モデル(ターゲット)のこと。	ペルソナ 人格・仮想人物などを表すラテン語の「persona」から。
15	新製品や新サービスが市場を獲得して普及するために乗り越えるべき【境界線】のこと。	キャズム →chasm 「深い溝」「隔たり」の意味。
16	【競争相手】がいない、または少ない未開拓で可能性を秘めた市場のこと。	ブルーオーシャン 逆は「レッドオーシャン」。
17	保険業界では、保険加入したことで、かえって注意を怠って事故を起こす【危険性】をいう。	モラルハザード 一般的には「道徳の危機」「倫理欠如」の意味で使用。
18	将来起こりうる【リスク】を予測して、対応策を講じておくこと。	リスクヘッジ 「保険に入る」「資産運用で分散投資する」など。
19	営業活動などにおいて、商談の最終段階で顧客と契約を【締結】すること。	クロージング →closing
20	新しい商品やサービスを【発売】したり【公表】したりすることを指す。	ローンチ →launch
21	複数の業務を同時【並行】・同時【進行】で行う作業方法や能力のこと。	マルチタスク タスクとは「仕事」「務め」の意味。
22	商談などの前に、雑談やゲームなどで【緊張】を解きほぐすコミュニケーションスキルのこと。	アイスブレイク 「氷を溶かす」という意味から。
23	ビジネスシーンでは、市場の【縮小】や業界の【低迷】などを指す。	シュリンク →shrink 「収縮」「縮小」の意味。
24	企業の方針や経営に関することなど、重要な場面での【決定】や【決断】を指す。	デシジョン →dicision
25	検討事項などを最終的に【決定】・【確定】させること。IT業界では「【修正】」の意味も。	フィックス →fix
26	常識や固定観念から発想を【転換】し、価値観を覆すアイデアで市場を変化させること。	パラダイムシフト パラダイムとは「常識」「典型」「模範」の意味。

6章 最新時事▼ビジネス用語

#	説明	用語
27	新たな発想を生み出すために、複数人でアイデアや問題点を自由に出し合う【会議】手法。	ブレスト（ブレインストーミング） →brainstorming
28	利用者がサービスや商品を通して得られる満足感や印象といった【体験】のこと。	UX（ユーザーエクスペリエンス） →User Experience
29	【使いやすさ】や【使い勝手】のこと。主にWebサイトなどの操作性sの評価で使用する。	ユーザビリティ →usability 標準規格のJISやISOの定義もある。
30	【パソコン】などを使い、場所や時間に縛られないで自由に仕事をする人のこと。	ノマドワーカー ノマドは「遊牧民」の意味。
31	【個人】の属性や行動履歴に合わせ、顧客ごとに最適化した【選択肢】を提供すること。	パーソナライゼーション →personalization
32	適応範囲や【網羅】率のこと。補償範囲や電波の受信範囲など、業界によって異なる。	カバレッジ →coverage 「どれくらいカバーしているか」を示す指標。
33	健全かつ【効率】的な企業経営を達成するために、企業活動を監視し管理・統制する仕組み。	コーポレートガバナンス →corporate governance
34	発注（注文）してから納品（提供）されるまでの【所要時間】や期間のこと。	リードタイム →lead time 製造業以外にも応用して用いられる。
35	おおよそ等しい、ほぼ等しいことを指す。書類では数学記号の「【≒】」を使うことも。	ニアリーイコール →nearly equal
36	知識や能力をさらに【向上】させたり、資料などの【完成度】をより高めたりすること。	ブラッシュアップ →brush up 「磨き上げる」の意味から。
37	企業活動においては、社会や【環境】などへの影響を考慮した取り組みが求められる概念。	サステナビリティ →sutainability 「持続可能性」の意味。
38	法令や規則、内規などのルールを【遵守】して企業活動を行うこと。	コンプライアンス 「法令遵守」の意味。
39	一方通行の情報伝達ではなく、【双方向】にやり取りできる形態や関係性のことを指す。	インタラクティブ →interactive 「相互作用」の意味。
40	ビジネス上では、仕事に関する情報や内容を理解し、状況を【把握】することを指す。	キャッチアップ →catch up 「追いつく」の意味から。

㊶	報告書などの【要点】をまとめたもの。特にIT分野では大規模データの【集計】や総計を指す。	サマリー ➡summary 「概要」「要約」の意味。
㊷	市場の競争で【標準規格】として通用するようになること。「事実上の標準」と訳される。	デファクトスタンダード ➡de facto standard
㊸	業務などにおける優先順位や優先度、または【緊急度】のこと。「優先権」のことも指す。	プライオリティー ➡priority
㊹	業務日程や事業計画などを検討する際の、【余裕】や予備、補助役のことを指す。	バッファ ➡buffer IT用語の「データ一時保存領域」から。
㊺	作業工程や計画などで進捗管理のため、設定する【中間目標】や節目を指す。	マイルストーン ➡milestone 1マイルごとの標石の意味から。
㊻	ビジネスシーンで「できるだけ早く・急いで」という意味。「【なるはや】」とも。	アサップ(ASAP) ➡英熟語の「as soon as possible」の略語。
㊼	【口コミ】を利用した商品やサービスの販売促進方法。SNSなどで使用されることが多い。	バズマーケティング 戦略的に口コミを発生させて認知度を高める。
㊽	新事業を始める時や設備導入時などで、最初に1回だけかかる【初期費用】のこと。	イニシャルコスト ➡initial cost 稼働後にかかる費用がランニングコスト。
㊾	報酬やボーナス、報奨金など、目標を達成するために与えられる【刺激】や誘因のこと。	インセンティブ ➡incentive
㊿	会社を結合することにより、その【企業価値】が単なる合計より大きくなる【相乗効果】のこと。	シナジー効果 ➡Synergy effect
(51)	条件に合うものを【選び出す】こと。医学分野や採用活動、株式銘柄選別などで使われる。	スクリーニング ➡screening
(52)	大量のデータから、統計学やAIなどを駆使して有益な知識や情報を【抽出】する技術のこと。	データマイニング マイニングは「発掘」「採掘」の意味。
(53)	従来とは異なる、柔軟で新たな【視点】や【代案】、手法などを指す。	オルタナティブ ➡alternative
(54)	意思決定の際、【直感】や経験に基づいて正しそうな【結論】を短時間で導く方法。	ヒューリスティック ➡heuristic

外来語の言い換え

■次の日本語を外来語(元になった語)に言い換えなさい。

❶	【保存記録、記録保存館】	アーカイブ	【archive】
❷	【外部委託】	アウトソーシング	【outsourcing】
❸	【説明責任】	アカウンタビリティー	【accountability】
❹	【実行計画】	アクションプログラム	【action program】
❺	【使いやすさ、利用しやすさ】	アクセシビリティー	【accessibility】
❻	【検討課題】	アジェンダ	【agenda】
❼	【分析家】	アナリスト	【analyst】
❽	【快適環境、快適さ】	アメニティ	【amenity】
❾	【技術革新】	イノベーション	【innovation】
❿	【起業支援】	インキュベーション	【incubation】
⓫	【内部関係者】	インサイダー	【insider】
⓬	【意欲刺激、動機付け】	インセンティブ	【incentive】
⓭	【社会基盤】	インフラ	【infrastructure】
⓮	【能力開化、権限付与】	エンパワーメント	【empowerment】
⓯	【法執行】	エンフォースメント	【enforcement】
⓰	【世論形成者】	オピニオンリーダー	【opinion leader】
⓱	【陪席者、監視員】	オブザーバー	【observer】
⓲	【注文対応】	オンデマンド	【on demand】
⓳	【指針】	ガイドライン	【guideline】
⓴	【特注生産】	カスタムメード	【custom-made】
㉑	【統治】	ガバナンス	【governance】
㉒	【追い上げ】	キャッチアップ	【catch-up】
㉓	【資産益】	キャピタルゲイン	【capital gain】
㉔	【地球規模】	グローバル	【global】
㉕	【事例研究】	ケーススタディー	【case study】

㉖	【中核】	コア	[core]
㉗	【熱電併給】	コージェネレーション	[cogeneration]
㉘	【関与、確約】	コミットメント	[commitment]
㉙	【共同声明】	コミュニケ	[communique]
㉚	【基本概念】	コンセプト	[concept]
㉛	【合意】	コンセンサス	[consensus]
㉜	【共同事業体】	コンソーシアム	[consortium]
㉝	【情報内容】	コンテンツ	[contents]
㉞	【会議】	コ(カ)ンファレンス	[conference]
㉟	【法令遵守】	コンプライアンス	[compliance]
㊱	【調査監視】	サーベイランス	[surveillance]
㊲	【供給側】	サプライサイド	[supply-side]
㊳	【要約】	サマリー	[summary]
㊴	【共有、分配、市場占有率】	シェア	[share]
㊵	【移行】	シフト	[shift]
㊶	【政策研究機関】	シンクタンク	[think tank]
㊷	【計画】	スキーム	[scheme]
㊸	【技能】	スキル	[skill]
㊹	【ふるい分け】	スクリーニング	[screening]
㊺	【紋切り型】	ステレオタイプ	[stereotype]
㊻	【緊急輸入制限】	セーフガード	[safeguard]
㊼	【安全網】	セーフティーネット	[safety net]
㊽	【第二診断】	セカンドオピニオン	[second opinion]
㊾	【部門】	セクター	[sector]
㊿	【排出ゼロ】	ゼロエミッション	[zero-emission]
(51)	【軟着陸】	ソフトランディング	[soft landing]
(52)	【問題解決】	ソリューション	[solution]
(53)	【時間差】	タイムラグ	[time lag]
(54)	【作業課題】	タスク	[task]

☐ ⑤⑤	【不当廉売】	ダンピング	[dumping]
☐ ⑤⑥	【道具】	ツール	[tool]
☐ ⑤⑦	【情報格差】	デジタルデバイド	[digital divide]
☐ ⑤⑧	【債務不履行、初期設定】	デフォルト	[default]
☐ ⑤⑨	【預かり金】	デポジット	[deposit]
☐ ⑥⓪	【履歴管理】	トレーサビリティ	[traceability]
☐ ⑥①	【傾向】	トレンド	[trend]
☐ ⑥②	【超微細技術】	ナノテクノロジー	[nanotechnology]
☐ ⑥③	【育児放棄、無視】	ネグレクト	[neglect]
☐ ⑥④	【等生化、等しく生きる社会の実現】	ノーマライゼーション	[normalization]
☐ ⑥⑤	【仮想】	バーチャル	[virtual]
☐ ⑥⑥	【協力関係】	パートナーシップ	[partnership]
☐ ⑥⑦	【協調】	ハーモナイゼーション	[harmonization]
☐ ⑥⑧	【生物由来資源】	バイオマス	[biomass]
☐ ⑥⑨	【複合型】	ハイブリッド	[hybrid]
☐ ⑦⓪	【防災地図】	ハザードマップ	[hazard map]
☐ ⑦①	【事務管理部門】	バックオフィス	[back office]
☐ ⑦②	【意見公募】	パブリックコメント	[public comment]
☐ ⑦③	【障壁なし】	バリアフリー	[barrier-free]
☐ ⑦④	【都市高温化】	ヒートアイランド	[heat island]
☐ ⑦⑤	【展望】	ビジョン	[vision]
☐ ⑦⑥	【選別】	フィルタリング	[filtering]
☐ ⑦⑦	【研究奨学金】	フェローシップ	[fellowship]
☐ ⑦⑧	【追跡調査】	フォローアップ	[follow-up]
☐ ⑦⑨	【優先順位】	プライオリティー	[priority]
☐ ⑧⓪	【突破】	ブレークスルー	[breakthrough]
☐ ⑧①	【枠組み】	フレームワーク	[framework]
☐ ⑧②	【存在感】	プレゼンス	[presence]
☐ ⑧③	【原型】	プロトタイプ	[prototype]

(84)	【新分野】	フロンティア	[frontier]
(85)	【資産構成・作品集】	ポートフォリオ	[portfolio]
(86)	【潜在能力】	ポテンシャル	[potential]
(87)	【支障、障害】	ボトルネック	[bottleneck]
(88)	【市場戦略】	マーケティング	[marketing]
(89)	【経営管理】	マネジメント	[management]
(90)	【人的資源】	マンパワー	[manpower]
(91)	【心の健康】	メンタルヘルス	[mental health]
(92)	【車社会化、自動車化】	モータリゼーション	[motorization]
(93)	【動機付け】	モチベーション	[motivation]
(94)	【継続監視】	モニタリング	[monitoring]
(95)	【猶予】	モラトリアム	[moratorium]
(96)	【倫理崩壊】	モラルハザード	[moral hazard]
(97)	【全国一律サービス】	ユニバーサルサービス	[universal service]
(98)	【生涯過程】	ライフサイクル	[life cycle]
(99)	【生命線・補給路】	ライフライン	[lifeline]
(100)	【事前所要時間】	リードタイム	[lead time]
(101)	【回収再使用】	リターナブル	[returnable]
(102)	【ごみ発生抑制】	リデュース	[reduce]
(103)	【読み書き能力、活用能力】	リテラシー	[literacy]
(104)	【刷新】	リニューアル	[renewal]
(105)	【揺り戻し】	リバウンド	[rebound]
(106)	【再使用】	リユース	[reuse]
(107)	【発表】	リリース	[release]
(108)	【移植患者】	レシピエント	[recipient]
(109)	【接続開始】	ログイン	[log-in]
(110)	【作業部会】	ワーキンググループ	[working group]
(111)	【研究集会】	ワークショップ	[workshop]
(112)	【一箇所】	ワンストップ	[one-stop]

世界の元首・リーダー

■次の人物が元首・リーダーを務める国名を答えなさい。

Ｇマーク…G7(主要国首脳会議)参加国

❶	ジョセフ(ジョー)・【バイデン】大統領	アメリカ Ⓖ
❷	ジャスティン・【トルドー】首相	カナダ Ⓖ
❸	リシ・【スナク】首相 (2022年10月就任)	英国 Ⓖ
❹	オラフ・【ショルツ】首相	ドイツ Ⓖ
❺	エマニュエル・【マクロン】大統領(2022年5月再任)	フランス Ⓖ
❻	ジョルジャ・【メローニ】首相(2022年10月就任)	イタリア Ⓖ
❼	【岸田文雄(きしだ ふみお)】首相	日本 Ⓖ
❽	ウラジーミル・【プーチン】大統領	ロシア
❾	【尹錫悦(ユン・ソンニョル)】大統領(2022年5月就任)	韓国 (大韓民国)
❿	【習近平(シーチンピン)】国家主席	中国 (中華人民共和国)
⓫	【金正恩(キム・ジョンウン)】朝鮮労働党総書記	北朝鮮(朝鮮民主主義人民共和国)
⓬	【頼清徳(らい せいとく)】総統(2024年5月就任)	台湾
⓭	アンソニー・【アルバニージー】首相 (2022年5月就任)	オーストラリア
⓮	ビンヤミン・【ネタニヤフ】首相 (2022年12月再任)	イスラエル
⓯	ナレンドラ・【モディ】首相	インド
⓰	【ジョコ】・ウィドド大統領	インドネシア
⓱	アリフ・【アルビ】大統領	パキスタン
⓲	【サルマン】・ビン・アブドルアジーズ国王	サウジアラビア
⓳	アブドゥルラティーフ・【ラシード】大統領 (2022年10月就任)	イラク
⓴	ミゲル・【ディアスカネル】・ベルムデス大統領	キューバ
㉑	【セター】・タウィーシン首相(2023年8月就任)	タイ
㉒	フェルディナンド・【マルコス】大統領 (2022年6月就任)	フィリピン
㉓	【アンワル】・イブラヒム首相 (2022年11月就任)	マレーシア
㉔	セイエド・エブラヒーム・【ライースィ】大統領	イラン
㉕	ルイス・イナシオ・【ルーラ】・ダ・シルヴァ大統領(2023年1月就任)	ブラジル

参考：外務省 (2024年3月現在)

業界別
キーワード問題

金融・生保

■次の空欄に適した言葉を入れなさい。

❶ 物価上昇率の目標が安定実現しつつあるが、日銀は金利を【0】%以下にする□□政策を維持する方針を発表(2024年1月)。

マイナス金利
政策解除に慎重な姿勢で、解除する場合は2024年後半以降との予測も。

❷ 長期・短期の両方の金利を目標水準に誘導する金融政策を長短金利操作(□□)という。日銀は【長期金利】の上昇へ政策を修正。

イールドカーブ・コントロール(YCC)
2023年4月より、経済学者の植田和男氏が日銀総裁に就任。

❸ アメリカの利上げ政策などで一時的に1ドルが【151】円と歴史的な□□となったが、2024年は緩やかに【円高】に向かうとの予想も。

円安
アメリカの金利操作による影響も大きく、円高傾向が見られるが、円相場の動きは先行き不透明。

❹ 日本銀行が企業に対して【景気動向】などをアンケート調査する□□(年4回)は、景気の状況を判断する上で重要な指標となっている。

日銀短観
全国企業短期経済観測調査の略称。大企業の景況感は改善する見込み(2023年12月)。

❺ 総資産のうち、【自己資本】の占める割合を□□といい、特に銀行経営の健全性を保つため、一定以上の割合の確保が規定されている。

自己資本比率
国際合意「バーゼルⅢ」により、国際展開する銀行は8%以上とする(2027年に完全実施)。

❻ □□とは、銀行が一流企業など信用度の高い優良顧客に向けて貸し出す際の金利(【最優遇貸出金利】)のことである。

プライムレート
短期(1年未満)と長期(1年超)がある。近年は短期をベースにした新長期も増加。

❼ 巨大規模の【金融複合企業体】のこと。日本の3大□□とされるのが【三菱UFJ】、【三井住友】、みずほの各フィナンシャルグループ。

メガバンク
日本独自の呼称。業務の構造改革などで業績が好転。

❽ 現金を使わずに支払う□□の比率は36%、決済額は111兆円に拡大(2022年)。政府は2025年までに【40】%を目指す。

キャッシュレス決済
決済額内訳はクレジットカードが約85%、コード決済が約7%、電子マネーが約5%。

❾ 2023年4月、企業が従業員に対し、キャッシュレス決済サービスの口座に【電子マネー】を振り込む「□□払い」が解禁された。

デジタル給与
「PayPay」などの資金移動業者の口座を給与支払先として認めるもの。

10 銀行のサービスをすべて【スマートフォン】で完結できる◻︎◻︎◻︎が、急激に拡大。40歳代以下の【デジタル】ネイティブを顧客ターゲットとする。

デジタルバンク
「みんなの銀行（ふくおかフィナンシャルグループ）」や「UI銀行（きらぼし銀行）」が開業。

11 【後払い決済】とも呼ばれる◻︎◻︎◻︎は、メールアドレスと電話番号の登録で利用でき、原則、分割払い手数料がかからないのが利点。

BNPL
Buy Now, Pay Laterの略。クレジットカードのような与信審査が不要で利用者が増加中。

12 ◻︎◻︎◻︎は、投資会社などに預けた証拠金を元手に【外国通貨】を売買し、その差益を得るハイリスク・ハイリターンの取り引き。

外国為替証拠金取引（FX）
担保とする金銭（証拠金）の数十倍もの取り引きが可能になる。

13 コロナ禍で業績悪化した中小企業へ実質【無利子】・無担保で融資した支援制度を◻︎◻︎◻︎といい、その返済が本格化している。

ゼロゼロ融資
融資の終了後、利用したが返済できずに倒産する企業が急増している。

14 在庫品や設備、売掛債権など事業活動自体を担保に資金を貸し出す◻︎◻︎◻︎（【ABL】）は、中小企業の資金調達方法として普及が進む。

動産担保融資
企業の継続性を前提とする融資制度で、動産の所有権は移転しても事業に活用できる。

15 ◻︎◻︎◻︎とは、金融機関の【預金残高】に対する【貸出金残高】の比率のことで、金融機関の資金運用能力を示す代表的な数値とされる。

預貸率
2023年3月期、国内106銀行は上昇に転じ62.9%（東京商工リサーチ調べ）。

16 株式投資の際、株価評価の指標は、株価収益率（【PER】）、株価純資産倍率（◻︎◻︎◻︎）、自己資本利益率（ROE）の3種類が代表的。

PBR
株価指標は資産運用時に株価の比較や評価に使われる。

17 【企業の買収】を目的に、株数・価格・期間を公表し、不特定多数の株主から株式を買い集める手法を、◻︎◻︎◻︎（株式公開買い付け）という。

TOB（take-over bid）
株式市場を通さないため、相場より高値にすれば株を集めやすくなるなどの利点がある。

18 企業の経営責任者らが、投資会社等の支援を受けて自らの企業・事業部門の【株式】を買い取り、独立する【M&A】の手法を◻︎◻︎◻︎という。

MBO（management buyout）
売却資金による本業再生、株式非公開化による企業防衛策、後継者への事業譲渡などが利点。

19 2024年から【少額投資非課税】制度の◻︎◻︎◻︎が開始された。年間投資枠も拡大し、非課税保有期間が【無期限】となる。

新しいNISA（新NISA）
年間投資額は最大360万円、保有限度額は1,800万円（売却後は再利用可）。

⑳ 投資家から集めた資金を【不動産】で運用し、賃貸や売却益を分配する【ファンド】の___は、高利回りの投資商品として注目されている。

不動産投資信託
（REIT：リート）
J-REIT（日本版不動産投資信託）ともいう。

㉑ 機関投資家や個人投資家など複数の投資家から資金を集め、非上場・未上場の企業に投資するファンドを___（【PEファンド】）という。

プライベート エクイティファンド
投資により企業価値を高めてから株式を売却し、利益獲得を目指すビジネス。

㉒ 投資企業を選ぶ際に、【自然環境】や人権、【法令順守】といった財務情報以外の取り組みを重視する___が国内外で急速に伸びている。

ESG投資
Environment（環境）、Social（社会）、Governance（企業統治）からの造語。持続的将来性を重視した投資。

㉓ 革新的なアイデアや技術で、これまでにない新たな【ビジネスモデル】を創出し、短期間で急成長する企業を___という。

スタートアップ企業
投資家から資金調達し、成功後は早期に株式売却して利益を得る事業戦略が特徴。

㉔ 新興企業向けの___とは、資本と借入の両方の性質を持つ金融商品の総称で、融資や社債に【新株予約権】を付ける手法のこと。

ベンチャーデット
金融機関は、その時点での財務内容より、企業の成長性や将来性で評価を行う。

㉕ 株式売買ごとに手数料を得るのではなく、顧客の【運用資産残高】に応じて報酬をもらう料金体系を___型（モデル）という。

フィーベース
売買手数料より安定した収益源となるため、導入する証券会社も増えている。

㉖ 株主としての権利を利用して、企業に経営改善や株主還元の増強などを働きかける投資家や【投資ファンド】のことを___という。

アクティビスト
「もの言う株主」とも。業績改善により企業の株価を上げ、その運用・売却で利益を得る。

㉗ 【厚生年金】と【国民年金】を管理し、株式や債券で運用する___独立行政法人（【GPIF】）は、機関投資家として世界最大の資産規模である。

年金積立金管理運用
厚生労働省の所管。ESG投資も行う。運用資産総額は約224兆円（2023年12月末）。

㉘ 【個人型確定拠出年金】（___）は、公的年金に上乗せして給付を受ける私的年金の1つで、個々が選ぶ運用方法の実績で年金額が決まる。

iDeCo
加入は任意。積立期間中の所得が控除される。加入条件の緩和で利用者が増加。

㉙ 岸田政権が掲げた、「個人に貯蓄から【投資】を促し、【中間層】の資産形成を後押しする計画」を___という。

資産所得倍増プラン
NISAやiDeCoの制度改革により5年間で個人投資家数と投資額の倍増を目指す。

30 【損害保険会社】の収益力を表す指標で、【保険料】収入に対する、支払い保険金の割合と【経費】の割合を合算したものを▢▢▢という。

コンバインド・レシオ
(combined ratio)
「損害率」+「事業費率」の数値で、100%以下なら黒字、逆に100%以上なら赤字となる。

31 ▢▢▢は、生命保険会社の経営状態の【健全度】を表す指標で、予測を超える事態に対する保険金の【支払余力】を示すものである。

ソルベンシーマージン比率(支払余力比率)
目安の200%を下回ると金融庁による早期是正措置をとられる。

32 ▢▢▢とは、企業の不祥事や不正行為などで、法的責任や社会的評判の失墜が発生する【危険性】を指す。

コンプライアンス・リスク
営業職員の不祥事が続き、生命保険協会はリスク管理体制の強化を進めている。

33 損保の主力商品である自動車保険は伸び悩み、業界は企業向け【賠償責任保険】や【サイバー保険】などの▢▢▢の市場の成長を期待している。

新種保険
保険業務からのデータ分析で事故防止や防災支援サービスを提供する新事業も模索。

34 集中豪雨などでの被害を補償する▢▢▢の保険料は、2024年度から【地域別】(市区町村)で異なる料率により算出される。

水災保険
被災リスクに応じて5段階に区分され、高リスク地域は保険料負担が重くなる。

35 【保険版フィンテック】とされる▢▢▢とは、情報通信技術を活用した保険業務の実現や保険商品の開発に対する取り組みの総称である。

インシュアテック
(InsurTech)
InsuranceとTechnologyからの造語。AIなどの活用で市場の拡大が期待されている。

36 保険業界では、障害保険、医療・がん保険など▢▢▢の保険商品を強化するほか、【介護保険】や就業不能保険の開拓も課題となっている。

第三分野
生・損保ともに扱う。対面営業の業績低下や団塊の世代の契約満期など、問題は山積。

37 ▢▢▢とは、ブロックチェーン上に構築された、銀行や証券会社などの管理者が存在しない金融サービスのこと。「【分散型金融】」とも。

ディーファイ
DeFi
Decentralized Financeの略称。ユーザー同士、基軸通貨(暗号資産)で取り引きを行う。

38 【暗号資産】の一種で、法定通貨などと連動して取引価格が安定するように設計された電子決済手段を▢▢▢という。

ステーブルコイン
改正資金決済法(2023年6月)の施行で、日本でも発行が可能になった。

39 ▢▢▢とは中央銀行が発行する法定の【デジタル通貨】のことで、日銀を含め世界各国の【中央銀行】が導入への取り組みを本格化させている。

CBDC(Central Bank Digital Currency)
中国の「デジタル人民元」構想の先行が各国を刺激。

建設・不動産

■次の空欄に適した言葉を入れなさい。

❶ 地価すなわち土地の価格には、国土交通省が公表する【 】と都道府県が公表する【基準地価】、国税庁が公表する【路線価】がある。

公示地価
土地取引の指標とするために国土交通省が公表する、毎年1月1日現在の地価のこと。

❷ 建築用【木材価格】の世界的な高騰を「【 】」という。2023年に入って価格はピークアウトしたものの、高値で推移している。

ウッドショック
輸入材は円安の影響も大きいので、国産材などの活用が注目されている。

❸ 大阪・【関西】万博の会場である「【 】」では、建築資材などの高騰で建設費が最大2,350億円(見積額の約1.9倍)に増額された。

夢洲
2025年4月開幕予定。さらに運営費は1,000億円超に引き上げられた。

❹ 東京五輪後の【選手村】を活用し、分譲住宅、賃貸マンション、商業施設のほか、公共施設も含めた【街づくり計画】を【 】という。

HARUMI FLAG (晴海フラッグ)
分譲マンションは転売目的の投資もあり最高倍率は266倍。2024年1月から入居。

❺ 元請けとして土木・建築工事一式を請け負う総合工事業を【 】といい、特に売上高が1兆円超の企業を【スーパーゼネコン】という。

ゼネコン (general contractor)
日本のスーパーゼネコンは鹿島建設、大林組、清水建設、大成建設、竹中工務店の5社。

❻ 建設工事において、【ゼネコン】から発注された専門的な分野に関して、【下請け】として部分的に担当する建設業者を【 】という。

サブコン(subcontractor)
海洋土木工事が中心の総合建設業者はマリコン(marine contractor)という。

❼ 建設業界全体の生産性と魅力向上を目的に設立した、【施工ロボット】や【IoTアプリ】などに関する研究開発を行う企業共同体を【 】という。

建設RXコンソーシアム
2021年設立。会員企業数はスーパーゼネコン5社を含む213社(2023年6月現在)。

❽ 【 】は【競争入札】の一種で、環境への配慮や省資源化、施工時の安全性など、価格以外の要素も含め全体的な判断で落札業者を決める。

総合評価(落札)方式
官公庁の物品調達や公共工事などで取り入れられ、評価項目はあらかじめ設定されている。

❾ 施工業者から目的物の機能を低下させずコスト削減できる技術の提案を募集・活用する、公共工事の【競争入札】の一種を【 】という。

VE(Value Engineering)方式
受注側の技術をアピールでき、発注側の満足度も高まる利点がある。

❿ 【日本企業】が海外の鉄道や発電所、水道などの工事・製造事業を受注することを▢▢といい、政府も日本の技術のPRなどで支援。

インフラ輸出
新興国など成長基盤の強化による需要の創出で、各国が官民挙げて受注にしのぎを削る。

⓫ 郊外で仕入れた土地を細かく分割し、【分譲戸建て】を低価格で大量に供給する地域密着型の【新興住宅会社】のことを▢▢という。

パワービルダー
全国規模のハウスメーカーに対し、1～3都道府県エリアで年間販売数が数千棟程度。

⓬ 飲料水や工場用水・下水などを、使用目的に応じて水質の【浄化】や処理・調整を行う施設のことを▢▢という。

水処理プラント
自治体の水道設備の更新・改良、半導体製造用の超純水製造設備などの需要が増加。

⓭ 土地の用途にかかわらず危険な盛土を全国一律で規制する【宅地造成及び特定盛土等規制法】（通称：▢▢）が施行された。

盛土規制法
2023年5月から。2021年の熱海市での土石流被害を受けて法改正された。

⓮ ▢▢は、地下【40】m以深なら鉄道・電気・上下水道などの公共物の建設は【土地所有者】への補償や用地買収なしに利用できるとした法律。

大深度地下使用法
首都・近畿・中部圏が対象。リニア中央新幹線が鉄道で初の使用許可。東京外環道の陥没事故では問題が露見。

⓯ 【高度経済成長】期に集中整備された道路や橋、下水管などの多くが今後【20】年以内に耐用年数を迎えるため、▢▢対策が急がれている。

インフラ老朽化
国土交通省の試算では、維持管理・更新の費用が195兆円（2019～2048年度の合計）。

⓰ インフラ整備事業などで民間事業者が行政の計画に協力する官民連携の手法が【PFI】。より幅広い範囲を【民間】に任せる手法が▢▢。

PPP(Public Private Partnership)
PFI(Private Finance Initiative)より、PPPの方が幅広い範囲を民間に委託可能。

⓱ 利用料金を徴収する公共施設などで、【所有権】は移転せず、【運営権】などを民間事業者に委託・売却する▢▢方式の採用が増えている。

コンセッション
施設の維持・運営の財政負担を抑え、民間資金やノウハウを活用する利点がある。

⓲ 国交省は、建設現場の生産性向上・経営環境改善に向け、あらゆるプロセスに【ICT】（情報通信技術）を活用した取り組みの▢▢を推進。

i-Construction（アイ・コンストラクション）
一連の作業を3次元データでつなぎ、大幅な効率化を図ることで人手不足解消も狙う。

⓳ ▢▢とは、建設業の技能者がそれぞれの資格や就業実績などを登録することで、適正な評価を受けられるようにするシステム。

建設キャリアアップシステム(CCUS)
就業者の能力を可視化して処遇の向上につなげる。

⑳ AIや【ICT】、【IoT】などのデジタル技術を複合的に活用し、建設現場の業務の効率化や人手不足問題を解決する取り組みを□□□という。

建設DX
ドローンやICT建機などの導入をはじめ、業務や組織の変革が建設業界に求められている。

㉑ コンピュータ上で建築物の【立体画像(3D)】を構築し、設計や設備情報やコストなどを1つのデータとして管理するシステムを□□□という。

BIM(Building Information Modeling)
土木領域のCIM(Construction ~)と合わせてBIM/CIM(ビムシム)とする場合も。

㉒ 建設業界では、現実世界の設備や空間を【デジタル】上にリアルタイムで連携させ再現する□□□の技術の活用が進んでいる。

デジタルツイン
「デジタルの双子」の意味。現場の作業工程、天候や人流、機械の稼働状況なども反映できる。

㉓ 重さ(自重や積載荷重など)や外力(地震、風など)に対する【建築物の強度】を、客観的な数値として表すために行うのが□□□計算。

構造
建築基準法に基づき、建築物全体や個々の部材の安全性を確認・判断するために行うもの。

㉔ □□□構造とは、建築物が地震や強風による揺れに耐えて倒壊しないように、【構造躯体】(柱や梁、壁など)を強化して設計したものをいう。

耐震
東京スカイツリーは法隆寺五重塔の心柱と似た耐震構造を持つとされる。

㉕ □□□構造とは、建物と地盤との間に特殊な層を加えることで、地震発生時に地面の揺れが建物へ【伝わりにくく】するように設計したもの。

免震
建物内部の揺れも減らせるが、工事費用や装置交換などコスト高になる難点もある。

㉖ □□□とは【IT(情報技術)】を使い、太陽光発電や蓄電池、住宅機器や家電などをコントロールして【エネルギー消費】を最適化した住宅のこと。

スマートハウス
住宅内の省エネを統合管理するシステムがHEMS(ヘムス:Home Energy Management System)。

㉗ □□□住宅とは、普段はエネルギー使用量を抑制し、災害などの非常時には自立的に【エネルギー供給】できる設備のある住宅のこと。

レジリエンス
「回復力」などの意味。電力自給のほか、貯水タンクや備蓄用大型収納設備の設置など。

㉘ □□□とは、【断熱材】や構造などの工夫で建物自体の性能を上げ、【冷暖房】を極力使わずに暮らせる住宅や建物づくりの考え方のこと。

パッシブハウス
(Passive house)
ドイツ発祥の省エネ住宅の世界基準。エネルギー使用量の削減と快適な生活の両立を目指す。

㉙ 断熱強化や太陽光発電設置などで、年間の【一次エネルギー】消費量が正味ゼロとなる住宅へ【補助金交付】するのが□□□支援事業。

ZEH(ネット・ゼロ・エネルギーハウス)
政府は2030年度以降の新築住宅の標準として普及を目指す。ZEHマンションにも交付。

30 高い【環境】性能や社会的要請への配慮がなされた優良不動産が取得できる環境認証制度を□□□という。

グリーンビルディング認証
認証機関は日本政策投資銀行（DBJ）ほか、欧米発祥のものが複数ある。

31 【高齢者】や障害のある人でも、暮らしやすいように、機能や設備などを配慮して【危険】を減らした住宅のことを□□□という。

バリアフリー住宅
自宅介護のため介護設備工事も、バリアフリー工事と共に需要が拡大。

32 高齢者が不動産を【担保】として生活資金を調達し、契約終了（死亡）時にその不動産を【売却】して返済する仕組みを□□□という。

リバースモーゲージ
年金融制度の一種。受け取る金額は不動産の評価額と同額になるように設定される。

33 商業ビルやマンション販売などで一時的に収益を得るフロー事業に対し、賃貸や管理など【持続的なサービス】で収益を得るのが□□□。

ストック事業（ストックビジネス）
長期安定収入を確保できる不動産管理事業の将来性が再注目されている。

34 政府は、老朽化した□□□や団地の建て替えや【修繕】について、住民決議の【要件緩和】策を検討。2024年の法改正を目指す。

分譲マンション
マンションの寿命（およそ60年）に迫る物件が増加している。住民の高齢化も問題。

35 入居後の一定期間、家賃が【無料】になる契約を□□□といい、都心のオフィスビルで【空室】率を下げるために行われる例が増えている。

フリーレント
大規模開発によるオフィスの大量供給も空室率上昇の原因の1つ。賃料引き下げより収益性は高い。

36 自宅やビルなどの不動産を売却し、同時に売却先と【賃貸借契約】を結ぶ手法を□□□という。売却不動産をそのまま使用できるのが利点。

リースバック
売却資金を営業の資金繰りや別事業への投資に回す企業も出てきている。

37 「改正□□□」により、周囲に悪影響を及ぼす「特定空き家」に準ずる「【管理不全】空き家」も固定資産税の優遇措置から外された。

空家等対策特別措置法
通称「空き家法（空き家特措法）」。2023年12月施行。空き家の管理・活用を促す。

38 各【地方自治体】が空き家などの【賃貸・売却】情報を提供し、利用希望者に紹介する制度を□□□といい、「全国版」もある。

空き家・空き地バンク
空き家率は13.6%（2018年調査）。2030年には国内住宅の3割超が空き家となる予測も。

39 □□□とは、既存の建物の構造だけを残し、機能・性能・デザイン性など新たな【付加価値】を与えて新築同様にする【改修工事】のこと。

リノベーション
不動産業者が中古物件を購入し、大改造した上で販売・賃貸する「買取再販型」も増加。

流通・小売り

■ 次の空欄に適した言葉を入れなさい。

❶ 【温室効果ガス】の排出削減量を認証(金融商品化)して、企業間で取引可能にした仕組みを□□という。

カーボンクレジット
2023年10月より、東京証券取引所がカーボン・クレジット市場を開設した。

❷ 【脱炭素】化のため、【化石燃料】系事業への投融資を止める□□の動きが世界的に拡大している。国内大手商社なども追随する動き。

ダイベストメント(投資撤退)
国内大手銀行・生保でも石炭火力関連事業への新規投融資を見直す動きがある。

❸ 資源価格が下落傾向にあるものの、食料品・機械・繊維・情報などの□□事業は収益力が拡大し、【総合商社】の業績は好調を維持。

非資源
金属・エネルギーなどの資源事業は、脱炭素の潮流や世界情勢に大きく左右される。

❹ 5大商社とは、総合力の【三菱商事】、資源に強い【三井物産】、非資源に強い□□、メディアに強い【住友商事】、電力に強い丸紅である。

伊藤忠商事
資源事業が空前の活況だった2023年度の反動で、2024年度は減益の見込み。

❺ 10年連続で過去最高を更新(2022年)した□□・食品の輸出額は、【中国】の水産物禁輸措置の影響でマイナスに転じた。

農林水産物
原発処理水の海洋放出に対する措置(2023年8月〜)。輸出先の多角化が進む。

❻ 【電子商取引】の普及で、企業が直接消費者に販売し、卸売業や代理店など商社が不要となる、流通の「□□現象」が進んでいる。

中抜き
流通内の中間手数料を省く狙いのほか、小売業が製造業も兼ねるといった業態変化も大きい。

❼ □□とは、事業者双方が適用税率などを記載した請求書を保存することで、【消費税】の仕入税額控除が適用される制度のこと。

インボイス制度
適格請求書等保存方式のこと。消費税の正確な税務申告が目的。2023年10月施行。

❽ 上場企業のメルカリに代表される□□は、【個人間取引】(CtoC)として市場が拡大中。オンライン上で気軽に商品売買できるのが利点。

フリマアプリ(フリーマーケットアプリ)
「ヤフオク!」「ラクマ」「paypayフリマ」など多数。

❾ コンビニ業界は、首位の【セブン-イレブン・ジャパン】に続く□□とローソンの3社で市場の約9割を占めている。

ファミリーマート
ITを活用し、配送の効率化や店舗の省人化・省力化が進められている。

10 【セブン-イレブン・ジャパン】が提供する「◻◻◻」（ネットコンビニ）は、スマートフォンなどで注文後、最短30分で店舗商品を届けるサービス。

7NOW セブンナウ
配送システムは自前で構築。一方、ローソンなどはデリバリー業界と提携する形で対応。

11 経産省は【2025】年までにコンビニ商品に【電子タグ】を付け、需要に応じて商品やサービスの価格を変動させる◻◻◻の導入を進めている。

ダイナミックプライシング
AI技術で消費期限や在庫情報などを価格に反映する。食品ロスの削減が目的。

12 供給者から【消費者】までを結ぶ、受注・部品調達・製品生産・物流・販売といった【業務の流れ】や仕組みを◻◻◻という。

サプライチェーン
サプライチェーンの業務効率を高める経営戦略をサプライチェーン・マネジメントという。

13 食品や製品など商品の【生産】・【加工】から流通、【販売】、消費までの過程を正確に管理する仕組みを◻◻◻という。

トレーサビリティ
Trace（追跡）とAbility（可能）との造語。トラブルが発生した場合にも原因究明に役立つ。

14 ◻◻◻とは、開発・製造・販売など一連の業務で、各段階のコストと価値を付加していき、最終的に【全体の価値】を生み出すとする考え方。

バリューチェーン
どの部分に強み・弱みがあるかを分析し、事業戦略の方向を探るための概念。

15 実店舗やネット通販、イベントなど、あらゆる【販路】を連携・統合させ、顧客の買い物をいつでもどこでも可能にする【販売戦略】を◻◻◻という。

オムニチャネル
販路数重視で各々が連携しないマルチチャネルに対する考え方。SNSの活用で一般化。

16 スーパーなどで、特売期間を設けず、商品を同じ低価格で【通年販売】する価格戦略を◻◻◻といい、チラシなど【販促費用】が削減できる。

EDLP
(Everyday Low Price)
特売で集客を図る戦略がHILO(High-Low Price)。日本では組み合わせて行うことが多い。

17 【インターネット】上で商品を売買する◻◻◻の市場規模は22.7兆円超、前年比9.9%増と着実に拡大している（2022年/BtoC）。

EC(eコマース)
電子商取引とも。「BtoC」はネットショップ・通販サイトなど、企業と消費者の取引。

18 ◻◻◻とは、ネットショップなどで情報を得た顧客を、【実店舗】へ誘導するマーケティング手法。【クーポン】発行などで広告市場も拡大。

O2O オーツーオー
Online to Offlineの略。実店舗とECサイトの連携で、相互に効果が見込まれる。

19 オンラインと【オフライン】（実店舗）を統合したデータを活用し、最適な顧客体験を提供するマーケティング手法を◻◻◻という。

OMO オーエムオー
Online Merges with Offlineの略。オン・オフの区別なく、顧客目線での商品接点を提供。

20 【電子タグ】や【画像認識】の技術により、購入商品をスキャナーなどの機械操作なしで【消費者】が清算から袋詰めまでを行う仕組みが□□。

無人レジ
消費者がスキャンするのはセルフレジ。ユニクロやGUなども導入。無人コンビニも登場。

21 日常品や食料品などスーパーの在庫商品をインターネット上で注文すると、【即日】を含め短時間で【宅配】するシステムを□□という。

ネットスーパー
大手・中堅スーパーが続々参入。Amazonや楽天などネット通販業者との連携も進む。

22 食品スーパー業界では、【生鮮品】の仕入れや調理・加工、包装、配送を【一括】で行う拠点として、□□を導入する企業が増えている。

プロセスセンター(PC)
外食産業のセントラルキッチンのような役割で、人手不足解消・経費節減が可能になる。

23 Web販売でよく使われる□□とは、販売数の少ない商品でも【多品種】そろえることで【総売上げ】を伸ばす手法。

ロングテール
売れ行きの数値をグラフ化したものが、「長い尻尾」に見えることから。AmazonやNetflixが成功例。

24 □□とは、提携する店舗や企業で【利用額】に応じて貯まり、支払いにも使える仕組みで、管理の便利さと貯まりやすさで一般に普及。

共通ポイント
先駆けとなった「Tポイント」は2024年春より三井住友FGの「Vポイント」に統合。

25 スマートフォン決済の一種である【コード決済】が急速に一般化。特に□□決済の利用率が拡大し、主要な決済方法となっている。

QRコード
PayPay、楽天ペイ、d払いが利用の上位。ポイント還元や割引キャンペーンで集客。

26 各種の【オンライン決済】を導入したい販売店に、【金融機関】を仲介し、一括した決済手段を提供する□□の市場が拡大中である。

ネット決済代行
導入することで煩雑な事務処理が軽減でき、購入者は様々な決済方法から選択可能になる。

27 ドラッグストア業界では、利便性と集客率アップのため、医療機関からの【処方箋】を扱う薬局を設置した□□型の店舗が増加している。

調剤併設
大手調剤薬局チェーンは調剤報酬引き下げと薬価の改定で減収。業界再編が進む。

28 資本的に独立した複数の【小売業】同士が提携して本部を置き、商品仕入れや物流などを【共同】で行う経営方式を□□という。

ボランタリーチェーン
本部企業と一対一の契約で成立しているのがフランチャイズチェーン。

29 ユーザーに役立つ情報を発信し、見込み客を獲得・育成して【購買】へとつなげるマーケティング手法を□□という。

コンテンツマーケティング
メルマガ、企業ブログ、SNSなどで発信。成功すればネット広告利用より費用対効果が高い。

30 大手百貨店では、【テナント賃貸料】で安定収益を上げるほか、店頭販売をしない「□□□」を展開するなどの新戦略を展開している。

売らない店(売らない店舗)
商品を体験できるショールーム的機能に特化し、購入はECサイトなどを利用する。

31 【ライブ動画】の配信によるEC販売「□□□」が注目されている。販売者と視聴者がリアルタイムでコミュニケーションできるのが特長。

ライブコマース
中国で先行して普及。特に化粧品やアパレル、食品業界に成功事例が多い。

32 一般消費者を顧客とする商取引を【BtoC】と呼ぶ場合、【企業(法人)】を対象に行う商取引のことは□□□という。

BtoB(B2B)
Business to Business(CはConsumer)の略。企業間取引ともいう。

33 企画・製造者が商品を自社の【ECサイト】で消費者に【直接販売】するビジネスモデルが□□□で、経費節減や収益性アップの利点がある。

D2C(DtoC)
Direct to Consumerの略。顧客情報も収集・蓄積しやすいが、商品の魅力は不可欠。

34 改正□□□で、ネット通販やサブスクリプションサービスの事業者に、解約に必要な情報を提供することへの【努力義務】が課せられた。

消費者契約法
2023年6月施行。電話やメールなどで、わかりやすい解約手順の説明が求められる。

35 近年の消費傾向は、【モノ消費】から体験重視の【コト消費】へ、イベント参加などの【トキ消費】や社会・環境に貢献する「□□□」へと変化。

イミ消費
クラウドファンディングや支援のための特産品購入、無農薬商品の購入などが代表例。

36 「エコ商品」「フェアトレード商品」「地産地消」など、社会や【環境】に配慮した商品やサービスを選んで購入することを□□□という。

エシカル消費
「倫理的な・道徳的な」という意味(ethical)から。

37 訪日外国人観光客による「□□□消費」が好調に回復している。今後は、消費額が最も多い【中国】人観光客の伸びに期待。

インバウンド
入国制限の撤廃で、訪日外客数は2023年10月に同月比でコロナ禍前を超えた。

38 小売店が企画・発注し、【自社ブランド】として販売する□□□商品だが、顧客ニーズの多様化で価格帯の二極化が進んでいる。

プライベートブランド(PB)
低価格実現のカギとなる一方、高品質を求める高額の付加価値商品も売上げ好調。

39 □□□の改正で、2023年6月より、事前に【消費者】の承諾を受けていれば、企業は契約書を電子交付できるようになった。

特定商取引法
2022年には、クーリングオフの通知の電子化対応などが可能になった。

■ 次の空欄に適した言葉を入れなさい。

❶ さまざまな【モノ】をインターネットにつない で、企業が抱える問題や課題を解決すること を □ ソリューションという。

IoT

IoT端末や周辺機器などを安全に保護するセキュリティ対策も不可欠になっている。

---

❷ 学習した情報から新たに文章や画像などを生み出す【人工知能】技術を □ という。活用とリスクに対するルール整備も急がれる。

生成AI

Generative AIとも。革新的な技術で、各分野で急速に活用が進む。

---

❸ □ とは、【OpenAI】社が開発した【人工知能 (AI)】による自動応答システム。テキスト入力を介して柔軟で自然な会話ができる。

ChatGPT

生成AIの一種。公開後、短期間で世界中に普及。多様な分野で活用されている。

---

❹ 大量のデータと深層学習(【ディープラーニング】)技術による □ は、自然言語処理を担う生成AIの基盤技術である。

大規模言語モデル(LLM)

文章や単語の出現確率をモデル化したもの。GPT-4、BERT、PaLM2など。

---

❺ ❹の応用サービスには、ChatGPTのほか、検索エンジンと連携したGoogleの【Bard】、Microsoftの □ などがある。

Bing AI

リアルタイム情報を反映した回答ができる。画像作成もできるモデルが続々登場。

---

❻ 【AI】が現実や事実に基づかない情報をもっともらしく生成する現象を □ という。深刻な社会問題を引き起こすリスクの1つ。

ハルシネーション

「幻覚」の意味。学習するデータに誤りが含まれていることが原因とされている。

---

❼ ITや【デジタル技術】の活用で、製品やサービス、ビジネスモデルなどを変革し、市場での【優位性】を確立するための取り組みを □ という。

デジタルトランスフォーメーション(DX)

行政サービスをデジタル化する改革「デジタル・ガバメント」も推進されている。

---

❽ ネット上に作られた3次元【仮想空間】やサービスを □ といい、【アバター】(自分の分身)を使って行動し、コミュニケーションを行う。

メタバース

Meta(超越)+Universe(世界)の造語。複数社が相互運用するオープンメタバースも登場。

---

❾ Zホールディングスは傘下のヤフー、【LINE】ほか2社と合併し、新会社「□」となった。伸び悩むEC業績などの改善を目指す。

LINEヤフー

2023年10月発足。連結子会社のPayPayとのサービス連携が今後の課題。

10 アメリカの【IT】企業と世界市場の覇権を争う【中国】の4大【IT】企業の総称を＿＿といい、その影響力に中国指導部は統制を強化している。

BATH
企業名のBaidu（バイドゥ）、Alibaba（アリババ）、Tencent（テンセント）、HUAWEI（ファーウェイ）の頭文字から。

11 工場などの拠点を置かず、ネット上で事業展開する巨大IT企業などに対し、新たに税を課す＿＿の【国際ルール】の導入が決定した。

デジタル課税
経済協力開発機構（OECD）加盟国などが導入に参加。2025年発効に延期。

12 【ブロックチェーン】技術によりユーザー自らデータの管理・活用を行い、【情報】の所有や共有を行う新しい概念を＿＿という。

ウェブ3.0（Web3.0）
「双方向の情報交換時代（Web2.0）」の次世代概念。政府も成長戦略の柱としている。

13 認定を受けた事業者が【パーソナルデータ】を預託され、データを活用したい他の事業者に適切に提供する事業を＿＿という。

情報銀行
パーソナルデータとは、氏名や住所などの基本情報、行動履歴などを指す。

14 総務省は、IT技術の有効活用に着眼点を置く、【情報伝達（通信）】技術（＿＿）により、生産性が【4】倍に上昇する分野もあると試算。

ICT
➡ICT: Information and Communication Technology
業務の効率化より「攻めのICT投資」が効果大。

15 ＿＿とは、経産省が国内企業に【DX】化の必要性を訴えた言葉。現状のままでは2025年以降に巨額の経済損失が生じると警鐘を鳴らす。

2025年の崖
基幹システムの老朽化やIT人材不足など問題が露呈し、毎年最大12兆円の損失を予測。

16 稼働中のITシステムやハード・ソフトウェアなどを最新のものに置き換える＿＿は、【セキュリティ】の面からも必要不可欠とされる。

モダナイゼーション
DX推進のカギとなる。企業のクラウド利用が進み、各社がシステム刷新に注力。

17 ＿＿とは、唯一で代替不可能なデータであるとの証明ができる【デジタル技術】のこと。偽造・改ざんが困難なブロックチェーン技術を活用。

NFT
(Non-Fungible Token)
非代替トークンとも。デジタル作品の売買が可能になり、新たな市場の形成が期待される。

18 ＿＿（MNO）の市場ではドコモ、KDDI（au）、ソフトバンクの3社で約85%を占める。新規参入の【楽天モバイル】は苦戦が続く。

キャリア（移動体通信事業者）
2023年6月時点。5G契約は同月比で約45%増で、携帯電話の約35%を占める。

19 ＿＿とは、大手通信業者から携帯電話などの【無線通信網】を借りて通信サービスを行う事業者のこと。低価格で独自性の高い内容が人気。

MVNO
➡MVNO: Mobile Virtual Network Operator
仮想移動体通信事業者のこと。「格安SIM」「格安スマホ」とも。

20 政府は、通信障害などの非常時に他社の通信網を使って一般通話や【データ通信】ができる□□を2025年度末頃に導入する方針。

フルローミング
1台のスマートフォンで2社の回線を使える「デュアルSIM」も非常時対策の1つになる。

---

21 地域の企業や自治体などが、特定のエリア（敷地や建物内など）で個別に構築・運用・利用できる【5Gネットワーク】のことを□□という。

ローカル5G
総務省の免許制。新サービスとしてNTTやNEC、京セラ、シャープなど参入企業が急増。

---

22 □□とは、【5G】の10倍以上の超高速通信と100倍以上の超大容量化が可能とされる、次世代通信規格である。

6G（第6世代移動通信システム）
Beyond 5Gとも。地球全体をエリア化することで、新領域の技術革新が期待されており、商用化は2030年頃の見込み。

---

23 □□（NTN）とは、衛星や高度無人飛行機などを連携させ、宇宙空間や【成層圏】から通信を行うネットワークシステムのこと。

非地上系ネットワーク
通信圏外エリアの縮小や災害時の緊急通信などに有効。

---

24 通信、決済、予約、配車など、日常生活で使うあらゆるサービス機能を1つの【スマホアプリ】に統合したものを総称して□□という。

スーパーアプリ
中国のWeChatやAliPay、インドネシアのGojek、日本のLINE、PayPayなどが代表的。

---

25 禁煙や不眠症、高血圧症などの患者の【行動変容】を促す新たな治療法として、医師が患者に処方する□□が注目されている。

治療用アプリ
スマートフォンにインストールして利用。治療効果を高めるとして保険適用されているものもある。

---

26 アメリカ・テスラ社のCEO【イーロン・マスク】氏はSNS大手のTwitterを買収し、サービス名を□□に変更し、青い鳥のロゴも廃止した。

X（エックス）
メタ社（旧フェイスブック）も短文投稿アプリ「Threads（スレッズ）」をリリースした。

---

27 個人所有の【パソコン】などを業務でも使えるようにする□□の導入企業が増加。職場への持ち込みや外出先からのアクセスも可能。

BYOD
（Bring Your Own Device）
業務効率化・コスト削減と利点も多いが、情報流出・ウイルス感染対策などが不可欠。

---

28 【デジタルトランスフォーメーション（DX）】の定着に向け、企業は必要となるスキルや技術を社員に再教育する□□の強化を進めている。

リスキリング（Reskilling）
仕事を続けつつ新たな職務の適応能力を獲得する。仕事を離れ学び直すのはリカレント。

---

29 自社構築の【オンプレミス】やクラウド（プライベート/パブリック）など、異なる環境の【クラウド基盤】を組み合わせて運用する形態が□□。

ハイブリッドクラウド
コスト削減やセキュリティ対策、リスク分散など、利用目的に合わせて使い分ける。

30 □とは、システム開発や更新の際、【クラウドサービス】の利用を最優先する考え方のこと。テレワークの普及もあり、広く一般化している。

クラウドファースト

低コスト・短時間化が可能で、政府も推奨(クラウド・バイ・デフォルト原則)している。

---

31 利用者の近く(ネットワークの末端)にサーバを分散配置してその場ごとに情報処理を行い、【クラウド】への負荷を軽減する技術を□という。

エッジコンピューティング

通信の遅延解消や経費節減などを図る。同様にエッジAIも普及。

---

32 サーバやネットワークなどの【インフラ】をネット経由で提供するサービス形態を□といい、Amazonと【マイクロソフト】の2強体制に。

IaaS(Infrastructure as a Service)
_{イアース}

必要なシステム環境を自由に設計できるのが利点。

---

33 クラウド上のソフトウェアを稼働する【プラットフォーム】を提供する□の分野は、近年、市場が急拡大している。

PaaS
(Platform as a Service)
_{パース}

クラウド上のソフトウェアまでを提供するのがSaaS(Software as a Service)。

---

34 □とは、データ入力や事務作業等、パソコンで行う定型業務を【自動】化するソフトウェア。人件費削減・業務効率化などが利点とされる。

RPA(Robotic Process Automation)

比較的安価に導入可能。人手不足対策と政府推進の「働き方改革」で注目されている。

---

35 欧州連合が定めた□(【EU一般データ保護規則】)とは、個人情報保護が目的の管理規制。違反には巨額の制裁金が科せられる。

GDPR(General Data Protection Regulation)

企業や団体による欧州域外への個人情報の持ち出しの原則禁止など。

---

36 インターネットなどを通じてコンピュータシステムに不正侵入し、【破壊】やデータの【窃取】・改ざんなどを行う□が急増している。

サイバー攻撃

ランサムウェアによる攻撃が目立つ。社会インフラの停止被害もあり、対策は急務。

---

37 量子力学の原理により通信途中でのハッキング検知が簡単になり、【サイバー攻撃】への最新対策として期待されている技術を□という。

量子暗号通信

量子コンピュータでも解読不可能な暗号技術とされる。東芝が開発し特許を取得。

---

38 □とは、システムの中で必要性の高い優先部分から短期間で構築していき、順次これを繰り返し完成させる【ソフトウェア開発】の手法。

アジャイル(Agile)**開発**

ビジネス状況のめまぐるしい変化に対応可能で、近年、再認識されている。

---

39 プログラミングをほとんどせずにシステム開発できる□や、全く必要のない【ノーコード】のツールの利用で、開発期間を短くできる。

ローコード(low code)

専門知識・技術が足りなくてもアプリ開発ができ、経費や手間も大幅に削減できる。

資源・エネルギー

■次の空欄に適した言葉を入れなさい。

❶ 化石燃料など有限のエネルギー資源に対し、【太陽光】や風力、地熱など自然界に常時存在し繰り返し使える【エネルギー資源】を□□□という。

再生可能エネルギー
木くずや家畜排泄物など動植物由来の生物資源(バイオマス)も含まれる。

❷ 【太陽光】や風力・水力、化石燃料や原子力燃料など、自然エネルギーが□□で、それらを変換・加工して作るのが【二次エネルギー】。

一次エネルギー
電気、石油製品、都市ガスなどは「二次」。日本のエネルギー自給率はわずか12.6%。

❸ □□□は【太陽電池】を用いて【太陽光のエネルギー】を直接電気に変換する発電システム。主に設置する地域に制限がなく導入しやすい。

太陽光発電
天候や夜間の問題はあるが、蓄電技術も進み、再生エネルギーの4割以上を占める。

❹ 次世代の【太陽光パネル】として期待されているのが「□□□太陽電池」。応用範囲が広く、研究開発・量産化が進められている。

ペロブスカイト
液状の材料を印刷、塗布して作ることができる。薄くて軽く、折り曲げられるのが特長。

❺ 【風車】の回転で電力を得るのが風力発電。近年は陸上より安定して風を得られ、近隣環境への影響が少ない□□□の開発が本格化している。

洋上風力発電
大規模開発で低コスト化が可能。再エネの主力電源の1つとして期待されている。

❻ 【海上】に浮かべた太陽光パネルで発電する□□□の実証実験が【東京湾】で始まる。将来的には内海での事業化を目指す。

洋上太陽光発電
国内では初の試み。用地のための森林伐採や土地造成が不要となる利点がある。

❼ 【掘削】により地下深部から噴き出す高温・高圧の【蒸気】を利用してタービンを回す□□発電は、資源量豊富で安定供給可能なエネルギー。

地熱
発電所の建設候補地の多くが国立・国定公園内にあるため、環境省が規制を緩和。

❽ 日本の発電量の電源構成比は□□が72.7%、【再生可能エネルギー】が21.7%、【原子力】は5.6%である(2022年度・速報値)。

火力
再生可能エネルギーが微増。政府目標は2030年度に再エネが36〜38%となっている。

❾ 政府の政策転換による【GX脱炭素電源法】の成立で、□□□発電所の運転期間を60年超に延長することが可能になった。

原子力
既存原発をできる限り活用し、電力の安定供給と脱炭素目標の達成を図る。

10 海上に【原子炉施設】を浮かべて稼働させる◻◻◻は、地震・津波のリスクが少なく、建造コスト削減や工期短縮も可能とされる。

浮体式原子力発電所
世界で需要増加が予想される。日本は2030年代前半に初号機の試運転を目指す。

11 燃焼時にCO_2を排出しない◻◻◻や【燃料アンモニア】による発電は、政府のグリーン成長戦略の重点産業の1つとして開発が進む。

水素
再生可能エネルギーを使って製造する「グリーン水素」への転換が将来的課題。

12 ◻◻◻とは、【水素】と酸素を化学反応させて電力を得る方法で、二酸化炭素や窒素酸化物などの有害物質をほとんど発生しない。

燃料電池発電
水素発電の1つ。発電効率は高いが規模の拡大が困難。

13 ◻◻◻発電は、ガスタービン発電の排熱を利用して【スチームタービン発電】を行うことで、従来の火力発電よりも高い発電効率を実現した。

コンバインドサイクル
燃料が抑制され、二酸化炭素の排出量も少ない。改良型が次々に開発されている。

14 再生可能エネルギーによる電力を、国が定めた価格で電力会社に買い取りを義務付けた【固定価格買取制度】を通称◻◻◻制度という。

FIT(Feed-in Tariff) フィット
買取費用の一部は電気利用者から「再エネ賦課金」として電気料金と合わせて徴収する。

15 ◻◻◻制度とは、【再生可能エネルギー】の売電価格に一定の補助額を上乗せする買取制度で、市場価格と連動する仕組み。

FIP(Feed-in Premium) フィップ
FIT制度の見直しで、2024年度以降、大規模事業者から順次移行する。

16 住宅用太陽光発電による【余剰電力買取】制度の期間が続々と満了を迎え、その後も買い取る◻◻◻ビジネスが活発化している。

卒FIT(卒FIT太陽光)
制度の買取期間は10年だが、太陽光パネルの寿命は20～30年とされ継続利用が可能。

17 【IoT】技術を活用し、地域に点在する発電設備や蓄電設備などを1つの発電所のように制御する仕組みを◻◻◻(【仮想発電所】)という。

VPP (Virtual Power Plant)
太陽光発電が主で、施設や家庭の蓄電池や電気自動車などを使う小規模なものもある。

18 電力自由化で誕生した【小売電気事業者】(通称◻◻◻)は、多くが発電事業者から購入した電気を送配電会社の電線を利用して届けている。

新電力
シェアは約17%(2023年7月)。近年、事業者の登録数が減少傾向にある。

19 小売電気事業者が電気の【送配電網】を利用する際に支払う利用料金を◻◻◻といい、家庭向け電気料金の3～4割を占めるとされる。

託送料金
価格は電力会社の収入見積りを国が審査し、その上限の範囲内で設定する。

⑳ 【石炭】、石油、【天然ガス】などの ⬚ は、何百万年も昔に生きていた動物や植物の死がいが、地中の温度や圧力により変成したものである。

化石燃料
日本の最終エネルギー消費の化石燃料依存度は83.5%である(2022年度)。

㉑ 【二酸化炭素】と水素を原料にして製造される ⬚ は、脱炭素につながる石油代替燃料として注目を集めている。

合成燃料(e-fuel)
既存の設備を使うことができる利点がある一方、製造コストや効率の悪さが問題点。

㉒ ⬚ は、効率的な電力供給を行う【次世代送電網】のこと。発電所と、事業所や家庭などの電力消費者をIT技術で結び、常に制御可能にする。

スマートグリッド
2024年度末までに計測機器であるスマートメーターの国内導入完了が政府の目標。

㉓ 再生可能エネルギーのうち、国の政策として特に普及を推進する【石油代替エネルギー】を ⬚ といい、10種類が政令で指定されている。

新エネルギー
再生可能エネルギーの一部だが、同義で使われることも多い。

㉔ 太陽光や風力、バイオマスなどの再生可能エネルギー由来の電力が持つ環境付加価値を、取引できるように【証券化】したものが ⬚ 。

グリーン電力証書
第三者機関が認証し、購入費用は再生可能エネルギー発電事業者に還元される。

㉕ 世界の【LPガス】輸出価格のベースには、主にサウジアラムコ社の【CP】やアメリカモントベルビューでの取引価格「⬚」が用いられている。

MB
さらにタンカー運賃を加味した流通価格(CFR)が日本国内の元売りの指標価格。

㉖ 世界三大【指標原油】とは、アメリカ産のWTI(West Texas Intermediate)原油、欧州産の北海ブレント原油、中東産の ⬚ 原油である。

ドバイ
ドバイ原油は重質油で硫黄分が多く、WTI原油よりも安値で取り引きされる傾向がある。

㉗ 【原油】価格の制御が目的の ⬚ は、サウジアラビアなど石油輸出国機構(【OPEC】)加盟国と、ロシアなどの非加盟主要産油国で形成される。

OPECプラス
原油価格維持のための追加の協調減産は見送られ、有志による自主減産となった。

㉘ 電力会社の能力増強だけに頼らず、ユーザーの消費量を変動させる工夫で、【需給バランス】を一致させる仕組み(政策)を ⬚ という。

デマンドレスポンス
電力消費のピーク時に料金を割高にしたり、節電努力で利益を得るなどの方法がある。

㉙ ⬚ とは、節電による【余剰電力】を発電と同等にみなす考え方で、利用者の節電分に対して電力会社が【報酬金】を支払う。

ネガワット(negawatt)
ネガティブ(負)＋ワット(電力単位)の造語。電力不足時に電力会社が節電を要請する。

30 技術革新で脱炭素などの環境問題の解決に取り組み、【持続可能】な経済社会へと変革させるという考え方を ☐ という。

グリーントランスフォーメーション(GX)
企業価値を上げる要素の1つとして取り組む企業が国内外で増えている。

31 事業運営で使う電力の100%を【再生可能エネルギー】で賄うことを目指す企業の連合体を ☐ という。

RE100
Renewable Energy 100%の略。環境先進企業としてのPRにもなり、世界的潮流に。

32 ☐ とは、事業で排出する【CO2】量の段階的区分の1つで、購入品の配送、製品の使用や廃棄など、自社以外で排出されるものを指す。

スコープ3
企業の削減目標の1つ。3段階区分で「〜1」は直接排出、「〜2」は電気使用など間接排出。

33 【天然ガス】を冷却して液体にした ☐ は、燃焼時に【硫黄酸化物】を排出しない利点を持ち、主に都市ガスや火力発電所の燃料に用いられる。

液化天然ガス(LNG)
気体の液化で大量輸送が可能になる。石油代替燃料としての需要増で価格は高止まり。

34 頁岩(シェール)層から採掘された天然ガスを【シェールガス】、原油を ☐ という。新技術の開発でアメリカの産出量が増大し純輸出国に。

シェールオイル
ウクライナ危機とロシア制裁による原油価格高騰で、アメリカの大手企業は増産を加速している。

35 シェール革命に沸くアメリカは、【シェールガス】に含まれる ☐ を活用し、【エチレン】など化学材料の製造で大幅なコストダウンを可能にした。

エタン
原油由来のナフサより安価。石油化学産業に恩恵を与え、巨大施設も続々と建設中。

36 「燃える氷」とも呼ばれる ☐ は、【メタン】と水分子が結晶化した天然ガスの一種。CO2の排出量が少なく、次世代資源として期待大。

メタンハイドレート
日本近海の海底にも存在することから、将来の国産エネルギーとして注目されている。

37 発電装置の稼働時に生じる【排熱】を利用して、給湯・冷暖房・動力源などエネルギーを効率的に供給・活用する仕組みが ☐ システム。

コージェネレーション
コジェネレーション(コジェネ)とも。「エネファーム」はガス由来の電気と燃料電池を使用。

38 ☐ とは、商業施設等に対し、省エネのためのシステム・設備などを提案・提供し、その【コスト】削減の一部を報酬とする事業をいう。

ESCO事業
➡ESCO: Energy Service Company
事業者は維持・管理まで含めた包括的なサービスを提供。

39 軽油の代替燃料である ☐ (【BDF】)は、廃食用油や植物由来の資源から作られる【バイオマス】燃料の1つである。

バイオディーゼル燃料
ウクライナ危機で石油や植物油の価格が高騰し、需要が世界的に高まっている。

電機・家電・精密機械

■次の空欄に適した言葉を入れなさい。

❶ 主に半導体業界で電子機器の受託生産サービスを行うのが □ で、委託する企業を【ファブレス】、受託企業を【ファウンドリ】と呼ぶ。

EMS
→EMS：Electronics Manufacturing Service
電気自動車や自動運転車などの需要も拡大する見込み。

❷ □ とは、EMS大手の【鴻海精密工業】（台湾）が主導する電気自動車分野の開発企業のプラットフォームで、世界中の企業が続々と参加。

MIH
広い分野から参加を募り、ソフト・ハードの技術をオープン化し、EV製造の革新を図る。

❸ 【音声】に関わる先端技術やビジネスを □ といい、【音声】をテキスト化する【音声】変換や自動翻訳、話者認識など進化が進む。

ボイステック
（Voice Tech）
音声産業の市場は飛躍的に成長している。

❹ スマート家電とも呼ばれる □ とは、インターネットに接続し、ネットを経由して【遠隔操作】できる高付加価値の家電製品のこと。

IoT家電
停滞気味の家電市場で、高価格帯商品の売上げに期待。

❺ パナソニックや【日立】が導入する □ とは、メーカーが在庫リスクを負う代わりに、販売店での価格決定権を持つ取引制度のこと。

指定価格制度
各店での値引きは認められず、統一価格で販売される。商品の不当な値崩れを防ぐ。

❻ 寿命が長く、消費電力が少ない光源として普及した【LED】照明に、健康・安全・快適・便利の機能を加えたものを □ と呼ぶ。

Lighting 5.0
日本照明工業会が提唱・定義する次世代照明の概念。

❼ □ は、主に医師が3Dモニターを見ながら【内視鏡カメラ】と【ロボットアーム】を挿入して手術する仕組み。保険適用となり利用が増加。

手術支援ロボット
国産では「hinotori」（メディカロイド社）、「ANSUR」（朝日サージカルロボティクス社）など。

❽ 動作の補助や筋力向上などを目的に、身体に装着して用いる機器を □ といい、重作業や医療・介護現場などで導入が進んでいる。

パワードスーツ
アシストスーツとも。製造・物流・農業などの現場でも活用されている。

❾ 空気中の【熱】を集めて室内に移動させる仕組みの □ 暖房は、脱炭素・省エネ効果が高く、欧米での需要が急速に拡大している。

ヒートポンプ（式）
エアコンにも使われる熱交換システム。日本企業が得意とする技術の1つ。

10 □ とは、医療の現場でAIを活用した診断や治療を支援する【ソフトウェア】や治療アプリのこと。薬事承認が必要になる。

プログラム医療機器
(SaMD:サムディー)
世界的に診療の効率化が進み、政府は早期承認制度を検討している。

11 【3Dグラフィックス】などを駆使したゲームでも快適に楽しめる、高性能な□の需要が世界的に高まっている。

ゲーミングPC
周辺機器も高機能な製品が必要となる。

12 撮影分野以外にも、農薬散布、建設現場の点検、商品発送、防犯業務、災害調査など、□(【小型無人飛行機】)の商用化が進んでいる。

ドローン
低価格なものや自動飛行が可能なものも登場。ウクライナ侵攻では武器としても使用。

13 【有機ELパネル】の活用で、画面を2つに折りたためる□が一般に流通。使用目的でコンパクトサイズか、大画面タイプかを選べる。

フォルダブルスマホ
折りたたみスマホとも。有機ELとは有機物に電圧をかけると発光する現象のこと。

14 電気自動車向けに需要が急増する【リチウムイオン】電池の次世代として、安全性が高く航続距離も伸びる□が注目されている。

全固体電池
液体の電解質を固体化したもの。トヨタ自動車は2027年以降のEV車へ搭載する方針。

15 理化学研究所と【富士通】が共同開発した□は、処理性能など2部門で8期連続世界1位を獲得した(2023年11月)。

スーパーコンピュータ
(スパコン)富岳
計算速度「TOP500」では4位に順位を下げた。

16 □ とは、スパコンを遥かに超える【計算能力】を持つ次世代コンピュータのこと。国産機が次々に稼働を開始している。

量子コンピュータ
理化学研究所・富士通による「叡(えい)」など。東大・IBM製の超高速機も稼働。

17 専用【ゴーグル】で仮想現実の世界をリアルに楽しむ□の販売が好調。ゲームのほか、ライブや観光など多分野で普及している。

VRデバイス
(VRヘッドセット)
アメリカ・メタ社が発売した「Quest3」はMR(複合現実)にも対応。

18 【トヨタ】やNTTなど日本企業8社が出資して、微細化技術による次世代【ロジック半導体】の量産を目指す新会社□が始動。

ラピダス(Rapidus)
2027年から量産予定。回路線幅2ナノメートル以下(ビヨンド2ナノ)の半導体の開発を目指す。

19 □ とは、電力の制御や変換に特化した高電圧・大電流も扱える【半導体】のこと。日本企業が世界をリードできる領域として期待大。

パワー半導体
「パワーデバイス」とも。一般的な半導体が「知能」なら、パワー半導体は「筋肉」に例えられる。

業界 7 鉄鋼・金属・鉱業

■次の空欄に適した言葉を入れなさい。

❶ 鉄鋼業界は、鉄鉱石などから【鋼（粗鋼）】を生産・加工する「□□□」や、鉄スクラップを原料にして製造する【電炉メーカー】などに分類される。

高炉メーカー
その他、ニッケルなどを加えて高度な鉄合金を造る「特殊鋼メーカー」がある。

❷ 【石炭】が熱源の大規模な【高炉（溶鉱炉）】は大量生産向き。電熱を使う小規模な □□□ は需要調整が容易で環境負荷が小さく新設が進む。

電炉（電気炉）
国内の高炉と電炉の鋼材比率はほぼ3対1だが、高炉メーカーも電炉強化を加速。

❸ 製鋼の廃材にあたる□□□は、炭素排出量の少ない【電炉】の主原料で、貴重な資源としてリサイクル活用することが業界の課題の1つ。

鉄スクラップ
日本は世界有数の鉄スクラップ大国であるが、電炉比率が低いため有効利用できていない。

❹ 圧延や鍛造など、【加工前の鋼】のことを□□□といい、その生産量が鉄鋼業の生産規模を表し、国の経済力を示す指標ともなる。

粗鋼
年間生産量が世界3位の日本は8,924万トン。首位は10億トン超の中国（2022年）。

❺ □□□は、鉄鋼の製造工程で生じる副産物で、産業廃棄物とせず、再利用するほか、【セメント用材】や【道路用材】などに活用されている。

鉄鋼スラグ
海藻の枯渇を食い止める藻場礁として活用する取り組みも進められている。

❻ 鉄鉱石に【天然ガス】などを直接吹き付けることで鉄分を取り出す□□□製鉄法は、高純度の【還元鉄】を得ることができる。

直接還元
製鉄所の建設コストが安く、操業も簡単な反面、大量生産に適さず、立地地域も限られる。

❼ 石炭（コークス）の代わりに【水素】を使って鉄をつくる新技術を□□□といい、CO2の排出量の大幅削減が期待されている。

水素還元製鉄
低炭素化技術として期待され、2026年1月に大型高炉での実証試験を開始予定。

❽ 製鉄の技術や過程でのCO2排出量の削減に向け、取り組んでいる国家プロジェクトを□□□（【革新的製鉄プロセス技術開発】）という。

COURSE50
2030年頃までにCO2排出量を約3割削減（2013年度比）する技術確立が当面の目標。

❾ □□□とは、製造過程でCO2など【温室効果ガス】の排出量を大幅に減らした鋼材のことで、鉄鋼大手が生産・供給を開始している。

グリーンスチール（グリーン鋼材）
2050年のカーボンニュートラル実現に向けての取り組み。

314

10 送電時の【電力ロス】を大幅に削減できる、電気抵抗のない電線材料を☐といい、「核融合発電」向けの主要部材とされている。

超電導線材
特定の物質を極低温にすると電気抵抗がゼロになる現象を活用。脱炭素効果も大きい。

11 アルミニウム、鉄、銅、鉛、亜鉛のように、建築材料や機械材料などに使用され、【精錬し易い基礎的な金属】のことを☐という。

ベースメタル
「コモンメタル」「メジャーメタル」とも。対して、金・銀・プラチナなどを「貴金属」という。

12 【産出量】や【流通量】が少ない金属を☐という。電子材料など先端産業の重要な資源だが、ほぼ全てを輸入に頼っている。

レアメタル(希少金属)
マンガン、コバルト、リチウムなど34種類。小型家電からの回収・リサイクルも推進。

13 【レアメタル】の一種である☐(【希土類】)は、電気自動車の普及とともに需要拡大し、有数の産出国である中国の動向は世界的に影響大。

レアアース
ネオジム、セリウム、ランタンなど17種類の元素の総称。日本は5割超を中国に依存。

14 電気エネルギーと磁気エネルギーの【変換効率】が高い【鋼板】のことを☐といい、【発電機】や変圧器、【家電のモーター】などに使われる。

電磁鋼板
モーターの鉄芯や発電機などの無方向性鋼板と変圧器に使われる方向性鋼板がある。

15 ☐は、ニッケル・チタン・鉄などを材料としてつくられる合金で、【水素】を体積の【1,000】倍以上吸収・放出する能力を持つ。

水素吸蔵(貯蔵)合金
低温・高圧下で水素を吸収し、高温・低圧下で放出する。長時間充電式電池などで利用。

16 ☐は強度や【磁気特性】、【耐食性】などに優れ、電気電子部品やゴルフクラブなどに応用されている合金である。

アモルファス合金
アモルファスとは原子配列が結晶構造を持たず、固体かつ液体のランダムな状態をいう。

17 ☐とは、【引っ張り強さ】が特に大きい特殊な鋼材で、強度を維持しながら薄く軽量化でき、自動車の外板部品にも使用されている。

超ハイテン(超高張力鋼)
ハイテン(高張力鋼)の改良版。通常の鉄の3倍以上の強度を持つ。

18 ☐とは、タングステンなどの炭化物の粉末を、鉄・コバルト・ニッケルなどの金属粉を結合剤として高温で焼結した【硬度】の高い【合金】。

超硬合金
ダイヤモンドの次に硬いとされ、ガスタービンや切削工具などに使用されている。

19 ☐とは、日本のエネルギーや環境問題の解決、産業技術開発の推進で技術力強化を目指す【国立研究開発法人】の略称。

NEDO (ネ ド)
「新エネルギー・産業技術総合開発機構」が正式名称。鉄鋼業界ではCO_2削減を支援。

315

業界 8 交通・運輸

■次の空欄に適した言葉を入れなさい。

❶ 国内空運は【貨物】事業の下支えもあり、□□とJALの2強の業績は急速に回復。国内旅行はコロナ禍前の水準に戻っている。

ANA
行動制限解除で、欧米に続いてアジア・太平洋地域からの訪日外国人客数もV字回復。

❷ □□（【持続可能な航空燃料】）は、廃材や廃食油などから作るバイオ燃料で、空の脱炭素化に向けて航空会社が導入を加速させている。

SAF
(Sustainable Aviation Fuel)
ANAが一部の定期便で利用を開始。コスト高が課題。

❸ 【国際航空運送協会（□□）】は、2024年は世界の航空会社の業績が安定する見通しを発表。旅行者数も過去最大になると試算。

IATA イアタ
世界の大手航空会社が黒字転換。回復が遅れている中国なども赤字脱却の見込み。

❹ 航空機の地上誘導など、空港で【地上支援】を担う業務を□□といい、航空需要の回復とともに人手不足が課題となっている。

グランドハンドリング
空港業務を安定・発展させるため、業界団体が設立した。

❺ 邦船大手がコンテナ船事業を統合した□□（【ONE】）は世界シェア7位（2024年1月）。世界最大級のコンテナ船が続々と竣工。

オーシャン ネットワーク エクスプレス HD
日本郵船、商船三井、川崎汽船の3社。コロナ禍特需消失後、海運は事業拡大に資本投入。

❻ 海運業界における脱炭素の取り組みとして、世界初の【ピュア電動】タンカー（□□）の「あさひ」と「あかり」が東京湾内で運航。

EVタンカー
リチウムイオン電池が動力源。日本の船会社が発注。ハイブリットEV「あすか」が2023年6月に竣工。

❼ 風力を推進力にする□□（【硬翼帆式風力推進装置】）を搭載した船舶が運航開始。巨大な帆を回転・伸縮させ風を受ける仕組み。

ウインドチャレンジャー
商船三井の「松風丸」で世界初となる。川崎汽船もカイト（凧）式の風力船を開発中。

❽ 荷主企業の物流部門を一括して請け負う業務形態や事業者を□□（【3PL】）といい、保管や配送、輸出入など物流システム全体を担当。

サードパーティ・ロジスティクス
コスト削減や物流全体の最適化を図る。これにコンサルティング要素を加えた「4PL」も。

❾ AIやIoTなど最新技術を活用して物流の【省人】化・【自動】化を進め、コストや時間の効率を高める取り組みを□□という。

スマートロジスティクス
自動運搬機器や作業ロボット活用などのほか、環境負荷の低減やセキュリティ強化も。

10 省人化のため、鉄道各社が列車の□□の導入を本格化している。最高レベルは無人走行の「【GoA4】」(Grade of Automation4)。

自動運転
JR各社・大手私鉄でもテスト走行に着手。課題は多いが将来的に不可欠な技術。

11 北陸新幹線が金沢・【敦賀】間を延伸する一方、地域鉄道は【不採算路線(□□)】の存続見直し提言を受けて議論が本格化している。

赤字ローカル線
2024年3月、延伸開業。見直し議論はバス輸送への転換や「上下分離方式」も進む。

12 JR東日本は□□を導入し、首都圏の通勤向けに朝のラッシュ時以外は割安運賃となる「【オフピーク】定期券」を発売した。

変動運賃制
新幹線のシーズン別指定席料金も「最繁忙期」を新設。混雑の緩和でコスト削減を狙う。

13 貨物の輸送手段をトラック・航空機から鉄道・船舶へと切り替えるなど、より【環境負荷】の少ないものへと転換することを□□という。

モーダルシフト
CO_2削減だけでなく、人手不足解消にも。ドローン活用や船舶のIoT化なども進んでいる。

14 □□とは、電動で垂直に離着陸するため、【滑走路】が不要となる次世代の乗り物のこと。大阪・関西万博での運航を予定している。

空飛ぶクルマ
都市部での送迎サービスや離島・山間部での移動手段、災害時の救急搬送などに期待大。

15 自らは輸送手段(航空機、船舶、自動車など)を持たず、荷主と輸送業者との間で【輸送業務】や【通関業務】を請け負う物流業者を□□という。

フォワーダー
一般に国際輸送を扱う業者を指す。「航空」と「海上」の2種類に大別される。

16 【働き方改革】関連法により、ドライバーの時間外労働が年【960】時間に上限規制され、物流で生じる諸問題を□□という。

2024年問題
2024年4月施行。燃料費高騰の中、人員確保や待遇改善、効率的輸送など課題が山積。

17 スマートフォンの操作だけで【タクシー】を呼べる□□のサービスは、スマホ決済や乗降時の手間の簡略化などが人気で一般に普及。

タクシー配車アプリ
「GO」「Uber Taxi」「DiDi」など。GPSでタクシーの到着時間が予測できるのも利点。

18 【一般ドライバー】が自家用車を使って有料で顧客を送迎する□□が2024年4月から部分的に解禁となった。

ライドシェア
タクシー会社が運行管理し、運賃はタクシーの約8割。全面解禁は引き続き検討する。

19 最高速度が時速【20】km以下の□□は、【16】歳以上であれば【運転免許】不要で公道走行が可能になった。

電動キックボード
特定小型原動機付自転車が対象。ナンバープレートや自賠責保険などは必要。

自動車・機械

■次の空欄に適した言葉を入れなさい。

---

❶ 車載バッテリーに蓄えた電気だけでモーター走行する【電気自動車(　　)】は、CO2を排出せず、次世代自動車の主役となっている。

BEV
(Battery Electric Vehicle)
軽自動車や小型トラックなどの電気自動車化も加速。

---

❷ 外部電源から直接充電できる【PHEV(　　)】は、電気走行が主体の【ハイブリッド車】で、脱炭素化規制に対応可能な車の1つである。

プラグインハイブリッド車
PHVとも。各国で燃費規制が強化され、現実的対策として急速に市場拡大する予測。

---

❸ 　　(【FCEV】)とは、燃料の【水素】と空気中の酸素の化学反応で得た電気で走行する次世代自動車で、水素補給のインフラ普及が課題。

燃料電池自動車
トヨタ「MIRAI」など。「究極のエコカー」とされ、世界の市場規模は拡大傾向にある。

---

❹ 【ソフトウェア】で自動車の性能や機能を制御・更新できる車のことを　　といい、それを前提にして設計や開発が行われる。

SDV
(Software Defined Vehicle)
車のパーソナライズで新たな付加価値やサービスの提供を可能にする。

---

❺ CO2排出削減のため、ガソリン車などから【電気自動車に転換】する世界的な動きを　　という。特に【欧州】と中国が積極的。

EVシフト
EUは2035年からエンジン車の販売を事実上禁止するなど、EVの普及が加速度的に進む。

---

❻ カナダ政府は2035年までに新車の全乗用車を温室効果ガスを排出しない【ゼロエミッション】車(　　)にする規制を発表した。

ZEV
(Zero Emission Vehicle)
アメリカではカリフォルニア州をはじめ、多くの州が同様の規制を導入している。

---

❼ 　　とは、溶かした【アルミ合金】で車体骨格を一体成型する技術。電気自動車販売台数首位のアメリカ・【テスラ】社などが導入している。

ギガキャスト(ギガプレス)
部品製造の工程を減らしてコスト削減と量産を可能にした。

---

❽ 特定の条件下で【完全自動】運転「　　」の車両の公道走行が解禁となり、政府は地域無人バスなど、普及を加速させる方針である。

レベル4
各地で実証実験が進む。すでにホンダはレベル3の市販車を販売している。

---

❾ 　　とは、事故を防ぎ【安全な運転を支援】するシステムの総称で、2030年の搭載率は世界の新車の77%に達するとの予測。

エーダス
ADAS(先進運転支援システム)
→ Advanced Driver Assistance Systems
自動運転のレベル1～2に位置づけられる。

10 ___とは、デジタル技術を活用し、多様な【移動手段】を１つのサービスとして利用する概念。車は所有せず、利用分を支払う仕組み。

MaaS（マース）
(Mobility as a Service)
トヨタは自動運転EV「e-Palette」を実験都市「Woven City」などで走行させる予定。

11 次世代技術により、車を造ることから【モビリティサービス】への変換を示唆する、自動車業界の新しい方向性を示すキーワードが___。

CASE（ケース）
Connected(つながる)、Autonomous(自動運転)、Shared(共有)、Electric(電動化)の頭文字から。

12 「2023-2024日本___（COTY）」では、トヨタ「プリウス」」が大賞に輝く。軽自動車では三菱「デリカミニ」がデザイン部門で受賞。

カー・オブ・ザ・イヤー
国内発売された新車の年間最優秀車を表彰する賞典。

13 インターネットへの【常時接続機能】を持つ自動車を___といい、各種データの運転活用や、新ビジネスへの発展も期待されている。

コネクテッドカー
既にスタンダード化し、通信大手企業も本格的に事業参入。

14 安全センサーなどの搭載で、【ロボットと人】が【隣り合って】作業がする___は、省スペース・低コストで導入する中小企業が増えている。

協調(協働)ロボット
生産性や稼働率が上がり、食品・自動車・電子部品など幅広い業界で利用されている。

15 工場などで生産に使用する産業用ロボットに対して、【医療・介護補助】や接客、掃除や調理、警備などで活用されるのが___である。

サービスロボット
人手不足などで需要が増加。人とコミュニケーションできるソーシャルロボットも普及。

16 国民経済や生活に【安定供給】が必要不可欠なものとして政府が認定する___に、工作機械・【産業用ロボット】も指定された。

特定重要物資
認定企業に財政支援して国内生産を増やし、海外依存リスクの低減を図る。

17 測量から検査まで建設現場の生産過程のデータを同期させ、施工の最適化を図ることを___という。建機大手の【コマツ】が提唱。

スマートコンストラクション
ICT(情報通信技術)建機などを活用する。工程の合理化、省人化、安全性などが利点。

18 ___とは、顧客の要望に合わせて渡航先まで就航する、数人から十数人乗りの【小型ジェット機】のこと。

ビジネスジェット
プライベートジェットとも。「ホンダジェット」の運用は250機に達している(2024年2月)。

19 見た目は自転車だが、ペダルをこがなくても電動モーターで公道を自走できる【電動モペット】(___)による危険走行が急増。

フル電動自転車
原付バイクと同じ扱いで、運転免許やナンバープレート、ヘルメットなどが必要となる。

■次の空欄に適した言葉を入れなさい。

❶ 医師が処方する医療用医薬品の【公定価格】を見直すことを◻︎◻︎といい、医療保険財政を圧迫する【薬剤費】の膨張対策の1つとされる。

薬価改定
毎年4月に実施。2024年度の改定率は医療費ベースで0.97%減。値下げ傾向が続く。

❷ 2023年9月に国が承認した、軽度の【アルツハイマー型認知症】の治療薬「◻︎◻︎」が同年12月より発売。保険適用の対象になる。

レカネマブ
エーザイとアメリカ・バイオジェンが共同開発。認知機能の低下を遅らせることを実証した。

❸ 2023年4月、日本で初めて人工妊娠中絶のための【飲み薬】(◻︎◻︎)が承認された。当分は特定の医療機関で処方される。

経口中絶薬
英・製薬会社の「メフィーゴパック」。緊急避妊薬(アフターピル)も市販化(試験販売)。

❹ ◻︎◻︎は新薬メーカーから【許諾】を受けて作られたジェネリック医薬品のこと。有効成分・製法などが先発品と同一で、信頼性が高い。

オーソライズドジェネリック(AG)
先発医薬品の特許期間内でも販売が可能。新薬メーカー自体が製造することも。

❺ 先行するバイオ医薬品の特許切れ後に、品質・有効性・安全性が【同等】で、価格を7割程度に抑えた医薬品を◻︎◻︎という。

バイオシミラー(BS)
厚労省の目標は、2029年度末までに、バイオシミラーに80%以上置き換わった成分数が全体の60%以上となること。

❻ 体に備わる【免疫機能】を利用して病因となる異物を無毒化・排除する医薬品の◻︎◻︎は、高い効果と副作用の軽減が期待される。

抗体医薬品
バイオ医薬品の一種。がんや免疫疾患、神経系の難病などの治療に用いられている。

❼ ◻︎◻︎とは、ヒトの【遺伝子】の解析情報などを利用して、新しい薬やより効果が高く副作用の少ない薬を開発する手法である。

ゲノム創薬
病因となる遺伝子を探索したり、その遺伝子がつくるタンパク質の働きを抑制したりする。

❽ ◻︎◻︎とは、人工知能の活用で、膨大な医療データから有効な化合物にアプローチし、新薬の【開発期間】と【コスト】を大幅に短縮する手法。

AI創薬
アステラス製薬やエーザイなどが既に導入。新型コロナウイルス感染症の治療薬にも使われた。

❾ 再生医療に重要な◻︎◻︎細胞(【人工多能性幹細胞】)を使って治療薬の候補を絞り、新薬の開発を行うのが◻︎◻︎創薬である。

iPS
規制緩和される特区制度を利用して実用化・事業化を図る企業も登場している。

10 医薬品開発の【進捗に応じて】、大手製薬企業からバイオベンチャーに支払われる一時金収入を□□□という。

マイルストーン収入
開発中の新薬候補をライセンスアウト(他社に許諾すること)して共同開発することも。

11 □□□ワクチンとは、たんぱく質の設計図となる【遺伝情報】で、新型コロナ感染予防のワクチンとして開発。他の感染症でも治験が進む。

メッセンジャーRNA (mRNA)
開発したペンシルベニア大のカリコ博士らが2023年のノーベル生理学・医学賞を受賞。

12 【薬剤師】が患者の自宅などを訪問し、服薬指導や薬剤管理を行う□□□は、在宅療養支援として重要性が増している。

在宅訪問薬剤管理指導
調剤報酬改定や新制度の創設により、在宅訪問に取り組む薬局が増えている。

13 化粧品業界で近年増加している、顧客情報をもとに【IoT】を駆使し、【各個人】に最適化した商品やサービスを提供する手法を□□□という。

パーソナライズ (パーソナライゼーション)
自宅で肌測定ができるスキンミラーや、個人に最適化した美容情報の配信アプリなど。

14 □□□とは、ドラッグストアやバラエティショップで気軽に買える【低価格コスメ】の略称で、【プチプラ】とも称されている。

ドラコス
新興メーカーが販売コストや成分の量などを抑えて次々にヒット商品を発売。

15 水素とCO_2から【メタン(天然ガスの主成分)】を合成する技術を□□□といい、合成されたメタンが【カーボンニュートラルメタン】である。

メタネーション
脱炭素化の手段として期待されている技術。都市ガス業界も実用化に向け実証実験を開始。

16 □□□製品は使用後、自然界の微生物の働きで水と【CO_2】などに分解されるため、プラスチックの【海洋汚染】対策などに注目されている。

生分解性プラスチック
生物(石油も含む)由来の原料から製造。普及には製造コスト削減が課題。

17 生物資源を原料とした□□□は、焼却しても新たなCO_2を発生しないなど、化石燃料由来の【プラスチック】の代替品として注目されている。

バイオマスプラスチック
トウモロコシなどの植物由来。生分解性プラスチックと合わせて「バイオプラスチック」と総称。

18 原油を蒸留分離してできる【軽質油】を□□□といい、精製してガソリンなどの石油製品を製造するほか、【石油化学製品】の原料となる。

ナフサ
「粗製ガソリン」ともいう。加熱してエチレン、プロピレンなどの石油化学基礎製品も製造。

19 ナフサ由来で各種化学製品の基礎原料となる□□□の製造プラントの【稼働率】は、化学業界の好不況を測る指標となる。

エチレン
90%が好況の目安。2023年11月現在で約84%。

その他製造

■次の空欄に適した言葉を入れなさい。

❶ 文具業界は海外市場と【個人向け商品】に活路を見出してはいるものの、デジタル機器の普及で□□化が進み、苦戦が続いている。

ペーパーレス
消せるボールペンや芯が折れないシャープペンなど高付加価値商品の販売は好調。

❷ □□は、かわいい文具の愛好家が集まる日本最大級のイベントで、【"見て・触れて・買える"】をコンセプトに毎年12月頃に開催される。

文具女子博
2023年は会場規模も来場者数(約4.5万人)も過去最大に。

❸ □□はスマートフォンと連携した腕時計型【ウェアラブル端末】で、健康管理、電子マネー決済、音楽再生などの機能で市場が拡大。

スマートウォッチ
国内販売台数は2024年度には500万台を突破する予測。定番商品化している。

❹ □□とは、【スマートフォン】などの端末から室内の様子を確認できる小型カメラで、高齢者やペットなどの状態把握に使われる。

見守りカメラ
ネットワークカメラの一種。公共スペースや介護施設での導入も進んでいる。

❺ 身体の一部のデータから、健康や生活などに関する【情報】を推定・把握できる統計モデル「□□」を活用したアプリやツールが誕生。

仮想人体生成モデル(VITA NAVI)
花王とAI開発企業が共同で開発。NTTドコモなどが活用し、新サービスの開発が進む。

❻ 地震や台風など、相次ぐ災害を受け、非常用トイレセットや【非常食】、非常用【持ち出しリュック】などの□□の売れ行きが伸びている。

防災グッズ(防災用品)
災害報道のたびに爆発的に売れる傾向がある。停電対策や貯水対策グッズが特に顕著。

❼ 【家具チェーン】で国内最大手の□□は、商品の企画・製造から物流、販売まで行う一貫体制(【SPA】)などで収益拡大を続けている。

ニトリ(ニトリホールディングス)
業界全体で環境に配慮した素材を使った家具やインテリアの導入に取り組んでいる。

❽ 家具の【サブスクリプション】とは、1つの家具を毎月□□の料金で利用できるサービス。初期費用を抑えられるとして好評。

定額
高額家具のレンタルや、利用後に返却・購入が選べるサービスも人気の理由。

❾ 作業服チェーンのワークマンが【#ワークマン女子】に続き靴専門業態の□□を展開。履きやすさや機能重視の自社開発品で絶好調。

WORKMAN Shoes
手頃な価格設定も特徴の1つ。業界1強のABCマートを脅かす存在になるか、今後に注目。

10 在宅勤務の定着や【健康志向】などで、日常的に履く◻◻◻が根強い人気を維持している。実用性とファッション性、流行も大きく影響。

スニーカー
転売目的のスニーカー投資や、オンラインゲーム内で使うデジタルスニーカーも登場。

11 玩具市場では、特に【専用カード】で対戦する「カードゲーム・◻◻◻」の商品分野が伸び、この数年、市場を牽引し続けている。

トレーディングカード
カード系の市場規模は、前年度比32.2％増の2,349億円（2022年）。

12 自販機で抽選式に購入する◻◻◻（通称ガチャガチャなど）の市場規模が拡大し、これを含めた玩具市場規模は【1兆】円を超えた。

カプセルトイ
前年度比35.6％増の610億円（2022年度）。「オンラインガチャ」も伸びている。

13 【プログラミング】やタイピング教育を意識した◻◻◻や、【「ぷにるんず」】「たまごっち」などのハイテク系玩具も人気上昇。

知育玩具
少子化時代を迎え、玩具業界の「大人」へのアプローチが功を奏して市場は好調に推移。

14 ◻◻◻（【仮想空間技術】VR・AR・MRなどの総称）関連機器の小型化や低価格化で、医療・法人向け、流通、観光など活用分野が拡大。

XR(Extended Reality)
「クロスリアリティ」とも。5G通信網との連動が更なる市場拡大の起爆剤に。

15 【ルイ・ヴィトン】、シャネル、【エルメス】といった、主に欧米の高級既製服や服飾雑貨を製造・販売する小売業態を◻◻◻という。

ラグジュアリーブランド
歴史があり世界的に有名で高品質・高価なブランド。海外旅行者の増加で業績がV字回復。

16 宝石や貴金属など高価な素材を使わず、創造性に富む【デザイン】を重視したアクセサリーを◻◻◻ジュエリーという。

コスチューム
合金メッキ、樹脂やガラスなど安価な素材を使用。対して本物は「ファインジュエリー」。

17 【乳児用】◻◻◻は常温で長期保存ができ、開封してすぐ授乳できるため、育児負担を軽減するほか、【災害時】備蓄用としても普及。

液体ミルク
江崎グリコ、明治、雪印、森永が製造・販売。外出先などでの利用者が増加。幼児用も発売。

18 【トイレタリー】大手各社では、育児・介護で年々増加する使用済み◻◻◻のリサイクル事業に取り組み、実用化が進められている。

紙おむつ
花王やユニ・チャームなどの取り組みを環境省も後押し。他分野からも事業参入。

19 日本の時計産業である【セイコー、カシオ、シチズン】は、この3社で国内シェアの◻◻◻割以上（2023年）を占める。

9
特に腕時計は高価格帯商品が売上げ好調。海外市場やインバウンド消費も回復。

■次の空欄に適した言葉を入れなさい。

❶ 病害虫への耐性や収穫量増加などのため、人工的な【遺伝子導入操作】で品種改良した作物が原材料である食品を◯◯という。

遺伝子組み換え食品
2023年4月の新制度で「分別生産流通管理」が厳格化。任意表示の表記を変更する企業も。

❷ ◯◯とは、狙った【遺伝子】を切ったり入れ替えたりして品種改良した食品のこと。任意の【届け出】制で表示義務はない。

ゲノム編集食品
改良されたトマトや真鯛の流通に続き、じゃがいもやイネ、鶏卵なども製品化を目指す。

❸ 科学的根拠のある【健康効果】を消費者庁に届け出て、事業者責任で表示する◯◯食品には飲料のほか【血糖値】や血圧によい食品なども。

機能性表示
これに対し、「特定保健用食品（トクホ）」の表示は消費者庁の審査・許可が必要。

❹ 【代替肉】の大豆ミートや牛乳代わりのアーモンドミルクなど、【植物】由来の原材料を使った食品を総称して◯◯という。

プラントベースフード
畜・水産物に似せて作られ、こうした植物由来のものを積極的にとる考え方を、プラントベースという。

❺ ロボットやAI、IoT技術を利用し、【省力化】や【高品質化】を目指す新たな農業を◯◯という。施設内で作る植物工場も急速に増加。

スマート農業
農業のIT活用（AgriTech）の市場拡大に注目。異業種から参入する企業も増加している。

❻ 外食産業では【食材費（3割）】、【人件費（3割）】に【家賃（1割）】が3大コスト（◯◯）とされ、7割以内なら健全な経営状態といえる。

FLRコスト
「Food」、「Labor」、「Rent」の頭文字から。家賃を除いたFLコストを指標とする場合も。

❼ まだ食べられるのに廃棄される◯◯を2030年までに【半減】させるのが、国連でも採択された世界的な課題である。

食品ロス（フードロス）
賞味期限表示の変更や、寄付された食品を生活困窮者に配布する活動などが活発化。

❽ 【廃棄物】を再加工し元の価値より高めることを◯◯といい、【廃棄】・余剰・規格外などの食材を商品化する動きが出ている。

アップサイクル
食品ロス量を減らし、焼却などによる環境負荷低減や経費削減が期待されている。

❾ プラスチック削減を目的に、ペットボトル飲料の◯◯化が進んでいる。お茶や水などの1本売りでは【最小化】したラベル包装が急増。

ラベルレス
法律上、商品の必要情報は不可欠。無ラベルは一括記載できる箱売りの場合のみ。

❿ ☐（【UFD】）とは、普段の食事から介護食まで、噛む力や飲み込む力に不安のある人に向けて、【食べやすさ】に配慮した食品のこと。

ユニバーサルデザインフード
食品のかたさや粘度で4段階に区分され、レトルトや冷凍食品などの形で販売されている。

⓫ 客席を設けず、【デリバリー】に特化した調理施設や飲食店を☐という。複数の事業者がシェアして運営することもある。

ゴーストキッチン（ゴーストレストラン）
クラウドキッチン、バーチャルレストランとも。

⓬ スマホや店の【タブレット】から商品の注文・決済を行う仕組みの☐が普及。事前注文で商品の受け取りやサービスの予約もできる。

モバイルオーダー
QRコード決済やデリバリー強化、セルフレジなど、外食産業のDX化が進んでいる。

⓭ 1食に必要な分量の【食材】とレシピがセットになった☐は、料理時間が短縮でき、無駄もないと人気の商品宅配サービスである。

ミールキット
カット済や調理済の具材が冷蔵・冷凍されて届く。ニーズに合わせて種類は豊富。

⓮ 原材料の入荷から製造・出荷までの全工程で、食品における【危害の発生】を予防し、【安全性確保】を図る管理システムを☐という。

HACCP（ハサップ）
製造工程全般を監視することで、従来の製品抜き取り検査に比べ、より安全性が高まった。

⓯ 少し多めに買い置いた食料品を日常の中で消費し、その分を買い足していく【備蓄方法】を☐という。備蓄品の鮮度を保つのにも有効。

ローリングストック
倉庫保管の非常食と違い、日常に近い食生活ができるとして注目される備蓄法。

⓰ ストレス緩和や睡眠ケアで売上げ好調の☐では、大ヒットの【ヤクルト1000】に続き、大手飲料メーカーも独自商品を展開している。

乳酸菌飲料
健康志向を追い風に、機能性表示食品全体の売上げが伸びている。

⓱ ☐とは、"お酒は飲めるが、あえて飲まない"という選択をする【ライフスタイル】のことで、Z世代を中心に広まっている。

ソバーキュリアス
Sober（しらふ）とCurious（好奇心が強い）を組み合わせた造語。

⓲ 2023年10月より、【ビール】の酒税が引き下げられた一方、麦芽を使わないで醸造した☐（新ジャンル）は引き上げられた。

第三のビール
酒税法改正で、ビール系飲料の税額は2026年10月にすべて一本化される。

⓳ 缶チューハイ、缶ハイボールなど、開封してそのまま飲める【アルコール飲料】は☐と呼ばれ、市場が拡大している。

RTD
Ready To Drink（すぐに飲めるお酒）の略称。飲料メーカー各社が力を入れている。

■次の空欄に適した言葉を入れなさい。

❶ 企業の経営全般の問題や課題を解決に導く会社を□□□といい、IT化など【DX支援】の需要拡大で市場が急成長している。

コンサルティングファーム
戦略系・IT系・総合系・人事系など得意分野があり、近年は総合系コンサルが伸びている。

❷ 近年のコンサル業務には、特定地域での紛争や【国際関係の緊張】が世界経済を不透明にする□□□への対応が求められている。

地政学リスク
ウクライナ危機や米中対立などが企業に及ぼす情報や分析の依頼が増加している。

❸ クラウドやAIなど最先端テクノロジーを活用し、【人事業務】の課題解決等を支援するサービスを□□□といい、世界で急速に普及が進む。

HRテック(HR Tech)
Human Resource(人事)とTechnologyによる造語。業務の効率化や戦略人事を実現。

❹ 契約時に売上げ増・経費削減など依頼内容の具体的数値を設定し、成果の達成度に応じて【報酬】が決まる仕組みを□□□という。

成果報酬型コンサルティング
一括型や月額固定報酬型に比べ、対価が明快で無駄な費用を最小限に抑えられるのが利点。

❺ 技術革新や市場の変化に対応するため、従業員に必要な新しい知識や【スキル】を習得させることを□□□という。

リスキリング
政府の援助もあり、企業研修などDX分野を中心に支援サービスが続々と登場。

❻ □□□とは、【介護保険サービス】事業者に支払われる費用の公定価格で、通常3年ごとに改定される(2024年度の改定率は＋1.59%)。

介護報酬
2024年度は診療報酬と障害福祉サービス等報酬の改定(トリプル改定)も行われる。

❼ 【高齢者】や障害者が住み慣れた地域で自分らしく生活できるように介護や医療、生活の支援を提供する仕組みを□□□という。

地域包括ケアシステム
厚労省は2025年までに制度を構築し、一体的に提供することを目指している。

❽ 介護施設等が介護内容や利用者の状態を【厚労省】にWeb送信すると、分析してフィードバックされる情報システムを□□□(【LIFE】)という。

科学的介護情報システム
➡LIFE:Long-term care Information system For Evidence

❾ □□□(【サ高住】)は、バリアフリーなど高齢者の生活に配慮した【賃貸住宅】で、安否確認などの支援も行う。

サービス付き高齢者向け住宅
生活自立者が基本的入居条件だが、介護・看護サービス付きの事業所もある。

10 【幼稚園】と保育所の役割を併せ持ち、子育て支援も行う施設を ☐ といい、年々増加して2022年には幼稚園数を超えている。

認定こども園
幼保連携型、幼稚園型、保育所型、地方裁量型の4タイプがある。

11 ☐ とは、企業が求職者や転職潜在層に対して【直接】アプローチをする採用手法のこと。人材探しの支援サービスが増えている。

ダイレクトリクルーティング
「攻めの採用」とも。人材データベースやSNSなどで検索し、企業側から直接交渉する。

12 各利用者が自分のペースで【自由】にフィットネストレーニングできる ☐ は、低価格、24時間営業、完全個室などで人気上昇。

セルフジム
無人ジムや小規模のマイクロジム、女性専用ジムなど、ニーズに合わせて多種多様。

13 5G技術や【AI】機能を活用し、ディスプレイに【3D】表示された ☐ が、警戒監視や受付業務などの現場に登場している。

バーチャル警備員
ドローンによる上空監視システムなど、人手不足解消に警備のロボット化が進む。

14 ☐ とは、【情報通信技術】(ICT)を活用して教育を支援するサービスで、オンライン授業・研修などで企業や教育機関を支えている。

エドテック(EdTech)
EducationとTechnologyによる造語。対面学習のオンライン化がeラーニング。

15 近年注目されている ☐ とは、【対話】を通して相手に気づきを与え、自ら問題を解決できるように促す【人材育成】方法の1つである。

コーチング
個人の能力が最大限に発揮できるように導く。モチベーションの維持・向上がポイント。

16 ☐ は2023年4月に誕生した【国家資格】で、これにより【獣医師】にしかできなかった採血などの医療行為が可能になった。

愛玩動物看護士
可能な業務が拡大・明確化。ペットにも高度医療の必要性が高まっている。

17 結婚式に対する価値観の変化や多様性などで、【少人数婚】や入籍だけの【ナシ婚】、写真撮影のみの「☐」を選ぶカップルが増えている。

フォトウェディング
屋外で撮影する「ロケーションフォト」も人気。オンラインご祝儀・引き出物も登場。

18 【家族葬】や火葬のみの【直葬】など、葬儀の簡素化が進む一方、生前の墓・葬儀の手配や相続手続きなどを支援する ☐ の事業が成長。

終活サービス
家屋や部屋の生前整理や遺品整理など、サービス業務が拡大している。

19 移動や乗降時に介助を受けられるタクシーを通称 ☐ といい、ケアプランに基づく【訪問介護】のサービスとして介護保険が適用される。

介護タクシー
利用対象・目的などが規定されている。保険適用外の場合には制限はない。

アパレル・繊維

■次の空欄に適した言葉を入れなさい。

❶ 商品の【企画・製造】から【販売】までを一貫して効率的に行うビジネスモデルを◻︎という。生産調整や在庫管理などが容易になる。

SPA（製造小売業）
代表例は「ユニクロ」や「ワールド」。そのほか「ニトリ」「良品計画」など多くの製造業が導入。

❷ 【オンライン】上での既製服販売や関連サービスを◻︎といい、右肩上がりの市場規模は約2兆5,500億円（2022年度）。

アパレルEC
前年度比5％増で、EC化率は約22％。ユニクロ、アダストリア、ベイクルーズが上位3社。

❸ アパレルから装飾品まで多種多様の商品を【激安価格】でオンライン販売し、大躍進した中国発のファッションブランドを◻︎という。

SHEIN（シーイン）
Z世代をターゲットに急成長しているが、模造品を販売したとしてユニクロが提訴。

❹ 洋服や小物、靴などを【会員制】・【定額制】で借りられるファッションの◻︎サービスがコーディネートを楽しみやすいとして普及。

サブスクリプション
「買わずに借りる」へ消費者意識が変化。airCloset, Laxus, MECHAKARIなど多数。

❺ ◻︎とは、ネット上で購入した商品を【実店舗】で受け取るサービスで、顧客側には送料の節約、店側には来店促進など、双方に利点がある。

BOPIS（ボピス）
➡BOPIS：Buy Online Pick up In Store
物流コスト削減にもなる。

❻ 【作業服専門店チェーン】◻︎が開発した一般向け高機能・低価格のPB商品が大ヒット。若年層や女性客に独自ブランドも新展開。

ワークマン
女性対象の「#ワークマン女子」のほか、アウトドアやスポーツウェア向けの「WORKMAN plus＋」など。

❼ ◻︎とは、伸縮性や程よい圧がかかり、身体の動きをサポートし【速乾吸湿性】・【保温効果】なども高いスポーツウェアやインナーのこと。

コンプレッションウェア
疲労の軽減・回復やテーピング効果もあり、ハードな仕事現場などでも着用されている。

❽ ◻︎とは、【スポーツウェア】を普段着や街着に取り入れたファッションスタイルのことをいい、世界規模で需要が急成長している。

アスレジャー
アスレチックとレジャーを組み合わせた造語。着心地の良さや快適さを最重要視。

❾ コンビニの【ファミリーマート】が開発した衣料品ブランド「◻︎」の売れ行きが好調。各店舗で新作を次々と販売している。

コンビニエンスウェア
コンビニ業界初のファッションショーも開催。トレーナーやパーカー、デニムパンツなど。

10 　□は、高いセンサー機能と感応性を持つ繊維素材・製品で、次世代の衣料型【ウェアラブル端末】として期待される。

スマートテキスタイル
着用することで心拍数や歩数、カロリー消費量などを計測することができる。

11 使用済み衣料品などの再資源化(□)を目指し、資源循環しやすく環境負荷の低い【繊維素材】への需要が高まっている。

繊維リサイクル
"繊維to繊維"の資源循環実現に向けて、官民一体となって取り組んでいる。

12 特殊な【アクリル繊維】を高温で焼成した□は、強度は鉄の【10】倍、重さは鉄の【4分】の1という高強度と軽量性の両立を可能にした。

炭素繊維
世界市場で日本が圧倒的強さを誇り、東レは世界トップシェア。

13 ナイロンの一種である□は、【高強度】・【高弾性】に優れ、宇宙・航空機分野や防弾チョッキ、タイヤ、スポーツ用品などに広く使われる。

アラミド繊維
通常のナイロンより引張強度が大きいパラ型と、難燃性や耐熱性に優れるメタ型がある。

14 □は新型の【人造繊維】。アラミド繊維より大きい引張強度、炭素繊維に匹敵する弾力性、合成繊維で最高値を示す耐熱性・難燃性を持つ。

PBO繊維
(ポリパラフェニレン・ベンゾビス・オキサザール繊維)
各部材の補強用繊維や耐熱防護服などに利用される。

15 アパレルメーカーでも【石油】由来の繊維から【植物】由来の繊維や【再生繊維】へ切り替えた「□素材(商品)」の需要が増している。

環境配慮型
CO_2削減に向けた取り組み。天然素材に欠ける強度や耐熱性などを補う技術開発が必要。

16 タンパク質やセルロースなどの【天然高分子化合物】を特殊溶液で一度溶解し、化学的処理で繊維の形に再生したものを□という。

再生繊維
代表的な再生繊維にはレーヨン、ポリノジック、キュプラ、リヨセル(テンセル)などがある。

17 □とは、微生物が分泌する酵素により、水と二酸化炭素に分解される繊維の総称で、【天然繊維】・【再生繊維】・【合成繊維】などがある。

生分解性繊維
地球環境に優しい繊維として注目されている。

18 □とは、木材など植物由来の原料を超微細にほぐして得られる【高機能繊維】のこと。鋼鉄の5分の1の【軽さ】でその5倍の【強度】を持つ。

セルロースナノファイバー
低コストで自然環境に優しい次世代バイオマス素材として各業界から注目されている。

19 バイオベンチャー【スパイバー】が開発した□繊維は、軽量で伸縮性・強度に富み、石油に依存しない新素材として世界中から注目。

人工タンパク質
クモの糸をヒントに開発された素材が「ブリュード・プロテイン」。国内外で商品化。

マスコミ・広告

■次の空欄に適した言葉を入れなさい。

❶ ____は、Netflixなどの【定額制】動画配信サービスの略称で、TVerやYouTubeなどの広告付き無料配信サービスは【AVOD】。

SVOD
国内最大手はU-NEXT。利用者のアカウント共有などで利用率の伸びが鈍化している。

❷ ____とは、20代半ばまでの若者を対象に、SNS動画や【インフルエンサー】活用などで広告・宣伝する手法。

Z世代マーケティング
ミレニアル世代の次世代。利益より快適さを重視し、短時間での満足度を求める傾向にある。

❸ 自社のウェブサイトや商品ページを訪問したユーザーに対し、【再訪・再利用】を促す広告を表示する手法を____広告という。

リターゲティング
リマーケティングとも。ユーザーの関心事に適合しやすいなどの利点がある。

❹ Web広告において、自動プログラムで不正にクリック数や閲覧数を増やし、【広告費】を水増し請求するなどの【広告詐欺】を____という。

アドフラウド(Ad Fraud)
「不正広告」とも。正しい広告効果が把握できず、広告主にとって不要な出費となる。

❺ 2023年10月から、一般消費者が広告・宣伝であることを【隠して】行われる____は、【景品表示法】違反の規制対象となった。

ステルスマーケティング(ステマ)
いわゆる「ステマ規制」。広告表示がなく、第三者が企業の依頼を隠して行う行為。

❻ ____とは、民放各局のテレビ番組を無料で視聴できる動画配信サービスで、見逃し配信や【同時配信】も行っている。

TVer(ティーバー)
NHKは「NHKプラス」で同様のサービスを展開。サービスの多様化で競争が激化。

❼ テレビ視聴率調査はCMの取引指標になるため、個人視聴率の中で特に経済的・社会的に影響の大きい【13〜49】歳の____が注目される。

コア視聴率
世帯視聴率と、年齢・性別などもわかる個人視聴率も調査。視聴人数も推計できる。

❽ 2022年の国内広告費は過去最高の7兆円超となり、全体の【4】割以上を____広告費が占めている(「電通」調べ)。

インターネット(ネット)
マスコミ4媒体(テレビ・新聞・雑誌・ラジオ)もネット経由の広告費が増加。

❾ 【インターネット】を通して24時間いつでも印刷物の発注やデータ入稿ができる____サービスが普及し、市場が着実に伸びている。

ネット印刷(印刷通販)
低価格で短納期が最大の利点。プリントパック、ラクスル、グラフィックが大手3社。

10 メーカーの【設定価格(定価)】で卸・小売業者に販売させることを認める制度を□□□といい、新聞・書籍・音楽CDなどの著作物が対象。

再販制度
(再販売価格維持制度)
一定期間経過した後に出版社が割引価格で販売できる「時限再販」もある。

11 電子コミックの市場拡大にともない、【スマートフォン】での読み方に特化した「□□□」のサービスに大手出版社が続々と参入している。

縦読みマンガ
韓国発の縦スクロールでフルカラーの「WEBTOON」が世界中に急速に拡大している。

12 新聞(一般紙)の発行部数は約【2,670】万部(2023年)と減少が加速。□□□へのシフトを図るが紙媒体のカバーは難しい。

電子(デジタル)版
全国紙5紙(朝日、毎日、読売、日経、産経)の発行部数はこの15年でほぼ半減。

13 2024年度から、【タブレット】やパソコンで利用する□□□や教材が小中学校で本格的に導入され、印刷大手は開発・販売に注力。

デジタル教科書
紙の教科書と併用する形。英語からスタートし、段階的に他の教科も導入する。

14 改正□□□により、企業が広告や勧誘などで個人の権利や利益を害する場合、情報の【消去】や【利用停止】を求めることができる。

個人情報保護法
情報の不正取得の場合以外にも適用される。

15 ユーザーがWebサイトを閲覧した際に、サイト運営側が取得した【ユーザー情報】の利用を制限するものを□□□という。

クッキー(Cookie)規制
本人許可がなければ情報収集や活用ができず、Cookie利用の広告配信が難しくなる。

16 □□□とは、企業が第三者を介さずに自社で収集した【顧客データ】のことで、信頼性が高く貴重な情報とされている。

ファーストパーティデータ
顧客がデータ収集や共有について理解・協力しているものをゼロパーティデータという。

17 各媒体の特性や利用法を理解し、情報を【取捨選択】して使いこなし、自分の考えを適切に【発信する能力】のことを□□□という。

メディアリテラシー
➡media literacy 特にインターネットや携帯電話などのメディア(媒体)の適正使用能力が求められている。

18 国内の民間□□□放送が、2028年秋までに【FMラジオ放送】へ移行する方針。FM波が届かない山間などの地域への対応が急がれる。

AMラジオ
維持コストの削減で経営改善を図る。NHKも2026年度からAM波を1本化する方針。

19 □□□とは、広告主や広告会社などが構成員となり、広告における様々な基準の作成や表示関係の審査・指導を行う【自主規制機構】のこと。

JARO
（ジャロ）
(日本広告審査機構)
消費者などから広告に対する苦情や疑問点の相談を受けて広告の審査を行っている。

レジャー・エンターテインメント

■次の空欄に適した言葉を入れなさい。

❶ アニメやゲームの人気キャラクターを【販売】・【貸与】したり、【異業種】とのコラボレーションでも収益を上げる事業形態を□□という。

IP（知的財産）ビジネス
放送権、DVD化、商品化権などの2次利用収入での利益確保が大きい。

❷ □□は、日本における【コンシューマ（家庭用）ゲーム】の業界団体。ほとんどの大手コンピュータゲーム関連企業が会員となっている。

CESA（コンピュータエンターテインメント協会）
事業目的はゲーム産業の発展・振興。東京ゲームショウ及び日本ゲーム大賞を主催している。

❸ □□は、年1回開催される世界最大級のコンピュータエンターテインメントの【総合展示会】である。

東京ゲームショウ
2023年は4年ぶりに幕張メッセ全館で開催された。総来場者数は約24万3,000人。

❹ ゲーム業界大手の□□の人気ゲーム「スーパーマリオ」を【IPビジネス】展開して映画化した作品が世界的な大ヒットとなった。

任天堂
『ザ・スーパーマリオブラザーズ・ムービー』。複数媒体によるメディアミックスも活発化。

❺ ネット上のサーバーから【ストリーミング】で配信されたゲームを楽しむ□□は、【5G】スマホの普及により市場が拡大している。

クラウドゲーム
大容量のデータを超高速に通信し、しかも遅延がない5Gの特徴を最大限利用できる。

❻ 世界のゲーム市場の過半数を占める□□だが、飽和状態とも言われ、国内市場規模も【前年比割れ】が続いている。

モバイルゲーム
日本の収益上位は『モンスターストライク』、『Fate/Grand Order』『プロ野球スピリッツA』など。

❼ □□とは、個人が映像や音楽などの制作物をインターネット上で発信し、それらの販売や広告で収益を得る【経済活動】のことを指す。

クリエイターエコノミー
YouTubeやSNSでのインフルエンサー、ゲーム開発者やオンラインコーチなど。

❽ 規模拡大を続ける【eスポーツ】で、2023年6月にシューティングゲーム（FPS）「□□」の世界大会が日本で初開催された。

VALORANT（ヴァロラント）
賞金総額約1億4,000万円。観戦客も多く、eスポーツは経済効果が高い市場に成長。

❾ "アニメのすべてが、ここにある。"をキャッチコピーに、毎年3月に開催される世界最大級の【アニメイベント】が□□である。

Anime Japan
2022年、日本アニメの世界市場は2兆9,200億円超と過去最高に。

⑩ ◻︎は動画の【規格】及びその【上映システム】のこと。通常の映画よりもリアルで大画面の映像を迫力の音響で楽しめる。

IMAX
高性能デジタルプロジェクター使用で映像が圧倒的に鮮やか。レーザーシステムもある。

---

⑪ 映画の場面に応じて【座席】が動いたり、風や水しぶきを浴びたりなど、【体感】型の演出が施された上映システムを ◻︎ シアターという。

4DX・MX4D
大ヒット洋画の『トップガン マーヴェリック』などでの鑑賞がブームに。

---

⑫ ◻︎方式は、テレビ局などを中心とした複数の企業が【出資】して映画などを製作する方式。作品の権利・損益は出資各社で分配する。

製作委員会
スポンサーは出資リスクを分散でき、作品の各種権利ビジネスも可能なため一般化した。

---

⑬ 映像制作業界では、【ハラスメント】防止に向けて、事前に対話で相手を尊重する気持ちを養う ◻︎ に取り組んでいる。

リスペクトトレーニング
映画や芸能界の性暴力・セクハラ被害が注目され、Netflixが開発した対話型学習。日本では、NHKなどが導入。

---

⑭ 映画やテレビ番組の【ロケーション】撮影を誘致し、宿泊施設の手配や警察の許可を得るなどの【撮影協力】を行う非営利組織を ◻︎ という。

FC（フィルムコミッション）
日本では、観光地化を狙った町おこし事業の一環として自治体が組織することも多い。

---

⑮ 2023年の国内公開映画の興行収入上位は、◻︎ が多くを占め、【100】億円を超える作品は『THE FIRST SLAM DUNK』など3本。

アニメーション
『ザ・スーパーマリオブラザーズ・ムービー』、『名探偵コナン 黒鉄の魚影』が続く。

---

⑯ ◻︎ とは、映画の映像を【無断】で使用し、内容を10分程度に【要約した】違法動画のこと。被害額2兆円前後との試算も（2022年度）。

ファスト映画
アップロードした被告2名に5億円の損害賠償が命じられた（2022年）。

---

⑰ ◻︎ は音楽文化の普及発展を目的とする組織で、音楽著作物の【使用許諾】や著作権料徴収、及び著作権者への【使用料還元】が主な事業。

ジャスラック
JASRAC（一般社団法人日本音楽著作権協会）
音楽教室での演奏曲にも著作権料が徴収される。

---

⑱ 動画や書籍、音楽などのデジタル作品で、特定の配信サービスでしか視聴できない、もしくは【先行配信】されるものを ◻︎ という。

独占配信作品
登録会員の増加が見込める、制作費用が担保されるなどが利点。

---

⑲ ◻︎ とは、ライブ配信者を応援・支援するため、視聴者が自ら指定した金額を【オンライン送金】すること。配信者の収入源にもなっている。

投げ銭
スーパーチャット（スパチャ）、Pococha（ポコチャ）など、送金できる配信アプリも多数。

⑳ 漫画・アニメ・ゲームのほか、コスプレなど日本の【サブカルチャー】が集合する□□は、世界最大規模の【同人誌】展示即売会である。

コミックマーケット
（コミケ/コミケット）
年2回開催。2023年12月（コミケ103）は過去最大規模で開催し、入場者数約27万人。

㉑ 【漫画作品】などを無断でアップロードして広告収入を稼ぐ□□が急拡大しており、作家らの被害額は【2】兆円超と推計されている。

海賊版サイト
国内最大級の「漫画村」の閉鎖後、拠点を海外に移して乱立・巨大化し、状況はさらに悪化。

㉒ "漫画の神様"とされる故・【手塚治虫】氏の代表作の1つである『□□』の新作が、【生成AI】を活用して制作された。

ブラックジャック
「週刊少年チャンピオン」に掲載。生成AIは主にストーリーとキャラクター画像を担当した。

㉓ □□とは、書籍などをナレーターが朗読したものを録音した【音声コンテンツ】の総称で、【聴く本】とも呼ばれている。

オーディオブック
"ながら聴き"ができる点が人気。ビジネス書や小説、語学学習、自己啓発書など多数。

㉔ 現地ガイドがインターネットを介して旅先を【ライブ配信】する□□は、時間・体力・費用などで利点が多く、新たな分野として期待大。

オンライン旅行
コロナ禍をきっかけにした新需要。VRゴーグルの装着でリアル体験も可能。

㉕ □□とは、【インターネット】上のみで旅行商品を取引する旅行会社のこと。利便性の良さから利用者が増加し、シェアは年々拡大中。

OTA
（Online Travel Agent）
広告費はかかるが、実店舗を持たない分、経費削減ができて利益率も高い。

㉖ □□とは、保護者の【休暇】に合わせて子どもが学校を休み、家族で活動する機会をつくる新制度。届け出れば【欠席扱い】にならない。

ラーケーション
learning（学び）とvacation（休暇）を組み合わせた造語。愛知県で初導入。

㉗ 自宅から1〜2時間圏内の近場への宿泊観光や【日帰り観光】を□□といい、コロナ禍をきっかけに新たな旅の形として提唱されている。

マイクロツーリズム
海外旅行などはできないが、自宅周辺で新たな魅力を発見する機会になると需要喚起。

㉘ 農山村など緑豊かな地域で自然に親しみ、地元の人々との触れ合いを楽しみながら余暇を過ごす【滞在型旅行形態】を□□という。

グリーン・ツーリズム
農村振興策の1つとして、農林水産省が提唱。

㉙ 特定の観光地に観光客が【集中】し、交通機関の混雑やゴミの散乱など、地元住民の生活に【悪影響】を与えることを□□という。

オーバーツーリズム
結果的に観光客の満足度の低下も招く。旅行需要の分散などの対策が急がれる。

30 18時から翌朝6時までの【夜間帯】に、昼間とは異なる観光や体験、飲食などを行う経済活動のことを□□という。

ナイトタイムエコノミー
観光客に多様な地域の魅力や文化を発信し、夜間の消費拡大につなげる。

31 ホテルの運転資金は【オーナー】が出資し、運営のノウハウを持つ【マネジメント会社】に完全に運営委任する方式を□□という。

マネジメント・コントラクト方式（MC方式）
日本にある海外ブランドホテルの多くがこの方式。運営のみ担当し、出資は日本企業。

32 □□とは、主にビジネス客を対象にした【小規模ホテル】のこと。宿泊業務に特化し、交通の便の良さや実用的サービス、低料金が特徴。

宿泊特化（主体）型ホテル
非対面型の自動チェックイン＆アウト機の導入が急加速。省人化の利点もある。

33 【2025】年、□□が大阪湾の夢洲で開催が予定されており、【いのち輝く未来社会のデザイン】がテーマとなっている。

（大阪・関西）万国博覧会
建設資材の高騰などで、会場建設費は当初予算の2倍近くに膨張。

34 【TDR】やUSJなど大手テーマパークをはじめ、多くのレジャー施設で【繁忙期】にチケット代を値上げする□□が導入されている。

変動価格制
ダイナミックプライシングのこと。値上げで混雑を緩和し、顧客満足度を上げる方針。

35 2023年6月、【としまえん】（東京）の跡地に世界最大級の□□のテーマパーク的屋内施設がオープンした。

ハリー・ポッター
「ワーナー ブラザース スタジオツアー東京・メイキング・オブ・ハリー・ポッター」が名称。

36 民間活力による経費削減とサービス向上を目的として、公共施設の運営や管理を【民間企業】や【NPO法人】に委託する制度を□□という。

指定管理者制度
スポーツ施設や文化施設などを委託。委託先が利用料金を設定でき、料金収入も得られる。

37 設備の整った快適な環境でキャンプ体験ができ、大自然を楽しむ【野外レジャー】を□□といい、世界中で人気を集めている。

グランピング（glamping）
glamorous＋campingの造語。単独でテント泊を楽しむ「ソロキャンプ」も人気。

38 □□とは、航空券などの【交通手段】と【宿泊】を組み合わせ、一定の範囲内で自由に選択することができる旅行商品のことである。

ダイナミックパッケージ（DP）
自由度は高いが予約後の変更不可など、従来のパッケージツアーとは異なる特徴がある。

39 【ななつ星】（九州）、【瑞風】（山陽山陰）、【四季島】（東日本）など、観光目的に特化した宿泊・周遊型の豪華列車の総称が□□。

クルーズトレイン
贅沢な船旅をイメージした和製英語。地域活性化につながるとして、各地で導入の動き。

●著者プロフィール

オフィス海（おふぃす　かい）

「わかりにくいことをわかりやすく」を編集方針とする、企画・制作事務所。1989年設立。学習参考書、就職・資格試験対策本から、国語辞典まで、これまでに編集した書籍にゆうに300冊を超える。豊富な編集経験を活かし、2000年から試験のデータ分析と解法の研究を手がける。『史上最強一般常識＋時事〈一問一答〉問題集』（ナツメ社）など、多くの試験対策本を企画・執筆。

代表・中村達夫／松村淳子

●編集担当…田丸智子（ナツメ出版企画）

本書に関するお問い合わせは、書名・発行日・該当ページを明記の上、下記のいずれかの方法にてお送りください。電話でのお問い合わせはお受けしておりません。

・ナツメ社 web サイトの問い合わせフォーム
　https://www.natsume.co.jp/contact
・FAX（03-3291-1305）
・郵送（下記、ナツメ出版企画株式会社宛て）

なお、回答までに日にちをいただく場合があります。正誤のお問い合わせ以外の書籍内容に関する解説・受験指導は、一切行っておりません。あらかじめご了承ください。

ナツメ社Webサイト
https://www.natsume.co.jp
書籍の最新情報（正誤情報を含む）は
ナツメ社Webサイトをご覧ください。

ダントツ 一般常識＋時事 一問一答問題集

著　者	オフィス海	©office kai
発行者	田村正隆	

発行所	株式会社ナツメ社
	東京都千代田区神田神保町1-52　ナツメ社ビル1F（〒101-0051）
	電話　03（3291）1257（代表）　FAX　03（3291）5761
	振替　00130-1-58661
制　作	ナツメ出版企画株式会社
	東京都千代田区神田神保町1-52　ナツメ社ビル3F（〒101-0051）
	電話　03（3295）3921（代表）
印刷所	ラン印刷社

＜定価はカバーに表示しています＞　　　　　　Printed in Japan
＜落丁・乱丁本はお取り替えします＞